日中親族構造の比較研究

官文娜著

思文閣史学叢書

思文閣出版

口絵1　明の顕陵の大紅門(大城門)／中国湖北省鐘祥市

口絵2　顕陵内の華表と欞星門

口絵３　顕陵の内明塘

口絵４　顕陵の五供台

目次

第二部　継承制・相続制における特徴とその文化的分析の展開

日中親族構造の比較研究

序　章

親族集団は人類社会の最初の集団であり、個々の人間の社会化(1)の揺籃である。人々はその集団の中で伝統文化に順応し、社会におけるみずからの立場や役割を遂行することを学ぶ。人間は自身の属する親族集団を通して、またその所属する伝統文化における立場によって、みずからの理性を働かせて社会人となる。したがって、人の価値観・倫理観、文化的特色などの多くは、いずれも親族集団の中でその雛形が形成される。

親族集団は一つの独立の社会組織であり、人々の生活の基本単位である。各民族の親族集団はそれぞれ固有の生活方式・行動規範を持ち、固有の文化を伝える。その集団において養われた価値観・倫理観などは、民族の伝統文化の基幹部分であり、人々に与える影響や制約がもっとも直接的かつ具体的である。朝尾直弘氏は社会集団に関する研究において、以下のように述べる。『人間は社会的動物である』よく知られたこのテーゼをもちだすまでもなく、人はひとりで生きることはできない。しかし、かれらが生存の必要そのほかさまざまな事情のもとで形成し、みずからがその一員となる集団の結合の仕方・構造・活動を調整しあう仕組み、結集のための理念や情念とそれを確認し発動するさいの手続き、そして、集団が外部とのあいだにとりむすぶ諸関係等々。これらにはあきらかに歴史的に形成された諸民族ごとの特徴が存在している。社会集団のあり方を問うことは、われわれ自身のうちにうけつがれ、その考え方や心性を規定している文化の特質を認識することにつらなって」[2]いる、と。つまり親族集団のタイプが異なれば、おのずから異なった民族文化が形成されるのである。この意味で血縁集団構造は文明を類別する決定的要因の一つであるといえよう。

歴史のグローバル化とともに、各民族間の文化の接触・衝突および受容の範囲は次第に広がり、その程度も深まっている。民族の文化全体の適応能力は民族の生命力を表しているが、それは民族文化の進化と社会や歴史の発展の内的要因であるともいえる。歴史的に日本は二度、外来文化を広範かつ大量に吸収した。一度目は大化の改新、律令国家成立の前後で、中国の唐の『永徽律疏』（七世紀半ばに制定）を手本とし、大部分の条文をそのまま引き写して日本の法令を作成した。天武一〇年（六八一）に編纂を始め、持統三年（六八九）に施行された『飛鳥浄御原令』は文武天皇時代に律・令ともに整理・拡大され、大宝元年（七〇一）に『大宝律令』完成、令は同年、律は翌年施行された。それを踏まえ、養老二年（七一八）に『養老律令』が完成、天平宝字元年（七五七）より施行された。『養老律令』の中の「戸令」もこの時に成立した。しかし、当時唐の「戸令」の中の「家（ジャー）」に相当するものは日本の社会には存在しなかった。ウヂ集団とその中の血縁関係は、中国の宗族とその中の「家」（単位家族）[3]に相当するような親族集団や家族ではなかったのである。北京大学の著名な学者であった故周一良氏が述べたように「古代の日本は何事についても中国を模倣してきたにもかかわらず、中国のような宗法制は形成されなかった。このことはさらに研究すべきで」はないだろうか。[4]日中両国の古代親族文化の間には接点がなかったのである。

二度目は、近代において西洋近代文化の波に直面した時で、その道には非常に厳しい紆余曲折があった。各方面でまだ前近代社会の因子を残しているものの、アジア諸国に先駆けて西洋近代文化の受容を積極的に行った。

日中両国が西洋の異文化（近代文化）と接触した際、それぞれがどのように対応したのか、また異なる親族集団が生んだ異なる価値観・倫理観がどのように作用して、両国が近代以降異なる発展の道を歩むようになったのか。本書は日中親族集団の構造を手がかりとして、日本が中国の親族文化、特に宗族制度を受容しなかった理由、またともに「アジア文化圏」に属する両国の、近代以降における西洋異文化との衝突の原因と融合の条件を探ることを目的としている。

日中両国における親族集団の構造を研究することは、単なる親族・家族の研究にとどまるものでなく、広く両国の社会や文化の差異について新たな分析の視点を与えるものと考える。その意味で、この研究は歴史を研究する新しい手段であり、純粋の史学的方法だけでは解決できない問題を解明できる手がかりを提供してくれるものと思う。つまり、異文化特質解明の視座から基礎社会構造の比較研究を通して、社会の変遷の原因を追究するのを本書の特徴としている。

一般的に日中の親族集団構造の比較から、古代社会における親族構造の研究を通して古代の日本が中国の親族文化を融合しなかった理由は解明できるとしても、日本と中国のそれぞれ西洋異文化（近代文化）との衝突の原因や融合の条件を解明しようとするのは無理があるように見えるかもしれない。しかし、異文化の融合は植物の接ぎ木と同じで、両者が近縁でなければ不可能である。つまり接ぎ木を成功させるためには共同の遺伝子が必要であると同様、異文化の受容にも共通の因子が必要不可欠である。民族文化は歴史において蓄積される。その意味で古代文化、特に古代の親族構造において養われた価値観・倫理観は文化の「遺伝子」と見なすことが可能である。

周知の如く、アジアの伝統文化に対して西洋異文化は西洋近代文化を指し、人間自身の近代化がその核心的な内容をなす。世界各国の近代化の歴史からみると、人類社会が近代化に向かって邁進する時には、人々を封建的な権力や共同体の束縛から解放しなければならない。西洋近代化の歴史がこれを証明している。例えばイギリスの農村では、一二世紀から怒濤のような農民の人身解放運動が起こった。労働地租の換算は一三世紀に始まり、一四世紀に盛んになるが、これを契機に農民は自由に自分の労働力を売る権利を勝ち取ることになった。これらの動きは農民に対する人身束縛を弱めただけでなく、資本主義における雇用関係の発展のためにも大きく道を切り開いた。西洋社会ではこれ以後、一四世紀から一五、一六世紀にかけては、宗教改革とルネッサンス運動が起こり、人々を古い宗教と神の世界から徹底的に解放した。こうして西洋社会は民主と自由を獲得し、人々は平等・博愛を享受するに至ったのである。西洋の人本主義・人権主義・人道主義を中核とする個人主義もこうした中で樹立された。またこの個人主義は、産業革命と資本主義の根幹となり、そこから人間に関する「契約」関係が生まれた。そしてこの一連の背景があったからこそ、西洋は産業革命によって近代化を達成し、資本主義社会を完成させることができたのである。ヨーロッパの伝統的な社会が近現代社会に移り変わったこの過程は、まさにイギリスの歴史法学者メイン（H.J.S. Maine）が一八六一年に出版された『古代法』において総括したように「（前略）すべての社会の発展は（中略）『身分制から契約へ』という発展であった」[5]。つまりメインは「身分制から契約へ」という社会進化の図式で、家父長制社会の家族の中で身分的に束縛されていた人間が解放される過程をえがいた。

このように伝統的な社会組織・共同体的な束縛・伝統的な権力から人間性を解放しなければ、新しい近代的な価値規範へと社会を転換させることはできない。政治の民主化・文化の近代化にとって、このことは非常に重要であると同時に、工業の近代化・都市の近代化と相互に補完し合い、密接な関係を保ちながら全体としての近代化が推進しなければ国家の近代化はあり得ない。

中国では歴史上、特に明末・清初には商業も資本も一定の発展を見たものの、人々は依然として「父系単系出自」（patrilineal descent）の宗族の中における見えない血縁に基づいた身分制のくさりに縛られていた。なぜなら、

「父系単系出自」という宗族構造の下で、宗族の構成員資格（membership）および血縁身分は生来的・永久的なものであり、人為的に変えることができないからである。宗族の構成員（member）の身分や社会の地位は出生の順、血縁の親疎、すなわち血縁の秩序によって決まるのである。そのために個人の思想・行為はいわば個人による意識の結果ではなく、外部、主に宗族の抑制によってコントロールされた結果となっている。ある研究者は、西洋の神に対する「罪」でみずからの行為を束縛する文化を「罪感」文化といい、これに対して、人々の行為が神ではなく、個人以外の社会、主に宗族の抑制によってコントロールされた文化を「恥感」文化と称している。中国人は、宗族という血縁身分秩序構造の下で、何かをする前にまず考えるのは、それが正しいかどうかではなく、他人がどう思うかということである。また婚姻はそもそも当事者の愛情と願いによって決まるはずであるが、中国では家族の構成員は家族代々が延々と続くために共同して子孫を繁殖させる義務を負うので、結婚は個人の事ではなく、家族の事であった。これにより中国では数千年の間婚姻の自由がなかったのである。したがって西洋近代文化の核心である人本主義・人権主義・人道主義を中核とする個人主義は中国伝統文化と無縁で、両者の間には接点がなかった。このような文化の下では、明・清時代の商業と私有企業のさらなる発展は宗族による自我を抑制する力に妨げられ、社会システム全体を揺さぶるほどにまで成長できたものはほとんど存在しなかった。

一方、日本の「家（イエ）」というのは、一般的にいう血縁関係で結ばれる家族、つまり夫婦を中心に、子供を産み、家庭の生産と消費を機能とするもっとも基礎的な社会生活の一単位ではなく、一つの経済力のある、家産の永続相続を目的とする経営体である。この経営体は夫婦を中心とし、子孫を繁栄させて、生産と消費を家族の中で機能させる「家」を超越したものであり、一種の擬血縁的・経済的・社会的機能を担う集団である。このような「家」という集団の構造的な特徴は、その直系を重視するところにある。すなわち①家長・族長地位の直系継承、②家産の単独（一般には長男による）相続（この相続制は一四世紀中期に確立された）、③家族の直系的居住形態、である。笠谷和比古氏が指摘したように、この三種の直系を重視するという特徴は世界のそのほかの地域、例えばヨーロッパの一部の地域でも見られるが、三つの特徴を統一し、一体化した例は稀にしか見られない。[6]

このような「家」の母胎は父系擬制的・非出自的・無系的および血統上での未分化のキンドレッドの性格を持つウヂ集団である。こうしたウヂ集団においては、中国の宗族構成員資格および血縁身分の生来的・永久的で、人為的に変えることができないのとは逆に、血縁身分は人為的に変えることができる。それにより人の流動は比較的激しく、個人も相対的に自由であった。平安時代高位・高官に就いたものは利益のために実子があるにもかかわらず、高位・高官を「一族」内に引き続くために律令の「蔭位制」を利用し、血統や世代関係を無視して頻繁に親戚を養子に取った。一人が数人の養子を取ることもあったし、また正室に子がいない時に側室の子を養子に取る形で、女性が養子を取るという「功利主義」的なやり方もしばしば起こっていた。このような伝統のもとで中世から近世に至るまで行われた大量の養子に関する「契約」[7]は見方によれば、人間に関する一種の「契約」の萌芽と見なすことができないだろうか（本書第六・七章を参照）。そしてこうした歴史的素地が近代化の因子となる「功利主義」や人間に関する「契約」関係を受け入れやすくした要因の一つとなっていないだろうか。

世界史の発展から見ると、一般的には一国の成立史はすなわち血縁権力の闘争史である。中国の著名な歴史・思想史の専門家である侯外廬氏は次のように述べた。「『家族・私有財産・国家』という三つの指標によって文明が歩んできた道を説明してみよう。『古典的古代』国家（前後文により、主にギリシア・ローマ・ゲルマンを指す——著者注）は、家族から私有財産へ、私有財産から国家へ、という経路を辿って国家が家族にとってかわって建てられたのである。一方『アジア的古代』国家（前後文により、主に中国を指す——著者注）は、家族から直接国家に移行したが、国家と家族は混在していたといえる」。[8]つまり西洋では血縁勢力の崩壊・瓦解は古代国家成立の前提である。しかし、中国の国家成立は血縁関係の親疎による等級分封を基盤にして形成されたのである（本書付篇二を参照)。数千年に及んだ帝国時代では、戦国時代の各諸侯による改革と変法、および秦による国家統一時に分封制度を廃して郡県制度を立てた際、血縁勢力が一時削がれた以外、宗族の構成員間の親疎・尊卑・長幼の序列という血縁身分秩序の原則は歴代の統治者に利用され、統治安定の要因となってきた。つまり血縁身分秩序によって構成された宗族は、基層社会の治安・司法、賦役などの管理機能を果たしただけでなく、各地域の人々の教化や教育・民間の福祉事業や公益的建築などの自治機能をも果たした。したがって、中国の伝統的個体農業はきわめて脆弱であったが、巨大な国家の主要税源になることができた。こうして中国では、宗族は一貫して政権ともつれ合いながら、統治の重要な基盤となってきたのである。

そして、この宗族は二〇世紀五〇年代に至るまで続いたが、一九四九年の中華人民共和国創立後の土地改革により崩壊した。しかし宗族という組織は海外の華僑の中にはまだ普遍的に存在し、彼らの社会生活の中では不可欠なものとなっている。加えて、一九八〇～九〇年代の開放政策以来中国国内の各地域においては、宗族はまた部分的な復活を果たしてきている。[9]例えば近年福州市倉山区の盖山鎮に属する義序には、すなわち一連の宗族の活動が再開されている。[10]

日中両国の研究者はいずれも中国の宗族に関する問題に注目している。関係著作と論文も枚挙にいとまがない。特に中国では二〇世紀七〇年代末期以降、改革開放政策にともない、内外研究者たちは近代化、また宗族と近代化、つまり宗族問題によって停滞した中国社会の根底を究めることに情熱を傾けてきた。これは日本の学界でも議論が盛んで、数多くの研究成果をおさめている。[11]

近代以降の中国の研究は、宗族構造の角度から中国社会停滞の原因を究明してきたのに対して、日本の研究はウヂ集団の構造の解明に重点が置かれた。二〇世紀二〇年代から、津田左右吉氏を先頭に、藤間生大氏・石母田正氏・有賀喜左右衛門氏・和歌森太郎氏らが、相次いでウヂ集団は非血縁関係と政治的な主従関係を中心とした政治的な支配関係によって統合された団体であると強調した。

三、四〇年代、文化人類学の分野における血縁親族集団構造についての理論が急速に発展し、五、六〇年代になると高群逸枝氏・洞富雄氏を代表とする「母系」説と、江守五夫氏・大林太良氏を代表とする「父系」説が現れた。また七、八〇年代に入ってこの「母系」説と「父系」説の論争の中で、吉田孝氏を代表とする「双系」説が現れた。

「双系制」説に対して、もっとも早く明確に批判したのは鬼頭清明氏である。一九八七年、鬼頭氏は吉田氏・義江明子氏らの文化人類学の出自理論、特に「双系制」に関する理解は誤りであると指摘し、みずからの「双方親族集団」説を主張した。

そして八〇年代末期に入って鬼頭氏の指摘を受けた吉田氏は「『出自集団』の概念を十分に検討せず、その用語法にも一貫性を欠いていた」と反省するとともに、『出自集団』の概念をめぐる人類学者や社会学者の激しい論争に参加する準備も能力もない」[12]とも述べ、それ以上の議論を展開しなかった。

これまであげてきた研究者たちの混乱や誤謬は、結局のところいずれも出自の概念の曖昧さに原因があるといってよい。文化人類学の分野における「出自」(descent) とは、どのような概念であるのか。また、婚姻形態・婚姻規制がどのように血縁親族集団の構造を規定・制約するのか。血縁親族集団の構成員関係を記録する系譜は、どのようにその内部の血縁構造を反映するのか。これまでの研究では、これらのことを明らかにできなかったために「母系」「父系」「双系」、また鬼頭氏の打ち出された「双方親族集団」を含んだ誤った結論が導かれてきたと著者は考える。

叙述の便宜上、本書は「日本親族集団の父系擬制的・非出自的・無系的および血統上での未分化のキンドレッド構造に関する検証」の第一部と「継承制・相続制における特徴とその文化的分析の展開」(本書では地位、つまり家長・族長位の相承を「継承」とするのに対して、家産・家業の相承を「相続」とする）の第二部に分けて議論を進めていきたい。第一部は四章から構成される。第一章では、まずこれまでの研究史をまとめ、その問題点、特に従来の史学界で広範に流布された「父系制」「双系制」、および鬼頭氏の主張する「双方親族集団」説などの問題をまとめて検討する。

第二章では、研究の理論基盤として、日本人研究者の「双系」、「双方親族集団」論をめぐり、文化人類学における出自理論の成立と発展、および出自概念と関連するキンドレッドについての科学的定義を論証し、それを本研究の理論基盤とする。

第三章は、古代日本社会の皇族婚姻の実態を取り扱うもので、主に中国春秋時代の魯国の諸侯である荘公と斉国の桓公の娘である哀姜・叔姜姉妹の「姉妹型一夫多妻婚」との比較の上で、日本古代における「姉妹型一夫多妻婚」と「異母兄妹婚」という同時的に行われていた近親婚の実態を検討する。

中国古代の魯・斉両国の間の婚姻も、日本の古代文献に記載される婚姻も生物学的な意味からいえばともに同じ近親婚である。しかし中国の場合、「姉妹型一夫多妻婚」を行う一方で「同姓不婚」[13]を貫いていたが、日本古代では「姉妹型一夫多妻婚」を行うと同時に「異母兄妹婚」が普遍的に見られる。中国では「同姓不婚」のもとで魯・斉両国間で行われたような「姉妹型一夫多妻婚」を父系宗族の範囲外で行った。このような婚姻規制は血縁親族の構成員を血族と姻族とに分け、また父系と母系という異なる血縁系統に分けるという重要な役割を果たす。日本は「姉妹型一夫多妻婚」を行うと同時に「異母兄妹婚」も存在することで、婚姻当事者の母親同士が同父母姉妹であれば、夫婦は同父・同母「系」の血縁者同士となる。そしてその次の世代では、父・母双方の血統が渾然一体となり、きちんとした血縁「系統」を形成できず、血族が姻族となり、姻族が血族となり、血族と姻族の区別がなくなる。日本のこのような血縁集団の構造は「姉妹型一夫多妻婚」と「異母兄妹婚」が同時に行われた婚姻形態により決定されたのである。

各民族はそれぞれの発展過程において互いに異なる文化を形成し、血縁親族集団の基準・規則は同じでない。その血縁集団の人間関係を追って記した族譜や氏族系譜が、民族・時代・文化などによって形も意味も異なるのは当然であろう。したがって、血縁集団内部の人間関係を記録した「族譜」や「氏族系譜」を研究することによって、その民族の血縁集団の構造を究明することができる。「族譜」・「氏族系譜」は血縁集団構造を研究する恰好の手がかりとなる貴重な史料であると考える。

第四章第一節ではいわゆる「地位継承系譜」と「氏族系譜」の区別をはっきりさせ、その上で、氏族系譜についての議論を展開していく。第二節では氏族系譜の特徴を明らかにするために、延暦一八年一二月戊戌勅について検討を行う。第三節では、①氏族系譜中の神話・伝説およびその祖先意識、②姓と改賜姓、③随母姓と両属性および母祖と女性の中継などの問題について詳しく分析する。

このように、日本古代の氏族系譜に着目し、近年注目されている義江氏の「一系系譜」と親子関係の連鎖である「両属系譜」とが併存したという論説と、明石一紀氏の古代ウヂ集団の系譜から確認されるのは「父系出自」という「観念」にすぎない、という結論を再検討し、その上で日本古代社会におけるウヂ集団の非出自集団としての父系擬制的・非出自的・無系的および血統上での未分化のキンドレッドという性格を検証する。

日本は有史以来中国古代文化の影響を受けてきた。宋代以前の族譜である中国風の古譜も日本に伝わっている。日本古代の氏族系譜にはウヂ集団自体の構造が反映されているばかりでなく、中国古代の父系宗族集団の意識や中国古譜の形の痕跡も深く刻まれているように思われる。この章では氏族系譜は日本古代におけるウヂ集団の発展の中でいかに生まれたのか、またそれがどのように、そしてどの程度中国古譜の影響を受けているのかについても検証する。

第二部では四章に分けて、異文化の視点から王位の継承制および家産相続の実態における文化的特徴について分析する。

第二部の第五章は、主に日本古代国家の成立期である六世紀から七、八世紀にかけての王位の継承問題について検討する。この時期、王位継承の最大の特徴は兄弟姉妹によるものである。一部の研究者はその姉妹を含んだ兄弟による継承を、直系継承制の「中継」と考えている。[14] しかし著者はその見解には賛成できない。この章では日本古代における王位継承の実態、つまり王位継承者が成人（三〇歳以上）しなければ王位に就けない、王位を継承した兄弟または姉妹はいったん王位に就けば死ぬまで譲位しないという二つの不文律、および立太子制度と日本の女性継承の問題、さらに中国古代の継承制における「兄終弟及」、直系継承およびそれを実行する条件などについて検討を加える。

そしてこれらの検討から明らかになったのは、日本において王位の直系継承は行われておらず、またそれはあり得ないことだったということである。なぜなら、日本では皇族の中で単位家族がいまだ複合大家族から独立も、成立もしていなかったからである。継承者は皇族内の全員から生み出され、それによって一族の権力や財産が守られた。したがって継承者を王の息子に限る必要はなかったのである。

第六・七章では、公家と武家の財産相続における養子制度を研究する。日本の歴史に見える養子は、養父子の血縁や長幼系列、養育の目的、養子を取る手続きとプロセスなどから見れば、平安時代後期の律令制の解体、一二世紀の鎌倉幕府という武士政権の成立を境界として、二段階に分けることができる。前期は主に平安貴族が血縁関係のある親族を養子に取ることが多く、長幼系列を論じないことが特徴となる。後期は上述した特徴は風習として日本社会に定着した上に、非血縁関係にある異姓養子を取ることが多く、特徴としては、武家社会は「養子願書」を、庶民社会は「養子証文」によって養父子の関係を確立させたことがあげられる。

具体的に第六章では、藤原氏家を中心に養子と養父の間の血縁関係および養子の実父と養父の位階・官職、すなわち平安時代の養子縁組と律令国家の蔭位制を総合的に考察し、平安貴族、特に公卿が孫を養子に取る理由を検討する。

『養老令』「選叙令・五位以上子条」によれば、四位・五位以上の貴族の子が蔭位資格を有し、三位以上は孫まで有するが、蔭位する時に孫は子より一階を繰り下げる。また平安時代には「官位相当制」が実施されていたため、当時の有品親王や内親王、三位以上の貴族の「家」の財源は朝廷から位田・位封・季禄をもらう以外に、官職に応じて職田・職封・資人も与えられていた。これにより貴族は『養老令』の蔭位制を利用して、血縁、特に世代順を無視して孫を養子に取り、自分の政治勢力を拡大させると同時に、ウヂ全体ではなくて、高位・高官らと彼たちの子孫らが個々人として国家律令官人に登用されるように働きかけて経済力を確立させる一方、ウヂ集団の解体や「家」の確立などを促した。その意義は律令時代から平安貴族、特に公卿が孫を養子に取るのを契機として、律令制以前からの伝統的な天皇に対する貴族の奉仕関係が消滅し、これにかわって、天皇との個人的な結びつきが貴族の朝廷での地位を左右するようになったことにある。また人為的に血縁関係の秩序を調整して法令の規定に符合させ、何世代にも渡って実利を得ようとしたことが、どうやら平安時代養子制の実質のように見える。

以上の研究をふまえた上で、第七章ではさらに近世の「養子願書」と「養子証文」について考察を行う。中世以降における養子の最大の特徴は、血縁関係のない養子が、血縁関係に基づく血縁身分制度を打破したことにある。一四世紀中期以降、近世になると長子以外の息子たち、特に庶民家の次男・三男は一言の恨み言もなく「養子証文」(「契約書」と看做す)という一枚の紙により、新しい家族に入っていった。この章では武家の「養子願書」と庶民社会における「養子証文」をあげて、養父子間の関係の結合と解除、つまり養子縁組と養子離縁を分析する。同時に中国宋・元時期の養子縁組、特に養子離縁に関する法令や文書を取りあげて、比較研究を行う。

日本の男性の四分の一にあたる養子、さらにそれと同じ四分の一にあたる養父を加えると、全男性の二分の一が養子に関わる契約関係に巻き込まれていたことになる。中世以降特に近世になると、養父子制度は人と人の契約という新たな人間関係を育んできた。日本社会における血縁関係なしに養子を取るという関係に、新たな契約文化が生じたと考えることができるのではないか。

日本社会の養子制度を通して功利主義文化や契約文化など近代文化の因子を見てきたが、ひるがえって中国の養子文書の分析を加えて、中国社会における養子制度はどうであったか、その養子制度と補完しあうのはどのような文化であったかを明らかにする。

第五章で王位継承制の検討において中国古代社会の王位父子直系継承制について触れたが、第八章では、前任皇帝に嗣子がいなかった場合、傍系から王位を継承する中国の皇帝は、直系継承制の下で前任の皇帝と皇帝ではなかった実父との間にどのような身分関係がつくられていたかを考察する。すなわち、傍系から王位を継承した皇帝の実父に対する祭祀についての論争から見た皇権と親権をめぐる日中の比較を行う。

中国においては、死去した父親を「考」と称する慣習がある。「皇考」とは、皇帝の逝去した前皇帝に対する尊称である。王位の父子直系継承制のもとで前皇帝は一般的に現任皇帝の父親である。問題になるのは、前皇帝に実子や孫がいない、つまり後嗣がいない場合、傍系から入って帝位を就いだ皇帝の場合で、みずからの父を「皇考」と称するべきか否かである。それは単なる尊号だけの問題ではなく、尊号と密接な関連のある屍柩を葬る上での陵墓制や、祭祀上の宗廟制の問題も引き起こすことになる。この章では、前漢の宣帝時代の「皇考廟」、哀帝時代の「恭王廟」、および宋の「濮議」、明の「大礼の議」をめぐって検討する。

日本においても、在世中に即位していなくても子が天皇の位についた場合、太上天皇の尊号を贈ることについての論争があった。いわゆる太上天皇は天皇を譲位した後の尊号である。この章では室町時代の後花園天皇の父である貞成親王の「後崇光太上天皇」、江戸時代の典仁親王の「慶光太上天皇」という「尊号の件」を取りあげ、議論を展開する。

日本における基礎社会の血縁集団構造は、古代中国の父系単系の宗族構造と異なって、その中身において中国の宗族における「上下尊卑」「長幼輩行」というような血縁等級秩序が存在しないから、上述の太上天皇の尊号についての論争も主に経済上の利益と直接関連した尊号の問題であった。しかし中国漢・宋・明の「皇考」に関する論争は、経済利益とまったく関連のない血縁上の秩序、内と外、親権と皇権、孝と忠、つまり家と国のどちらを優先させるかの問題であった。血縁集団構造が異なるため、両国の間で同じ尊号についての論争もその性格はまったく異なっていたのである。

以上の検討を踏まえて、終章では、日中両国の血縁親族集団の構造に直接影響を与えた各因子、具体的には婚姻形態、氏族系譜、王位継承、さらに養子制度における文化的特徴をめぐって議論を展開する。そしてこれらの考察により、日本古代の血縁親族集団の構造における父系出自の擬制的・非出自的・無系的および血統上での未分化のキンドレッドの性格についておよそ一通りの輪郭を描くことができた。またこの理論基盤の上で、さらに王位の継承と財産相続における養子制度を分析した結果、日本の古代と前近代社会における血縁親族集団の中にすでに近代文化の因子が存在し、それが日本社会の西洋近代文化と融合し得たきわめて有力な前提条件であったのである。これが著者の結論である。

なお、以上の研究に基づき、中国宗法制と宗族の全体をよりよく理解していただくために、付篇として巻末に「中国の宗法制と宗族およびその研究の歴史と現状」、『礼』と『家・国一体化』およびその文化の特質」の二篇を収録した。中国数千年の歴史において、親族集団構造つまり婚姻形態、地位の継承、財産の相続、養子縁組と養子離縁などの様子は、時代・地域・民族などによって千変万化、絢爛多彩であり、すべて持ち込んで比較をするのは不可能である。したがって本書では、中国で主流な親族の様態と文化（漢民族を中心として）を取りあげる。また、これからの宗族に対しての理解と研究を深めるための手がかりの一つとして、付篇一の末に中国と日本、その他の研究著作と論文の目録を収録している。

（1）「社会化」という用語は、社会学分野で英語での socialization である（『中国大百科全書・社会学』、中国大百科全書出版社、一九九一年、三〇三頁）。文化人類学分野では英語での enculturation である。Charles Winick, *Dictionary of Anthropology*, Rowman & Allanheld, Totowa, New Jersey, 1984, p185. を参照。

（2）朝尾直弘・網野善彦・山口啓二・吉田孝編『日本の社会史』第六巻・『社会的諸集団』、岩波書店、一九八八年、二頁。

（3）単位家族とは古代社会では複数の大家族、すなわち複合家族に対して一人の男性を中心とした妻・妾とその嫡・庶子を含んだ家族である。中国ではこのような家族を「個体家庭」と呼び、本書では「単位家族」という名称を使う。

（4）これは著者の日本の民族心理、日本文化の構造に関する論文を読まれた周一良氏から一九八七年九月にいただいた手紙の中の一部分である。原文は「近日抽暇讀了你的両篇大作、頗受啟發。（中略）日本古代事々模仿中國、而未形成宗法制、是否仍值得探討」である。

（5）Henry Sumner Maine, *ANCIENT LAW ITS CONNECTION WITH THE EARLY HISTORY OF SOCIETY AND ITS RELATION TO MODERN IDEAS*, Geoffrey Cumberlege Oxford University Press London New York Toronto, 1954. ここの引用は中国語版：『古代法』（漢訳世界学術名著叢書、商務印書館、一九五九年第一刷、一九九七年第六刷）九七頁。

（6）笠谷和比古「『家』の概念とその比較史的考察」（笠谷和比古編『公家と武家Ⅱ――「家」の比較文明史的考察』序論、思文閣出版、一九九九年、一一～一三頁）。

(7) トーマス・ローレン（Thomas Rohlen）の提案により、日本の社会組織、例えば「家元」、つまり擬制的な血縁組織の本質的原理を『縁約』（kin-tract）の原理と呼ぶ。しかし著者は擬制的な血縁組織という外的形式より、さらにある特定集団に加入することの決定と、また時にはそこから離脱することの決定とが、個人（の意志）に任されているという内的形式を重視するため、その養子縁組と養子離縁に関する関係を「契約」関係と考える。Francis L. K. Hsu, *CLAN, CASTE, AND CLUB*, Copyright, 1963, By D. Van Nostrand Co., Inc. All rights reserved.（作田啓一・浜口恵俊訳『比較文明社会論　クラン・カスト・クラブ・家元』、培風館、一九七一年初版、一九七二年第三刷、三〇四頁を参照）。

(8)「如果我們用『家族・私産・國家』三個指標来做文明路徑的説明、那麽、「古典的古代」是由家族而私産而國家、國家代替着家族。「亞細亞的古代」是由家族而國家、國家混合於家族」。（侯外廬『中国古代社会史』、新知書店、一九四八年、一六頁。なお、本書の引用は『民國叢書』第一編76・歴史・地理類、上海書店、一九八九年である）。

(9) 王滬宁『当代中国村落家族文化——対中国社会現代化的一項探索』（上海人民出版社、一九九一年）、王銘銘『溪村家族——社区史・儀式與地方政治』（貴州人民出版社、二〇〇四年）などを参照。

(10) 阮雲星「義序再訪『宗族郷村』の現在」（『中国研究月報』五九三号、（社）中国研究所、一九九七年）。

(11) 本書巻末資料の「中国宗族（中国譜牒学史・家庭史を含む）の研究一覧」を参照。

(12) 吉田孝「古代社会における『ウヂ』」（注2前掲書）での注45を参照。

(13) 中国では同じ父系宗族の構成員はみな同じ苗字、すなわち同じ「姓」を冠する。その「姓」は見えない血縁関係を外在化して、異なる父系血縁集団構成員を区別するしるしになる。いわゆる「同姓不婚」とは、同じ父系血統の構成員同士の間の結婚は許されないことである。

(14) 河内祥輔「王位継承法試論」（佐伯有清編『日本古代史論考』、吉川弘文館、一九八〇年）、南部昇「女帝と直系王位継承」（『日本歴史』二八二号、一九七一年）、成清弘和『日本古代の王位継承と親族』（御影史学研究会歴史叢書一、岩田書院、一九九九年）。

第一部　日本親族集団の父系擬制的・非出自的・無系的および血統上での未分化のキンドレッド構造に関する検証

第一章　日本古代血縁集団に関する研究とその問題点

はじめに

日本において一九世紀末期から今日に至るまで、古代の天皇家や豪族の近親婚とウヂ集団の構造は、一貫して史学界、とりわけ古代史学界の注目を集めてきた。関連する女性史も含め、一八六八〜一九八一年の一一三年間の女性史・家族史研究文献を網羅した『日本女性史研究文献目録』(1)が刊行され、一九八三年に続いて、同続編Ⅱ(2)が一九八二〜八六年の四年間のそれを網羅して刊行された。峰岸純夫氏は「単純計算すれば、前者の一一三年間に四年間が匹敵するということ」(3)であると指摘した。また近年女性史総合研究会、比較家族史学会（もとの比較家族史研究会）、熊本県を中心とする家族史研究会、富山女性史研究会を中心としての研究活動など、女性史・家族史に関する研究は日本全体で活発化した。(4)このように、この一世紀を経て歴史学者たちがこの問題について議論する情熱は少しもさめないばかりか、この半世紀あまり研究者たちの情熱はますます高くなった。

これらの全研究を全分野にわたって整理・概括することは不可能であるが、本研究と関連する議論については具体的な研究を行う前に、概括しておく必要がある。ゆえに、本章では代表的な学者を中心に、津田左右吉氏以来のそれぞれの段階における家族構成の特徴、婚姻形態の性格、血縁集団の構造についての研究の特徴とその代表的な研究成果を紹介する。その上でウヂ集団の血縁構造、とりわけウヂ集団のいわゆる「出自」構造および「双方親族集団」について、この二〇年来の学界内の議論に存在する問題に重点を置いて、その問題の実質を検討し、その研究を押し進めたい。

第一節　ウヂ集団についての研究史の概括

(1)津田氏説と戦後の「政治的主従関係」説

一九二〇～三〇年代における、ウヂ集団の血縁関係についてのもっとも代表的な研究は、津田左右吉氏によるものであった。津田氏の研究は『古事記』『日本書紀』に基づいたものである。彼は『古事記及び日本書紀の新研究』において次のように述べる。『記』『紀』の「物語其のものこそ事實を記した歴史では無いが、それに現はれてゐる精神なり思想なりは嚴然たる歴史上の事實であつて、國民の歴史に取っては重大なる意義のあるもの」[5]であり、「記紀の上代の物語は歴史では無くして寧ろ詩である。さうして詩は歴史よりも却つてよく國民の内生活を語るものである。これが此の書に於いて、筆者の反覆證明しようとした根本思想で」[6]ある。この考えに立って、津田氏は民族学の理論と方法を用いて、『記』『紀』中の上代の人々の生活と婚姻を素材として、血縁集団の構造や性格などについての研究を行った。津田氏の説は以下の通りである。

われわれの知り得るかぎりに於いては、日本の上代には、家はあつたが部族と稱せられるごときものは無かつた。家の名はあつても部族の名らしいものは無く、家の祖先はあつても部族の祖先といふやうなものは無かつた。また村落の首長はあつたが部族の首長は無かつた。要するに、家の生活、村落の生活は、あつたが、部族の生活は無かつたのである。[7]

日本では「家」という形態が形成されたのち、その生活は村落や貴族・豪族による政治的統制に依存し、その間の婚姻形態について、津田氏は

我が上代に父方母方の何れの近親とも結婚したのは、父方の近親と結婚することが普通であつた母系時代の習慣が遺つてゐるところへ、母方の近親と結婚し得る父系時代の新習慣も行はれて、其の二つが共存し、終にそれが混同したのではあるまいか。親子同胞間の性交を罪とし母子を共に犯すことを禁じてゐる以上は、それだけなりとも、既に婚姻上の制度が定められてゐるのであるから、近親結婚の風習とても、決して所謂亂婚では無く、又た甚しき未開時代の遺習といふべきものでも無く、何等かの社会制度に由来してゐると考へ、[8]るのは、全くの妄想ではあるまい。（傍点は著者）

と指摘した。

津田氏の右の日本上代の婚姻習俗についての論説の肝要な点は、そのような婚姻形態は「何等かの社会制度に由来してゐる」というものである。さらにその婚姻の直接の結果は、血族的集団、または血族に相対する姻族は存在しなかった。[9]古代のウヂ集団は血族集団ではなく、「家名」を持った政治の統治秩序の下での一種の政治組織であった。[10]この論説は二〇世紀初頭のものである。その時代、文化人類学の分野において「出自」(descent)という用語や概念はまだ練れていなかった。津田氏がいった血族・姻族の中身は、のちの文化人類学での「出自」集団ではないかと考える。

史学界は津田氏の研究に高い評価を与えた。まず、家永三郎氏は津田氏の『記』『紀』の研究が「画期的な成果をもたらしたのは、比較神話や文化人類学についての津田氏の豊かな学識によるところも大きかった」[11]と述べた。また井上光貞氏は「日本古代史と津田左右吉」において津田氏の『記』『紀』研究は、(A)「基本的な構想ないし方法の如き本質的なもの」と、(B)「それにもとづく個々の結論、成果の如き派生的なもの」との両者からなると

概括した。そして津田説の真髄は、(B)の結論の部分ではなく、(A)の方法と仮説にある、[12]と評価した。こうして津田氏の研究方法とその結論は、史学界において「津田史学」と呼ばれる一つの学説となった。

津田説は戦後の歴史学に大きな影響を与えた。特に戦後のウヂ集団の研究に決定的な影響を及ぼした。その影響を受けた者には、藤間生大氏・石母田正氏・有賀喜左衛門氏・和歌森太郎氏などがいる。彼らは古代のウヂ集団についてさまざまな研究を行ったが、ウヂ集団における非血縁関係と政治的な主従関係を強調している点ではおおむね一致している。しかしその方法論は異なる。藤間氏と石母田氏はエンゲルスの社会発展段階論の影響を受けているのに対して、有賀氏と和歌森氏は社会学および民族学的な方法を選んだ。その成果はそれぞれ藤間氏の『日本古代国家』[13]、石母田氏の「古代家族の形成過程」[14]、有賀氏の「日本上代の家と村落」[15]、和歌森氏の『国史における協同体の研究』[16]にまとめられている。また吉田孝氏は「ウヂとイヘ」[17]の中で、彼らのさまざまな研究における問題点について検討した。

ここで石母田氏の研究を中心に、本研究と関係の深い点について検討してみたい。

ウヂ集団が「家名」を持って社会秩序によって集結せられた政治的集団であるという津田説に関する石母田氏のもっとも代表的な論文は、一九四二年に発表された「古代家族の形成過程」である。

この論文でまず石母田氏は古代の籍帳を根拠に、「近江国志何郡古市郷大友但波史族広麻呂計帳」と美濃・筑前・豊前などの諸国の大宝二年(七〇二)の戸籍残簡を分析した上で、「古代家族」とは「社会的同居集団として、郷戸を指すので」あったと考えた。このような家族は①戸主の血縁、②寄口、③奴隷、の三つの要素によって構成されている。この「家族は以前の形態と異なって、血縁を超えたところに家族としての社会的結集の基礎をもっているといわねばならず、このことは血縁者の自然発生的な集団として発展してきたかかる社会的集団にとっては一つの重大な質的な転換といわねばならぬ。この新しい家族を統一し支えているものは、従来の家族形態が知らなかった家族集団の集中的表現としての家長の権力で」[18]あった（傍点は原文）。

また、石母田氏はこのような家族について次のように指摘した。

> 家族は特定の原理にしたがって、たとえば父系的または母系的原則にしたがって、事実上の親族集団の中からその家族の成員を組織しなければならない。すなわち家族はそれが社会的・制度的な集団として理解されるかぎり、父系か母系かの単系性を原理として組織されなければならない。[19]（傍点は原文）

さらに石母田氏は古代日本における社会経済史的な視点に立って、旧来の家父長制家族は政府の略奪対象となり、八世紀の律令政府を支えたという政府とウヂ集団との政治関係を強調した。

石母田氏の主張は以下の三点に要約できる。①古代家族は家長権の下に血縁者と非血縁者＝家内奴隷（寄口と奴婢）を包含する、血縁を超えた社会的・制度的な集団である。②古代の家族は母系・父系いずれかの社会発展段階の単系性を原理とした集団である。③古代家族は社会的・制度的な集団であり、その集団内部には階級関係が、律令政府との間には統治と被統治の政治的関係が存在した。

史学界は石母田氏の理論に高い評価を与えた。「石母田正理論は戦後の古代史学発展の起爆剤となった」とみなされた。石母田説も史学界において「石母田理論」と呼ばれる一つの学説となったのである。[20]

しかし、石母田氏の説はいくつかの問題もはらんでいた。石母田氏が立論の素材とした戸籍・計帳のうち、発展段階差・地域差を示すと見なされたデータの中には、日本の編戸制の特質から生じたゆがみが含まれていること、戸籍・計帳に記載された数多くの「寄口」を非血縁者と見なしたが、実際には姻戚関係によって戸主とつらなる場合がたくさん含まれていた可能性が強いことが、それぞれ岸俊男氏と門脇禎二氏によって指摘された。[21]このことは、のちに吉田氏の前掲論文「ウヂとイヘ」[22]でも取り上げられる。

しかし著者は石母田氏の「家族は（中略）父系か母系かの単系性を原理として組織されなければならない」と

いう説はモルガン・エンゲルスの社会発展論をそのまま利用したものであり、日本の古代社会に直接あてはめるには無理がある、と考える。

石母田氏は単系出自の概念について「血縁の組織されている仕方とはまず第一に家族が母系的、または父系的原理のいずれに基づいているかというdescentの問題である」と述べ、次のように続ける。「特定の個人を基点としてそこから事実上の親族関係を系譜的に辿ってゆくならば、その個人の父方母方の双方の系統に同様に親族関係が成立し得るのであるが、かかる関係は血縁集団内部のどの個人についてでも同様に成立し、ここに親族関係が混沌たる親族連鎖の絡み合いとなる」[23]（傍点は原文）。

「個人の父方母方の双方の系統」に成立する混沌たる親族関係と、母系的・父系的出自（descent）とを分けて論じた点は、文化人類学でリヴァーズ（W.H.R. Rivers）に代表される出自論（本書第二章を参照）と一致する。しかし石母田氏は一方で古代の血縁者の組織が、混沌たる親族組織から未分化の状態で血縁者と非血縁者が一団となっていたと述べながら、この社会の血縁集団を母系的、または父系的単系出自集団とするのは大きく矛盾していないか。この点については以下の章・節で詳しく検討する。

その後、門脇氏・安良城盛昭氏・吉田晶氏・原秀三郎氏などが前述の藤間氏・石母田氏・有賀氏・和歌森氏の説を批判的に継承した。彼らはさらに一歩進んで、八世紀以後の日本古代の家父長制家族はローマ型の家父長制とは異なっていることを指摘した。彼らは家族、すなわち共同体の成員間の分割労働方式と財産の所有、経営の規模ならびにその内容について議論を行ってきた[24]。

前述の津田氏・石母田氏などの研究者たちは古代家族やウヂ集団の内部の非血縁関係に注目した点では共通している。しかし津田氏がウヂ集団は血族・姻族（非単系の血縁集団）ではないことを強調したのに対して、石母田氏はモルガン・エンゲルスの社会発展段階論に基づいて、古代家族の父系単系的な性質を主張した。これらさまざまな説があるものの、古代家族やウヂ集団を社会的・制度的な政治集団とした点ではほぼ一致している。それは古代家族やウヂ集団を末端単位とする古代国家の成立事情や、政治・経済などの構造を解明するのに重要な役割を果たしたが、血縁集団内部の血縁構造についての検討は不充分であったといわざるを得ない。

(2)婚姻形態における母系制と父系制の論争

母系と父系とは人類の歴史における一定段階の産物であり、特定の婚姻形態によって規定される。ゆえに、母系制と父系制についての論争は婚姻形態についての議論に集中している。

一九三〇年代、婚姻史研究に力を尽くしたのは高群逸枝氏である。高群氏は『母系制の研究』『招婿婚の研究』『女性の歴史』『日本婚姻史』[25]など、古代の婚姻に関する多くの著書を残した。

高群氏は、社会経済史や生活史や人類学、文学をも統合する多角的な視野で女性史を研究した。氏は、上代は母祖の地位とその役割を大いに重視し、母系氏族の段階を経て、大化の改新前には母系・父系混合の段階を経験し、改新後に日本の父祖・父系氏姓・父系氏族が確立されたとする。

日本古代のウヂ集団を血縁集団として、婚姻という視点によってその内部構造を研究したことに、高群氏研究の重要な特徴がある。一九四〇、五〇年代は文化人類学が未開民族・地域に対して行った実地調査の成果が報告され、また理論の上でも飛躍的に発展した時期である。その影響を受けて史学界では、高群氏・洞富雄氏らに代表される母系説と、江守五夫氏・大林大良氏らに代表される父系説との間で論争が起こった。

洞氏は『古事記』中に見られる皇族の婚姻関係のうち、婚姻当事者相互の血縁関係が明らかなものをすべて分類し、皇族の近親婚を次の一四種類に分けた[26]。

1　兄弟姉妹婚（同父同母兄妹婚二例、異母兄弟姉妹婚九例）

2　叔伯母甥婚および叔父姪婚（母方のオバ〔伯母〕との婚姻四例、父方のオバ〔叔母〕との婚姻二例、姪との婚姻五例を含む）

3　従兄弟姉妹婚（従父姉妹との結婚四例、従母姉妹との結婚三例を含む）

4　再従父兄弟姉妹婚（二例）

5　叔父（父の異母兄弟）の孫との結婚（二例）

6　異母兄弟の孫との結婚（一例）

7　従父兄弟の子との結婚（三例）

8　父の再従父姉妹との結婚（二例）

9　父方曾祖父の従父姉妹との結婚（一例）

10　再再再従父姉妹との結婚（一例）

11　玄孫との結婚（一例）

12　高祖父の再々従父姉妹との結婚（一例）

13　父方祖父の姉妹との結婚（一例）

14　五世の祖の姉妹との結婚（一例）

洞氏はこれらの例を、母系的にみて族内婚、同じく族外婚、不明の三類に分けた。分けた結果からみれば、族内婚はわずか二例である。一例は第一類中の安康天皇と長田大郎女の婚姻である。『古事記』によれば、それは同父同母の結婚となるが、「履中紀」と「雄略紀」によれば、長田大郎女は履中天皇と幡梭皇女（異母兄弟姉妹）との間に生まれた皇女であり、安康天皇は允恭天皇と忍坂大中姫命との間に生まれた。允恭天皇と履中天皇は同父母兄弟である。したがって『日本書紀』によれば、それは従父兄妹婚である。族内婚のもう一例は第一類中の木梨之軽王と軽大郎女の婚姻である。洞氏は前者は『日本書紀』の記録を根拠として「『古事記』の記載に誤りがあり」、後者は「禁忌をおかしたものとして処罰された事例」であるとの理由から、「母系近親婚間の婚姻はほとんど行われていなかった事実を確認することができる。かかる事実は偶然の結果とはいえない。そこには母系的族外婚の規制が厳然として存在する」と結論づけた。

また洞氏は『古事記』を根拠として、第一類中の用明天皇と間人穴太部王の婚姻、第二類に属する用明天皇と意富芸多志比売の婚姻をみな「母系的にみて族外婚」だとした。しかし、『日本書紀』や『上宮聖徳法王帝説』によると、その二例の婚姻はみな「母系的にみて族内婚」のカテゴリーに属すとすべきである。

次に、洞氏は第一類の「異母兄弟姉妹婚」中の第四例、根鳥命と三腹郎女（阿貝知能三腹郎女／「応神記」では異母兄弟姉妹婚）の婚姻を不明資料として除いた。洞氏によれば「異母同士姉妹、ただし、同母か異母か不明。したがって、母系的に族内婚か族外婚か不明」という。しかし著者は『先代旧事紀』第五巻「天孫本紀」によって「異母同士姉妹」の母は同父同母姉妹であることを確認した。したがって、これは「母系的族内婚」であるといえる。この婚姻の性格については本書第三章第一節で詳しく述べる。

『古事記』と『日本書紀』は最古の歴史的文献であり、『古事記』は和銅五年（七一二）正月に、『日本書紀』は養老四年（七二〇）五月に完成した、ほとんど同時代の文献であるといえる。ゆえに同時代の社会習慣・風俗・観念などを反映している。そしてどちらも同じようにその中に神話と伝説を含むのを避けられなかった。いうまでもなく、婚姻慣習と婚姻観念もそれに含まれる。ゆえに洞氏が大化の改新前の近親婚を検討するにあたって、そのほとんどが『古事記』中の史料を使っただけなのは妥当ではない。また、洞氏は『日本書紀』の「履中紀」、「雄略紀」によって、安康天皇が允恭天皇と忍坂大中姫命（『古事記』では忍坂之中津比売命）の皇子であり、長田大郎女が履中天皇と幡梭皇女の娘であるために、『古事記』の安康天皇と長田大郎女が同父母兄弟姉妹婚であるという記載を誤記であるとする。洞氏の以上のような史料の処理は恣意的で妥当ではないと考える。もう一つ肝要な点は、その時代において、母系・父系を分ける意識や母系・父系族内の婚姻禁忌が確実に存在したかどうかである。この問題について本書の第三章第二節で詳しく分析する。

一方、父系制説の代表的な研究者は江守氏と大林氏である。この二人は日本と中国、東南アジア地域との婚姻習俗の比較研究に力を尽くした。江守氏には『日本の婚姻――その歴史と民俗』『家族の歴史民族学――東アジアと日本』[27]などの著作がある。大林氏にも『海をこえての交流』『海人の伝統』『ウヂとイエ』[28]など一連の本と関連した論文、例えば「古代の婚姻」[29]などがある。二人は日本古代の婚姻習俗において中国の父系単系血縁集団の特徴と類似したものを発見し、日本古代の社会が「父系制」の社会であったと主張した。

彼らの研究には厳密さに欠ける部分や偏見が見られる。二人が例として取り上げる婚姻習俗のある一面だけでは、古代社会が「父系制」「母系制」いずれの性質を持つか判別するには不充分であると考える。

このように、どちらの立場をとるにせよ、それぞれ問題を含んでいるが、これらの研究者たちの研究方法は、集団内部の血縁関係の中に踏み込み、研究の視野を広げ、新たな道を切り開いたという意味で評価できよう。そして、こうした背景の下でいわゆる「双系制」説が生み出されたのである。

(3)一九七〇年代以降の「双系出自」、「双方親族集団」および「イエ社会」をめぐる研究

「双系制」の概念をもっとも早く導入したのは大林氏と鷲見等曜氏であった。一九七一年大林氏は古代日本と東南アジアの婚姻習俗、例えば歌垣、一時的妻訪婚などの習俗を比較し、東南アジア地域の「双系制」を日本に紹介し、日本古代社会においては父系制と同時に、その「双系制」社会と共通した構造も存在したことを指摘したのである。[30]一九七四年、鷲見氏は「平安時代の婚姻」[31]の中で、大林氏の婚姻習俗のみについての比較を一歩進

め、日本の一時的妻方居住婚・財産相続の形態などについても東南アジアとの比較を行い、高群氏の「母系論」に対して批判を行った。日本古代の社会は「双系制」の社会と類似していると結論づけたのである。

一九七六年、吉田孝氏が「律令制と村落」[32]を発表した。吉田氏は日中の古代社会を比較し、日本の古代社会には中国のような家父長制の下での大家族は形成されていなかった、と指摘した。日本古代の上層部、すなわち統治集団が、神話化された血縁の系譜を絆としていたのに対して、基層社会、すなわち庶民階級では、「双系制」の親族関係を絆としていた。このようなそれぞれ異なった構造を持つ二種類の親族集団が日本社会を形成していた、と吉田氏は述べた。

続いて吉田氏は一九八二、八三年に論文「ウヂとイヘ」[33]と著作『律令国家と古代の社会』[34]を発表、出版した。大林氏・鷲見氏の「双系制」についてさらに議論を進めたものである。

吉田氏に次いで、義江明子氏、明石一紀氏も前後して論文や著作を発表した。[35]二人の説は八世紀半ばまでの血縁親族集団の構造については各自の議論があるものの、おおよそ吉田氏のいう「双系制」説に近い。八〇年代以後「双系制」説は学界で一世を風靡し、吉田氏はその代表的な存在となった。

その頃、鬼頭清明氏は一九八七年に発表した「家族と共同体」の中ではじめて吉田氏・義江氏の説をそれぞれに批判し、同時に「双方親族集団」説を打ち出していた。著者は吉田氏・義江氏の結論に賛成できないだけでなく、鬼頭氏の「双方親族集団」の説についても納得しない。したがって、本章第二節の「ウヂ集団の『出自』および『双方親族集団』をめぐる研究の問題点」で、これらの問題について詳しく分析を行う。

一九七〇年代には、文化人類学・社会学の分野で血縁集団や家族構成について広範な研究を行う研究者もあった。古代のウヂ集団における血縁関係についての研究が、その機能や社会的役割についての研究に転化したのである。もっとも代表的なのは村上泰亮氏・公文俊平氏・佐藤誠三郎氏による共著『文明としてのイエ社会』[36]である。以後研究者たちもそれぞれ著書を出版して自説を述べた。平山朝治氏『イエ社会と個人主義――日本型の組織原理』[37]、のちの笠谷和比古氏『士(サムライ)の思想――日本型組織と個人の自立』[38]もそれである。のちに歴史学者たちもこの方面の研究に加わった。一九八八年に朝尾直弘氏・網野善彦氏・山口啓二氏・吉田孝氏編集の『日本の社会史』八巻が出版されたが、その第六巻『社会的諸集団』[39]には、古代のクニ・ウヂ集団、中世期の武士団、近世のイエ・商人の同族組織、寺院の僧侶集団、農民階層などの社会的な各種集団についての幅広い研究の成果が発表されている。朝尾氏は同書の冒頭の「問題の所存」で研究の目的を次のように述べている。「欧米との比較から、日本人は集団帰属性が強いといわれる。その真偽・程度如何は、いうところの集団がいかなる集団であるか、アジアその他との比較ではどうかなどをふくめ、もうすこし広い視野から検証してみなければならない問題である」。このような考え方に基づいて「現代の日本人の行動や意識に影響をおよぼしているとみられる、近代以前の諸集団について考察をくわえ」たという。

一九八〇年代末から九〇年代にかけてこうした著作が次々と世に問われ、同様のテーマで各種のシンポジウムや研究会が各地で行われた。例えば、国際日本文化研究センターでは、「公家と武家」を研究テーマとする研究班が一〇数年来、日本の血縁集団を中核とする「イエ」社会を研究している。彼らは、笠谷和比古氏が「日本社会における『家イエ』の成立と展開――『家イエ』研究のための若干の覚書――」で述べたとおり、「家業・家産・家名の一体的な保持・継承を目的とする永続的団体、すなわち経営体・財産体」についての研究を行っているのである。二カ月に一回研究会を開き、各大学・研究機関から集まった研究者たちが活発な研究発表を行っている。その研究成果を集めたものに『公家と武家――その比較文明史的考察』(一九九五年)と『公家と武家II――「家」の比較文明史的考察』(一九九九年、いずれも思文閣出版)、また『公家と武家――その比較文明史的研究』(国際シンポジウム二二、国際日本文化研究センター、二〇〇四年)という三冊がある。

第二節　ウヂ集団の「出自」および「双方親族集団」をめぐる研究の問題点

(1)吉田説をめぐる鬼頭氏の批判と吉田氏の反省

一世紀にわたって行われてきた家族構成の特徴、婚姻形態の性格、血縁集団の構造などに関する議論は、歴史学界、とりわけ古代史学界と民俗・民族学界の研究者たちのたゆまぬ努力を示すものである。

戦前の学者たちも、ウヂ集団を社会の基礎的な組織として、その政治や経済について全体的に研究し、日本の古代国家の構造の特徴を分析する上で大きく貢献した。ウヂ集団はそもそも濃厚な血縁関係を持った集団である。それゆえウヂ集団内部の構造を正しく解明するためには、集団内部における血縁・婚姻・系譜について具体的に研究しなければならない。その意味で高群氏・洞氏・江守氏・大林氏および吉田氏・義江氏・明石氏らの研究は、それぞれ問題点はあるが、いずれも古代ウヂ集団研究史上の転換点であったといえる。ウヂ集団の研究を集団内部の血縁構造の深層にまで深めたことは彼らの功績である。

しかしながら彼らのいう「母系制」「父系制」「双系制」のいずれの結論も不正確で曖昧であると著者には思われる。とりわけ吉田氏・義江氏・明石氏らが、文化人類学の「出自」に関する概念を用いて行った論述と結論には同意できない。

そうした不正確で曖昧な部分はすでに一部の研究者にも指摘されている。「双系」説に対して、もっとも早く明確に批判したのは鬼頭氏である。鬼頭氏は一九八七年に発表した「家族と共同体」の中で、次のように指摘した。(40)

吉田説は、日本の古代社会は双系制にもとづくものとし、家の所有と経営については豪族層についてはヤケというなりわいの（傍点は原文）単位の成立を認めているが、一般農民には認めていない。この説が学界で注目されているのは、従来のマルクス主義の理論の枠組みとはちがった枠組みを提起したことによる。実証的には単一父系出自集団が日本古代には認められないことを、親族呼称や律令、宣命等の史料から証明し、それを双系的な社会のあり方と考えた。双系制の概念はキルヒホフから示唆を受けているが、キルヒホフの円錐形クランについては日本では適応できないとした。キルヒホフの双系制という概念は、まだ人類学が双方親族集団と双系出自集団とを区別する以前の研究だから、吉田説は私見によれば双方親族集団（傍点は著者／この説の問題点については、本節の⑷、「鬼頭氏の『双方親族集団』説とその問題点」で詳しく述べる）のみを証明したことになるのではないか。

鬼頭氏の示唆を受けて、吉田氏は「律令制と村落」、『律令国家と古代の社会』以来五年を経て、一九八八年に出版した『社会的諸集団』の中の「古代社会における『ウヂ』」において次のように述べた。

・始祖からの関係、すなわち出自（descent）にかかわる『リニアル系』（lineal）と、父ないし母を通してたどれる関係を示す『ラテラル方』（lateral）の概念は、はっきり区別しなければならないが、拙著『律令国家と古代の社会』においては、両者を区別しなかった。そのために論旨に混乱が生じたことを反省している。

・「出自集団」の概念を十分に検討せず、その用語法にも一貫性を欠いていた。

しかし、吉田氏は『出自集団』の概念をめぐる人類学者や社会学者の激しい論争に参加する準備も能力もない」[41]ともいい、それ以上に議論を展開しなかった。

「双系制」説の主力であった吉田氏自身が右のように「反省」しているにもかかわらず、学界においては彼はずっと「双系制」論の代表であると見なされていた。例えば一九八八年には大竹秀男氏・竹田旦氏・長谷川善計氏編の『擬制された親子』において、長谷川氏と林紀昭氏の二人はそれぞれみずからの論文の中で吉田氏が提唱した「双系制」を引用した。[42]一九八九年に出版され、一九九一年に再版された都出比呂志氏の『日本農耕社会の成立過程』でもやはり吉田氏を「双系制」の代表と見なして、「双系」説は「とくに最近、新しく主張された説である。吉田孝は（中略）双系制の存在を提唱した。（中略）近年では、吉田説を支持する研究者が増加しつつある」[43]と述べている。

⑵義江説と鬼頭氏の批判

義江氏は一九八〇年代後半に出した『日本古代の氏の構造』において『上宮記』の系譜、「山の上碑」の系譜、『和気系図』などの系譜史料、ならびにウヂ集団による天皇に対する改姓の申請の上書や天皇による頻繁な「改賜姓」についての史料などに基づいて、ウヂ集団の発展を次の三つの段階に分けた。①五世紀後半から七世紀の半ばまでは、個人の出自は「一系系譜と両属系譜」が併存し、これをウヂ集団の形成期における重要な特徴である。②七世紀後半に律令制が導入されると、ウヂ集団も再編の過程をたどり、「一系系譜と両属系譜」の整理と純化、新たな系譜意識の芽生えとその変化などに伴って、ウヂ集団は父系出自集団への転換のきざしを見せる。③八世紀に入ると「父系近親婚」[44]が集中的に出現したことによって、ウヂ集団は確実に父系出自集団へと変化してゆく。八世紀末から九世紀前半には頻繁な「改賜姓」によって、ウヂ集団は天皇に奉仕するものであるという従来の考え方が「出自」意識に溶解・吸収され、ウヂ集団は完全に父系出自集団への質的変化を遂げた、とする。[45]

義江氏の研究は文化人類学の出自理論に基づいて行われている。しかし、ウヂ集団の形成期には「個人の出自は、一系系譜と両属系譜の併存により示される」[46]という説は非科学的である。「一系系譜」とはウヂ集団の首領が王や天皇に奉仕する「職」の世襲系譜であり、個人の出自系譜であるとはいえない。また「両属系譜」は、日本の古代社会では権力および財産の面で女性が一定の地位と権利を有していたために、系譜の中に時おり女性が介入するという現象が生じたのであり、これは文化人類学における「出自」の概念とは異なっている。この点に関しては、本書第四章「氏族系譜における非出自系譜の性格」において述べた。「父系近親婚」は八世紀初頭、ウヂ集団が父系出自集団に転化したという見方の根拠とすることができるか、またその時代の日本の婚姻形態は果たして「父系近親婚」といえるのか、他方、八、九世紀の間に頻繁に改賜姓が行われたが、そうした状況のもとで、「父系出自集団」は成立可能であるか、など問題点・矛盾点は多い。

実は義江氏自身もそれらの問題点・矛盾点には気づいている。同書の中で、五世紀後半から七世紀後半について、「氏はこの段階ではまだ出自集団ではなく」といいながらも、「個人の出自は、一系系譜と両属系譜の併存により示される」と述べる。さらにまたのちでは、ウヂ集団は大王に奉仕する職掌の世襲（奉事根源）を軸に結集した集団であり、「ここに形成される集団はまだ厳密な意味での出自集団ではなく、出自と帰属と系譜は相互に一致していない」[47]（以上、傍点は著者）と述べている。このように論旨が矛盾しているのは、文化人類学上の「出自」という概念に対する理解が曖昧で不正確だからである。また、八世紀初頭にウヂ集団が父系出自集団に転換した重要な根拠の一つとして西野悠紀子氏の「父系近親婚」[48]という説をあげている。しかし、西野氏があげた天皇や豪族の婚姻例はみな父方から見れば近親婚、母方から見ても近親婚[49]であり、根拠には使えない。なぜなら日本の古代社会には同父同母兄妹婚の禁忌が存在したのみで、異父同母兄妹間や、とりわけ同父異母兄妹間の婚姻は多数行われていたからである。それゆえ、文化人類学でいうところの父系・母系の「系」は存在し得ない。義江氏の論旨における矛盾と非科学的な結論の根本的な原因はここにある。

義江説に対して鬼頭氏も次のように批判している。

義江説のかかげた両属制の史料は、成員の資格と権利とが父と母との両属によってささえられていることを明証するものはなにもない。血縁を双方にかぞえる習俗があるということを証明することと共同体成員の資格と権利とがなんらかの血縁出自によって保障されるということを証明することとは異なっているはずであ

る。出自集団の意味がここではあいまいになっている。(50)

しかし一九八七年の鬼頭氏の右の批判ののち、義江氏は自説を補足するために、一九八八年に「古系譜の『児（子）』をめぐって——共同体論と出自論の接点——」、一九八九年に「天寿国繡帳銘系譜の一考察——出自論と王権論の接点——」という二篇の論文を発表した。(51)これを見ると、義江氏は鬼頭氏の批判を受け入れず、自説を変えなかったことが分かる。

(3)明石説について

吉田氏・義江氏の研究を引き継いで明石氏は一九九一年に『日本古代の親族構造』を著した。この著書は明石氏の序文によれば、吉田氏の「双系制」説の影響を受けて、「双系」というキイ・ワードを用いて、家族研究における伝統的で実りのない「家父長制世帯共同体」、「郷戸」についての議論を打開しようとするものであった。明石氏は鬼頭氏の批判と吉田氏の「反省」に注目し、序文の末尾で次のように述べる。

bilateral の訳語は、旧稿では当時一般的で流布していた「双系的」の用語に従ったが、近年はより正確な「双方的」の訳語が定着しつつあるので、本書ではすべて「双方的」の語に改めて統一することにした。(52)

つまり bilateral の訳語を「双方」と改めたのは、「双系」という翻訳が間違っていたからだという。明石氏は実際にそれを翻訳の誤りにすぎないと見なしていたのかもしれないが、それによって、明石氏はやはり吉田氏・義江氏と似通った間違いを犯した。

明石氏は二つの考察を行っている。第一はウヂ集団の「出自」について。彼によれば文化人類学中の出自理論は以下の二つに分けられる。一つはリヴァーズを代表とする単系出自論である。この理論は単系以外の出自を認めず、ほかは filiation（親子関係）に基づく帰属とする。二つは、ファース（R. Firth）などによるもので、単系のほかにnonunilineal（非単系）・ambilineal（選択系・二者択一系）・cognatic（共系）[53]・bilateral（双系）などと表現される出自を認める理論である。

明石氏は『日本古代の親族構造』の第三部第一章「ウヂの基本的性格――古代における父系出自――」において、「日本古代のウヂを厳密に分析する場合において、第一説（上記リヴァーズを代表とする説）の出自概念・理論に立って分析した方がより明快に解けるのではないか、と考える」[54]といい、リヴァーズを代表とする「単系出自」論を研究方法として採用した。しかし彼はウヂ集団の構造は「父系出自」であるという立場で論じている。この点は吉田氏のウヂは首長層の父系を原則とする「父系に大きく傾いた」[55]という説とよく似ていると思われる。

しかし、彼は繰り返し「社会構造的・原理的にウヂ帰属は単属性である」「父方集団にのみ帰属する」と強調しながら、結論では、「実態的に氏姓の混乱が起こったり、母方帰属などを取りこんだ血縁集団しか形成されず、排他的父系出自集団が実現し難かったわけである」と指摘した。つまり明石氏はウヂ集団の性格は「父系出自」であったが、ウヂ集団自体は「父系出自集団」ではなかったとの考えているわけで、この点で、彼は前記の吉田氏・義江氏と同じ過ちを犯していると思われる。

第二の考察は、ウヂ集団の系譜について。明石氏は系図・系譜を二種類に分けた。一つは出自関係・血縁集団・同族・家系に基づいた一人の祖先から次々と子孫を表記する子孫流下式の系図であり、もう一つは出自と無縁の父方・母方の多祖から自己に集約される祖先溯上式の系図である。彼は「日本の古系譜はどちらでもなく、一人の祖先から一世代一人の子孫が一系的に続いてある個人につながる形式であり、この一系系譜は〝上下連鎖式〟というべき系譜である」、その系譜は「奉事根源」を目的として、ウヂ集団の継承者（氏上）の「地位の正統性」を強調する系譜であると述べる。しかし一方、明石氏はウヂ集団の系譜について詳しく検討し、①系譜中の母祖、②女性の中継、③系譜中での実際の母祖を母祖の男性親族に代替させる、という三種類の例をあげ、またこのようにして系譜中に入った女性が男性の名前に改められた例を列挙している。ならば一体どうしてこのような系譜でウヂ集団の継承者の「地位の正統性」を証明することができるのか。そもそも明石氏のいう「地位の正統性」とは何か、父系血統を正統とするのか、母系血統を正統とするのか、あるいはそれ以外か、問題点は多い。

かくて明石氏はウヂ集団の系譜中の母祖と女性の中継に注目したものの、系譜中で実際の母祖を母祖の男性親族に代替させ、系譜中に入った女性が男性の名前に改められていることを理由に、やはりウヂ集団を父系出自集団であるとした。『日本古代の親族構造』の第三部第一章では特にそれについて論じている。また江守氏の「父系制」論との差別化をはかるために、この著書では「父系出自」とは観念的なものであるにすぎないことが強調されている。それならウヂ集団の実際の結びつきとは何なのか。明石氏は、ウヂ集団とは「理念的な文化体系・規範」としての父系出自と「現実的な社会体系・構造」としての母方帰属などを取り込んだ血縁集団であると述べざるを得なかった。明石氏は吉田氏の影響もあって、そのようなウヂ集団とは、「基層に根強い双方的な親族原理が機能していたことと裏表をなし」(56)つつ日本の古代社会を構成していたと結論づける。

明石説の中にも矛盾点や未解決の問題はある。だが明石氏はウヂ系譜における女性と母祖を検討し、この現象は「永続性はなくて、母方の名は一～二世代で消滅する運命にある」と認識し、それゆえウヂ集団の系譜は両属系譜でも二重帰属でもない、と結論づけた。この点で、義江氏の「一系系譜と両属系譜」が併存する出自説より進んでいたと著者は考える。

(4)鬼頭氏の「双方親族集団」説とその問題点

鬼頭氏の「双方親族集団」説は吉田孝説を批判する際に提出された。

「双方親族集団」と「双系出自集団」はいずれも文化人類学の分野における血縁親族集団の構造についての概念

である。「出自」(descent) とは、祖先を中心とする「系的」(lineal) な関係規準を言及する際の用語である。これに対して、「親族」(kinship) とは自己を中心とする「方的」(lateral) な関係規準を指す際に用いる用語である。また「出自」を規準とする集合を「出自範疇」(descent category)、「親族」を規準とする集合を親類 (kindred) と称する。[57] 出自集団と親族集団という概念をはっきり区別したのは鬼頭氏の功績であるといえよう。鬼頭氏は以上の認識に立って吉田・義江説の問題点を指摘した。

フリーマン (J.D. Freeman) によって、親類はまた「未分化のカテゴリーとしてのキンドレッド」と「内的に分化したカテゴリーとしての双方的親族」に分けられた。前者、すなわち未分化のカテゴリーとしてのキンドレッドは双方的社会で見られるが、後者、すなわち内的に分化したカテゴリーとしての双方的親族は単系出自体系をもつ社会で見られるのである。[58] 言い換えれば、双方的社会における血縁集団の構造は未分化のキンドレッドであり、単系出自体系をもつ社会における血縁集団の構造は内的に分化したカテゴリーとする双方親族集団である。

前述したフリーマンの理論によれば、「双方的社会」は、未分化のキンドレッドを原則とする。「未分化」とは祖先の血縁は父と母に双方に共通するという意味での血統上の「未分化」を指す。こうして未分化のキンドレッドの内部で結婚しても、構成員に何ら変化はない。したがって、このような社会においては父方・母方の両親をそれぞれお祖父さん・お祖母さん、父方と母方の兄弟姉妹ともにオジさん・オバさんと呼び、父母両側の親類を分けられなかったから、その称呼も当然分けられないのである。この意味で、フリーマンは「双方的キンドレッド」という言葉で未分化のキンドレッドを表した。そして、彼はそれを「双方的社会に存在するキンドレッドに限定することとする」と述べた。[59]

これに対して、双方的親族集団は内的に分化した単系出自体系、すなわち外婚制を前提とするのである。外婚制を持つ社会においては、父方・母方に親族をはっきり区別することができ、親類の呼称を別々に呼ぶ（第二章

図5を参照)。

前述から分かるのは「双方的親族集団」と「双系出自集団」とは異なる集団だけではなく、「双方的社会」とも異なる概念であるということであるが、誤解、混同しやすいため注意が必要である。つまり「双方的社会」と「双方的親族集団」という二つ概念のもとでそれぞれ異なった血縁構造の集団を持っている。その時代の日本社会では外婚制が行われなかった。逆に一族の婚姻、同父異母・異母同父の同士の婚姻に至るまで許したため、親族内部の構成員に何らか変化はなくて、父方・母方に親類は渾然一体になり、父方側・母方側の親戚の称呼も一体化し、区分も出来なかった。したがって、鬼頭氏の「吉田説（吉田氏の双系出自論を指す）は私見によれば双方親族集団（傍点は著者）のみを証明したことになるのではないか」という結論も正確でないと考える。つまり内婚が行われる日本古代社会には「双系出自集団」は存在しなかっただけでなく、「双方的親族集団」も存在しなかったのである。

鬼頭氏の問題は婚姻規制がその中でどのような役割を果たすかについて明らかにしていない点である。鬼頭氏自身も「出自集団と通婚圏とが一致するかどうかはなお今後の研究にまたなくてはならない」と述べている。婚姻制と出自集団との関係だけでなく、「双方的親族集団」との関係を明らかにしなければ、血縁構造についての正しい結論は導けない。鬼頭氏が「双方親族集団」という結論に至ったのはそのためであると思われる。

むすび

吉田氏の「反省」と明石氏の「bilateral」という訳語の改訳には、彼らが日本古代社会のウヂ集団の「出自」の本質を解明できなかったことが示唆されていると著者は考える。

また、吉田氏は「『出自集団』の概念をめぐる人類学者や社会学者の激しい論争に参加する準備も能力もない」

と述べたが、明石氏も同様に文化人類学の出自に関する「論争に介入するつもりもない」[60]という。そのため二人は、文化人類学中の出自概念、特に出自概念中の「系」について正確には理解できず、ゆえに二人の研究・分析の視座はしばしば揺れ動いている。それというのも結局はウヂ集団の血縁構造の性質規定が不明瞭であるためだと考える。

さらに鬼頭氏は文化人類学における「出自」概念を理解し、それをもとにこれまでの研究にさまざまな批判を行ったが、婚姻規制と出自集団の間の関係については明確にしておらず、それが「一致するかどうかはなお今後の研究にまたなくてはならない」といった。婚姻規制は血縁集団の構造、すなわち「出自集団」と「双方親族集団」とがどう関係しているのか、婚姻規制がどのように血縁集団の構造を規定し、制約したか、鬼頭氏は触れられなかった。ゆえにみずからの「双方親族集団」という誤った結論を導いただけでなく、吉田氏の「反省」にも影響し、また明石氏を「bilateral」の訳語の改訳に導いたと著者は考える。

ゆえに、次の第二章では、まず文化人類学における「出自」という用語の概念を確認する。その上で、「出自集団」(「双系出自集団」を含む)および「双方親族集団」の構造を解明する。これこそ日本の古代社会における「出自」を論ずるにあたっての基本的な第一歩である。

(1) 女性史総合研究会編『日本女性史研究文献目録』(東京大学出版会、一九八三年)。
(2) 女性史総合研究会編『日本女性史研究文献目録』Ⅱ(東京大学出版会、一九八八年)。
(3) 峰岸純夫編『中世を考える　家族と女性』(吉川弘文館、一九九二年)。
(4) それらの研究会はそれぞれ著作・機関紙、例えば注(1)、(2)女性史総合研究会前掲編書、『日本女性史』全五巻(東京大学出版会、一九八二年)、『家と女性――役割――』(三省堂、一九八九年)、『比較家族史研究』(女性史総合研究会の機関紙)、『家族と女性の歴史――古代・中世――』(吉川弘文館、一九八九年)などを刊行・出版した。

（5）津田左右吉『古事記及び日本書紀の新研究』（洛陽堂、一九一九年）総論、一六頁、のち『津田左右吉全集』別巻第一に収録（岩波書店、一九六六年）。
（6）同右、結論、五四三頁。
（7）津田左右吉「上代の部の研究」（『津田左右吉全集』第三巻、岩波書店、一九六三年、一三二～一三三頁）。
（8）注(5)津田前掲書、第四章第二節「上代の家族生活」、三六一頁。
（9）津田左右吉「大化改新の研究」（注7津田前掲書、二六八頁）。
（10）注(5)津田前掲書、第四章第二節「上代の家族生活」、三七〇～三八〇頁を参照。
（11）家永三郎『津田左右吉の思想史的研究』（岩波書店、一九七二年）。
（12）井上光貞「日本古代史と津田左右吉」（『読売新聞』一九七二年一〇月二八日～一一月一日、のち上田正昭編『津田左右吉氏』収録、『人と思想』シリーズ、三一書房、一九七四年）。
（13）藤間生大『日本古代国家』（伊藤書店、一九四六年）。
（14）石母田正「古代家族の形成過程」（『社会経済史学』一二―六、一九四二年、のち歴史科学大系第二巻『古代国家と奴隷制』上、校倉書店、一九七二年、および『石母田正著作集』第二巻、岩波書店、一九八八年にそれぞれ収録）を参照。
（15）有賀左喜衛門「日本上代の家と村落」（『東亜社会研究』第一巻、一九四三年、のち『有賀喜左衛門著作集』Ⅶ収録、未来社、一九六九年）。
（16）和歌森太郎『国史における協同体の研究――族縁協同體』上巻（帝國書院、一九四七年）。
（17）吉田孝「ウヂとイヘ」（佐々木潤之介・石井進編『新編・日本史研究入門』、東京大学出版会、一九八二年）を参照。
（18）注(14)前掲『石母田正著作集』第二巻、一六頁。
（19）同右、一四頁。
（20）注(17)吉田前掲稿。

(21) 岸俊男『日本古代籍帳の研究』(塙書房、一九七三年)、門脇禎二「上代の地方政治」(藤直幹編『古代社会と宗教』所収、若竹書房、一九五一年)、注(17)吉田前掲稿を参照。

(22) 注(17)吉田前掲稿。

(23) 注(14)前掲『石母田正著作集』第二巻、一四頁。

(24) 門脇禎二『日本古代共同体の研究』(東京大学出版会、一九六一年)、安良城盛昭『歴史学における理論と実証』(お茶の水書房、一九六九年)第一部、吉田晶『日本古代村落史序説』(塙書房、一九八〇年)、原秀三郎「階級社会の形成についての理論的諸問題——続アジア的生産様式論批判序説」(『歴史評論』二三一号、一九六九年)。

(25) 高群逸枝『母系制の研究』(厚生閣、一九三八年、のち『高群逸枝全集』第一巻に収録、理論社、一九六六年)、同『招婿婚の研究』(大日本雄辯会、一九五三年初版、講談社、一九五三年再版、のち『高群逸枝全集』第二巻・第三巻に収録、理論社、一九六六年)、同『女性の歴史』(講談社、一九七〇年初版、一九七二年再版、のち『高群逸枝全集』第四巻・第五巻に収録、理論社、一九六六年)、同『日本婚姻史』(至文堂、一九六三年初版、一九六七年再版)。

(26) 洞富雄『日本母権制社会の成立(増補訂正)』(湯沢雍彦監修『家族・婚姻』研究文献選集 戦後篇19、クレス出版、一九九一年)。以下引用した洞の論説はすべてこの本の第四章「母系制・母系的族外婚」からである。

(27) 江守五夫『日本の婚姻——その歴史と民俗』(弘文堂、一九八六年初版、一九八七年再版)、『家族の歴史民族学——東アジアと日本』(弘文堂、一九九〇年)。

(28) 大林太良『海をこえての交流』(『日本の古代』三、中央公論社、一九八六年)、『海人の伝統』(『日本の古代』八、中央公論社、一九八七年)、『ウヂとイエ』(『日本の古代』一一、中央公論社、一九八七年)。

(29) 大林太良「古代の婚姻」(『古代の日本』第二巻・『風土と生活』、角川書店、一九七一年初版、一九七二年再版)。

(30) 同右。

(31) 鷲見等曜「平安時代の婚姻」(『岐阜経済大学論集』八—四、一九七四年)。

(32) 吉田孝「律令制と村落」(岩波講座『日本歴史』三、岩波書店、一九七六年)。

(33) 注(17)吉田前掲稿。
(34) 吉田孝『律令国家と古代の社会』(岩波書店、一九八三年)。
(35) 義江明子「古代の氏と共同体及び家族」(『歴史評論』四二八号、一九八五年)、同『日本古代の氏の構造』(吉川弘文館、一九八六年)、同「古系譜の『児』(子)をめぐって――共同体論と出自論の接点――」(『日本歴史』四八四号、一九八八年)、同「天寿国繡帳銘系譜の一考察――出自論と王権論の接点――」(『日本史研究』三二五号、一九八九年)。明石一継「日本古代家族研究序説」(『歴史評論』三四七号、一九七九年)、同「古代・中世の家族と親族」(『歴史評論』四一六号、一九八四年)、同「大宝律令と親等法」(『日本史研究』二五八号、一九八四年)、のち明石氏のものは『日本古代の親族構造』所収(吉川弘文館、一九九〇年第一刷、一九九一年第二刷)。
(36) 村上泰亮・公文俊平・佐藤誠三郎『文明としてのイエ社会』(中央公論社、一九七九年初版、一九八七年再版)。
(37) 平山朝治『イエ社会と個人主義――日本型の組織原理』(日本経済新聞社、一九九五年)。
(38) 笠谷和比古『士(サムライ)の思想――日本型組織と個人の自立』(岩波書店、一九九七年)。
(39) 朝尾直弘・綱野善彦・山口啓二・吉田孝編『日本の社会史』第六巻・『社会的諸集団』(岩波書店、一九八八年)。
(40) 鬼頭清明「家族と共同体」(歴史科学協議会編『現代を生きる歴史科学』二、大月書店、一九八七年)。
(41) 吉田孝「古代社会における『ウヂ』」(注38前掲書)での注34・45を参照。
(42) 大竹秀男・竹田旦・長谷川善計編『擬制された親子――養子』(三省堂、一九八八年)。
(43) 都出比呂志『日本農耕社会の成立過程』(岩波書店、一九八九年第一刷、一九九一年第五刷)四四六頁。
(44) ここでの「父系近親婚」は義江氏が西野悠紀子氏の「律令体制下の氏族と近親婚」(『日本女性史』第一巻所収、東京大学出版会、一九八二年)での論説を引用したものである。注(35)義江前掲書、一八頁。
(45) 注(35)義江前掲書、総論「日本の氏と『家』」、第一編の補論「双系制と両属性」を参照。
(46) 同右、四頁。
(47) 同右、四・一三六頁。
(48) 注(44)西野前掲稿。

(49) この論説については本書第三章で詳しく検討する。
(50) 注(40)鬼頭前掲稿。
(51) 注(35)義江前掲稿。
(52) 注(35)明石前掲書、「序」。
(53) 渡邊欣雄はcognaticを「共系」と訳する(「Descent理論の系譜――概念再考――」、『武蔵大学人文学雑誌』一三―三、一九八二年、のち『民俗知識論の課題――沖縄の知識人類学』、凱風社、一九九〇年)。
(54) 注(35)明石前掲書、二二六頁。
(55) 注(34)吉田前掲書、一四六頁。
(56) 注(35)明石前掲書、二六三頁。
(57) 注(53)渡邊前掲書、第Ⅱ部第二章を参照。
(58) フリーマンの「双方的社会でみられるような未分化のカテゴリーとしてのキンドレットと、単系出自体系をもつ社会で見られるような内的に分化したカテゴリーとしての双方的親族との間に一線が画されるべきだ」という主張である(J. D. Freeman, *On the Concept of the Kindred*, Journal of the Royal Anthropological Institute 91, 1961, 村武精一編『家族と親族』、未来社、一九八一年初版、一九九二年新装版、二〇七頁)。
(59) 注(58)村武前掲編書、二〇八頁。
(60) 注(35)明石前掲書、二二六頁。

第二章　文化人類学における出自理論とその古代史研究における意義

はじめに

文化人類学は、歴史学・哲学・法律学・経済学など人文・社会科学のほかの分野に比べて、比較的若い学問分野である。この学問は文化人類学者たちが諸民族の実態調査を通して発展させてきたものである。世界の各地域の風俗や習慣などの文化は、地理的・歴史的な理由によって千変万化、絢爛多彩である。文化人類学の理論や概念は、調査の範囲の拡大や深化につれてますます豊かになり、次第に曖昧さを脱して、より厳密で完全なものとなったのである。例えば「非単系血縁集団が多くの文化人類学者の注目を集め出したのは、ここ数年のことである」であるにもかかわらず、この分野でも「ディヴァンポート『非単系出自とその集団』といった論文をはじめ、最近ではめぼしいものが枚挙にいとまがないぐらい出ている」。[1] 文化人類学がすでに確固とした一つの科学の分野となったことは疑いのないところである。

現代の社会科学の分野で、血縁集団の発生原理や構造を文化人類学の理論や概念を用いて解釈するのは、けっして目新しいことではない。むしろ、文化人類学の理論や概念の完全化と厳密化にともない、歴史学の分野でも社会発生の原理や血縁集団の構造についての認識が徐々に深まってきたというのが実情ではなかろうか。

にもかかわらず、「出自」(descent) や「親類」(kindred) については現在も激しい論争が続いている。この論争とその学派については渡邊欣雄氏の「Descent 理論の系譜――概念再考――」[2]に詳しく紹介されているので、本章では本研究と関連する概念について簡単に紹介するにとどめる。

一九八七年に出版された『文化人類学事典』によれば、出自の原語である英語の descent は、ラテン語の descendere に由来する言葉であり、ヨーロッパ諸語の間では、この単語の意味は「高所から低所へと至るモノの下降」である。一九世紀、モルガン (L.H. Morgan) らを代表とする社会進化論者たちは、初めてこの概念を社会発生の原理の解釈に用いた。これ以後、descent の概念は単に物理的下降運動を意味するものから、社会的な現象の解釈のための分析概念として用いられることになった。出自とは、「想定された婚姻形態により形成される『認知された親子関係』の意で」[3]あるとされた。

このような「親子関係」は、社会発生の原理や血縁集団の構造の解明にどのような意味を持つのか、また、血縁集団内のいろいろな地位の継承や財産の相続などとどのような関連があるのか。「出自」という理論は歴史研究の中でどのような地位を与えられるべきか。これらの問題を検討するにあたって、まずは文化人類学中の「出自」概念の発生と発展の過程を検証し、科学的概念としての「出自」の意味を正確に把握していきたい。これは日本古代社会における血縁集団構造を検討するための前提でもあると思われる。

第一節　文化人類学における出自論の発端と発展

(1)単系出自集団――リヴァーズの出自論

一定の社会血縁集団の構成員資格を、はじめて一般的な家族や親族集団内の地位の継承や財産の相続の資格と区別したのはイギリスの文化人類学者リヴァーズ（W.H.R. Rivers）であった。彼は一九一五年、辞典の一項目で母権について解説した時、「出自」の意味について次のように述べている。

出自。この用語は、クラン、カースト、家族等の社会集団の構成員資格を規制する過程に限って用いるべきである。（中略）この用語の使用は、共同体が、区別された社会集団に分化している場合にもっとも適切である。この分化は、外婚の実施がクランと呼ばれる社会集団を相互にはっきりと分離する、クラン組織においてもっとも明瞭である。家族あるいは親族（バランテール）に基礎を置く組織は、相互に区別することのより困難な社会集団によって構成されており、家族内での厳密な意味での出自、あるいは広い意味での出自について語ることはできようが、その場合、この用語は前の例ほど適切ではない(4)。（傍点は原文）

その後、一九二六年にリヴァーズは『社会組織』において、さらに一歩進んで出自集団の単系的性格および外婚制との関係を次のように強調した。

われわれは、子供が父の社会集団に属する時父系出自について語り、子供が母の社会集団に属する時、母系出自について語るのである。（中略）この用語は、単系的集団の場合でなければ、使う意味がない。外婚制の原則によって、子供が父かあるいは母の一方の集団に属し、両者に属することのできないようなクランおよび半族が、この用語がもっとも明確な仕方で適用される集団である、ということの理由はそこにある。この用語を双方的（バイラテラル）な集団について用いることは、意味を成さず、したがってほとんど価値がない。（中略）これは、母方の親族と父方の親族を同時に包含するのである。私が親戚（パランテール）と呼ぶ集団についても、概ね同じことが言える（後略）(5)。（傍点は原文）

その後、リーチ（E.R. Leach）は右記のリヴァーズの論点に対して、次のように説明した。

リヴァーズの見解は、血統（フィリアシオンあるいはペディグリー〔血統表〕）という考え方と、出自（ディセント）という考え方の間に鮮明な区別が成される、ということを含意している。前者によって、一個人は先祖の誰それとの関係を順序を踏んで作り上げる——たとえば、私の父の母の父の母というように——のであり、後者は、全体社会の一部としての一集団の構成員資格に帰着するのである。この場合の資格は永続的で、個人の意志からは独立したものであり曖昧さを容れる余地はない。[6]

以上の論述をまとめれば次の三つの点が明らかとなる。

一つ、「出自」とは、血縁集団の構成員資格を、その社会の一定のきまり、すなわち「系的に」(lineally) よって伝達する規準を示す用語である。

二つ、血縁集団の構成員資格の範囲、すなわちその構成員は血縁全体ではなく、父系か母系かいずれかの集団である。つまり父・母は異なった血縁系統の集団に属するのである。これには外婚制の前提が必要である。「共同体が絶対的に分化した集団から成っている時以外には、意味を成せない、ないしは、充全な意味を持たない（不確定な集団とか、互いに重複する集団からなる共同体ではない）」[7] のである。

三つ、リヴァーズは家族など血縁集団の構成員資格 (membership) と、集団内の公共権力（族長・家長などの地位）の継承権や財産の相続権とをはっきり区別した。つまり、リヴァーズの出自理論によれば、出自集団の構成員資格は祖先の血統を継承し、次代に伝達する資格を指すのであり、血縁集団内における公共権力、つまり地位の継承 (succession) と財産の相続 (inheritance) の資格を指すのではない。

このように出自集団の構成員資格は祖先からの血統によって限定されるものであるため、外婚制を採用することが不可欠である。外婚制を採る社会では、父と母の親族構成員 (member) が二つの異なる血縁親族集団に属する。子供は父か母かいずれかの血縁祖先の血統を受け継ぎ、次代に伝達することができる。だが、外婚制を採らなかった社会では父系・母系いずれの血縁の「系統」も存在せず、父・母二つの血統は渾然一体となる。そのために出自集団を論じることはできないのである。これがリヴァーズの出自理論の核心である。出自集団はその境界が明確で、構成員もはっきりしている。したがって、集団の構成員資格を記録する系譜づくりが可能である。前掲の『文化人類学事典』においても次のように指摘されている。

出自とは集団の成員権に対する系譜的規準であり、出自集団とはこのような系譜的規準にもとづく排他的・閉鎖的団体（corporation）である。系譜の辿りかたは単系的でなければならず、出自集団の成員権に対する単系的な系譜規準のみが出自を構成しうるものである。(8)

こうしたリヴァーズを代表とする「出自」論はすでに体系的、科学的な理論となっている。『文化人類学事典』でも「リヴァーズの定義（出自を指す）は、今日でも多くの人類学者の認めるところである」、「リヴァーズ以来のこのような主張は、以後今日までさまざまな主張を加えて一つの理論系統を確立するに至っている」と指摘されている。

しかし、文化人類学者の実地調査の範囲と区域が拡大し、世界各民族の文化のありとあらゆる形態が明らかになるにつれ、リヴァーズの「出自」論では限界が見られるようになった。例えば、外婚制のない社会において、社会血縁集団の構造がどのような様式であったか、外婚制のある単系出自社会において、集団の構成員資格は母系あるいは父系という単系出自集団に属する以外に、別の様式が存在したのか、別の様式が存在したとすれば、その集団の構造をどのように分析すれば良いのか、また単系出自集団の構成員資格は外婚制のない社会血縁集団の構成員資格とどう区別するのか、などなど。こうして一九四〇年代以降、研究者たちの努力によって、文化人類学は飛躍的に進歩し、出自理論にも新しい内容が付け加えられていったのである。

(2)非単系構造の血縁集団の特徴および双系出自（二重出自・両系出自）とその区別

中根千枝氏によると、ファース（R. Firth）は「ポリネシアの出自集団についての覚書」で、ラメエジ（ramage）を単系のリネエジ（lineal）に対する非単系の血縁集団を表す用語とすることを提唱した。[9] ラメエジという非単系の血縁集団の大きな特色は、外婚制がないことと血縁集団の成員間の非系譜関係である。

そもそも外婚とは、異なる血統の集団に属する者同士の婚姻を指す。外婚制とはそのような婚姻のみが許されることである。これに対して同じ血統集団の構成員資格を持っている人間同士の婚姻を禁止しない社会では、配偶者の選択が比較的自由で、父方・母方の平行イトコ同士の結婚も少なくない。このような婚姻は非外婚あるいは族内婚と呼ばれる。こうした非外婚形態の血縁集団には父系・母系の「系」は存在しない。「すべての体系が、婚姻家族の普遍的存在の結果として生ずる拡散的な無差別という係数を持って」[10]いるからである。

非単系の血縁集団と単系出自集団とのもう一つの大きな相異点は、非単系の血縁集団には出自系譜が存在し得ないことである。単系出自集団は外婚制を実行するため、父・母の親族成員が別々の集団に属し、集団と集団との間の境界は明確である。各集団の成員は固定し、安定している。ゆえに、その集団は系譜関係によって順にたどり得る範囲の単系出自集団になることができる。

それに対して非単系の血縁集団では族内婚を行うため、父と母は同じ血縁集団に属し、したがって、子供の構成員資格は父の集団に属すると同時に母の集団にも属する。社会全体から見ると、非単系の血縁集団には血統の排他性が存在せず、その血縁親族関係は父と母を通じて無限にたどることができる。そして非単系の血縁集団の成員は非常に流動的である。ゆえに、構成員資格を記録する系譜のようなものは生まれず、成員間には非系譜的関係しか存在しない。このような社会集団のもっとも重要な性格が血統上の無差別・無系であるために、文化人類学の分野では「非単系」（nonunilineal）「共系的血統」（cognatic stock）「無差別的出自」（indifferent filiation）[11]と呼ぶほかない。以下論述および理解の便利のために単系出自集団に対するこのような構造の親族集団を無系的および血統上での未分化のキンドレッドと称する。

文化人類学発展史の上で、出自型を単系（父系・母系およびその双方の併存系である二重単系〔double unilineal〕）と共系（cognatic）の二つに区分したのはリヴァーズの高弟ラドクリフ＝ブラウン（A.R. Radcliffe-Brown）である。[12]ラドクリフ＝ブラウンの区分では以下の二点に注目しなければならない。

第一に、彼は「双方の併存系」である「二重単系」（「双系出自」、「両系出自」と呼ぶ研究者もいる）[13]を単系出自のカテゴリーに数えている。それはなぜか。外婚制を採る社会においては、父・母の血縁「系統」はそれぞれ独立した別個のものであり、「ある種の権利の伝達をそれぞれが排他的に支配する二つの単系出自の並立によって特徴づけられるような体系」であるという。[14]血縁集団構成員資格は父と母それぞれの血縁「系統」の中で別個に継承・伝達されてゆくのである。つまり、父と母の血縁「系統」は、二つ別個の単系出自集団と見なすべきである。この点でラドクリフ＝ブラウンはリヴァーズの「出自」論を踏襲しているといえる。彼のこの考え方は多くの人類学者に受け入れられている。[15]

第二に、共系（cognatic）とはラドクリフ＝ブラウンによれば、ある個人の祖先（特定の世代まで）の血統を認定する際、性を排他的にたどるのではなく、父方・母方双方で無限に関係をたどるやり方である。したがって八世代をたどれば六四対の祖先をもつというように幾何級数的に祖先が増え続けるという状態になる。また、逆に祖先から子孫の血統を認定する場合、その祖先の男女全子孫が認定される。しかし、このような「出自」の認知・認定の様式は、実際には確立・維持することは困難である。したがって現実にはそのような集団は世界でもほとんど存在せず、純理論的な体系にすぎないのである。[16]

結局、「二重単系」（「双系出自」、「両系出自」）と「共系」「無系」の血縁親族集団との根本的な違いは、後者は婚姻関係が排他的ではなくて、血統は父方・母方で無限に拡散するから、血縁親族は血統によって「系統」を作ることができないことである。しかし、「二重単系」(「双系出自」、「両系出自」)の社会は外婚制をとり、父系・母系の血縁「系統」が並立して存在するのである。ただ、「二重単系」(「双系出自」、「両系出自」)集団における構成員資格の認定様式は単系出自社会とは違う。この点については本章の第二節の「出自集団『構成員資格』の意義とその認定様式」で詳しく検討する。

(3)「出自」と「親族」、「双系出自集団」と「双方親族集団」の区別

日本古代社会における血縁集団の構造を究明し、同時に日本史学界におけるこの研究についての問題点を抜本的に解決するには、「出自」と「親族」、「双系出自集団」と「双方親族集団」、それぞれの意味の混同や誤解を避け、これらの語の概念を明確に限定する必要がある。

「出自」を規準とした集合の型を「出自範疇」(descent category)と称し、「親類」(kindred)という集合を形成する関係規準を「親族」(kinship)と呼ぶ。

いわゆる規準、まず「出自」規準とは、祖先を中心としてその祖先の血統を「系的に」(lineally)継承・伝達することを指す。出自集団においては、外婚制が行われ、子供は父・母、いずれかの血統の集団に属することになる。このような「系的な」(lineal)規準の出自集団は永続性・安定性を持つ。これに対して、親族(kinship)規準とは自己を中心とする「方的な」(lateral)血縁(血統ではない)関係者を指す。その「方的に」(laterally)規準によって集合したキンドレッドの構成員の資格は、父母双方を通じてある特定の個人(自己)から親等を認定されることによって決まるので、各人ごとに視野の異なる自己中心的な性格を持つ範疇といえる。ある研究者リーチはそれを「personal kindred」の構成員資格と呼ぶ。[17] つまりキンドレッドの場合、中心となる「自己」が変われば、

その親族関係のカテゴリーも変化する。図１・２が示すとおり出自集団とは異なり、キンドレッドは永続的、固定的集団ではない。

以下、議論をより明確にするために、これらの用語のうち、関係規準の性質に言及する際には「出自」(descent)⇕「親族」(kinship)を用い、集合の型（人間関係の集合 group）に対しては「出自範疇」(descent category)⇕「親類」(kindred)を用いることにする。[18]

図１・２の出自構造と図３・４・５と比べると、まず、出自集団は祖先を中心とする祖先の血統により「系的」な関係規準に集合される集団である（図１・２）。キンドレッドは自己を中心とする血縁（血統ではない）関係により「方的」な関係規準に集合されるカテゴリーである（図３・４・５）。また、「出自」は「父系出自」「母系出自」「二重出自」あるいは「双系出自」などに分けられ、「親族」も「双方的社会で見られるような未分化のカテゴリーとしてのキンドレッド」と「単系出自体系を持つ社会で見られるような内的に分化したカテゴリーとしての双方親族」[19]に分けられる。

ここで問題になるのは、「双系出自集団」と「双方親族集団」とが混同しやすいので、注意しなければならないという点である。第一章第二節(4)の「鬼頭氏の『双方親族集団』説とその問題点」で述べたように「双方親族集団」は単系出自体系を持つ社会で見られる。単系出自社会は外婚制を前提とするので、「双方親族集団」も外婚を条件とするはずである。単系出自社会では父と母がそれぞれ異なる血統の出自集団に属する。子供は父か母かいずれかの血縁祖先の血統を受け継ぎ、次代に伝達することができる。父系出自集団と母系出自集団とが互いに外婚集団になると、その祖先からの血統はそれぞれが排他的に支配する二つの単系出自集団が並立する「双系出自集団」において継承・伝達されることになる。その社会で自己の父方の親族と母方の親族もそれぞれ排他的に支配する二つの親族集団に属するので、「双方親族集団」はその社会で成立することができる。その構造をより明

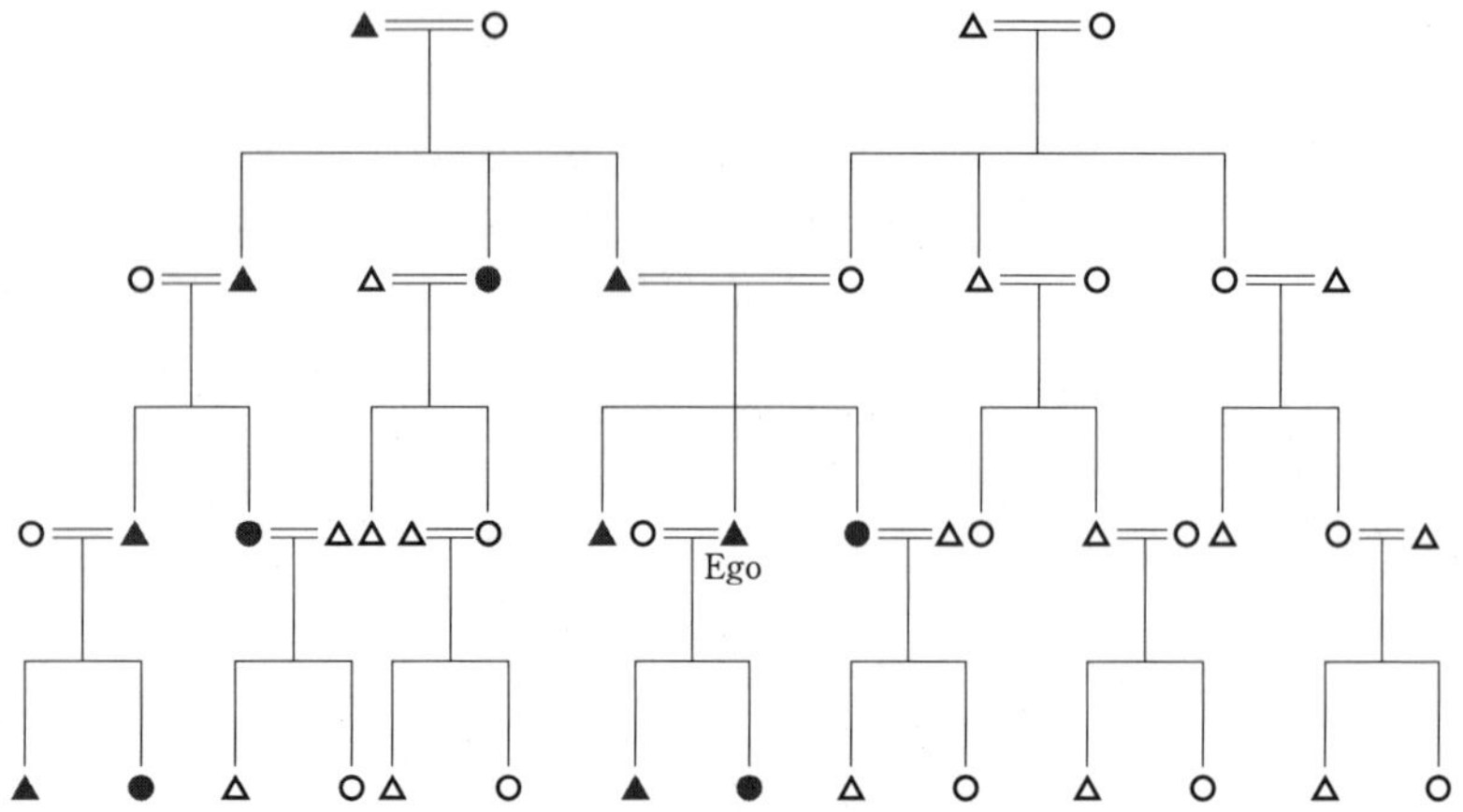

図 1　Ego の父系出自集団成員図
（▲●は父系出自集団成員）

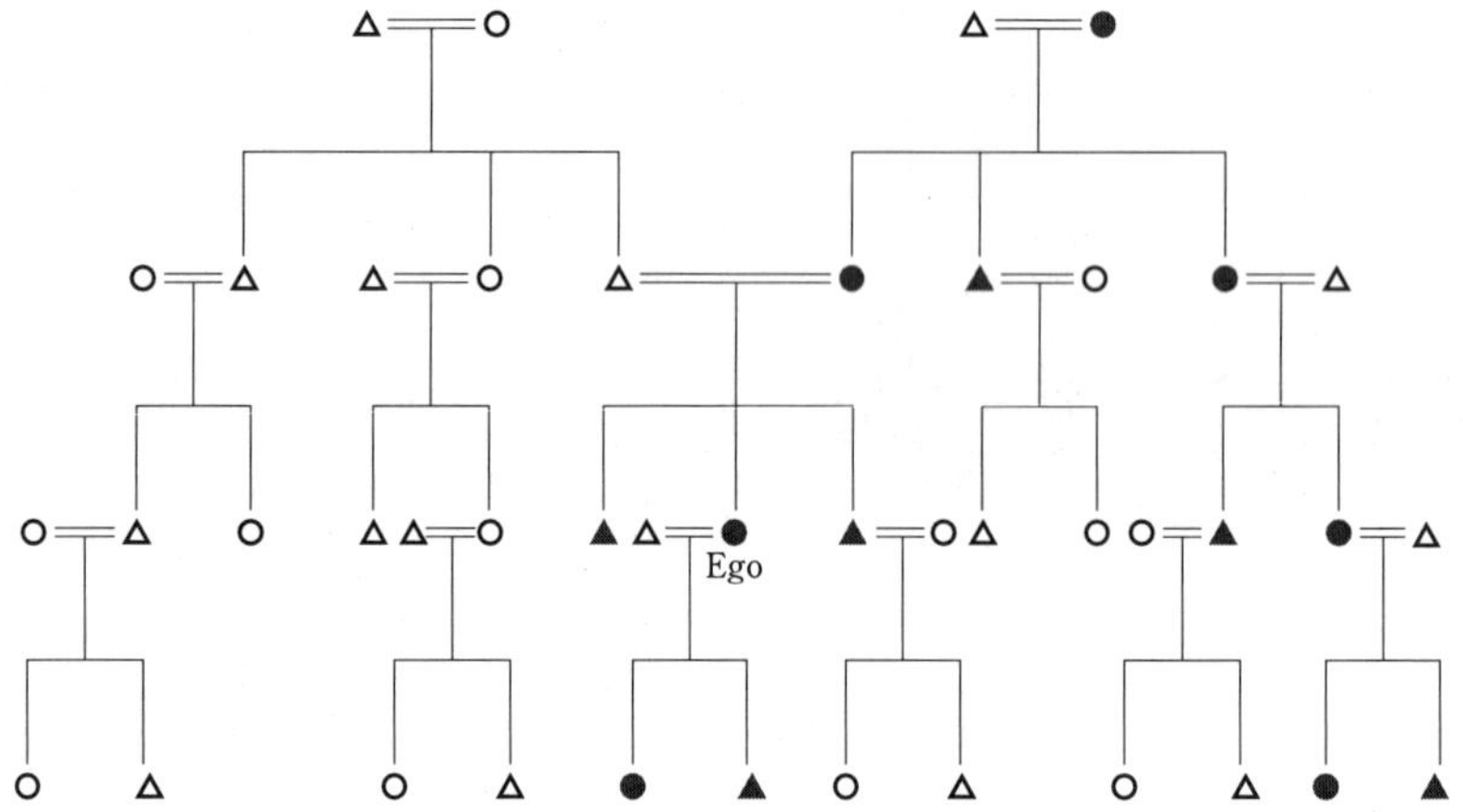

図 2　Ego の母系出自集団成員図
（▲●は母系出自集団成員）

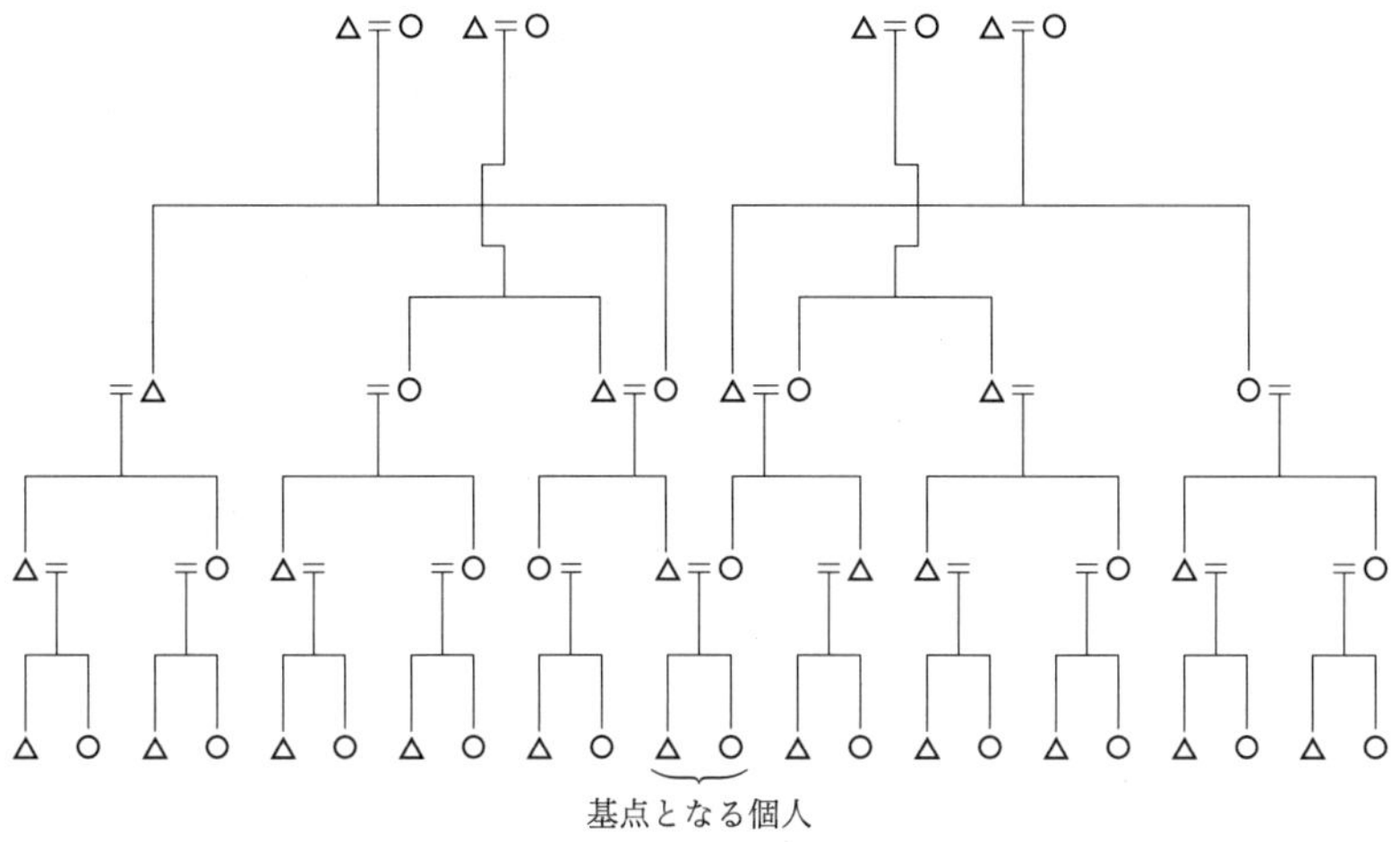

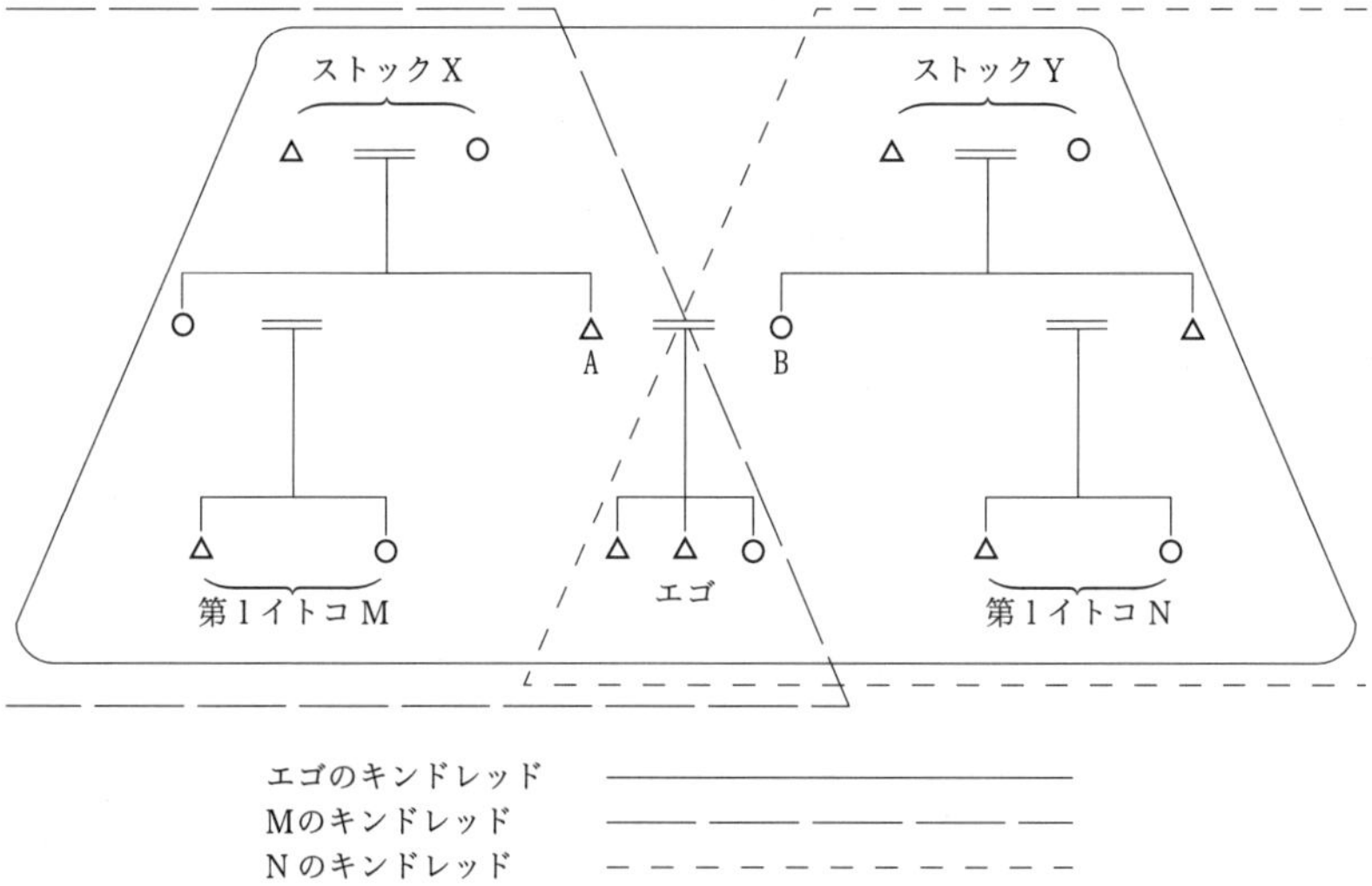

図3(上)・4(下)　血統上での未分化のキンドレッド構造図

注：この構造図は，単に説明のためのものである．

出典：村武精一編『家族と親族』(未来社，1981年)．

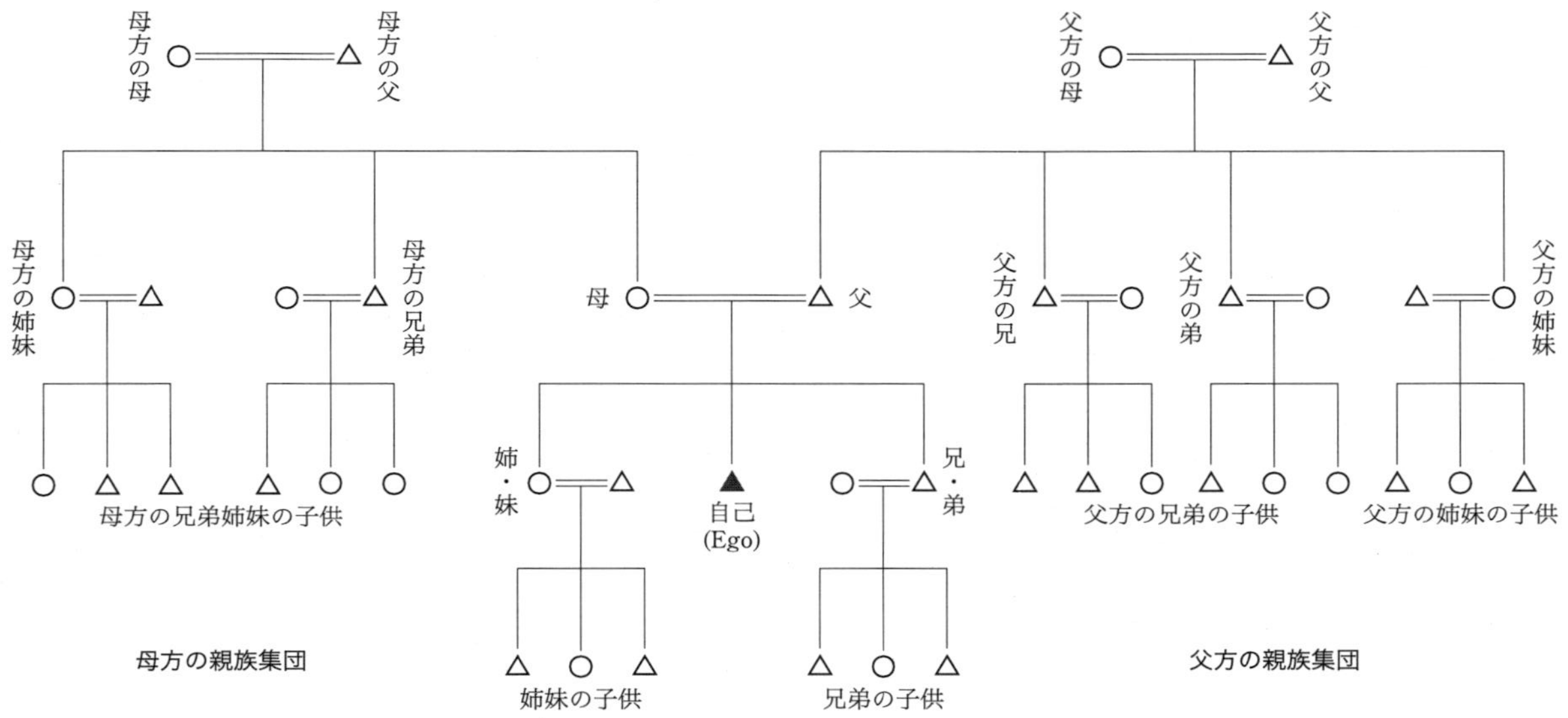

図5　血統上で分化した双方親族構成図

注：漢民族の双方親族を例とする.

らかにするために図5を参照いただきたい。

以上から分かるように「双方親族集団」と「双系出自集団」は同様に外婚制を原則とするのである。これは「双系出自集団」と「双方親族集団」の両者のもっとも重要な共通点である。ただ、「双系出自集団」の場合、祖先を中心とする成員の構成は固定的な集団である。その永続的・安定的性格はその構造の特徴である。しかし、「双方親族集団」は自己を中心としての集合であるから、「自己」が変われば、その親族関係のカテゴリーも変わる。これはまた「双方親族集団」と「双系出自集団」とのもっとも重要な相異点といえる。

また、未分化のキンドレッドと内的に分化した双方親族とを比べると、未分化のキンドレッドの構成員は図3のように自己の父母とその子供（自己の兄弟姉妹）、また祖父母、曾祖父母とその全子孫（男性も女性も）であるが、ただ、「その子供」と「その全子孫」の配偶者は排除する。これがフリーマン説の特徴である。フリーマン（J.D. Freeman）以外、例えばミッチェル（W.E. Mitchell）、マードック（G.P. Murdock）および人類学研究者である東京都立大学の渡邊欣雄氏らは、未分化のキンドレッドや双方親族の構成員についてフリーマンとの認識の上で相異がある。ミッチェル、マードックと渡邊氏は未分化のキンドレッドの構成員としては自己の父母とその子供、また祖父母、曾祖父母とその全子孫以外、彼らの配偶も含む。双方親族集団の構成員も同様に配偶者も親戚として排除しない。漢民族の双方親族関係の構成員は例として図5のとおりである。漢民族は典型的な父系出自の社会であるので、その親族関係は「自己」と父方側、および母方側の血縁上の関係（距離）は同等ではない、父方側のキンドレッドを血族（cognates）、母方側のキンドレッドを姻族（affines）と呼ぶ。また父方側と母方側の親戚の呼称も別々である。このような親族関係は漢民族のみで見られるものではなく、トラック島の居住民の親族関係もそのような状態である。(20)

以上フリーマン説にせよ、ミッチェル、マードック、渡邊説にせよ、いずれにしても「双系出自集団」と「双方親族集団」とは婚姻制、つまり外婚を原則とする点で研究者たちの認識は一致するのである。

第一章で述べたとおり、鬼頭清明氏の吉田孝・義江明子説に対する批判から見て、鬼頭氏がリヴァーズを代表とする「出自」論の核心を理解していたことは分かる。すなわち①出自集団の構成員資格は祖先からの血統を継承し、伝達する血縁関係者のみが有する。②出自集団は必ず外婚を原則とする。という二点である。彼は、①については、「吉田孝説が出自集団としての円錐形クランを慎重にも採用しなかった」と述べ、義江説に対しては「出自集団の意味がここでは曖昧になっている」と指摘した。②については、吉田氏・義江氏らがほかの研究者の婚姻形態についての結論を引用するだけで（本書第三章を参照）、詳しい検討を行っていないことに対して、出自集団を論じる際には婚姻制について考えるべきであると指摘した。ただ、「出自集団と通婚圏とが一致するかどうか」については今後の研究課題としたのみで、それ以上の説明はしなかった。しかし、婚姻制は出自集団の構造だけではなく、親族関係、また「双方親族集団」の構造をも決定づける。ゆえに鬼頭氏が「双方親族集団」という誤った結論に至った根本的な原因は、婚姻制がどのように血縁集団の構造を決定づけるかについて明確にし得なかったためであると著者は考える。日本古代社会においては同父・同母同士の婚姻以外に、婚姻のタブーが一切なかったため、血縁集団の血統は未分化、すなわち共系、無系の状態であった。この状態のもとでは出自集団は形成し得ないだけでなく、鬼頭氏のいう「双方親族集団」の成立も不可能であった。

第二節　出自集団「構成員資格」の意義とその認定様式——吉田・義江・明石説問題点

前述のリヴァーズ、リーチ、ファース、ラドクリフ＝ブラウン、フリーマン、クロド・レヴィ＝ストロース(Claude Lévi-Strauss)、中根氏の出自論を踏襲するなら、族外婚を行う単系集団は出自集団と呼ぶことができよう。これに対して、非外婚、すなわち族内婚が行われる血縁親族集団は出自の意義を持たない。そして「双方親族集団」でもない。父系・母系、父方・母方を区別することができないため、共系・無系および血統上での未分化のキンドレッドであるほかない。

しかし、単系出自構造の社会にせよ、非単系、すなわち共系・無系および血統上の未分化のキンドレッド構造の社会にせよ、問題とすべきは集団の構成員資格とその資格の認定様式である。集団の構成員資格とは、単系出自集団、無系的および血統上での未分化のキンドレッドともに、地位や財産の継承と相続の資格を意味するのではない。しかし、構成員資格の認定様式は、各民族ごとに独自の体系を持つので、これらの問題を検討するにあたっては、科学的かつ的確に、その内容や意義およびその認定の方法を把握しなければならない。そのために、以下では吉田・義江・明石説を検討しつつ、日本古代社会における血縁集団の構造について綿密に検証してゆく。そしてその作業を通し、出自論の古代史学研究における意義を明らかにしたい。

(1)「構成員資格」の内容およびその意義について

構成員資格（membership）は、集団内のさまざまな地位や権力の継承および集団内の財産の相続と密接不可分な関係にあるが、異なるものである。

血縁集団内では家族における家長・主婦などの地位、一族や部族における族長の地位・王位など、さまざまな地位が継承の対象となる。一つの地位の継承者となれるのはただ一人である。そして継承の方法には、前任者との一定の親族関係によるもののほか、選挙・任命などがある。また武力闘争をともなうこともしばしばある。[21] しかし、出自集団の構成員資格は、選挙・任命・武力闘争などの方法で獲得するのではなく、オートマティックに獲得するものである。そして構成員資格を持っている人のみが集団内の地位の継承権を持つことができるが、その全員が集団内で何らかの地位を継承できるわけではない。そして集団構成員資格の獲得様式と集団内の地位の継承方式もまったく異なる。地位の継承についてはまた後述する（本書第五章第一節を参照）。

「相続」とは、血縁集団内の財産の相続を指す。財産と地位とは同一ではない。財産は分割され得るが地位は分割不能である。何が分割でき、何が分割できないのか、また、集団の中で誰が相続できるのか、それらは各民族や各時代によって異なる。財産は一般的に血縁集団内の財産を指すので、その相続は血縁や親族原理に基づいて行われる。ゆえに前述の「継承」「相続」の概念は単系出自集団と無系的および血統上での未分化のキンドレッドいずれに対しても同様にあてはまるのである。

しかし、構成員資格は単系出自集団と無系の血縁集団とでは、まったく異なっている。単系出自集団内での構成員資格には二つの意味が含まれている。一つはこの構成員はみずからを通して血縁始祖への血統を順にたどることができること、もう一つは、この構成員はみずからを通して次の世代の成員に血縁始祖からの血統を伝達できること、である。そして構成員たちはみな出自集団の系譜に自己を記録する権利がある。

しかし無系の血縁集団の構成員資格は、これとは異なる。無系的および血統上での未分化のキンドレッドの構成員資格を持っている個人は、父方あるいは母方の親族、または父と母の血統を混同したキンドレッド内で成員としてのさまざまな権利、例えば前述の地位の継承や財産の相続などの権利を得ることができるが、このような集団は血縁祖先からの血統の「系」を持たない。したがって血統を伝達したり、たどったりする「系統」を持たない。ゆえにまた単系出自集団のような出自系譜も成立し得ないのである。これは血縁集団が単系か無系的および血統上での未分化のキンドレッドかを判断する際のもっとも重要な判断材料である。

(2)構成員資格の性質およびその認定様式

ここでは血縁集団の構成員資格の性質およびその認定様式について、リヴァーズを代表とする出自論を踏まえ、単系出自集団と無系的および血統上での未分化のキンドレッドの違いに留意しつつ、さまざまな血縁集団における構成員資格の性質とその認定様式を検証する。

まず出自集団、父系・母系・二重併存・双系出自などの出自集団構成員資格の意義は、いずれも前述のようにその構成員が祖先の血統を継承・伝達することにある。そして祖先の血統は一定の規準、すなわち「系的」に(lineally) 継承・伝達する性質がある。

普通、外婚制のある単系社会において子供が父系または母系どちらの出自集団に属するかは、その社会の慣習によって子供の出生と同時に決められる。これが典型的な単系出自集団の構成員資格の認定様式である。それに対して子供が出生後、その社会の慣習によって何らかの条件、例えば居住地・財産・地位などによって父系か母系どちらに属するかを選択する場合がある。この場合、子供は父と母の所属する二つの系統の出自集団における潜在的な構成員資格を持つように見えるが、実際にはどちらか一方の集団構成員資格しか持っていない。このような集団構成員資格の認定方式を「選系」や「二重併存」「双系出自」と呼ぶ研究者もいる。[22]

「選系」「二重併存」「双系出自」は単系出自集団のカテゴリーに入る。その理由はきわめて明確である。すなわち外婚制のある社会においては、父・母は別々の集団に属するのであり、個人は父・母いずれかの出自集団構成員資格を選択できるが（これを選択出自という）、父系・母系が異なる系統の出自集団であることにかわりはないから、父系・母系の「系」はやはり存在しているのである。

また出自集団の構成員資格の認定はさまざまな集団「機能」に関わる。例えば文化人類学の調査報告によると、

①ブラジルのマット・グロッソ州のゲー族、ヒマラヤのレプチヤ族、アッサムのカムヤリ族などでは、男は父の集団の、女は母の集団の成員になる。これは個人の性別によって集団構成員資格を認定される例である。また、

②土地所有・農業生産に関する権利義務では父系原理が優越するが、土地以外の動産（ウシなどの家畜や現金）の

相続、花嫁代償の調達・受納（逆に離婚の時は、それを返却）、および殺傷事件などの補償に関する権利・義務では、母系が優越するという社会もある。文化人類学者、例えば中根氏はこのような社会生活の異なる側面によって構成員資格が確認される方式を「二重出自」と称し、単系出自のカテゴリーに帰納している。[23]

「選択出自」「二重併存出自」（「双系出自」と呼ぶ場合もある）がいずれも単系出自のカテゴリーに入れられる理由は、一つには、どちらも外婚制を前提条件としていること、もう一つは、中根氏が指摘したように「父系・母系のいずれかにより比重がかかることになり、両者が同等の強さで、また、社会生活の同じ側面で同様に機能することはまずない」ことによる。[24]

無系的および血統上での未分化のキンドレッドにおいても、その構成員資格は右の出自集団構成員資格の意義や性質とは異なる。まず、無系的および血統上での未分化のキンドレッドの構成員資格には祖先の血統の継承・伝達は含まれない。その成員の性質は父と母双方を通じてある特定の個人から親等を認定するによって、各人ごとに視野の異なる親族関係を表す。にもかかわらず、一種の集団である以上、集団の構成員資格の問題や、集団構成員資格の認定の様式は例外なく存在する。そしてその認定様式も一定の集団「機能」と関わるのである。

中根氏は『人間の社会』Ⅰ（『講座・現代文化人類学』3）の第三章「親族」で無系構造の集団構成員資格の認定様式について例をあげつつ以下の四種に分けている。

①無系の社会においては、非外婚すなわち内婚を特色とする。内婚の場合、父と母は同じ集団に属するから、その子供の構成員資格は父方に属すると同時に母方にも属する。

②同様、無系の社会において、もし父と母が異なる血縁集団に属していれば、例えば異なるラメエジ（非単系血縁集団）の構成員であるAとBが結婚し、Bの村に住むとする場合、その子供はBの構成員資格を持っていると同時にAの成員でもある。しかし、その後、数世代以後ずっとBの村に住み、その子孫がみなBの村の

者と結婚し、しかも長い間、Aの村に帰らなければ、Aの子孫は最終的には、Aの構成員資格を失うことになる。

③ある民族は構成員資格が居住によって決定される。例えば異なった血縁集団に属するAとBとが結婚し、その中の一方、例えばBがAの地に住むと、BがAの集団に入って、Aの集団の成員になり、同時にBの集団の構成員資格を失う。彼らの子供も結婚でほかの地に行かない限り、すなわちAの成員になる。その居住地は夫方、妻方いずれでもかまわない。

④また父方・母方両方の構成員たる資格を持つ上に、さらに結婚によって、配偶者の父方・母方両方の構成員となる資格を持つ場合もある。この場合合計四つの集団に属する資格がある。

以上の四つの様式を検討する時、①族内婚の場合、父と母が同じ集団に属するから子供の構成員資格は母方に属すると同時に父方にも属する。しかし、その構成員資格は出自集団構成員資格の意義を持たない。その理由については先に述べた通りである。

②、③の共通点は、居住地が血縁関係とともに構成員の資格を決めることである。非内婚であれば、配偶者の集団とはまったく血縁関係がないにもかかわらず、婚姻後、配偶者の居住地に住めば、配偶者の集団の構成員となる。④の場合、婿もしくは嫁として自分とはまったく血縁関係のない配偶者の両親の集団に入る。

無系的および血統上での未分化のキンドレッドの構成員資格の認定にはさまざまな様式があり、単系出自集団のそれと類似するところもあるが、その中身はまったく違う。例えば単系出自のカテゴリーに属する「選択出自」「二重出自」の構成員資格と、無系的および血統上での未分化のキンドレッドにおいて、父方・母方の親族混同する構成員資格と血統上で分化した父方・母方双方の親族を分ける「双方親族集団」の構成員資格とはよく似ている。しかしこの三つの構成員資格を混同することはできない。本章第一節⑶に述べたように「双方親族集団」の社会で父方・母方いずれの構成員は「自己」を中心として定めるのである。構成員の資格の認定と無関係である。単系出自集団の構成員資格には、祖先への血統をたどることのできる血統の「系」が必要であるのに対して、無系的および血統上での未分化のキンドレッドでは血縁親族関係のほか、居住地などほかの要素が加わることは、右で見てきたとおりである。ゆえに、単系出自集団の構成員資格の認定過程における父系・母系・選系・双系の「系」と、無系的および血統上での未分化のキンドレッドにおける父母の血縁親族を厳格に区別されなければならないと著者は考える。さもないと社会集団について検討する時、言葉の概念や論旨に混乱が生じることになる。

(3)吉田・義江・明石説の問題点について

これまで述べてきた文化人類学における出自論に基づけば、吉田・義江・明石説の問題点は明らかである。すなわち彼らは出自集団構成員資格の意義と性質および認定様式についての理解が明確ではなく、特にさまざまな構成員資格の認定様式の違いを混同した。

まず吉田氏の構成員資格についての理解は間違いである。吉田氏は一九八三年一二月に出版した『律令国家と古代の社会』の中で、日本古代社会の血縁集団構造を論じる時、基層社会すなわち庶民の社会は双系的な親族組織の集合であり、支配者層には特定の祖先からの系譜関係を紐帯とするウヂの組織が存在していたと唱えた。彼は「庶民においては、祖先を中心とする（ancester-oriented）関係よりも、自己を中心とする（ego-oriented）関係の方が基本的であったと想定される。すなわち、ある個人を中心にして、双系的に、また婚姻を媒介として結びついた人々の集団である」と主張する。同時に吉田氏は、「『ウヂ』が『氏上』という個人を中心とする集団であり、氏上の政治的・社会的な地位の変動によって絶えず再編成されていたことからも知られるように、そこにはなお自己中心に組織される（ego-oriented な）原理が機能していた。したがって、ego-oriented な社会組織の上に、ancester-oriented な系譜関係が重層した」と考えた。さらに彼は「後者の原理（ancester-oriented）は基本的にはクランの原理であり、日本古代のウヂも、始祖（神話・伝説上の始祖をふくむ）からの出自（擬制であってもよい）を原理とする集団である」。したがって、「父系に大きく傾いたと想定される」[25]と指摘した。

　吉田説の問題点は「氏上の政治的・社会的な地位の変動によって絶えず再編成されていた」地位継承の系譜を、ウヂの出自構造が「父系に大きく傾いた」という結論の根拠にしたことである。先に述べたとおり、地位継承系譜は出自系譜ではない。何より出自集団の成員は自分の血縁始祖をたどることが可能であると同時に、次の世代の成員に血縁始祖からの血統を伝達することができる。これはもっとも重要な出自集団の構成員資格である。「父系に大きく傾いた」支配者層のウヂ集団と、庶民における個人を中心とする双系的な血縁関係という二つの層に分かれた社会において、「出自集団」の存在を論じることはできない。そして、血縁始祖をたどる時、もし吉田氏がいうように「擬制であってもよい[26]」とすれば、彼の出自についての検討はまったく無意味なものになってしまう。

　また、吉田氏は鬼頭氏の示唆を受けた後、「古代社会に於ける『ウヂ』」という論文で、「lineal と lateral の区別は、例えば、藤原道長は、後一条天皇の母方（matrilateral）の親族ではあるが、母系（matrilineal）の親族ではなく、摂関政治は双方的（dilateral）な親族関係を背景にしている[27]」と述べた。しかし先に述べたように日本古代社会においては、同父・同母同士間の婚姻以外、あらゆる婚姻が許され、祖先の血統は未分化の状態にあるため、その「双方親族集団」も存在しなかった。吉田氏も鬼頭氏も婚姻制と血縁親族集団とがどのような関係にあるか、明らかにしなかったための誤りである。

　義江氏も吉田氏とほぼ同じ誤りを犯している。義江氏は七世紀以前の社会について、「族長位の継承に関わる、始祖より発する一系系譜と、個々の成員の帰属に関わる、自己に収斂する両属系譜（仮にこう名づけた）との併存、という特色が導き出される」（傍点は原文）、「出自はこうした両系譜の併存により示されるのである」と指摘している。義江氏は先に「ここに形成される集団はまだ厳密な意味での出自集団ではなく、出自と帰属と系譜は相互に一致していない」と述べたにもかかわらず、それとは矛盾した結論を出すに至る。それは本来出自系譜とすることはできない「族長位の継承に関わる」「一系系譜」、と「個々の成員の帰属に関わる、自己に収斂する両属系譜」を出自系譜として扱ったためである。[28] その後、義江氏は、「古系譜の『児』（子）をめぐって――共同体論と出自論の接点――」および「天寿国繡帳銘系譜の一考察――出自論と王権論の接点――」[29] という二篇の論文の中で、古系譜中の「児」と「子」、および系譜中の「娶生」について説明して自説を補強したが、七世紀以前「出自はこうした両系譜の併存により示されるのである」という論点は改めていない。義江説の矛盾の根本的原因は、やはり血縁集団の構成員資格の中身、すなわち単系出自集団と無系的および血統上での未分化のキンドレッドの構成員資格の意義や性質の違いを正しく把握しなかったことにある。系譜は出自集団構成員資格に関わる重要なキーポイントである。この問題に関しては本章の二節(1)で詳しく検討する。

出自系譜についての考察では、明石説は吉田氏・義江氏より一歩進んでいるが、まださまざまな問題を残している。

まず、明石氏は吉田氏が自説を反省したことに注目したが、明石氏自身がなぜ「双系」という用語を「双方」と改訳したのか、[30] その理由は説明していない。また、氏はウヂ系譜の中に女性と母姓が存在した現象は「永続性はなくて、母方の名は一〜二世代で消滅する運命にある」と述べる。明石氏は出自系譜とその構成員資格は本来「永続性」を持つべきであるという意見であり、「永続性」を持たない系譜は出自系譜ではない、として義江氏の「両属系譜」説を退けた。この点で明石説は義江説より前進したといえる。

一方、明石氏は系図・系譜を「流下式」と「溯上式」の二種類に分けた。「流下式」系図は出自関係・血縁集団・同族・家系に基づいた系図であり、「溯上式」系図は多祖から自己に集約される系図である。そして、後者は出自と無縁である。明石氏はこう述べた上で日本のウヂ系譜はどちらでもないと結論づけた。この点で明石氏は、ウヂ系譜は出自系譜であることを否定したことになる。その見方は正しいが、一方で明石氏はウヂの系譜は王位・族長位の継承系譜ではなく、奉仕と職掌などの「地位の正統性を強調した」ものであるともいった。だがそもそも「正統性」とは何であるか、どのようにその「地位の正統性」を証明するか、その答えをこのような系譜から得ることはできない。

吉田・義江・明石説のこれらの問題点を徹底的に解明するために、本書第三章「日本古代社会の婚姻形態と血縁構造」と第四章「氏族系譜における非出自系譜の性格」で婚姻形態の実質を解明し、また古代の各種の系譜について深く検討したいと思う。そしてそれによって古代のウヂを代表とした血縁集団の構造を明らかにするつもりである。

む す び

本章で述べたリヴァーズを代表とした「出自」論は本書の理論的基礎である。リヴァーズの「出自」についての核心を再度まとめると次のようになる。

一、「出自」とは、祖先からの血統に関する構成員資格を、その社会の一定のきまり、すなわち「系的」に(lineally) 継承・伝達する規準を示す用語にほかならない。

二、出自集団の構成員資格の範囲は全血縁関係者ではなく、父系または母系いずれかの集団である。すなわち父・母は異なった血統の集団に属するのである。これには外婚制の前提が必要である。

三、出自集団の構成員資格は祖先からの血統によって認定されるものである。それは集団内の公共権力の継承資格や財産の相続資格とはっきり区別しなければならない。

四、外婚制を採る社会では、出自集団の構成員資格の認定様式によって、父系・母系いずれかの単系出自集団以外に、父系・母系の二重併存型である「双系出自」も存在する。

「出自」が祖先を中心とする「系的」な規準に統合される集団であるのに対して、キンドレッドとは自己を中心とする「方的」な親族関係者の集合である。外婚制を行えば、父方・母方の親族を分ける「双方親族集団」が成立する。逆に外婚制を採らなければ、父方・母方の親族を分けることができず、「双方親族集団」は存在し得なく、血統上での未分化のキンドレッドであるほかがない。ここで注意しなければならないのは「双系出自集団」と単系出自体系を持つ社会を前提とする「双方親族集団」とは外婚制を行うという点は共通しているけれども、これまで述べたような理由で両者の意義と性格はまったく違うという事実である。

また、リヴァーズとラドクリフ=ブラウンの単系出自論に対して、グッドイナフ（W.H. Goodenough）、シュフラー（H.W. Scheffler）、ファース、ダウェンポート（W. Davenport）らは、「出自」集団には血統上の排他性はなく、集団の構成員は、系譜的基準によって自分の所属（すなわち構成員資格〔membership〕）を選び取ることができる、とした。ゆえに選系（ambilineal）・交互系（alternating）・多系（multilineal）・全系（omnilineal）などのさまざまな分類法が登場した(31)。

しかし、リヴァーズを代表とする出自論はすでに体系的な理論であり、本書では、日本古代社会における血縁親族集団の構造と性格を解明するために、まず、この理論を用いて、日本古代社会における婚姻形態とウヂ集団の氏族系譜、血縁構造に関わる王位継承について検討したい。

（1）泉靖一・中根千枝編『人間の社会』Ⅰ（石田英一郎・泉靖一・宮城音彌監修『講座・現代文化人類学』三、中山書店、一九六〇年）第三章「親族」（中根）、八七頁、二三〇頁の注11を参照。
（2）渡邊欣雄『民俗知識論の課題――沖縄の知識人類学』（凱風社、一九九〇年）、第Ⅱ部第二章「Descent 理論の系譜――概念再考――」を参照。
（3）渡邊欣雄「出自」・「出自集団」（『文化人類学事典』、弘文堂、一九八七年、三五六頁）。中国では「継嗣」あるいは「世系」に相当する（香港中文大学人類学学部・社会研究センター編訳『中訳人類学詞彙』、香港中文大学出版社、一九八〇年、謝維揚『周代家庭形態』、中国社会科学博士論文文庫、中国社会科学出版社、一九九〇年の第一章注17参照）が、中国語の「出自」という用語はその意味を持たなかったのである。
（4）W.H.R. Rivers, *Mother Right*, Encyclo paedia of Religion a. Ethics, t.8 col.851 a――Social Or ganization, 1926, pp.85-87. 本論のクオーテーションはルイ・デュモンの『社会人類学の二つの理論』（渡辺公三訳、石川栄吉・大林太良・米山俊直監修『人類学ゼミナール』1、弘文堂、一九七七年）による引用、五五頁。
（5）注（4）渡辺前掲訳書、五六頁。
（6）同右、五七頁。
（7）同右、五六頁。
（8）注（3）前掲渡邊「出自」・「出自集団」。
（9）注（1）泉・中根前掲編書、二三一頁の注14を参照。
（10）Claude Lévi-Strauss, *LES STRUCTURES ÉLÉMENTAIRES DE LA PARENTÉ*, Mouton & Co and maison des Science de I, Homme, 1967. 日本語版：馬渕東一・田島節夫監訳『親族の基本構造』上（番町書房、一九七七年）、第八章「婚姻連盟と出自」、二一五頁。
（11）注（3）前掲渡邊「出自」・「出自集団」、注（10）馬渕・田島前掲監訳書、二一五頁を参照。
（12）前掲注（2）、注（3）前掲渡邊「出自」・「出自集団」を参照。
（13）注（3）および注（10）馬渕・田島前掲監訳書、二三七頁の注7を参照。

(14) 前掲注(3)および注(10)の二一五頁。
(15) 前掲注(3)および注(10)の二一五頁、注(1)泉・中根前掲編書、八二頁。
(16) 前掲注(2)、(3)参照。
(17) E.R. Leach, "*Personal Communication*" 1959. 本章のクオーテーションは渡邊の『民俗知識論の課題——沖縄の知識人類学』(注2前掲書) 九〇頁による引用。
(18) 前掲注(2)参照。
(19) フリーマンによればここの「双方的社会」とは、「共系的血統」(Cognatic Stock) と未分化のキンドレッド (kindred) を原則とするのである。これと対するのは、単系出自体系を持つ社会で見られる内的に分化した「双方親族」である (J.D. Freeman, *On the Concept of the Kindred*, Journal of the Royal Anthropological Institute 91, 1961, 村武精一編『家族と親族』、未来社、一九八一年初版、一九九二年新装版、第四部キンドレッドを参照)。
(20) W.H. Goodenough, *DESCRIPTION AND COMPARISON IN CULTURAL ANTHROPOLOGY* (First Published 1970 by Aldine Publishing Company, Chicago, Illinois, USA)。本章のクオーテーションは日本語版：寺岡襄・古橋政次訳『文化人類学の記述と比較』(人類学ゼミナール⑤、石川栄吉・大林太良・米俊直監修、弘文堂、一九七七年) 六五～六六頁による引用。
(21) 本書第五章第一節を参照。
(22) 注(1)泉・中根前掲編書、八二～八三頁、注(10)馬渕・田島前掲監訳書、二一五頁。
(23) 注(1)泉・中根前掲編書、八六頁。
(24) 同右、八三頁。
(25) 以上吉田孝説について引用した文は吉田孝『律令国家と古代の社会』(岩波書店、一九八三年) 一四一～一四六頁。
(26) 同右、一四六頁。
(27) 吉田孝「古代社会に於ける『ウヂ』」(朝尾直弘・網野善彦・山口啓二・吉田孝編『日本の社会史』第六巻・『社会的諸集団』、岩波書店、一九八八年、七一頁) の注34。

(28)　以上義江明子説について引用した文は義江明子『日本古代の氏の構造』(吉川弘文館、一九八六年)一三三〜一四〇頁。

(29)　義江明子「古系譜の『児』(子)をめぐって——共同体論と出自論の接点——」(『日本歴史』四八四号、一九八八年)、「天寿国繡帳銘系譜の一考察——出自論と王権論の接点——」(『日本史研究』三二五号、一九八九年)。

(30)　明石一紀『日本古代の親族構造』(吉川弘文館、一九九〇年初版、一九九一年再版)「序」を参照。以下明石の論述はこの著作の第三部第一章から引用する。

(31)　前掲注(3)参照。

第三章　日本古代社会の婚姻形態と血縁構造
——中国の「同姓不婚」との比較において——

はじめに

婚姻とは人間がみずから子孫を増やすための文化的行為である。人類はほかの動物とは異なる道を歩み始めると同時に、自己の繁殖のための婚姻形態にさまざまな社会規範や禁忌を持つようになった。婚姻形態・婚姻規制は各時代・各地域・各民族によって異なる形の血縁集団の構造を作り出し、それに制約・規定を与えている。つまり婚姻形態・婚姻規制は一定の血縁集団の構造と対応しているのである。したがって婚姻は生物学的意義を持つばかりでなく、文化人類学的、歴史学的な意義も持っている。本章では日本と中国の古代の婚姻形態・婚姻規制について比較研究を行い、日中の異なる婚姻形態・婚姻規制のもとでの血縁集団構造の違いを論じたいと考える。

「近親婚」とは血縁関係の近い者同士または肉親同士の結婚のことで、生物学的には「血縁結婚」と呼ばれる。このような婚姻形態は、古代の世界各地のさまざまな民族における一夫多妻婚の段階にしばしば見られる。例えば中国では「同姓不婚」のもとで、周代の諸侯には正妻（夫人）以外に、媵（妾）二人（右媵・左媵）がおり、それは「媵制」と呼ばれた。正妻と二人の媵（妾）が嫁ぐ際、それぞれ自分の妹と姪（兄弟の娘）の二人といっしょに嫁いだ。夫は合計九人の妻を持つこととなる。それを「姪娣（妹）随嫁制」と称した。周代の卿大夫の婚姻では「媵制」はなかったが、正妻が嫁ぐ際の「姪娣（妹）随嫁制」は存在した。また相手が交叉イトコ、すなわち母方の兄弟の子供（同姓ではなく、異姓である）、または父方の姉妹の子供（これも同姓ではなく、異姓である）、また平行イトコである母方の姉妹の子供（これも異姓である）であれば、その結婚は婚姻法の許すところである。それはみな「近親婚」つまり「血縁結婚」である。日本古代には「媵制」「姪娣（妹）随嫁制」はなかったが、血縁関係の近い者同士間の婚姻は『古事記』『日本書紀』『続日本紀』『日本後紀』『先代旧事本紀』などの中に多く見られる。当時の日本統治者階級、すなわち皇族や貴族・豪族たちの婚姻にはこの「近親婚」の例が普遍的に見られ、しかも互いに血縁は非常に近く、中には同父異母・異父同母兄弟姉妹の結婚すら見られる。

このような婚姻形態は一貫して学界の注目を浴び続け、すでに多くの研究が見られる。中でも洞富雄氏の『日本母権制社会の成立』第四章第二節の「いわゆる近親結婚と母系的族外婚」(1)、小林茂文氏の『周縁の古代史――王権と性・子ども・境界』第二章の「姦・殯王位継承――古代王権と女性(二)」(2)、大林太良氏の『ウヂとイエ』中の「天皇家の近親婚」(3)と『風土と生活』に所収された「古代の婚姻」(4)および西野悠紀子氏の「律令制下の氏族と近親婚」(5)などは代表的な論著である。

しかし、これらの研究は、それぞれの研究者の研究方法や視角の違い、あるいは言葉の概念の曖昧さなどから、それぞれ異なる結論を導き出しており、中にはまったく相反する結論もある。例えば、前述の洞氏は、日本古代には「同父同母兄妹婚」が忌避されたこと、「異母兄妹婚」は頻繁に見られたこと、また「同母兄妹婚」の事例はあまり見られないことから「母系族外婚」（傍点は著者、以下同）であると考えた(6)。大林氏は婚姻習俗のなかに中国の族外婚と似たものが見られることから、中国の「父系外婚制」がほかの中国古代文化とともに日本古代の統治者階級に浸透したと考え、その結果、日本古代社会には一部で「父系外婚制」が行われていたと考えた。[7] 西野氏は九世紀中葉以前の天皇家の女性がほとんど例外なく同一血縁集団内の男性と結婚していること、大豪族もほとんど同じ婚姻形態であることから、天皇家と豪族における「父系近親婚」[8]を強調した。しかし彼らは、いずれも日本古代社会に近親婚が存在することは否定していない。例えば大林氏は前掲「古代の婚姻」という論文の中で「異母兄妹婚は公認されている」と指摘し、特に天皇家における兄妹婚の存在を強調している。西野氏は前掲論文中で、七世紀中葉～九世紀前半、天智・天武天皇を代表とする「一族」の女性は「一族」の男性と婚姻していること、桓武天皇時代に異母兄弟姉妹間の婚姻が増加していることを指摘した上で、「同母であっても異父の兄弟姉妹の場合、少数ではあるが婚姻の例があり、こうした点からみて父系・母系をとわず、同父同母の兄弟姉妹以外あらゆるタブーから当時の社会は自由であったと考えられる」と述べている。

　こうした食い違いが存在するだけでなく、彼らの議論には古代社会のウヂ集団血縁構造の理解に混乱が見られる。例えば一九七〇年代から八〇年代にかけて、吉田孝氏・義江明子氏・明石一紀氏らは、ウヂ集団血縁構造について論じ、各々意見は違うものの、日本古代社会が「双系制」であるとして、八世紀末以降のウヂを「父系出自集団」とする点ではおおよその一致をみた。[9] その論拠として、古代の婚姻研究が何らかの形で引用されている。例えば義江氏はウヂ集団が「一系系譜と両属系譜」の併存する血縁集団から、「父系出自集団」へと変化したとする自説の重要な根拠として「父系近親婚」という西野説を用いている。[10] 吉田氏もまた大林氏の「父系外婚制」説を用いている。[11]

　しかし「母系」「父系」「双系」いずれの結論も、日本古代社会の近親婚の性質に対する認識の混乱と「出自」概念の理解の曖昧さのために、すべて非科学的なものになっていると著者は考える。問題の核心は、日本古代社会に近親婚が存在したかどうかにあるのではない。近親婚が実態としてどのような形で存在したか、についての文化人類学的、歴史学的な理解が重要なのである。文化人類学や歴史学の方法を用いて日本古代社会における近親婚の性質を探り、その定義づけを行うこと、そのことによってのみ日本古代の婚姻形態の理解における混乱と不毛な論争上の対立に終止符を打つことができ、またウヂ集団の血縁構造について正しく論ずることができるものと考える。

したがって本章では日本古代の婚姻形態について検討し、それによって日本人研究者による日本古代社会のウヂ集団の血縁構造とその性質に関する議論を問い直し、日本の学界がこの論争の中で誤った結論を導き出すに至った原因を指摘したいと考えている。その上で日本歴史学界で鬼頭清明氏から提示されながら、未だ解決されていない通婚圏と出自集団間の関係について、また鬼頭氏のいった「双方親族集団」もあわせて論じたい。(12)

つまるところ問題の核心は、日本古代社会において近親婚がどのような形で存在したか、にある。したがって、文化人類学や歴史学の方法を用いて、日本古代社会における「近親婚」について定義づけを行うことは大変重要なことである。

本章ではリヴァーズ（W.H.R. Rivers）を代表とする出自理論に基づいて、日本古代の婚姻、特に皇族の婚姻実態を中心として考察し、中国の典型的な父系単系出自集団である「宗族」における「同姓不婚」との比較研究を行い、日本古代社会には母系・父系・双系、いずれの出自集団および親族集団（kindred）中の一種形態とする「双方親族集団」も存在せず、社会血縁集団あるいはウヂ集団は血統上での共系、無系的および血統上での未分化のキンドレッド（「双方親族集団」と「血統上での未分化のキンドレッド」との区別は本書第一章第二節⑷と第二章第一節⑶を参照）であることを証明しようとするものである。

第一節　「姉妹型一夫多妻婚」と「異母兄妹婚」

いわゆる「姉妹型一夫多妻婚」とは一人の男性の複数の妻が姉妹同士であることを指している。そのような婚姻形態は、古代の世界各地のさまざまな民族における一夫多妻婚の段階にしばしば見られる。例えば前述した中国の周代の「媵制」はそれである。そしてこのような婚姻形態は春秋時代にも引き続き見られた。『春秋左氏傳』によれば魯の襄公が敬帰を妻とした際、同時に彼女の女娣（妹）である斉帰も一緒に嫁いだ。また春秋時代の魯の荘公は斉国の桓公の娘哀姜・叔姜姉妹と結婚した[13]。つまり「姉妹型一夫多妻婚」が行われたのである。日本の『古事記』『日本書紀』『続日本紀』『日本後紀』『先代旧事本紀』などの古代史料の中でも、こういった婚姻形態は枚挙にいとまがない。先の中国古代の魯と斉の国の間の婚姻は、日本の古代文献に記載される「姉妹型一夫多妻婚」という婚姻形態からいえば同じである。しかし中国の場合「姉妹型一夫多妻婚」を行う一方で「同姓不婚[14]」という婚姻規制を貫いているのに対し、日本古代では「異母兄妹婚」が普遍的に見られることから、両国の婚姻形態・婚姻規制は異なる性質を持ったものであるといえる。

(1)「姉妹型一夫多妻婚」

ここで、議論を整理するために先の『古事記』『日本書紀[15]』に見られる「姉妹型一夫多妻婚」の事例を歴代の天皇の順番にしたがって表1にまとめた。

この表から『古事記』と『日本書紀』に記載された四〇代の天皇のうち、「姉妹型一夫多妻婚」は二〇例近くあることが分かる。このほか、これと同質異型、すなわち飯田優子氏の研究により、妹が年が離れすぎているため姉の夫と結婚できず、姉の子と結婚する[16]「姨・甥型異世代婚」も「姉妹型一夫多妻婚」のカテゴリーに属するは

<table>
<tr><th>歴代天皇・皇子</th><th colspan="2">后妃間血縁関係</th><th>姉妹型后・妃(『古事記』)</th><th>姉妹型后・妃(『日本書紀』)</th></tr>
<tr><td>孝霊天皇</td><td colspan="2">同父同母姉妹</td><td>⑴蝿伊呂泥(意富夜麻登久迩阿礼比売命)
⑵蝿伊呂杼</td><td>⑴絚某姉(倭国香媛)
⑵絚某弟</td></tr>
<tr><td rowspan="2">垂仁天皇</td><td colspan="2">同父異母姉妹</td><td>⑴氷羽州比売命
⑵沼羽田之入毘売命
⑶阿耶耶美能伊理毘売命</td><td>⑴日葉酢媛
⑵渟葉田瓊入媛
⑶薊瓊入媛</td></tr>
<tr><td colspan="2">同父同母姉妹</td><td>⑴苅羽田刀弁
⑵弟苅羽田刀弁</td><td>⑴苅幡戸辺
⑵綺戸辺</td></tr>
<tr><td>景行天皇</td><td colspan="2">同父同母姉妹</td><td>⑴針間之伊那毘能大郎女
⑵伊那毘能若郎女</td><td>⑴播磨稲日大郎姫(稲日稚姫)
(無記載)</td></tr>
<tr><td>景行皇子
(大碓皇子)</td><td colspan="2">同父同母姉妹</td><td>⑴兄比売
⑵弟比売</td><td>⑴兄遠子
⑵弟遠子</td></tr>
<tr><td rowspan="2">応神天皇</td><td colspan="2">同父同母姉妹
(『先代旧事本紀』による)</td><td>⑴高木之入日売命
⑵中日売命
⑶弟日売命</td><td>⑴高城入姫
⑵仲姫
⑶弟姫</td></tr>
<tr><td colspan="2">同父異母姉妹</td><td>⑴宮主矢河枝比売
⑵坎那弁郎女</td><td>⑴宮主宅媛
⑵小斎媛</td></tr>
<tr><td>仁徳天皇</td><td colspan="2">同父異母姉妹</td><td>⑴八田若郎女
⑵宇遅能若郎女</td><td>⑴八田皇女
(無記載)</td></tr>
<tr><td>履中天皇</td><td colspan="2">同父同母姉妹</td><td></td><td>⑴太姫郎姫
⑵高鶴郎姫</td></tr>
<tr><td>反正天皇</td><td colspan="2">同父異母姉妹</td><td>⑴都怒郎女
⑵弟比売</td><td>⑴津野媛
⑵弟媛</td></tr>
<tr><td>安閑天皇</td><td colspan="2">同父異母姉妹</td><td></td><td>⑴紗手媛
⑵香々有媛</td></tr>
<tr><td rowspan="3">欽明天皇</td><td colspan="2">同父同母姉妹</td><td>⑴石比売命
⑵小石比売命</td><td></td></tr>
<tr><td colspan="2">同父同母姉妹</td><td></td><td>⑴石姫皇女
⑵稚綾姫皇女
⑶日影皇女</td></tr>
<tr><td colspan="2">同父同母姉妹</td><td></td><td>⑴堅塩媛
⑵小姉君</td></tr>
<tr><td rowspan="2">敏達皇子
(彦人大兄皇子)</td><td rowspan="2">同父</td><td></td><td>⑴糠代比売命</td><td>⑴糠手姫皇女</td></tr>
<tr><td>同母姉妹</td><td>⑵小治田王
⑶桜井玄王</td><td>⑵小墾田皇女
⑶桜井弓張皇女</td></tr>
<tr><td>天智天皇</td><td colspan="2">同父同母姉妹</td><td></td><td>⑴遠智娘
⑵姪娘</td></tr>
<tr><td rowspan="3">天武天皇</td><td rowspan="2">同父</td><td>同母姉妹</td><td></td><td>⑴菟野皇女(持統天皇)
⑵大田皇女</td></tr>
<tr><td>同母姉妹</td><td></td><td>⑴大江皇女
⑵新田部皇女</td></tr>
<tr><td colspan="2">同父異母姉妹</td><td></td><td>⑴氷上娘
⑵五百重娘</td></tr>
</table>

表1　天武天皇までの40代天皇・皇子の中の「姉妹型一夫多妻婚」の血縁関係表

注：『古事記』は桜井玄王と小治田王は同父母の姉妹とし，『日本書紀』では，桜井弓張皇女と小墾田皇女は姉妹とするが，『古事記』によると敏達天皇は桜井玄王と結婚し，『日本書紀』によると，敏達天皇は小墾田皇女と結婚しとする．
『古事記』『日本書紀』をもとに作成.

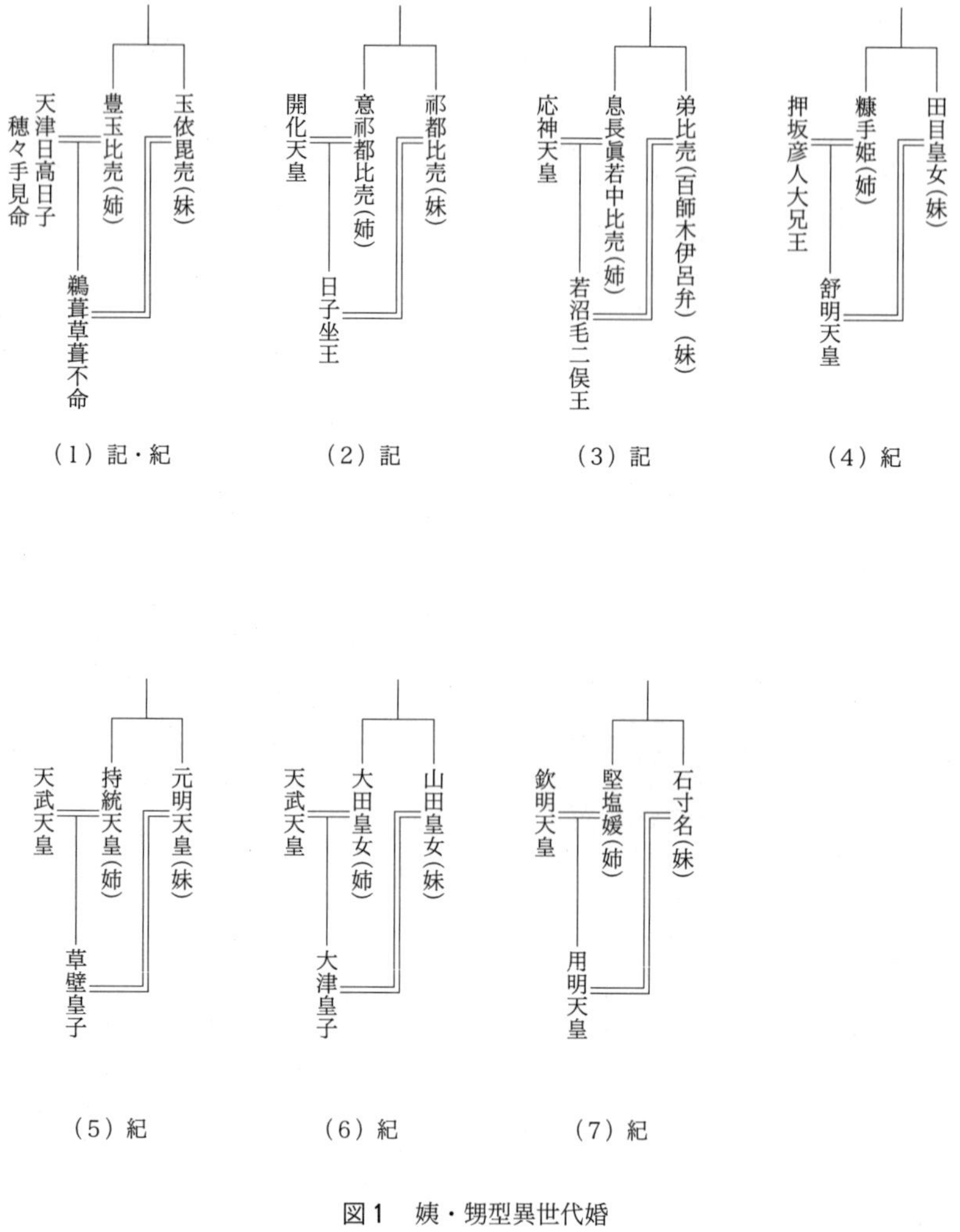
玉依毘売(妹)
豊玉比売(姉)
天津日高日子穂々手見命
鵜葺草葺不命
(1) 記・紀
祁都比売(妹)
意祁都比売(姉)
開化天皇
日子坐王
(2) 記
弟比売(百師木伊呂弁)(妹)
息長眞若中比売(姉)
応神天皇
若沼毛二俣王
(3) 記
田目皇女(妹)
糠手姫(姉)
押坂彦人大兄王
舒明天皇
(4) 紀
元明天皇(妹)
持統天皇(姉)
天武天皇
草壁皇子
(5) 紀
山田皇女(妹)
大田皇女(姉)
天武天皇
大津皇子
(6) 紀
石寸名(妹)
堅塩媛(姉)
欽明天皇
用明天皇
(7) 紀

図1　姨・甥型異世代婚

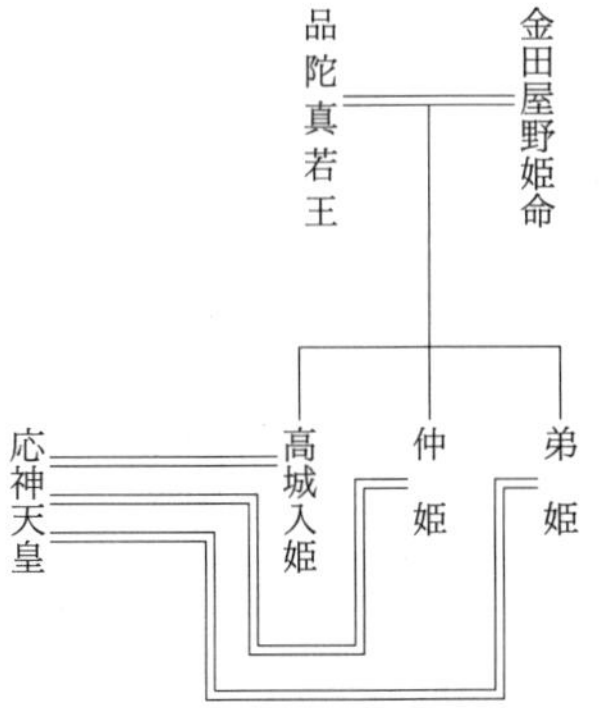

図2

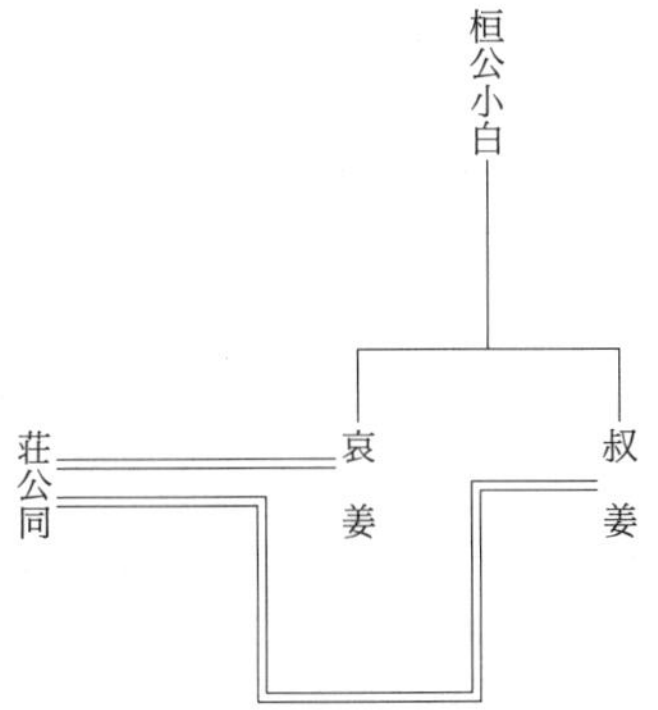

図3

ずである。このような「姨・甥型異世代婚」は図1のように七例ある。

このような「姨・甥型異世代婚」は『古事記』と『日本書紀』のみに見られるものであるが、同じような婚姻事例は、古代史料の中に至るところで見られる。例えば『先代旧事本紀』第五巻「天孫本紀」の中には金田屋野姫命が姉の子供である品陀真若王と結婚する事例が見られる（図5を参照）。それも「姉妹型一夫多妻婚」の形態の一つに数えることができる。

さまざまな「姉妹型一夫多妻婚」（「姨・甥型異世代婚」を含む）の中で、特に注意を引くのが同父同母の姉妹による一夫多妻婚である。皇族に関する史料は明確にその事実を示しており、『古事記』や『日本書紀』の中にも前後の文脈や人名から、同父同母姉妹であると判断できるものが一三件ある（表1を参照）。これは日本古代の「姉妹型一夫多妻婚」の重要な特徴である。ここでは、応神天皇と品陀真若王・金田屋野姫命の三人の娘の婚姻を図2にまとめてみた。

歴史上一つの血縁集団が別の血縁集団と婚姻関係を持つ時、例えばA族の男子がB族の女子と結婚し、B族の男子が逆にA族の女子と結婚すること、そしてA族・B族いずれも一夫多妻婚を行うため、妻が同母姉妹をともなって結婚することは珍しくない。これは一夫多妻婚段階の族外婚制の一つの特徴である。

先の魯・斉間の婚姻を例に取り、「姉妹型一夫多妻婚」を図にすると図3のようになる。この魯・斉両国間の婚姻と応神天皇と品陀真若王・金田屋野姫命の三人の娘の婚姻を例に取るなら、一つの族の男性が一つの族の女性と結婚し、しかもその同父母姉妹が同一男性と結婚するという点では両者は共通する。しかし、同時期の日本で同様に多く見られた「異母兄妹婚」と合わせて日中を比較すれば、日本では姉妹がそれぞれに生んだ子供同士の婚姻は可能であるけれども、中国では子供同士は同姓、すなわち同じ父系宗族の構成員となり、婚姻は許されないので、その差異は歴然としている。

「同姓不婚」の中国では「異母兄妹婚」はありえない。つまり「同姓不婚」の中国とその規制がない日本では、近親婚の性格も婚姻形態により制約・規定される血縁集団の構造も異なるのである。

(2)「異母兄妹婚」

日本古代には「姉妹型一夫多妻婚」と同時に、「異母兄妹婚」も広く見られた。例えば大江王（景行皇子）と銀王（『記』）、仁徳天皇と八田若郎女（皇后／『記』・『紀』）、仁徳天皇と宇遅之若郎女（『記』）、根鳥命（応神皇子）と阿貝知三腹郎女（応神皇女／『記』・『紀』――『紀』では淡路御原皇女とする）、速総別王と女鳥王（『記』）、履中天皇と幡俣皇女（『記』）、鹿雁と飽田女（非皇族／『紀』）、敏達天皇と豊御炊屋比売命（推古天皇／『記』・『紀』）、用明天皇と間人穴太部王（『記』・『紀』）、忍坂日子人太子と桜井玄王（『記』〔『紀』では押坂彦人大兄皇子〕）等々はみな「異母兄妹婚」である。しかし「異母兄妹婚」がしばしば見られるのに対して、「同母兄妹婚」はほとんど見られない。それどころが允恭天皇の太子である木梨軽皇子は同父母妹である軽大娘皇女と私通したため、軽大娘皇女は伊予国に流されるという厳刑に処せられている。このことから日本古代には「同母兄妹婚」の禁忌が存在していたとする研究者もいる。そしてこうした婚姻形態を「母系族外婚」[17]と呼んでいる。

木梨軽皇子と同父母妹である軽大娘皇女との私通については、以下の記載がある。

廿四年夏六月、御膳羹汁、凝以作氷。天皇異之、卜㆓其所由㆒。卜者曰、有㆓内亂㆒。蓋親々相奸乎。時有㆑人曰、木梨輕太子、奸二同母妹輕大娘皇女一。因以、推問焉。辭既實也。太子是爲二儲君一、不レ得二加刑一。則移二大娘皇女於伊豫一。(18)

しかし、これは日本古代に同父同母兄妹婚の禁忌が存在したことの証明にはなっても、これによって異父同母婚の存在を否定することはできない。一夫多妻の婚姻形態のもとでは、子女は母とともに一つの家庭に育つ。社会心理学の観点から見ると、一般に同一の家庭に育った異性には性の衝動を生じない傾向がある。それが一夫多妻婚のもとで「同母兄妹婚」が普遍的ではなかった理由である。八世紀の藤原氏の多比能と橘諸兄との婚姻はその逆のもっともよい例である。橘三千代は美努王との間に諸兄を産んだ。その後橘三千代はまた藤原不比等と結婚し、多比能を産んだ。諸兄と多比能は同母兄妹であるが、幼少の頃から一緒に育たなかった。それゆえ性の衝動を生じたわけである。彼らの婚姻は「同母兄妹婚」[19]であるが、史料の中には彼らが重刑を受けたという記載はない。その婚姻関係を図で表すと図4のとおりである。

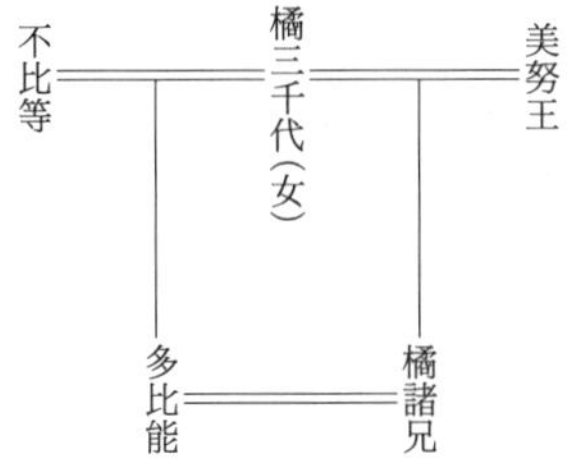

図4

前述の「同母兄妹婚」の例が少数であったのに対して、「異母兄妹婚」が盛んに行われていた理由は、異母兄妹は別々の家庭で育ったために、その婚姻が自然なものとして当時の社会に受け入れられ、一種の婚姻風俗となっていたためである。ゆえに、日本古代社会においては同父同母兄弟姉妹間の婚姻の禁忌以外は、同父異母であっても、また異父同母であっても、兄弟姉妹間の婚姻はみな許されていたといえる。

「異母兄妹婚」については「姉妹型一夫多妻婚」と関連づけて考察するとその性質がよりはっきりとしてくる。議論を分かりやすくするために、やはり応神天皇を中心とする婚姻を例として、その婚姻関係を前後数世代にわたって整理し、その婚姻関係を図5にまとめた。

これによると、応神天皇と彼の妻である高城入姫・仲姫・弟姫の三姉妹の父は景行天皇の子孫である。した

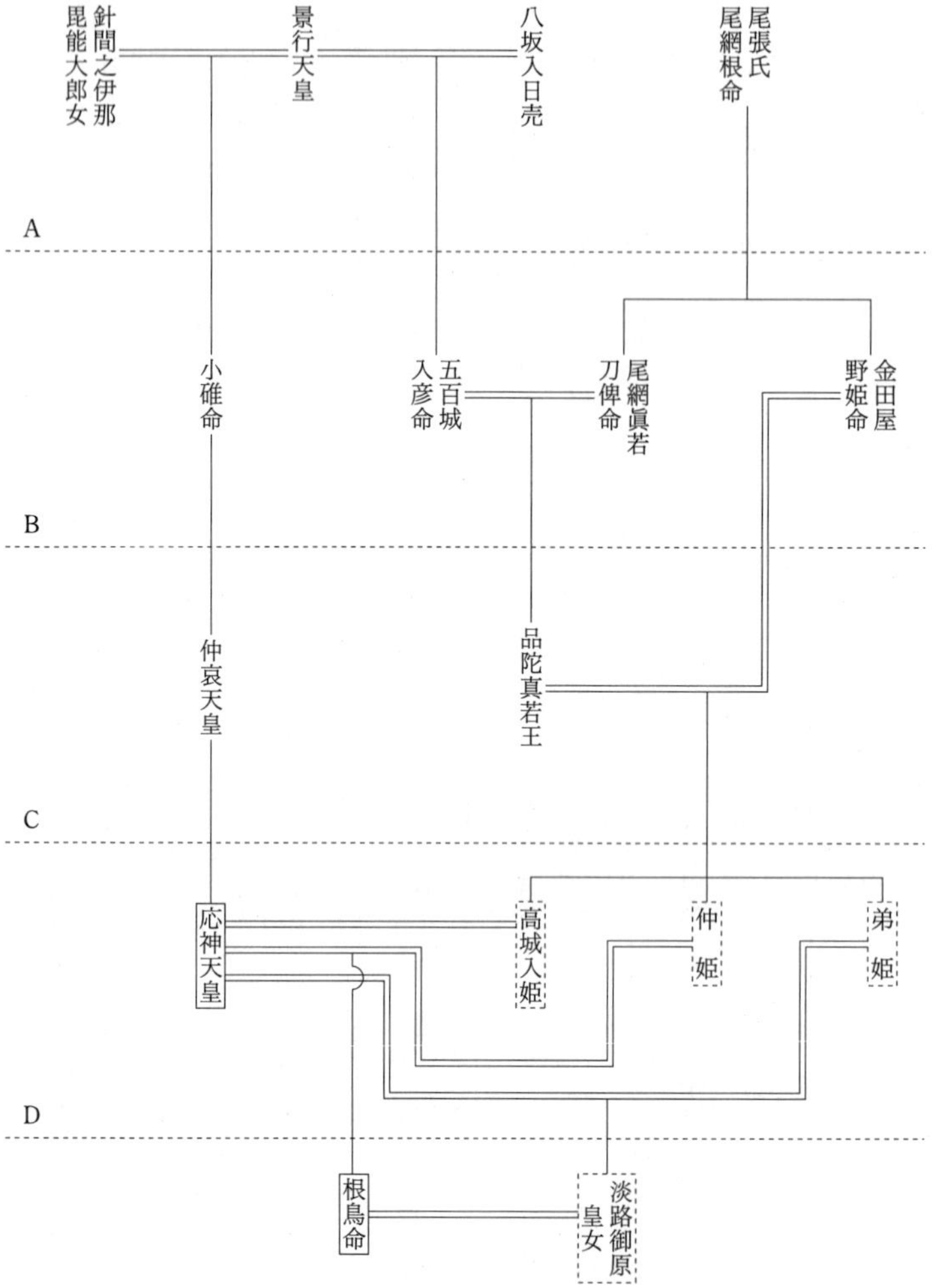

図5　応神天皇を中心とする婚姻関係

注：［実線枠］［点線枠］それぞれ皇族内で結婚した男性と女性

『日本書紀』『先代旧事記』をもとに作成.

がって応神天皇の子女にとって父と母方の祖父は「父系」では同一血縁にあたる。また、一方「同父異母兄妹婚」は禁忌を受けないので、応神天皇の息子である根鳥命（母は仲姫）と娘である淡路御原皇女（母は弟姫／『記』での阿貝知能三腹郎女）の婚姻が認められ、同父「異母兄妹婚」が行われた。この場合、婚姻する双方が父を同じくするばかりでなく、その母同士も同父同母姉妹であるため、その婚姻の次の世代、すなわち根鳥命と淡路御原皇女の間に生まれる子にとっては、父母ともに同じ血縁に属することとなる。こうした婚姻形態は父方から見ても、母方から見ても、いずれも族外婚とはならない。したがって先にあげた洞氏が唱える「母系族外婚」という説は成り立たないのである。

すでに述べたように、中国古代にも「姉妹型一夫多妻婚」は存在する。しかしそれは「同姓不婚」のもとで行われている。古代中国では同一の父系宗族の構成員（member）であることを対外的に示すために、男女を問わず、子々孫々まで同一「姓」を冠した。これが同姓である。

魯の国の荘公は、斉の国の姉妹哀姜・叔姜と結婚したが、父系単系出自社会の中では彼らの子女は魯の荘公の宗族の構成員であり、「同姓不婚」の規制によって、互いに結婚することはできない。そこで同様に斉と魯両国の数世代にわたる婚姻関係を図6に示した。

図から分かるとおり、魯の国では、桓公軌から成公黒肱に至るまで、六世代にわたって、斉の国の女性と婚姻関係を持った[20]。または魯の国の女性、昭叔姫が斉の国の男性昭公藩に嫁ぐという事例も見られる。これらはみな異姓婚、つまり父系宗族以外の人を婚姻対象としている。両国間で行われたこのような異姓婚形態は文化人類学においては「交叉イトコ婚[21]」と呼ばれ、婚姻する双方が異世代の場合は「交叉異世代婚」と呼ばれる。

いわゆる交叉イトコ婚（cross-cousin marriage）は自己（ego）が父の姉妹の子供、または母の兄弟の子供と結婚することで、世代が異なる場合は交叉異世代婚と呼ばれる。このような婚姻関係は生物学的に見れば近親婚であ

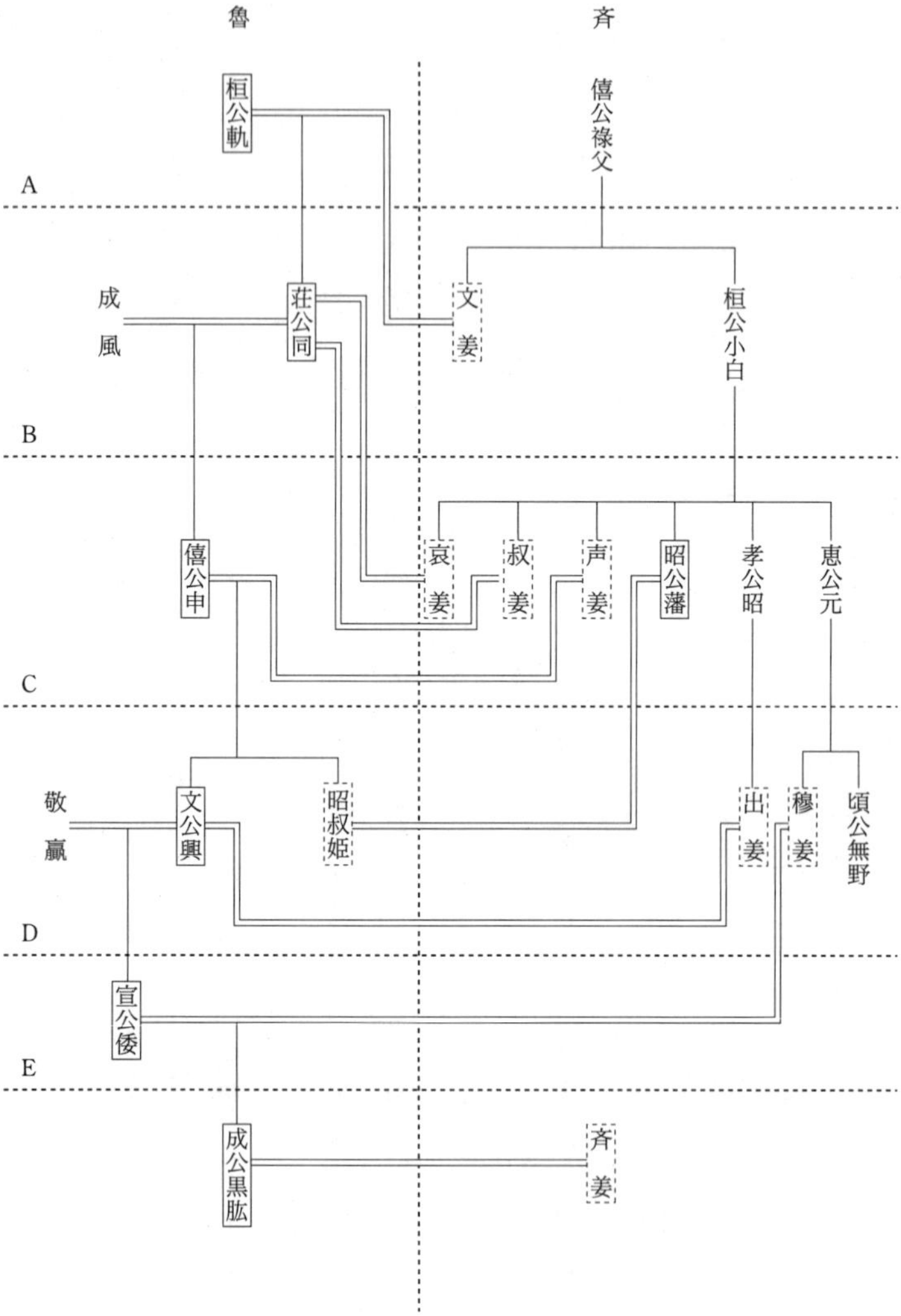

図 6　中国春秋時代の斉・魯両国諸侯間の婚姻関係

注：□ ⬚ それぞれ魯・斉間で結婚した男性と女性

『春秋左氏傳』『史記』をもとに作成.

るが、父方オバは父とは異性であり、母方オジも母と異性であるため、彼らと彼らの子供はいずれも自己のリネージ（lineage）構成員と見なされないから、その婚姻は族外婚（exogamy）となる。このような婚姻形態は母系制であっても、父系制であっても、単系出自社会であれば許される。したがって魯・斉両国の六世代にわたる婚姻関係は、その大半が母方との交叉イトコ婚であり、交叉異世代婚もみられた。先にあげた魯の女性、昭叔姫と斉の男性、昭公藩の婚姻も、同様に母方との交叉異世代婚である。

文化人類学において交叉イトコ婚と対立するのが平行イトコ婚である。平行イトコ婚（parallel cousin marriage）とは父方の兄弟の子供または母方の姉妹の子供と結婚することであり、異なる世代にまたがるのが平行異世代婚である。父方の兄弟は父と同性であり、母方の姉妹も母と同性であるため、その子供はいずれも自己と同じリネージの構成員であると見なされ、父系制社会では父方平行イトコ婚、母系制社会では母方平行イトコ婚が禁忌される。父の兄弟とその子供および母の姉妹とその子供は自己と同じリネージの人間であると考えられているため、平行イトコ婚が禁止されている社会では、社会的血縁関係は父系と母系に分かれるばかりでなく、父系親族・母系親族どちらもがそれぞれリネージとなり得る。つまり血縁集団構成員資格（membership）の継承・伝達においては父系と母系が独立した位置に置かれているのである。このような血縁構造は「双系出自」（「二重出自」、「両系出自」／bilinear filiation）といわれる。この「双系出自」（「二重出自」、「両系出自」）はすべて平行イトコ婚を禁止し、父と母の血統が分けられるのを前提としているのである。[22]

しかし単系出自の社会、例えば典型的な父系出自社会であった古代中国では、宗族の構成員資格が父系単系によって継承・伝達されるため、父方の兄弟のみが同一の宗族の構成員であると見なされ、同じ「姓」が冠せられる。しかし母方の兄弟姉妹とその子供および父方の姉妹の子供とは同様に扱われ、異なる「姓」を持っているから、父系宗族の構成員とは区別される（ただ、母方の兄弟姉妹とその子供は姻族の構成員である）。したがって中国では、母方の姉妹の子供たちとの婚姻は平行イトコ婚であっても交叉イトコ婚と同様に族外婚とされる。このようにどのような婚姻を「族外婚」または「族内婚」とするかは宗族と出自集団の成り立ちによって確定されるのである。この関係をより明らかにするために、父系・母系出自集団の構成員構成は第二章図1・2を参照されたい。

前述の中国古代の魯・斉両国間の婚姻は生物学的に近親婚である。しかし、「同姓不婚」の婚姻規制は、両国間で行われたような「姉妹型一夫多妻婚」による近親婚を父系宗族の範囲外で行うことにした。このような族外婚制は血縁親族の構成員を血族と姻族とに分け、父系と母系という異なる血縁系統に分けるという重要な役割を果たす。まさにこのような意味において、中根千枝氏は「族外婚」を父系制・母系制と連動した重要な婚姻規制であると考えている。[23]

中国古代における「同姓不婚」を前提とする「姉妹型一夫多妻婚」とは異なり、日本古代社会では「姉妹型一夫多妻婚」と同時に「異母兄妹婚」も広く行われていた。その場合、婚姻当事者の母親同士が同父母姉妹であれば(例えば根鳥命と淡路御原皇女の婚姻)、夫婦は同父・同母「系」の血縁者同士となる。そしてその次の世代では、父・母双方の血統が渾然一体となり、きちんとした血縁「系統」を形成できず、血族が姻族となり、姻族が血族となり、血族と姻族の区別がなくなる。このような婚姻は平行イトコ婚でも交叉イトコ婚でもなく、父方から見ても、母方から見ても文化人類学的には族内婚と見なされる。このように日本古代社会における「姉妹型一夫多妻婚」は「異母兄妹婚」と同時に現れることにその重要な特徴がある。これまで見たとおり、日本では血縁構造を父系・母系に分かつことはできない。それは「母系制」「父系制」「双系制」のいずれでもない。つまり「出自」系統は持たない、無系的および血統上での未分化のキンドレッドの範疇に属するべきものである。

第二節　皇族・豪族の婚姻実態および日本人の「一族」の意識

律令時代に入ると、日本の婚姻形態にはそれまでにない新しい顕著な特徴が現れた。「姉妹型一夫多妻婚」や「異母兄妹婚」などは日本民族の婚姻習俗としてかなり長い間存在していたが、この時期、特に七世紀中期より八世紀前半にかけての時期においては、皇族・豪族らの血縁集団において集団内婚が著しく増加していた。特に皇族の女性ほとんど例外なく、豪族の女性も大部分「一族」の男性と結婚していた。この婚姻の特徴について研究を行ってきた研究者が何人かいる。例えば西野氏はそれを天皇「一族」内の「極端な父系近親間の婚姻」だと述べている。[24]著者はこの「一族」「父系」という概念には、日本古代社会の近親婚および血縁集団内部の構造、特徴と本質がよく反映されていると考える。本節では、この時期の皇族・豪族の婚姻実態を検討し、いわゆる「一族」「父系」に関する議論についても検討を加え、さらに一歩進んで日本古代の婚姻形態と血縁集団構造の特徴と本質を究明したいと考える。

(1)皇族と豪族の婚姻実態とその特徴

血縁集団内の女性がほとんど例外なく同一血縁集団内の男性と結婚する現象は、天智天皇と天武天皇の時代に集中している。例えば天智天皇の一〇人の娘のうち大田皇女・持統天皇・新田部皇女・大江皇女は、四人とも自分の父、天智天皇の同父同母の弟である天武天皇と結婚し、「叔・姪型の異世代婚」となっている。婚姻の類型と血縁から見れば、これは前述の「姨・甥型の異世代婚」と同様に、平行イトコ婚のカテゴリーに属する。もっともこの場合は世代が異なり、イトコではなく、平行異世代婚である。また、天智天皇のほかの娘のうち、御名部皇女・元明天皇・飛鳥皇女・山辺皇女の四人は天武天皇の皇子と結婚した。これは典型的な平行イトコ婚である。

同様に、天武天皇の三人の娘、十市皇女・多紀皇女・泊瀬部皇女はそれぞれ天智天皇の皇子である大友皇子・施基皇子・川嶋皇子と夫婦となった。これもまた平行イトコ婚である。天武天皇のほかの娘のうち、但馬皇女は異母兄の高市皇子と、田形皇女も皇族と結婚した。その複雑な婚姻関係を図で表すと図7の通りである。また、天智・天武天皇を中心とする婚姻関係をさかのぼって表示すれば、図8のようになり「一族」内の近親婚の性格は一目瞭然となる。

七世紀中期から始まったこのような普遍的、集中的な平行イトコ婚、異母兄妹婚は大化の改新後の法令にも反映されている。『養老令』「継嗣令」の第一、四条は次のように定めている。

凡皇兄弟皇子、皆爲二親王一、女帝子亦同、以外並爲二諸王一。自二親王一五世、雖レ得二王名一、不レ在二皇親之限一。

凡王娶二親王一、臣娶二五世王一者聽、唯五世王、不レ得レ娶二親王一。[25]

また『養老令』「後宮職員令」の第一～第三条も天皇の妃・夫人・嬪の位階について次のように規定している。

妃二員、右四品以上、夫人三員、右三位以上、嬪四員、右五位以上。[26]

前記の法令によって、まず親王（女子の場合、内親王と呼ばれる）、諸王（女王）の範囲が定められた。つまり、天皇（前代と元の天皇も含む）の兄弟・皇子は親王で、天皇の姉妹・皇女も内親王と呼ばれる親王である。次に親王（内親王も含む）の婚姻範囲が規定された。すなわち、諸王は内親王、諸臣は五世女王をそれぞれ娶ることができ、五世王は親王を娶ることはできない。[27] 第三に、妃・夫人・嬪の位階が定められた。皇妃は四品以上、夫人は三位以上、嬪は五位以上となっている。品を授けられるのは親王または内親王であり、[28] 内親王は天皇（女帝も含む）の姉妹または娘となっているから、天皇の妻のうち妃以上は元・前天皇の姉妹と娘たちに限ることになってしまう。この種の婚姻特徴は『続日本紀』『日本後紀』などの史料の中で随所に見られる。このように皇族は血縁親族内の内婚を原則としていた。[29]

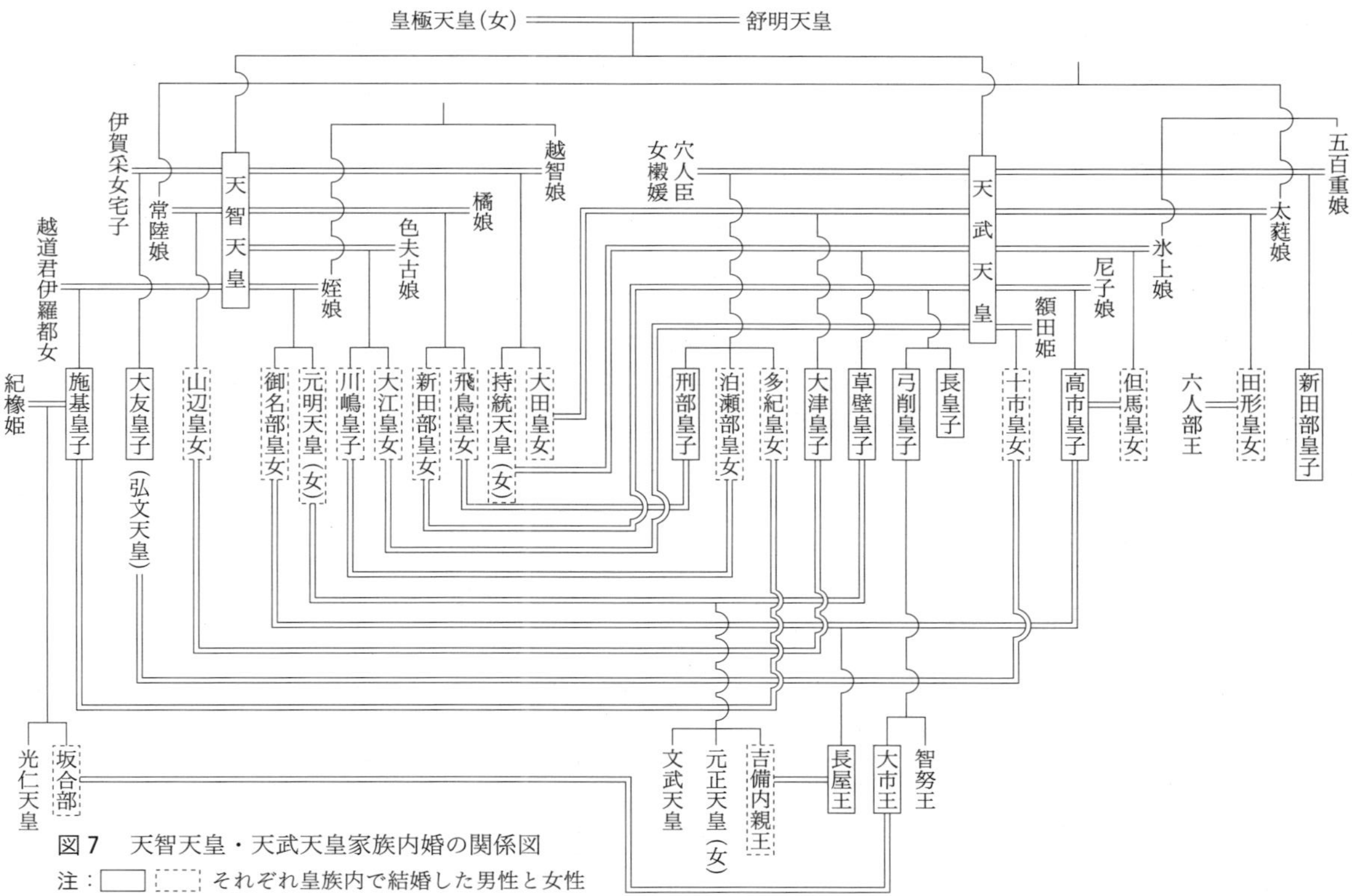

図7　天智天皇・天武天皇家族内婚の関係図

注：[実線枠] [点線枠] それぞれ皇族内で結婚した男性と女性

『古事記』『日本書紀』をもとに作成.

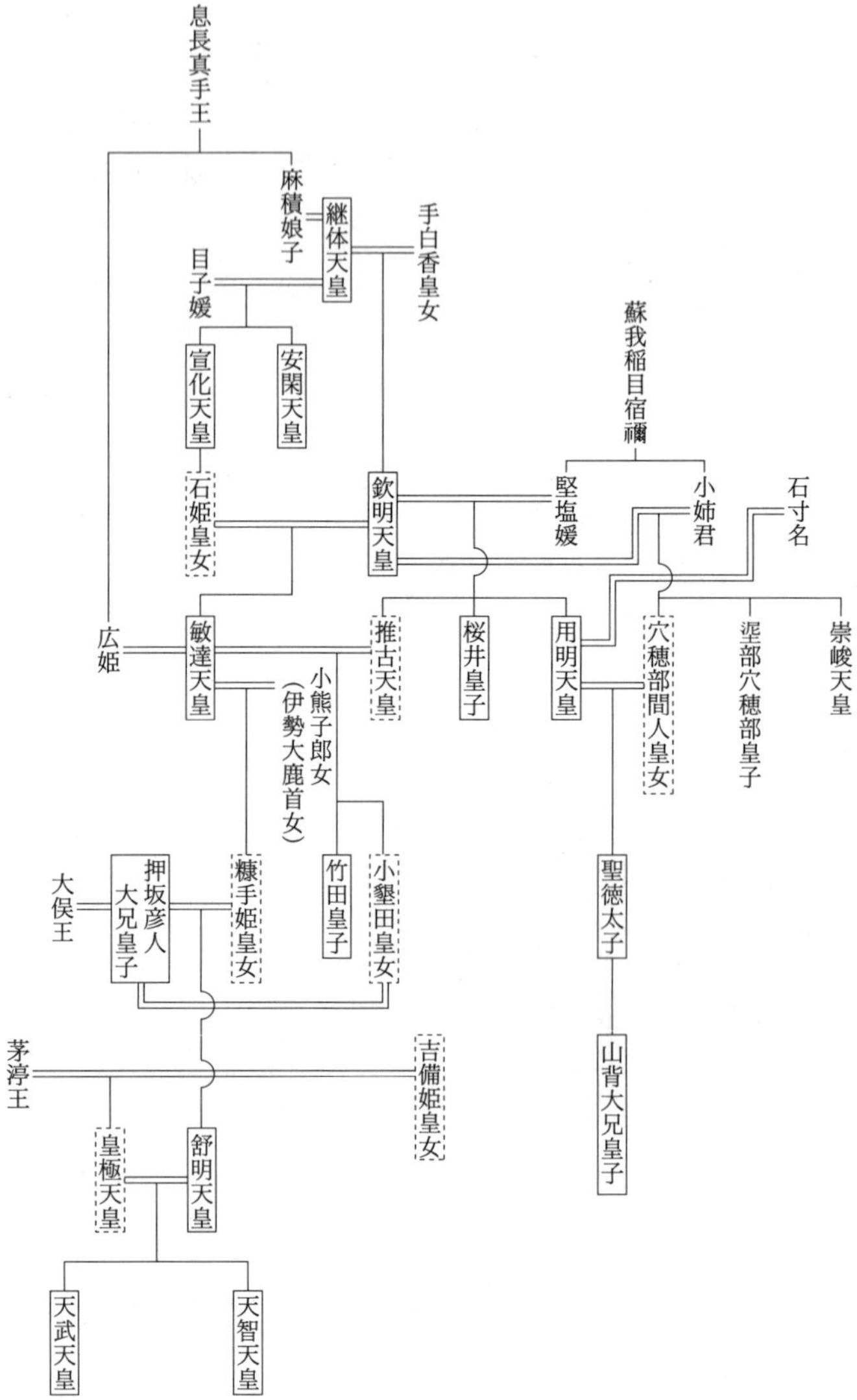

図8　天武天皇・天智天皇から溯り、継体天皇までの皇族内の婚姻関係

注：□　□　それぞれ皇族内で結婚した男性と女性.

『古事記』『日本書紀』をもとに作成.

このような婚姻形態は天皇家に限らず、藤原氏・大伴氏などの豪族においても盛んに行われていた。西野氏が指摘するように、豪族、特に中央の豪族の女性は皇族と婚姻したほか、「七世紀以前からのいわば伝統的氏族である大伴氏の中枢の場合も、新興の藤原氏の場合も、八世紀には急速に父系近親間の婚姻結合を強め、逆にほか氏族との婚姻例が減少してくるという事実がある（中略）。この事は言い換えれば、各父系の氏族集団が、それぞれ血縁的に孤立した状態になる」。[30]藤原氏の不比等と三人の男子を中心とする婚姻関係は図9のとおりである。

律令制下におけるこの種の婚姻特徴について、多くの研究者たちは政治的意図から出たものだと唱えている。つまり皇族内の内婚は、皇族の貴い血統とその「純潔性」を維持することによって、天皇の権力と神聖な地位を保障するためであったという。一方豪族もほとんど「一族」内で結婚した。皇族と結婚することもあった。それは、天皇に近寄り、またみずからの血縁集団の強大な地位を強化する目的があったためだというのである。皇族や豪族には確かにこの種の政治的意図があっただろう。しかし、この種の政治的意図は必ず伝統的な婚姻の慣習や血統観念に根ざすものであり、特定の血縁集団内の内婚構造と密接に関わり、その制約をうけていると思われる。大化の改新後の戸籍から見れば同族内婚も多くあった。各階層での内婚形態から分かるように、こうした婚姻形態は皇族・豪族に限らず、すでに日本民族の婚姻風俗になり、一般庶民の間に普遍的に存在していたのである。

大化の改新以後の一般庶民の婚姻関係は戸籍からだいたい知ることができる。例えば、高島正人氏の研究によると、大宝二年（七〇二）の美濃国春部里諸氏の中の国造族の婚姻を例とすれば、一〇戸と他戸の同姓寄人より検出できる五一例中四一例は族内婚であり、一〇戸中五戸は他氏とまったく交流がなかった。それは血縁の閉鎖性の高い内婚形態であると考えられる。同様に、春部四戸の一六の婚姻事例の中で、七例は族内婚であり、六人部五戸中の二二の婚姻事例の中でも七例が族内婚である。[31]また、原島礼二氏の研究では、奈良時代の山背国愛宕郡

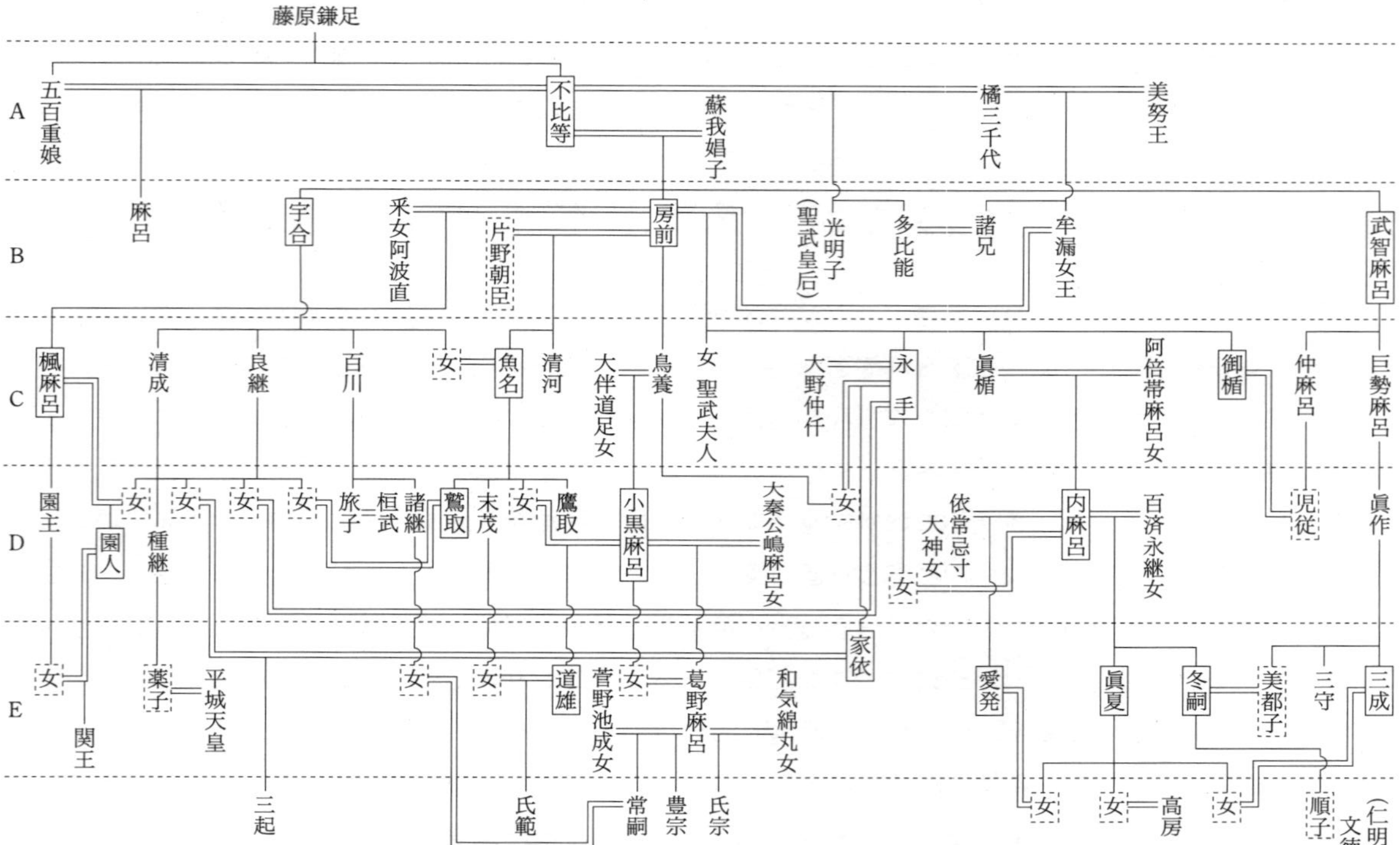

図 9　藤原不比等および三男を中心とする内婚の関係図

注：［実線枠］［点線枠］それぞれ不比等および三男と藤原族内で結婚した女性

『尊卑分脈』をもとに作成.

出雲郷の計帳中、母・妻と記載された人名のうち、出雲臣族が四四パーセントになることから、これを郷内の婚姻と推測している。[32]これに類似する傾向は下総の大島郷戸籍でも指摘されており、母・妻・妾・庶母と記載されてある女性の姓のうち、孔王部姓は五〇パーセントを占めている。[33]また、門脇禎二氏によれば、豊前国仲津郡丁里でも、同姓婚が多いという。[34]

大化の改新後の天智九年（六七〇）、全国的に戸籍が作られ、庶民までが戸籍に登載される姓を持つようになった。古代国家では、一般的に戸籍に基づいて課税された。したがって、税を逃れるために、戸籍の記載内容には偽籍・漏籍などのさまざまな作為が加えられていると推測される。しかし、中央豪族に対しては政治的理由により頻繁に改賜姓が行われているが、庶民の姓はそれに比して比較的安定していたと考えられる。また、古代は交通が不便であったため、村内同姓婚は普通的に行われた。それも族内婚に数えることができる。柳田国男氏は、日本における村内婚習慣の古さを説いている。[35]中根氏も、村落などの中で普遍的に行われる婚姻は、内婚（endogamy）といえることを指摘した。[36]

著者はこれらの婚姻習慣や血統観念および研究者たちのいう「一族」「父系」近親間の婚姻の概念について考察し、前述の一般庶民間の同姓内婚と同族内婚などの婚姻形態を持つ意味について究明しようと思う。

(2)「純血統」と「一族」の文化人類学上の意義

そもそも統治層の頂点に立つ支配者が、統治権の独占という政治的目的から、「血統」を利用してみずからの統治権を神聖化し、それを強固で不可侵のものにすることは、前近代には世界のどの地域、どの民族の歴史においても普遍的に見られた現象であった。そして「血統」を以て統治権を神聖化するとは、婚姻形態と密接に繋がっていた。ただ、各民族が長い歴史の中で形成してきた民族文化、婚姻習慣やそれらによって形づくられた「純血統」という意識の中身がそれぞれ異なるため、「純血統」を実践するにあたって、異なった婚姻形態が取られたにすぎない。大林氏は「古代の婚姻」という論文の中で、世界中の二〇あまりの民族や地域の統治者集団の例をあげて、最高統治者一族が、みずからの貴く純潔な血統を維持し、最高統治権を神聖化し、他人から侵犯を受けないために例外なく「王家兄妹婚」を実行したと述べているが、前述の日本古代の皇族、豪族の婚姻形態もこうした婚姻カテゴリーに属すべきものであろう。しかし、これに対して中国では殷周以降一貫して「同姓不婚」制が実行され、最高統治者の皇帝についても例外ではなかった。中国においては父系一族の「純血統」を維持し、女性および母系血統の混入を避けるため「同姓不婚」が利用されたわけである。

「王家兄妹婚」と「同姓不婚」は性格のまったく異なった婚姻形態である。その二つがいずれも「純血統」の維持の道具として統治者たちに利用されたことは、「純血統」の概念が、各地域・各民族によって異なるものであることを物語っている。そこで次に、婚姻形態から日中両国における「純血統」の概念の違いを究明し、それが文化人類学、歴史学上いかなる意義を持つのかについて検討してみたい。

まずは日本型の「王家兄妹婚」の特徴を見てみよう。

日本古代の皇族・豪族の婚姻は世界のほかの地域の「王家兄妹婚」と同一のカテゴリーに属するが、日本固有の特徴も合わせ持っている。日本では、この種の婚姻の相手は同世代の兄妹に限ることなく、異世代の同一血縁集団の構成員も含まれている。この特徴は天智天皇・天武天皇とその子供たちの婚姻において非常に明瞭に現れていた。そうした「姉妹型一夫多妻婚」「異母兄妹婚」という婚姻形態中の異世代婚の習慣は、律令制以前の婚姻習俗が存続したものであるが、律令時代では法令によって定められ、新しい特徴を持つようになった。

七世紀後半、天皇を中心とする国家体制は、中国の中央集権的国家体制に倣うことによって確立された。中国の隋・唐時代の法令も多少の修正を加えたものの、多くはそのまま日本の律令の中に取り入れられた。仁井田陞氏が復元した唐の「戸令」の四八条中、三七条については『養老令』「戸令」に対応条文が存在している。[37] ところが、唐「戸令」の中の「同姓不婚」という婚姻規制は日本の令には受け継がれなかった。そればかりか、『養老令』「継嗣令」・『養老令』「後宮職員令」などの令は、前述のような「同姓不婚」とまったく相反する規定さえ定めた。法令は必ずその社会の風俗や慣行を反映している。天智・天武朝時代の婚姻特徴も、前代で流行していた「姉妹型一夫多妻婚」や「異母兄妹婚」の継続と発展の結果であり、それがさらに集中的、普遍的になったといえるのではなかろうか。

この種の内婚のもっとも顕著な特徴は、皇族内の女性は例外なく同血縁の男性と結婚したことである。これについて西野氏は、国家体制における天皇の現人神と皇族の貴い「純潔」な血統を保つため、女性を通して皇族の貴い「血統」を外に流すことを禁止することに目的があると指摘している。

これは律令時代の婚姻形態の中で、もっとも重要な特徴であろう。言い換えれば、日本では、女子も祖先の血統を受け継ぎ、結婚後も男性と同等な「血縁集団構構成員資格（membership）」を有したということである。皇族には、同一祖先の下の男性と女性が含まれることになる。これこそ津田左右吉氏が指摘したそのような婚姻は「決して所謂亂婚では無く、又た甚しき未開時代の遺習といふべきものでも無く、何等かの社會制度に由來し」たものである。[38] したがって、こうした血縁集団は血縁の「系統」を持たず、それゆえ「母系制」「父系制」のいずれでもない。そして「双系制」は単系を前提としている以上、日本古代の血縁集団は「双系制」でもなかったはずである。

また、この社会では、父の兄弟または子女との婚姻が普遍的なものであったために、西野氏は「父系近親婚」と名づけた。しかし著者は、このような婚姻形態のもとでは必然的に父方の親族との近親婚だけでなく、母方の姉妹とその子女との近親婚も存在していたと考える。前述の天智、天武天皇の家族では元明天皇はほかでもなく母親の姉妹（同父姉妹）の娘である持統天皇の息子、草壁皇子と結婚したのである。この婚姻は父方から見れば平行イトコ婚であるが、母方から見れば母方との平行異世代婚となる。彼らの娘、すなわち元明天皇と草壁皇子との間で生まれた娘、吉備内親王はまた母方の姉妹御名部内親王（同父母姉妹）の息子長屋王と結婚した。こうした婚姻は古代史料の中で至る所に見られる。父方母方いずれの平行イトコ婚も禁忌されないから、「父系」「母系」「双系」でなく、これを「父系近親婚」と呼ぶのは正確でないといえる。

中国の「同姓不婚」は女性の「宗族の構成員資格（membership）」を排除した父系単系の出自基盤の上に立てられたものである。中国において同姓結婚、つまり父方の兄弟およびその子女同士の婚姻は、不倫・不吉であり、孝行でない行為だと見なされる。この種の倫理観は「同姓不婚」の重要な意義、すなわちそれを以て父系血統の「純潔性」を確保するという考え方に基づくものである。中国では、祖先の血統は男性のみによって受け継がれ伝えられていき、女性は結婚後、実父の家族としての「宗族の構成員資格」をなくすことになる。女性を排除し、男性によって独自に祖先の血統を受け継ぎ伝える。女性の「宗族の構構成員資格」を排除するその父系出自の構造は、まさに文化人類学の中の父系出自集団構成員の構造と符合している。第二章図1・2を参照されたい。またその単系出自体系を持つ社会における内的に分化した双方親族関係から見れば、自己を中心とする場合、父方の親族を宗親、すなわち血親（cognates）、父母の婚姻によって生じ、つながる母方の親族を姻親（affines）と呼ぶ。親族関係は祖先の血統を継承・伝達する意味がないから、女性でも父方および母方の親族範疇に入ることができる。その親族関係について第二章図5を参照されたい。

したがって「同姓不婚」は父系単系出自社会における典型的な族外婚制である。この婚姻規制が血親（宗親）と姻親、父系と母系とを互いに切り分けると同時に、父方と母方の親族関係を分ける唯一の手段であることに意義がある。ゆえに、中根氏が指摘するように単系制社会および単系制を前提とする「双方親族」社会では族外婚制を社会的「鉄則」と見なし、この「鉄則」に違反すれば殺人罪より重い罪を犯したと見なされて、処罰を受けることになるのである。(39)

このように、「純血統」という概念は、民族によってまったく異なった実態を持ち、性格の異なった婚姻形態によって規定されている。日本古代の天皇家が固執した貴い、神聖にして侵すべからざる「純血統」には、同じ血縁集団内の男女、および彼らと婚姻関係を持つあらゆる血縁親族が含まれていた。この「純血統」を維持するのは天皇家「一族」の内婚である。このような婚姻の結果、父系・母系とその親族はみな同一血縁集団に属することになる。

むすび

婚姻形態と血縁親族集団構造とはどのような関係があるか、日本古代社会の「姉妹型一夫多妻婚」「異母兄妹婚」と中国の「姉妹型一夫多妻婚」「同姓不婚」との比較を通して、明らかにし得た点をまとめて、むすびとしたい。

日中両国とも、古代社会では「姉妹型一夫多妻婚」が存在した。しかもその姉妹は同父母姉妹であり、そして同一男性と結婚する点では両国とも共通している。しかし日本では「異母兄妹婚」も合わせて行われたのに対して、中国の「姉妹型一夫多妻婚」は「同姓不婚」を前提とするものであった。その結果、日本古代社会では「異母兄妹婚」を行ったにもかかわらず、「姉妹型一夫多妻婚」のもとで、その異母が同父同母姉妹の場合、その婚姻の当事者の次の世代にとって、父母の血統は同父・同一母方の血統になるわけである。一方、中国では、「同姓不婚」を婚姻の「鉄則」とした。ゆえに、「姉妹型一夫多妻婚」のもとでも、同父異母兄妹同士は同じ宗族の成員であるから同じ「姓」を持ち、夫婦となることができなかった。

律令時代以後の一段階で、日本の婚姻形態のもっとも顕著な特徴は、皇族をはじめとして親族集団内の女性がほとんど例外なく、同一血縁集団内の男性と結婚することである。そしてそうした婚姻形態は律令時代の法令と直接関係がある。

それは、「一族」の女性は男性と同じく祖先の血縁（血統でない）を受け継ぎ、しかも次の世代に祖先の血縁を伝える権利があることを意味する。日本古代社会において血縁親族集団の成員とは、同一祖先のもとでの男と女に繋がる人々までも含めたものであった。

それに対して中国では、「同姓不婚」がもっとも重要な婚姻規制であった。そして近親婚もその規制の下で行われた。ゆえに父の姉妹および母の兄弟の子供たちとの婚姻（交叉イトコ婚）が許されるだけでなく、母の姉妹の子供たちも通婚範囲内（平行イトコ婚）に属し、夫婦になることが許された。なぜなら、母の姉妹の子供たちは父方のオバおよび母方のオジの子供たちと同じように「同姓」ではなく、自己と同じ宗族の構成員とは見なさないからである。「同姓不婚」の規制は、婚姻の対象を父系単系の出自集団構成員の範囲外に限定する。そうしてこそ「父系一族」の純血統を維持することができると考えられていた。

つまり中国では「同姓不婚」という婚姻規制によって、その血縁集団構造が典型的な父系単系出自集団となった。これに対して、日本古代では同父同母の兄妹婚は禁忌として排除されたが、同父異母・異父同母の兄妹は通婚範囲内にあった。しかも女性を血統上排除するという中国のような規制がなかったために、血縁は父方母方双方を通じて無限に拡散することとなった。ゆえに、日本では祖先からの血縁の「系統」をたどるような出自集団が形成されなかった。したがって日本古代社会の血縁集団は無系あるいは父母双方の血統が未分化の状態にあるキンドレッド構造であり、それ以外の母系制・父系制・双系制出自集団や父母双方の血統が分化した「双方親族集団」とはなりえなかった。日中両国の互いに異なる血縁集団の構造はそれぞれ異なる婚姻形態・婚姻規制によって規定されたのである。婚姻形態・婚姻規制が異なれば形成される血縁集団の構造も異なる。血縁集団の構造は直接に婚姻形態・婚姻規制によって規定されたのである。

（1）洞富雄『日本母権制社会の成立（増訂補正）』（湯沢雍彦監修『家族・婚姻』研究文献選集、戦後編19、クレス出版、一九九一年）。
（2）小林茂文『周縁の古代史――王権と性・子ども・境界』（有精堂出版、一九九四年）。
（3）大林太良『ウヂとイエ』（『日本の古代』一一、中央公論社、一九八七年）。
（4）大林太良「古代の婚姻」、（『古代の日本』第二巻・『風土と生活』、角川書店、一九七一年初版、一九七二年再版）。
（5）西野悠紀子「律令制下の氏族と近親婚」（『日本女性史』第一巻、東京大学出版会、一九八二年）。
（6）注（1）洞前掲書、第四章第二節「いわゆる近親婚と母系的族外婚」を参照。
（7）注（4）大林前掲稿。
（8）注（5）西野前掲稿。
（9）吉田孝「律令制と村落」（岩波講座『日本歴史』三、岩波書店、一九七六年）、同「ウヂとイヘ」（佐々木潤之介・石井進編『新編・日本史研究入門』、東京大学出版会、一九八二年）、同『律令国家と古代の社会』（岩波書店、一九八三年）、義江明子『日本古代の氏の構造』（吉川弘文館、一九八六年）、明石一紀『日本古代の親族構造』（吉川弘文館、一九九〇年第一刷、一九九一年第二刷）を参照。
（10）注（9）義江前掲書、一八頁。
（11）注（9）吉田前掲書、一三三頁。
（12）鬼頭清明「家族と共同体」（歴史科学協議会編『現代を生きる歴史学』二、大月書店、一九八七年、一一九頁）。
（13）『春秋左氏傳』閔公二年、『史記』「斉太公世家」による。
（14）中国では同じ父系宗族の構成員はみな同じ苗字、すなわち同じ「姓」を冠する。その「姓」は見えない血縁関係を外在化して、異なる父系血縁集団構成員を区別するしるしになる。いわゆる「同姓不婚」とは、同じ父系血統の構成員同士の間の結婚は許されないことである。

(15)『古事記』『日本書紀』は、神話や作られる時点で造作することもある。しかし、年代記と比べれば、婚姻や親子の人間関係の系譜に関する記録については、信憑性が高いと思われる。ゆえに本論では『古事記』『日本書紀』、特に『日本書紀』に記載された婚姻や親子の関係を主な史料として用いる。

(16) 飯田優子「姉妹型一夫多妻婚——記紀を素材として」(『現代のエスプリ』一〇四号、至文堂、一九七六年)。

(17) 注(1)洞前掲書。

(18)『日本書紀』允恭天皇紀。

(19)『尊卑分脈』第一巻、二九頁、『続日本紀』天平八年一一月丙戌条。

(20)『春秋左氏傳』桓公一八年・閔公二年・僖公八年・文公四年・文公一八年・宣公元年・成公一四年、『史記』斉太公世家。

(21) Claude Lévi-Strauss, *LES STRUCTURES ÉLÉMENTAIRES DE LA PARENTÉ*, Mouton & Co and maison des Science de l, Homme, 1967. 日本語訳：馬渕東一・田島節夫監訳『親族の基本構造』上（番町書房、一九七七年）第八章「婚姻連盟と出自」。中根千枝『社会人類学——アジア諸社会の考察』（東京大学出版社、一九八七年）第三章「血縁・婚姻に関する概念とシステム」。

(22) 注(21)Claude Lévi-Strauss 前掲書、第八章「婚姻連盟と出自」を参照。

(23) 注(21)中根前掲書、八一頁。

(24) 注(5)西野前掲稿。

(25)『養老令』「継嗣令」。

(26)『養老令』「後宮職員令」。

(27) 天平元年格（『続日本紀』）によると、慶雲三年の皇親の範囲の拡大にともない、五世王の子（あるいは嫡子のみか）は諸女王を娶ることを許された。

(28)『養老令』「官位令」。
(29)八世紀の藤原光明子の立后以後、皇后・皇妃が皇親の範囲内に限られるという規制はゆるみ始めた。しかし、皇族の血縁内婚の原則は変わらなかった。
(30)注(5)西野前掲稿。
(31)高島正人「古代籍帳からみた氏と家族」(家族史研究編集委員会編『家族史研究』第二集、大月書店、一九八〇年、四二頁)。
(32)原島礼二『日本古代社会の基礎構造』(未来社、一九六八年)二六一頁。
(33)和歌森太郎『国史における共同体の研究』上巻(帝国書院、一九四七年)一七一〜一七八頁。
(34)門脇禎二『日本古代共同体の研究』(東京大学出版会、一九六〇年)一四七頁。
(35)柳田国男『婚姻の話』(岩波書店、一九四八年)、のち『定本柳田国男集』一五収録(筑摩書房、一九六三年)。
(36)泉靖一・中根千枝編『人間の社会』I(石田英一郎・泉靖一・宮城音彌監修『講座・現代文化人類学』三、中山書店、一九六〇年)第三章「親族」(中根)、八七頁。
(37)仁井田陞『唐令拾遺』(東京大学出版会、一九三三年初版、一九六四年復刻版、一九八三年復刻版第二刷)。
(38)津田左右吉『古事記及び日本書紀の新研究』(洛陽堂、一九一九年)三六一頁、のち『津田左右吉全集』別巻第一に収録(岩波書店、一九六六年)。また、本書第一章第一節(1)を参照。
(39)注(36)泉・中根前掲編書、第三章「親族」(中根)、七〇頁。

第四章　氏族系譜における非出自系譜の性格

はじめに

「系譜」とは何か、「氏族系譜」とは何か、また「出自系譜」とは何か、本章では、古代社会を理解する上で不可避なこれらの言葉の意味を的確に把握し、ウヂ集団の構造についてさらに論証してゆきたい。

まず、「系」とは『説文解字詁林』（系部）によれば「垂二統於上一而承二於下一也」の意があり、上・下を統合して、系統的な集合をなすことである。これには、派系・語系・水系などの使い方がある。また「引申爲二世系一」ともあり、この場合、祖先から一定の規準によって血統を受け継ぎ子孫に伝達する人々の集合を示す。

「譜」とは、同じく『説文解字詁林』（言部）によれば、「譜、籍録也」、「譜、布列見二其事一也」などとあり、すなわち系統を追って記すこと、事物を配列することである。譜は、楽譜・音譜・曲譜などという無系のものの配列を示す場合もあるが、銭譜・印譜・花譜などという有形のものを系統的に追って記す場合もある。

したがって「系」と「譜」を総合すれば、「系譜」とは規準的、系統的に有形・無形のものを配列して記すことといってよい。中国宗譜の研究者、多賀秋五郎氏は次のように指摘した。「多くの場合、譜は、人間関係を記録したもの」である。また族譜あるいは氏族系譜は「学問の道統や技藝の傳授などによって結ばれた人間関係ではなくして、血縁によって結ばれた人間関係をしるしたもの」であるとする。[1]

いわゆる「出自系譜」の「出自」は本来「這個成語出自孔子的『論語』」（この熟語は孔子の『論語』から出ている）などと用いられるように、「何々から出てくる」の意味である。人間に用いた場合もあり、例えば、「氾氏之先、出㆑自㆓有周㆒（後略）」（氾氏の家族の祖先は周から出ている）（本章末の参考系譜史料1を参照、以下参考系譜史料はすべて本章末を参照）はそれである。

日本の人文学分野においては、その「出自」は文化人類学の中のdescent[2]に相当するものであるとし、それゆえ「出自系譜」は祖先より一定の規則によって血統を受け継ぎ、子孫に伝達する人々の集団構成員資格（membership）を記録するものとみるのである。

各民族はそれぞれの発展過程の中で互いに異なる文化を形成し、血のつながりのある人間でも集団の基準・規則は同じでない。その血縁集団の人間関係の系統を追って記した族譜や氏族系譜が、民族・時代・文化によって形も意味も異なるのは当然であろう。したがって、血縁集団内部の人間関係を記録した族譜や氏族系譜を研究することによって、その民族の血縁集団の構造も究明することができる。族譜・氏族系譜は、血縁集団構造を研究する恰好の手がかりとなる貴重な史料なのである。

古代の日本では、系譜には代々の族長の名を記した地位継承の系譜とウヂ集団の成員の名を記した一般の系譜の二種類があった。以下後者を氏族系譜と称し、本章ではこれについて検討する。この氏族系譜が日本古代社会におけるウヂ集団内部の血縁構造を反映していることはいうまでもない。ウヂ集団構造を論じる研究者のほとんどが、その集団の氏族系譜の中にみずからの論拠を探し求めるのはそのためである。

例えば、高群逸枝氏は氏族系譜の中に母祖が記録されているという事実を、大化の改新以前は母系社会であるという説の重要な根拠の一つとしている。[3] また江守五夫氏は日本最古の系譜史料である稲荷山古墳出土鉄剣銘文に基づいて、古代の日本では、少なくとも五世紀頃から支配者層において父系出自集団が形成されたと指摘した。[4]

近年、吉田孝氏は日本古代社会における血縁集団を支配者層と庶民とに分けて論じた。第一章で引用したとおり、彼は「支配者層には特定の祖先からの系譜関係を紐帯とするウヂの組織が存在した」が、庶民は「ある個人を中心にして、双系的に、また婚姻を媒介として結びついた人々の集団である」[5]という論を唱えている。

義江明子氏の説によれば、五世紀末期から七世紀中葉までは個人の出自を示すものとして族長位の継承ラインである「一系系譜」と親子関係の連鎖である「両属系譜」とが併存した。七世紀後半から八世紀にかけてのその二種の系譜観念の統合を経て、八世紀末から九世紀前半にかけて父系出自系譜が完成し、九世紀になるとウヂの父系出自集団が成立した[6]という。

明石一紀氏も、氏族系譜の研究によって、父系出自は古代社会におけるウヂの基本的性格であるという結論を得ている。しかし彼はみずからの「父系出自」という結論を江守氏の父系出自説と区別するため、古代ウヂ集団の系譜から確認されるのは「父系出自」という「観念」にすぎない、と強調した。[7]

このようにウヂ集団についてはさまざまな議論があるものの、八世紀末以降のウヂを父系出自集団とする点では研究者たちの意見はおおよそ一致している。しかし、著者はそれに同意できない。本章では文化人類学における出自と出自系譜についての理論を用いて、第一節で地位継承系譜と氏族系譜の区別をはっきりさせ、その上で、氏族系譜についての議論を展開していく。第二節では氏族系譜の特徴を明らかにするために、延暦一八年一二月戊戌勅に対して検討を行う。第三節では、氏族系譜中の神話・伝説およびその祖先意識、姓と改賜姓、随母姓と両属性、母祖と女性の中継などの問題について詳しく分析をする。

このように、本章では日本古代の氏族系譜に着目し、近年注目されている吉田氏・義江氏・明石氏、特に義江氏と明石氏の氏族系譜についての論説を検討しなおし、一歩進んで日本古代社会におけるウヂ集団の非出自集団としての性格を検証してみたい。

日本は有史以来中国古代文化の影響を受けてきた。宋代以前の族譜である中国風の古譜も日本に伝わっている。日本古代の氏族系譜にもウヂ集団自体の構造が反映されているばかりでなく、中国古代の父系宗族集団の意識や中国古譜の形の痕跡も深く刻まれているように思われる。本章では氏族系譜が日本古代におけるウヂ集団の発展の中でいかにして生まれたものであるか、またそれがどのように、そしてどの程度中国風古譜の影響を受けているかについても検証したいと思う。

第一節　系譜の形とその性格

系譜には血縁によって結ばれた人間同士の関係や血縁集団の内部関係が記録される。異なった時期、異なった形の系譜はその意味も性格も違う。したがって、われわれはまず系譜の記録形式の検討から着手しなければならない。本節で系譜の形について中国古譜と比較考察し、また日本古代の継承系譜と一般的なウヂ集団の氏族系譜の性格に関する日本の研究者たちの論説を検討したい。

(1)地位継承と地位継承系譜

①地位継承について　一九七八年に発見された日本最古（辛亥＝四七一年）の系譜資料である稲荷山古墳出土の鉄剣銘は、研究者たちに非常に重視されている。研究者がそれを分析して得た結論はさまざまである。義江氏はそれは氏上地位継承系譜であると指摘したが、(8) 明石氏は『日本古代の親族構造』で「任意に大王家の八世代の一系系譜を抽出し」、例として、「⑴景行―倭建命―⑶仲哀―⑷応神―⑸仁徳―⑻允恭―⑽雄略―⑾清寧」、または

⑴継体―⑷欽明―⑸敏達―押坂彦人大兄王―⑼舒明―⒂天武―草壁皇子―⒄文武、といった一系を取り上げて」、その大王家・ウヂ集団の「一本の線をたどる」一系の系譜中で「王位につかぬ人物も介在すること、王位の継承順（番号）も飛び飛びとなっていること」、「古代大王位・氏上・郡司など、どこにも父子一系・嫡子継承の事例は見出せず、むしろ不規則で傍系にもしばしば移動するのが常である」ことを理由として、稲荷山古墳出土の鉄剣銘および同じタイプの系譜が地位継承系譜であることを否定した。(9)

そこで義江氏と明石氏との対立した論説を検討するためにわれわれは地位継承にはどのような意味があるか、またその意味はどのように継承系譜に反映されたかについて考察しなければならない。

文化人類学においては、族長・家長位の継承（succession）とは、一般に一族・一家族内の長の地位の継承を指す。その位には一定の権利・義務のほか、名称・称号・威信などが付随しており、継承者はそれらを前任者から一括継承する。一般的に分割継承はできず、その地位の継承者となれるのはただ一人である。継承の方法には、前任者との一定の親族関係によるもののほか、選挙・任命・実力抗争などがある。これによると継承関係と継承系譜は下記の二つの特徴を持つ。①継承者と前任者は親族関係すなわち血縁関係に基づくにもかかわらず、必ずしも父子一系、嫡子世襲ではない。②継承者となれるのはただ一人に限るから、継承系譜は「一本の線」であるのは当然なことである。

明石氏の前記の説が強調したのは父子一系・嫡子世襲であったが、このような継承制がすべての民族で実施されたとは限らない。すなわち父子一系・嫡子世襲を実施しない民族もあり、傍系継承制を実施する例も少なくないのである。そして同じ民族、同じ国であっても時代が異なれば継承制度が異なることもある。例えば中国上代史においては、「禅譲制」と一時の「兄終弟及」（兄弟相継）が行われた。(10)いずれにしても、継承権を父系出自集団の範囲内に制限した慣習であることは明らかである。したがって、非嫡出子・非父子が継承しても、父系の血統であることには変わらない。のちに周代になってはじめて「嫡長子継承制」が行われた。こうした継承制の変化は血縁集団内部の構造の変化を反映している。すなわち「禅譲制」と一時の「兄終弟及」から「嫡長子継承制」に変化した過程で、「父子一系」という血統を強調した宗法制親族集団がより純化し、整ったといえる。このような血縁集団の構造を検討する場合、その継承制を考察することは重要な手段の一つである。

一方、継承系譜は「一本の線」であるにもかかわらず、すべての「一本の線をたどる」系譜が全部継承系譜であるとは限らない。例えば明石氏が例にあげたような、王位につかぬ人物も介在し、王位の継承順（番号）も飛び飛びとなった系譜は、系譜が形成された当初、一族中で功績を立てた偉い人間を中心として記録されたのである。これは族譜（中国）や氏族系譜（日本）を形成する過程で、継承系譜と氏族族譜とを組み合わせたものではないか。のちの氏族系譜の原型にあたるものであるといえよう。

②地位継承系譜について　地位継承系譜を判断するキーポイントは前文「地位継承について」の第三段落でいった二つの特徴を除いては、系譜中の具体的な奉仕年次順・奉仕文言（職など）も重要な根拠である。したがって、それを持つ稲荷山古墳出土の鉄剣銘と、義江氏が「古系譜の『児』（子）をめぐって――共同体論と出自論の接点――」であげた海部系図には地位継承系譜としての特徴が認められる。

稲荷山古墳出土の鉄剣銘および海部系図を、中国古代におけるほぼ同じ社会発展段階と考えられる殷・周の王位の継承系譜と比較すれば、その継承系譜としての性格と特徴がさらに明確になると思う。比較のために以下稲荷山出土の鉄剣銘文と『史記』「周本紀」の系譜をあげておく。

（A）稲荷山鉄剣銘文

辛亥年七月中記。乎獲居臣上祖、名意富比垝、其児多加利足尼、其児名弖已加利獲居、其児名多加披次獲居、其児名多沙鬼獲居、其児名半弖比、其児名加差披余、其児名乎獲居臣。世々為二杖刀人首一奉事来至レ今。獲加多支鹵大王寺在二斯鬼宮一時、吾左二治天下一。令レ作二此百練利刀一、記二吾奉事根原一也。

（B）周王世系譜

后稷卒、子不窋立……不窋卒、子鞠立。鞠卒、子公劉立。……公劉卒、子慶節立。……慶節卒、子皇僕立。皇僕卒、子差弗立。差弗卒、子毀隃立。毀隃卒、子公非立。公非卒、子高圉立。高圉卒、子亞圉立。亞圉卒、子公叔祖類立、公叔祖類卒、子古公亶父立……古公卒、季歴立、是爲公季。……公季卒、子昌立、是爲西伯、西伯曰文王。

両国古代の継承系譜の共通点は、継承者となれるものがただ一人に限ることである。したがってその系譜はみな「一本線をたどる」のである。そしてすべての継承者は「児」および「子」の身分とするのである。中国の古代史の研究者によれば、これらの「子」は必ずしも前任者の嫡子ではなかった。ただし、「子」には母方親族集団内の男子成員、例えば母の兄弟は含まれず、すべての継承者は父系宗族集団内の男子であることは研究者によって確認されている。[11] したがって、中国古代の王位継承制においては父系出自集団の規制が反映されている。

稲荷山古墳出土の鉄剣銘系譜中の祖と七名の人物もすべて「その児……」と「一本線」で統合されたが、日本古代には「その児……」「その子……」は直接の親子関係を示さず、親子でなくても「児」「コ」で表現した例も多い。[12] 男子がいない場合は兄弟の子を「子」といつわって出仕させる。[13] それだけでなく、娘の子（外孫）や、時には自分の妻、さらに妻の親族集団の成員まで引き取って自分の後継とした事例もしばしば見える。例えば、『日本後紀』延暦二四年一一月甲申条には次のように記されている。

左京人正七位下浄村宿禰源言。父賜緑袁常照。以二去天平寳字年一奉レ使入朝。幸沐二恩渥一。遂爲二皇民一。其後不幸。永背二聖世一。源等早爲二孤露一。无二復所一レ恃。外祖父故従五位上浄村宿禰晉卿養而爲レ子（後略）。

この習慣によって、稲荷山古墳出土の鉄剣銘系譜中の「八名がすべて男性であるか否かは決定できず、女性名が含まれている可能性もある」と考えた研究者もいる。(14) 稲荷山と同タイプの系譜である出雲国造古系図中の覚日＝「泰孝女」、妙善＝「孝時女」のように女性を継承者とする事例もある。(15)

このように継承者は必ずしも父系一系あるいは嫡子世襲ではない。したがって、稲荷山古墳出土の鉄剣銘系譜と同タイプの系譜は継承系譜に数えることができる。ただし、その系譜は中国の古代帝王の継承系譜のような父系出自集団内の男性継承の性格は持っていないのである。そして、稲荷山古墳出土の鉄剣銘系譜および同タイプの地位継承系譜で「児」は必ずしも親子ではないけれども、系譜で「児」を以て継承者間の関係を表記する点では、中国古代の一族内の男子相続という観念は日本古代社会の親族集団に深い影響を与えたといえるのではないか。ただし、それは体裁や名称のみで、中身はまったく違う。日本においては同じ祖先を持つ男女いずれもをすべて一族の成員として認めあうためである。中国では殷の時代から一族の男性だけしか宗族の成員として認めず、男性のみが継承権を有した。周公旦（周代の人物、周武王の弟、名前は旦という）から、嫡子継承制が確立された。一族内の構成員資格の異なった認定方式こそが、日本のウヂ集団と中国の宗族の根本的な違いである。

もちろん、日本古代社会においてすべての系譜がみな地位継承系譜とは限らない。地位継承系譜以外の系譜――一般的なウヂ集団の氏族系譜はどのような性格を持つのか、研究者たちはそれをどのように論証したのか、そしてその結論は正しいか。これらの問題を解決するために、以下、中国の父系出自系譜が成立する過程の検証や、中国の古譜と父系出自系譜である宗譜との比較を行う。その過程において、研究者たちの論証と結論を再分析し、また、文化人類学における出自理論を用いてこれまでの研究者たちとの意見の相違を述べたい。

(2)氏族系譜の性格――義江・明石説をめぐって

①義江説・明石説の「系譜」についての問題点　前文「地位継承について」の第一段落であげた論文の中で義江氏は、古系譜の中の奉仕文言や具体的奉仕年次の記載の有無と「娶生」「次〔弟〕」記載の有無を根拠に継承系譜と非継承系譜を区別している。その上で「これら諸系譜の形式の連続的変容過程は、親子関係にはない地位継承者をも『コ』とする系譜観念（≠descent）から『コ』＝親子関係に限定する系譜観念（＝descent）への展開を意味する」と述べ、さらに「九世紀以降は、地位継承者＝『コ』の系譜観念は消滅していき、親子関係の連鎖によって一つの集団の構成が示される、出自（descent）原理で覆われた社会へと移行していくのである」と指摘した。結論として、義江氏は八世紀末から九世紀前半にかけて父系出自系譜が完成され、八世紀の一部分のウヂ集団の氏族系譜と九世紀以降のそれは父系出自系譜であるとした。その根拠は、「一人の始祖から発して親子関係の連鎖による裾広がりの系譜を出自系譜と定義する」[16]からである。

明石氏は「一系系譜」（ここの「一系」はどの意味での「系」であるか、父系または母系であるか、意味が曖昧である。管見によれば、明石氏がその前文で使った「一本の線」の方が「一系」より明確ではないかと思う）が地位継承系譜であることを否定した上で、その「一系系譜」の意味は「地位の正統性を強調した」[17]ことにあるとする。ここでいう「正統性」とはもちろん血統的な正統性を指している。それでは、どのような血統が正統なのか、父または男性から伝達する血統が正統なのか、母または女性から伝達する血統が正統なのか、もしくは父・母、男性・女性入り混じった血統も正統といえるのか。日本古代の氏族系譜では、女性の中継と母祖の事例は珍しくなかった。明石氏もその点には留意した。しかし、それが女性と母祖を男性と父祖化させるという作為的な方法を経た系譜であるにもかかわらず、それを父系系譜であると結論づける[18]という誤りを犯した。

著者は前記義江氏の地位継承系譜と非地位継承系譜とを区別する方法についての論述には賛成できるものの、

非地位継承系譜すなわち一般的なウヂ集団の氏族系譜に関する結論、および明石氏の考えには賛成できない。次に、中国古代系譜の形成過程について考察し、古譜と宗譜の比較考察の中から見出せる出自系譜の性格を、義江氏の出自系譜の定義と明石氏の父系出自系譜観念と比較しながら、研究者たちが氏族系譜について論証する時の問題点を検討してみたい。

②氏族系譜とは何か――中国の古譜・宗譜との比較　族譜・氏族系譜は家伝から発展してきたものである。当初家伝は親族の発展に功績を立てたり朝廷の官職を得たりした者に対して、子孫がその功績を表彰して、郷里に誇り、親族全体の地位・身分などを向上させるためにその業績を記録したものである。このような記録はもともと親族の一部もしくは一人の伝だけで、ほかの成員や親族内の成員間の血縁関係などは記入しない。

周代が進むにつれて、血縁親疎関係を絆とする宗法制親族組織が次第に整った。名門望族の家伝を踏襲して、一族の中で名声の高い人物を中心に、親族内の成員と成員間の血縁関係を記録する譜も生み出された。これが古譜である。

しかし、時代があまりにも早すぎることと戦争などが原因で、周代宗譜の原本は一件も残っていない。ただし、『史記』の「三代世表」（参考系譜史料2ａを参照）および『漢書』の「諸侯王表」（参考系譜史料2ｂを参照）の「旁行邪上」の形から、周よりのちの時代の族譜は周譜に倣ったものだと推測することができる。「旁行」とは父の世代を一行に並べ、子の世代は次の行に置く、という具合に子々孫々を世代ごとに各行に置くことを指す。また「邪上」とは、子は一括して父につながることを指す。ここで強調したいのは、この「子」が父系集団内の男性に限られていたことである。

隋・唐までの原本史料は今まで二件しか発見されていない。一つは『吐魯番（トルファン）出土文書』第三冊に載せられている阿斯塔那一一三号墓文書中の「高昌某氏残譜」（参考系譜史料3aを参照）と阿斯塔那五〇号墓文書中の「某氏族譜」（参考系譜史料3bを参照）である。

同文書の説明によると、右記の残譜はみな六世紀末から七世紀前半のものである。その中で、五〇号墓文書中での「某氏族譜」は紙製の靴を作ったためにすでに裁断されており、復元できる状態ではなく、その系図の全貌を明らかにすることはできない。しかし、二つの系図の傍注から見ると、これが望族あるいは官途についた人物の系図であることが分かる。形式からみれば父と子の世代は違う行に書かれ、はっきり分けられている。これは一族内の成員がすべて世代によって分けていたことを物語っている。

また女性も系図に記入されることがあるが、彼女たちは男性の配偶者として記入されているにすぎず、構成員資格を持っていない。すなわち彼女たちは次の世代にみずからの祖先の血統を伝達することができず、また系譜から彼女の祖先の血統をたどることもできない。中国では女性は結婚前、実家の姓を冠しているが、結婚後、夫の宗族の系譜に入り、死してのちの位牌も夫の宗族の宗廟に入れる。したがって女性は実家にせよ、夫の家族にせよ、どちらも完璧な構成員資格をもっていなかった。[19]

もう一つの系譜の原本は大英博物館（British Museum）所蔵の敦煌文書の複製「氾氏家譜残簡（Stein Rolls, No. 1889）」である。現在「氾氏家譜残簡」はすべて多賀秋五郎氏の『中國宗譜の研究』上巻に収められている。[20]本節もそれを多く参考にさせていただいた（参考系譜史料1を参照）。

多賀氏の研究によれば、「この譜は、成立年代を明らかにしないが、唐代に書写されたもののようで、古譜としての貴重な『家譜』資料である」。[21]譜中の文によると、氾氏は、周の帝嚳の苗裔と称し、漢代の河平元年（紀元前二八）に済北盧県より徙居してきた。この残簡の最後の氾瑗（涼武王三〇一～三一四年の時代の人である）に至るまでの人物はいずれも敦煌の名士であって、そのほとんどが官途についた人物である。しかし、多賀氏が指摘したように「それら各人物間の血脈に不明点が多くて、これだけでは、もともと統制されていた譜といえない。つまり、家傳・家譜の生命というべき同一始祖に発源する系統が不明瞭である。したがって、この各族の著名な人物を挙げて、宗族全体を統制記録されていない点より考えて、これは、望族譜の断片ではないか」[22]と思われるのである。

これらの系譜史料から、その時代の系譜は官人・名門・望族だけのものであったと推測される。

またこうした系譜は宗族のすべての構成員を記載しようとするものでなかった。この二つの特徴から、これらの系譜は出自意義を持たず、宋代以後の宗譜とはまったく異なったものであることが分かる。これを古譜と称する。

宋代に至って、本書付篇一の第二節で述べるように中国の古代社会の各方面で大きな変動が起こり、従来の門閥地主・官僚貴族などの名門・望族が衰え、代わって新しい士大夫階層が台頭してきた。宗族集団ももとは貴族階層だけの組織であったが、次第に庶民層に広まってきた。社会集団構造の新しい変動にしたがって、新しい性格を持つ族譜が士大夫の家から拡大してきた。そして、時代の変遷につれて次第に庶民層に浸透していった。新しい族譜は内容・形式ともに、古譜とは大きく異なっていた。

画期的な新しい族譜は、宋代の「蘇氏族譜」（参考系譜史料4を参照）と「歐陽氏譜図」（参考系譜史料5を参照）に始まる。ここではこの二つの系図を例として、その内容・形式および系譜と宗族の構造の相互関係について、検討したいと思う。

「蘇氏族譜」と「歐陽氏譜図」には、古譜との明らかな相異点が三つある。第一に、この二つの譜はもはや国家（朝廷）が官職と品位を定めたり、官吏を任用したりするための根拠となるものではなく、国家の政治意図を離れたものである。

第二に、譜の範囲は明確である。すなわち自己を中心とする一族内の男性成員の一定の世代に限定していた（系図中の女性はすべて男性の配偶者として記入された）。蘇氏族譜の序は下記の如くつづられている。

蘇氏族譜

蘇氏之譜、譜蘇氏之族也、蘇氏出自高陽而蔓延于天下、唐神龍初、長史味道、刺眉州、卒于官、一子留於眉、眉之有蘇氏、自是始、而譜不及焉者、親盡也、親盡則曷爲不及譜爲親作也、凡子得書、而孫不得書、何也、以著代也、自吾之父以至吾之高祖、仕不仕、娶某氏、享年幾、某日卒、皆書而他不書何也、詳吾之所自出也、自吾之父以至吾之高祖、皆曰諱某、而他則遂名之、何也、尊吾之所自出也、譜爲蘇氏作、而獨吾之所自出得詳與尊、何也、譜吾作也、嗚呼、觀吾之譜者、孝弟之心、可以油然生矣、情見乎親、親見於服、服始於衰、而至於緦麻、而至於無服、無服則親盡、親盡則情盡、情盡則喜不慶、憂不弔、喜不慶憂不弔、則塗人也、吾之所以相視如塗人者、其初兄弟也、兄弟其初一人之身也、悲、夫一人之身、分而至於塗人、此吾譜之所以作也、其意曰分而至於塗人者勢也、勢吾無如之何也、已幸其未至於塗人也、使之無至於忽忘、焉可也、嗚呼、觀吾之譜者、孝弟之心、可以油然而生矣、系之以詩曰

吾父之子、今爲吾兄、吾疾在身、兄呻不寧、數世之後、不知何人、彼死而生、不爲戚欣、兄弟之親、如足於手、其能幾何、彼不相能、彼獨何心

文中の「蘇氏之譜、譜蘇氏之族也」は本家の血統以外の者は、蘇氏の一族であっても系譜に収めないということである。蘇氏は高陽から出て、天下に蔓延している。その一派の眉州の蘇氏は、唐代神龍年間に眉州刺史蘇味道の一子より出たものであるが、譜がそこまで及んでいない。それは「親盡也、親盡則曷爲不及譜爲親作也」（親が盡きれば譜が及ばず、譜が親のため作りなり）とあるとおり、すなわち自己から高祖まで、また自己から子供世代まで合わせて六世代は記載されている。このように、族譜上記載される宗族の範囲はきわめて明確に限定されて

いたのである。これは「古譜のように、一族の栄誉や婚姻のために重視するものでなく、自己を中心とする男性血縁の範囲を確認するために必要である」。[23]

第三に、「蘇氏族譜」と「歐陽氏譜図」では記載されている族人相互の血縁関係・世代関係が明確である。これは宗族中の血縁の「親疎の別」をはっきりさせるという規則に合致するものである。

以上の特徴は時代が下がるにつれて、ますます明確になってきた。明・清に入ると宗譜に記載される族人の制限規定がさらに厳しくなった。例えば宗族内に生まれたことは絶対的な条件であるが、夭折したり、加冠・笄字（日本でいう元服の一部分）しないうちに亡くなったり、未婚のまま死んだりした者は、宗譜に記載されても、一般宗人とは差がつけられている。その詳しい規定は宗族によって一定しない。また、いったん宗譜に記載された後、僧侶や道士になって宗族を去ったり、僕隷・倡優、楽芸・巫祝などの職に身を転じた者、法令、すなわち「家規・族法」（家族の規約や族の法令）を犯したり、宗族の規約に背いたりした者は宗族から削除される。他姓からの養子や入婿は認められない。女子の場合、嫁した者は、その旨を記し、迎えた妻は、入譜が認められるが、妾は、一般的に子女のある場合に限って入譜が認められる。[24]これらの規準はみな宗族内構成員として必要な条件であり、資格である。これらの資格を持っている人々だけが宗譜に記載される。そして宋以降の宗譜は、宗族成員の資格を持っているすべての人々を譜に収め、それぞれの世代や血縁関係を明確に記録する。これは宋以降の中国において宗族成員が安定し、構成員の境界を明確にする出自集団がすでに成立したことを物語っている。このような出自集団構成員の記録としての宗譜は典型的な父系出自系譜であるとみなすことができる。

右の中国古代の古譜と宗譜との比較考察を通じて明らかになったように、中国のような典型的な父系出自社会においても、すべての族譜は必ずしも出自系譜とは限らない。宋以降の宗譜こそが出自の意味を持つ。その系譜は宗族に属するすべての構成員を記録するものであり、記録された人は宗族構成員の資格を持つのである。宗族の構成員は同祖の男子に限定される。宗譜の中に記録された構成員を通じて、宗族の祖先をたどることができ、かつその構成員から次の世代に祖先の血統を伝達することもできる。これは文化人類学における「出自とは集団の構成員資格（membership）に対する系譜的基準であり、出自集団とはこのような系譜的基準に基づく排他的・閉鎖的団体（corporation）である。系譜の辿りかたは単系的でなければならず、出自集団の構成員資格（membership）に対する単系的な系譜基準のみが出自を構成しうるものである」[25]という定義にも合致する。

中国古代の古譜と宋代以降の宗譜との比較考察、および文化人類学における出自理論と出自系譜概念の検証からみれば、義江氏の出自系譜に関する定義は曖昧であると思われる。義江氏の定義する「親子関係」は娘・娘の子供（外孫）・非血縁関係の養子を含んでいるのか否か。含んでいるとすれば、その血縁集団は無系的および血統上での未分化のキンドレッドとなる。その種の血縁集団は出自の意義を持たず、その集団の系譜も出自系譜とはならない。

また日本古代の氏族系譜には、明石氏があげた例のような母祖、系譜の中継となる女性、その女性の次の世代（外孫）などが存在する。そして彼女ら（彼ら）もみな次の世代に血統を伝達する権利を持っている。これは大昔から日本人は男性・女性を問わず、みな一族であると考える習慣と直接関連するものではないか。このことは、桓武天皇の延暦一八年一二月戊戌敕から論証することができるので、次の節以降でこれらの問題について、分析してゆく。

第二節　延暦一八年一二月戊戌勅からみた氏族系譜の特徴

周知のごとく、桓武天皇の延暦一八年（七九九）一二月の勅によって『新撰姓氏録』が編纂された。この勅は姓氏録の編纂の目的・書式・期限・方法について、全体的な規定と説明をしただけでなく、本系帳の内容などにも触れている。古代氏族系譜の性格を論じるには、この勅について、検討する必要がある。

桓武天皇の延暦一八年一二月戊戌の勅は以下の通りである。

> 天下臣民、氏族已衆。或源同流別、或宗異姓同。欲レ據二譜諜一、多經二改易一。至レ検二籍帳一、難レ辨二本枝一。宜下布二告天下一、令上レ進二本系帳一。三韓諸蕃亦同。但令レ載二始祖及別祖等名一、勿レ列二枝流幷繼嗣歴名一。若元出二于貴族之別一者、宜下取二宗中長者署一申上レ之。凡厥氏姓、率多二假濫一。宜レ在二確實一、勿レ容二詐冒一。来年八月卅日以前、惣令二進了一、便編入レ録。如事違二故記一、及過二嚴程一者、宜二原レ情科處、永勿上レ入録。凡庸之徒、惣集爲レ巻。冠蓋之族、聽二別成一レ軸焉。(26)

溝口睦子氏はこの天皇の勅について①目的、②書式、③期限、④集まった本系帳に対する査定、⑤編纂方式などに分けて検討している。(27)それに対して著者は、勅で述べられた①中国から伝わった宗族の「源・流、宗・姓」、②本系帳の性格、③そののち編纂された『新撰姓氏録』について、桓武天皇の当初の意図や構想を検討したいと思う。

(1)勅の中の「源・流、宗・姓」について

本書付篇一で述べるように男性の祖先と男性の子孫を源・流とする宗族集団という観念は、周の等級分封から次第に形成されてきた。そして望族から庶民に至るまで完全な父系出自集団が普遍的に成立したのは、宋代以降である。この周から宋に至る過程において、一つの宗族集団の子々孫々はすべて中国特有の姓という記号を持ち、この記号によって宗族ごとに分けられるようになった。すなわち宗族は姓を以て区別するのである。中国において宗族は父系単系出自集団であり、宗姓は父系単系から伝承してゆく。女性は生まれた時、父から姓をもらい、結婚以後も姓は変わらない。しかし、その子孫は必ず夫の姓を受け継ぐ。ゆえに姓は父系単系出自集団のしるし

である。本来、血統そのものは内在的であって、外部からは観察できないが、宗姓はあたかもそれを外在化させて、血縁関係を観察・識別できるようにさせた。以上が中国宗族の源・流と宗・姓の意味である。

中国文化が日本に伝わったのは秦漢時代からである。ただし、大規模な政治・経済体制・法令などが日本に伝わったのは七世紀中期の大化の改新以後である。日本の政府はその時代の状況に応じて、中国の政治・経済体制を模倣し、法令の条文に手を入れて用いた。例えば『養老令』の中の「戸令」は唐の「戸令」がほとんどそのまま導入されている。大がかりに中国に倣ったため、日本の政治・経済などさまざまな面で中国文化の影響がみられる。中国文化の導入は朝廷内の知識人からすべての支配者階層におよび始めた。この時代においても皇室を始め朝廷の支配者が深く中国文化の薫陶を受けたのである。

こうした歴史的背景のもとに、八世紀末、桓武天皇は、七世紀半ばに唐時代に編纂された『姓氏録』を模倣する発想を持ち、勅の中で中国風の宗・姓と源・流などの言葉をそのまま引用したと思われる。

桓武天皇が勅を出した理由は「天下臣民、氏族已衆。或源同流別、或宗異姓同。欲ㇾ拠二譜牒一、多経二改易一。至ㇾ検二籍帳一、難ㇾ辨二本枝一」である。したがって「宜下布二告天下一、令上進二本系帳一」という必要がある。「或源同流別、或宗異姓同」はウヂ集団の実際の構造を反映している。本書第三章で指摘したように、日本には父系・母系・双系などの外婚制を前提とする出自集団は存在せず、日本古代社会の血縁集団は無系的および血統上での未分化のキンドレッドであった。こうした社会におけるウヂという血縁集団では必然的に源と流、宗と姓は統一できない。それゆえウヂ集団の「源同流別、宗異姓同」という状態になったのも必然の帰結であると思う。

実際に、大化の改新および律令時代、朝廷は中国宗法制親族集団（宋代に宗族と称した）を模倣しようと努力をした。例えば大化元年（六四五）の「男女の法」においての「姓」の使用開始や律令の中の「嫡子制」と「養子法」などの導入はこの方面の努力と思われる。しかし現実の血統上での未分化のキンドレッドの中では中国風の嫡子制・養子法などは変化せざるをえず、結局それらは日本古代のウヂの構造と結びつき、日本風の嫡子制・養子法になった（『養老令』「戸令・聴養条」、または本書第六・七章を参照）。桓武天皇の延暦一八年一二月戊戌の勅も中国の模倣をめざしたものであるが、同時に日本社会におけるウヂ集団の無系的および血統上での未分化のキンドレッドを示す一つの証左となっている。

(2)勅からみた氏族系譜（本系帳）の基本的な性格

桓武天皇は勅の中でウヂらの「或源同流別、或宗異姓同。（中略）難レ辨二本枝一」という状況を変えるため、「宜下布二告天下一、令上レ進二本系帳一」と指示した。しかし「但令レ載二始祖及別祖等名一、勿レ列二枝流並継嗣歴名一」というような氏族系譜（本系帳）でどうして「本・枝」を識別できるのか。また、どのようにして勅にいう「源・流」を弁別し、「宗・姓」を統一する目的を実現できるのか。この点からみて、勅そのものが矛盾しているのではないか。

しかし、この矛盾がまさしく問題の本質を説明している。すなわち、源と流、宗と姓が統一できないのは、その時代のウヂ集団が父系・母系・双系などの出自集団ではなかったために源・流、宗・姓、本・枝を明らかにできなかったのである。したがって、天皇が本系帳で「枝流並継嗣歴名」の要求をしなかったのは当然のことである。「勿レ列二枝流並継嗣歴名一」は、その時代のウヂ集団の氏族系譜（本系帳）の性格を表しているのである。

桓武天皇の勅から、天皇のもともとの意図を読みとることもできる。それはウヂらの氏族系譜（本系帳）によって、分類配列を行い、「凡庸之徒」と「冠蓋之族」を大別して別々の巻に編入しようとしたことである。これは中国魏晋以降、隋唐にかけて名門望族が尊貴の血統を誇った門閥意識に通じるものであり、血統の尊卑・等級を以て官界に入れる際の根拠としたことと同じではないか。

しかしその実質は日中両国でまったく異なっている。中国において、いわゆる名門望族は宗法制血縁関係を基盤としており、その門閥間の上下関係はその血統の等級や血縁関係の親疎によって決められる。中国ではその血縁の親疎は生得的なもの、自然的なもので人為的には変えらない。それに対して日本古代のウヂ集団は血縁集団であるにもかかわらず、その血縁関係は人為的に、自由に操作できる（この点については本章第三節で詳しく検討する）。この点で日中間は本質的に異なっている。したがって、桓武天皇のその意図はただ主観的な想像にすぎなかった。

桓武天皇は日本においても唐の太宗の貞観一三年（六三八）の『氏族志』および高宗の顕慶四年（六五六）の『姓氏録』のような『新撰姓氏録』を作ろうとしていると思われる。しかし、ウヂと宗族はまったく異質な構造の血縁集団であるから、日本において、実際に完成したものは、天皇のもとの意図とは違ったものとなった。これは当然、かつ必然の帰結であった。

(3)勅の歴史的作用

桓武天皇の延暦一八年一二月戊戌勅の直接の成果は、一五年後の弘仁五年（八一四）に作られた『新撰姓氏録』である。この『新撰姓氏録』は桓武天皇の皇子万多親王を総裁とし、右大臣従二位藤原朝臣園人、参議従三位藤原朝臣緒嗣、正五位下阿部朝臣真勝、従五位上三原朝臣弟平、従五位上上毛野朝臣頴人の五人の編者によって編纂された。

桓武天皇の勅で述べたのは、以下の三点である。①天下臣民と氏族に源と流、宗と姓を統一させ、それを以て、本と枝を弁別する。②諸ウヂに本系帳を上進させる。本系帳には始祖および別祖などの名を載せさせるが、枝流ならびに継嗣歴名を列記しないという。③それによって、「凡庸之徒」と「冠蓋之族」に分類配列する。しかし、実際には『新撰姓氏録』において諸ウヂは実在の祖先をたどるのではなく、当時の一一八二ウヂはみな出自〇〇天皇、〇〇皇子之後、〇〇と同祖、もしくは出自〇〇神、渡来人の場合も出自（自国の）〇〇王・〇〇皇帝という形でみずからの祖先を記載した。こうした祖先のさかのぼり方は桓武天皇の勅の「令ㇾ載㆓始祖及別祖等名㆒勿ㇾ列㆓枝流並継嗣歴名㆒」に応じたものである。

完成された『新撰姓氏録』の分類配列は、桓武天皇の最初の意図すなわち「凡庸之徒」と「冠蓋之族」による分類配列とは異なったが、代わりに、「皇別」・「神別」・「諸蕃」の三つに分類された。唐の太宗は編纂者たちが彼の意図に応じなかったのを厳しく責め罵った後、改編させたが、日本ではその当時の嵯峨天皇は『新撰姓氏録』に改訂を加えなかった。『新撰姓氏録』は嵯峨天皇の認可を得たわけである。それは『新撰姓氏録』では天皇の勅にしたがって氏々の始祖や別祖などの名を記載し、枝流および継嗣歴名を列記しなかったためである。そして「皇別」・「神別」・「諸蕃」による分類の中では、皇別に属したウヂの数が多く、ウヂの子孫はほとんど天皇の子孫であった。これは天皇の政権安定に有利なのである。「万世一系」であるために各世代の天皇に対して、この「利」は同じである。換言すれば、こうした祖先をさかのぼる方法は日本の天皇が「万世一系」であり、また天皇が姓を持たない状況でこそ意味があり、可能であった方法である。中国の場合、古代の王朝が次々と変わるたびに王家（皇帝）の姓も次々と変わった。日本のような祖先のさかのぼり方は中国においては何の意味もない。

日本において、天皇側から見て本当の血縁の子孫であるかないかは、まったく問題にはならない。この方法で朝廷はウヂらに天皇の子孫であるという観念を植え付け、諸ウヂの求心力を形成する目的を達した。しかし中国の場合、皇帝と何ら血縁関係がないのに、皇帝の姓を名のったり、皇家の血統を詐称したりしたら、殺人罪より重い処罰を受けなければならない。そのゆえ、中国古代の等級分封制、門閥制度、宗法制などのもとで形成された宗族は日本古代のような「求心力」を形成できず、逆に等級分封の結果として、各封国は国に対して、各家族は宗族に対しての力が形成された。それは両国のその時代の血縁集団構造とそこで形成された観念の相違に深く関わっている。

延暦一八年一二月の勅で、天皇は「天下」の諸ウヂに「来年八月卅日以前」に本系帳の進上を命じた。そして、始祖と別祖の名を載せ、「枝流並継嗣歴名」を列しないように指示した。その際には諸ウヂは本系帳とは何かを充分理解し、本系帳の形式や内容についての概念も統一されていた。本系帳は一体いつ頃から諸ウヂに共有されるようになったものか、という問題について、研究者たちはすでに充分な研究を行っており、業績も多い。[28]

古代社会における氏族系譜についてはさまざまな議論はあるものの、全体的にみると氏族系譜、すなわちウヂ集団の出自系譜であるという結論でおおよそ一致している。しかしこのような結論に対して、著者は共鳴できない。次節において、著者は氏族系譜(本系帳を含む)の本質に関わる①神話・伝説およびその祖先意識、②姓と改賜姓、③随母姓と両属性および母祖と女性の中継などの問題をめぐって、既存の研究に対する意見を述べたい。

第三節　氏族系譜の非出自の性格に関する考察

(1)神話・伝説およびその祖先意識について

世界の各民族は未開時代に自己と自己が属した血縁集団である氏族(クラン)を氏族神と関連づけて、みずからとその血縁集団のすべての成員がみな同じ氏神の子孫であると考えた。氏族時代、始祖はほとんど創作されたものである。古代の中国にも炎帝・黄帝伝説がある。炎帝・黄帝は別々の氏族の首長であるが、氏族間の合併戦争でともに戦いに勝利した。炎帝・黄帝の両氏族はまたお互いに姻族であり、後世の人は彼らを華夏民族(漢民族)の始祖とした。これは中国古代民族の起源の神話伝説であり、未開時代や、文明が誕生した初期にのみ、氏族ないし文明形成過程中の古代宗法制親族集団[29]の祖先とされる。しかし、後世、宋代以降の人々はみな、炎帝・

黄帝をある個人やある具体的な宗族の実質的な祖先とはせず、系譜に記入しない。

未開社会においては、人類生命の起源を理解することはできなかったから、いろいろな伝説——『旧約聖書』でのアダムとイブの神話など——が発生しても不思議ではない。そして人類社会の進歩にしたがって人々の祖先は次第に現実的な、具体的な人物にとって代わられた。例えば、中国春秋末年の衛国の太子である蒯聵が祈りをささげる時には始祖を二一世代前の周の文王までたどった[30]。唐代の「氾氏家譜残簡」（参考系譜史料1を参照）では黄帝の曾孫帝嚳の後裔までさかのぼっていて、その古譜は神話・伝説のニュアンスが大きいといえるが、しかしそれはすでに原始社会の氏族とは祖先に対する意識が異なっている。氏族の祖先は往々にして作られるものであるが、春秋時代の人は祖先を具体的な人までにしかたどらなかった。しかしそれははるかに遠い祖先であり、実際にはそのたどった祖先には傍系の祖先も含まれていたはずであるのに、中国では古代から「同姓不婚・異姓不養」を実行していたため、血統はずっと男性、すなわち父系宗族の中で伝達されていた。それゆえ、祖先をたどる時、「傍系」を含むことがあっても、血縁集団では父系血統を伝達する性格は変わらなかったのである。

宋代に入ると、中国の宗族が祖先をたどるには一定の世代までという規準が生まれた。本章第一節でみた蘇氏の族譜のように自身を含んで六世代とするものである。「親が盡きれば、譜が及ばない」のである。

日本古代の氏族系譜によると、諸ウヂはみな、神話・伝説上の神あるいは大和朝廷の建国神話伝説の中に登場する人物を自己の祖先として氏族系譜に書き入れている。例えば『新撰姓氏録』に、「息長真人、出レ自二誉田天皇諡応神皇子稚渟毛二俣王之後一也」、「藤原朝臣、出レ自二津速魂命三世孫天児屋命一也」などと見えるとおりである。いわゆる帰化人ももともとの自国の最高統治者とつながった。例えば、「太秦公宿禰出レ自二秦始皇帝三世孫孝武王一也」。『新撰姓氏録』にはこのような記録が至るところにある[31]。また、『日本三代実録』貞観八年（八六六）一〇月戊戌条に「讃岐国那珂郡人因支首秋主（中略）等九人賜二姓和気公一、其先武国凝別皇子苗裔也」という記載もある。古代の日本では多数にのぼる改姓記事のほとんどがその形と同じである。『新撰姓氏録』に記録された氏族系譜であっても、改姓のために朝廷に進上した氏族系譜であっても、その時代の氏族系譜に記録されたウヂの祖先はみな神話・伝説の中の神や、大和朝廷の建国神話伝説の中に登場する人物である。中国の始皇帝である秦始皇・隋の煬帝なども帰化人の祖先となった。これは、ウヂの氏族系譜の固定的な形式としてずっと存続してきた。

こうした現象は太古の人々が氏神などを祖先とすることとはまったく次元が違う。ウヂの氏族系譜のそうした形式が、すでに人々の固定的な観念・意識・慣習になって後世の人々に受け入れられ、採用されているからである。

その時代の人々は、自己の祖先が神話伝説中の人物とつながっていることが観念的なものにすぎず、本当の血統の記録ではないことを知っている。これは日本人に共通する祖先意識であると思われる。氏族系譜のこうした特徴について研究者たちはすでに充分注目しており、関連した論述がある。例えば、溝口氏はこうした神代からの血の流れの記録が「現実に血縁を検証できる範囲をはるかに越えて」いて、「これは正確に同祖ではない」[32]と指摘する。その上で、溝口氏は有賀喜佐衛門氏や津田左右吉氏の忌部氏についての論文から「従来から、一つの氏やその部について、首長と隷属者の間の血縁的同族意識が強く、同祖関係を持つことが部の首長と部との間の原理になっている」という指摘を引用し、「大和朝廷内の氏々全体を結びつけていたのではないか」「皇別、神別レベルの場合、これは正確に同祖ではないけれども、血縁でつながった同じ種類の祖先であって、孝元以前の天皇という、同じ種類の祖先を持つ氏々は、大和朝廷内において、『臣』という同じ政治的立場にあり、天神、天孫という同じ種類の先祖を持つ氏々は、『連』という同じ政治的立場にある」[33]と指摘した。義江氏も氏々の改賜姓を検討して「古代の氏(ウヂ)は、始祖からの職掌の世襲という観念をもっとも強固な観念的支柱として結集している。従来、その場合の『始祖』は系譜上(『姓氏録』段階にせよ、それ以前にせよ)の始祖と同一視されて何らあやしまれていないが、実はこの両者はしばしば一致しない」[34]と指摘した。
以上の研究者の論述によって、

①神話・伝説の人物を始祖とすることが大化の前代からすでにあった。

②始祖を現実ではない神や大和国家成立時期に登場した伝説の人物に設定することによって、政治的関係を血縁同祖関係において表現した。

③ウヂ集団は職掌を中心として代々天皇に仕えるという理念によって支えられており、その政治的性格が血縁関係より重要である。

という三つの点が説明されてきた。

右の三点のうち、もっとも重要な点は政治関係と血縁関係の結合であろう。この点は中国古代の「君権と族権の合一」の特徴ときわめて似ていて、古代においては日中両国とも上層統治者すなわち国家を代表する大王や君主、天皇や皇帝たちはみな血縁関係を利用したことが分かる。例えば、日本古代の大王（のちの天皇）は隷属者ウヂ集団の間で血縁的同族構造を形成することによって、みずからの目的である統治の安定を実現した。

しかし、中国の古代宗法制親族集団の構造や「君権と族権の合一」などの観念・意識は日本固有の文化ではない。それゆえ氏族系譜を作る時「君権と族権の合一」はこじつけられて、支配者と隷属者の間の血縁的同祖意識に変更された。その結果、神話・伝説上の人物は氏々の人為的な共同の祖先となった。すなわち中国における「君権と族権の合一」は自然的な、人為的に変えられない血縁関係から等級分封という形で君と臣、王と諸侯という政治関係を定めたものである。これに対して日本においては、逆に政治関係を人為的に血縁関係に作りかえたのである。もともと自然現象であるはずの血縁関係が人為的に変えられ、擬制されたものとなった。これがまさに氏族系譜中の祖先意識の性格である。それはその時代の社会政治構造ないしウヂ集団構造の本質をリアルに反映しているのではないか。以来人為の血縁関係・擬制的な祖先意識は次第に人々に受け入れられて、日本人特有の固定した祖先意識になった。そして、これはウヂという集団の、職掌を中心として代々仕えるという慣習と結ばれて、社会集団の同祖意識と関連した「姓」をもたらしたといってよい。

(2)姓と改賜姓

「姓」とはある血縁集団をほかの血縁集団と区別する冠称である。それは一定の血縁集団構造と密接につながり、一定の社会、一定の歴史条件のもとで、一定の規則によって伝承されている。それゆえ、「姓」は血縁集団の安定した固定的な標識である。各民族はそれぞれ固有の「姓」の体系を持っている。

中国の「姓」は中国宗族構造に応ずるものであり、父子・男性一系の宗族集団の標識である。「姓」とは、もともと内在的で観察できない血縁関係を外在化し、ある父系宗族集団とほかの父系宗族集団とを区別するものである。すなわち本章の冒頭で『説文解字詁林』の解釈を引用して述べたように「系」は広義には世系である。中国では別々の「系」は姓を以て区別するのである。このように中国では姓氏制度は固有の血縁集団の構造の中で重要な位置を占め、一定の社会的役割を果たしている。

日本古代の「姓」もウヂという集団の構造と関わるものである。そして、ウヂと「姓」の発展の歴史を総合すれば、大化の改新を境に二つの時期に分けられると思う。大化の改新以前、六世紀末期から七世紀初期の推古朝までは、「姓」はほとんど天皇から、各ウヂの居住地と古い部の職名に基づいて賜わったものである。例えば『新撰姓氏録』の改賜姓伝承によれば、居住地を称号としたのは雄略朝の坂本臣（因レ居賜二姓坂本臣一）、敏達朝の星川臣（依レ居改賜二姓星川臣一）、推古朝の小野朝臣（大徳小野妹子、家二于近江国滋賀郡小野村一、因以爲レ氏）などである。

一方職名を称号としたものに、允恭朝の服部連（任二織部司一、総二領諸国織部一、因号二服部連一）、雄略朝の掃守連（監二掃除事一、賜二姓掃守連一）、爪工連（造二紫蓋爪一、並奉レ飾二御座一、仍賜二爪工連姓一）などがあった。これらの称号はきわめて随意性を持っていた。すなわち天皇の気の向くままに定められたのである。そしてきわめて神意性を持っていた。允恭朝の「盟神探湯」がそれである。

『日本書紀』によれば、允恭朝に「姓」は混乱に陥って、

　或誤失二己姓一。或故認二高氏一。（中略）難レ知二其實一。故諸氏姓人等、沐浴齋戒、各爲二盟神探湯一。則於二味橿丘之辭禍戸碑一、坐二探湯瓮一、而引二諸人一令レ赴曰、得レ實則全。偽者必害(35)

という方法をとったという。

大化の改新以前にあっては、これらウヂの地名に基づく称号と職名に基づく称号は、すべての子孫に伝承されたのではなく、職掌や地位を継承した子孫、すなわち一族の代表者にのみ継承された(36)。それはまた一般的な血縁集団の絆となるような安定的・永続的な性格を持つ姓氏制度とは違い、この頃、「姓」はまだ萌芽の段階にすぎなかったといえる。

七世紀中期の大化の改新以降、中国風の姓氏制度の導入を契機とし、また新しい国家政治機構の創設にともなって、ウヂの称号も変化していった。

まず、大化元年（六四五）の「男女の法」によって「良民の男女の間に生まれた子は父に配ける」と定められた。これは中国の「姓」の父系継承の原則の導入の発端であろう。しかも地名による称号にせよ、職名による称号にせよ、その一族の代表者だけでなく、良民であったら同一血縁集団内のすべての構成員が継承することとなった。そして、それを前提として、天智九年（六七〇）全国的に戸籍が作成された。豪族はウヂ名、カバネを姓とし、庶民は○○部、○○族という呼び名を姓として、すべての子に継承されて、戸籍に記録された。この時期、「姓」は成立の初期段階におかれたといえる。

一方、天智・天武両朝を通じて、ウヂを国家政治機構に取り入れるための一連の政策が実施された。天智三年（六六四）、ウヂは大氏・小氏・伴造などのランクに分けられ、天皇はそれぞれの「氏上」に大刀・小刀・干楯・弓矢を賜った。天武一〇年（六八一）には天皇は氏上を定めていないウヂに命じ、氏上を定めて申告させた。天武一一年（六八二）には、「姓」を官人の考選と任命の規準の一つとして、「姓」の定まらない人は考選の対象にしないと定めた[37]。また、天武一三年（六八四）には「八色姓」が制定された。これにより旧来の臣・連の中から皇室と関係の深いものだけを抽出し、真人・朝臣・宿禰として上位におき、ほかを下位にとどめ、新しい身分秩序が形成された。天智・天武両朝のこれら一連の政策によって、ウヂ集団は血縁のベールをかけられた「職掌」「奉仕」を中心とした集団になった。そして、血縁集団構造と密接に関わっている「姓」も独特な性格を持った。この時期、「姓」のもっとも重要な特徴は、各ウヂが朝廷での地位の変化に応じて、天皇の勅によって、ウヂの長一人だけでなく、それに連なる一定範囲内の親族が新しいカバネを賜与されたことである。統計によれば「七世紀末以降、九世紀後半にかけて、史料の上ではほぼ一二〇〇例ほどの改賜姓が記録されている」[38]。それほど多い改賜姓の理由は何であろうか。

こうした改賜姓の第一の理由は、何かの功績に応じるものである。

第二は天皇との政治関係の親疎と関わるものである。例えば、

　駿河守従五位下楢原造東人等、於二部内盧原郡多胡浦浜一。獲二黄金一献レ之。練金一分。沙金一分。於レ是、東人等賜二勤臣姓一。

二カ月後、また次の記載がある。

　伊蘇志臣東人之親族卅四人賜二姓伊蘇志臣族一。[39]

「東人は黄金発見の功により、勤臣の新姓を得たが、その親族三四人は、東人の功績の余恵を蒙って、伊蘇志臣

族（ゾク）という一段下のランクの姓を与えられた。この場合にも、勤臣・伊蘇志臣族・楢原造の三者を分かつものは、直接には血縁の親疎ではなく、天皇への貢献の度合いという政治の理由であった」[40]。また吉備朝臣の改賜姓の例も「血縁の親疎に基づく枝分かれではなく、各々の政治的権力の掌握度（天皇との距離の近さ）を拠りどころとする」[41]。

これらの例からみると、天皇からの賜姓と改賜姓とは、大化の改新前と改新後とでまったく意味が異なった。改新前の賜姓とは地名・職名などにちなんだウヂの名前を新たに賜わり、政治的な関係の親疎やウヂの政治的な地位の変更には触れなかった。しかし、改新後の改賜姓は直接的にウヂの功績と天皇との政治的な親疎と関連した。だがその天皇の気の向くままという随意性の本質は変化しなかったことは明白である。

この時期でも「姓」は同じ血縁集団のすべての構成員を含み込むものではなかった。したがって「姓」は依然として血縁集団の安定的、かつ完璧な標識ではなかったといえる。

また、この時期諸ウヂは続々と天皇に改賜姓を申請した。『続日本紀』には数多い改賜姓の記事の例がある。例えば

右京人正六位上栗原勝子公言。子公等之先祖伊賀都臣、是中臣遠祖天御中主命廿世之孫、意美佐夜麻之子也。伊賀都臣、神功皇后御世、使㆓於百済㆒、便娶㆓彼士女㆒。（中略）遥尋㆓本系㆒、帰㆓於聖朝㆒。時賜㆓美濃国不破郡栗原地㆒以居焉。厥後、因㆑居命㆑氏、遂負㆓栗原勝姓㆒。伏乞、蒙㆓賜中臣栗原連㆒。於㆑是、子公等男女十八人依㆑請改賜㆑之。[42]

近衛将監正六位下出雲臣祖人言、臣等本系、出㆑自㆓天穂日命㆒、其天穂日命十四世孫曰㆓野見宿禰㆒。野見宿禰之後、土師氏人等、或爲㆓宿禰㆒、或賜㆓朝臣㆒。臣等同爲㆓一祖之後㆒、独漏㆓均養之仁㆒。伏望、与㆓彼宿禰之族㆒、同預㆓改㆑姓之例㆒。於㆑是、賜㆓姓宿禰㆒[43]。

などがそうである。

義江氏が『日本古代の氏の構造』の中で述べたように、それらの改賜姓の申請はほとんど「一祖子孫。骨肉孔親。請共沐天恩。同給◯◯姓」を唯一絶対の理由としていた[44]。

こうして、諸氏は中国風の「同宗は必ず同姓」という父系出自のもとでの「姓」制度を借りて天皇に近寄り、みずからの政治的な地位を向上させようとした。天皇側はこの点を利用し、諸氏を臣服させて政権の安定を実現させようとした。本当の血縁関係か、人為の血縁関係かということは一切かまわない。こうして「姓」はウヂ集団の固定的な標識となったと同時に、統治者たちの政治の道具となった。

このように、大化の改新後、中国からの「姓」制度の導入をきっかけに、日本の「姓」制度は次第に整備・確立された。中国において、古代宗法制親族集団は政権と結ばれていたが（「君権と族権の合一」）、その政治的な関係は血縁関係、すなわち生来の、自然の血統の秩序によって決められた。それに対して日本では逆に人為的な血縁関係が作られ、政治関係に利用された。そして大化の改新の前後、日本の「姓」が成立するにあたって、天皇の改賜姓の方法、内容は変更されたにもかかわらず、天皇の改賜姓の本質すなわち随意性は変化しなかった。

一方、中国の宗法制親族における自然の血縁関係は、次第に政府の統治機構から離脱した。宋代に至って、宗族はついに政府の統治体制から離れた。そして宗法制親族構造は庶民社会に浸透し、族譜を作成する習慣も庶民層に広まり、族譜は、宗族内すべての構成員の生来の、自然の血統秩序の記録となった。このように宗法制親族集団は次第に実体的な出自集団へと変わった。

これに対して、日本のウヂは政権に付随したいわゆる血縁集団であり、血縁関係の生来の、自然の性格を持っていなかった。そして、人為的・随意的に変えられる「姓」の性格はウヂの氏族系譜に反映され、結果として氏族系譜にさまざまな特徴をもたらした。例えば、氏族系譜や系図の中に見られる数多い「断絶」（和気系図など）

がそれである（この「断絶」については、義江氏『日本古代の氏の構造』第三編第一章に詳しい）。

中国の古譜、例えば前文にあげた「汜氏家譜残簡」（参考系譜史料1を参照）にも「断絶」はある。周代から唐代までは父系出自集団の実体となる宗族はまだ完全には形成されておらず、その譜も成立期、すなわち家伝や族伝の段階にあった。それゆえに、そしてまた戦乱などの原因により、系譜・系図の「断絶」も避けることができなかった。しかし、日本古代の氏族系譜・系図での「断絶」の性格は、これらの中国古譜の「断絶」とはまったく異なる。前述のように日本の氏族系譜と系図中の断絶は人為的に祖先をさかのぼった結果であり、ウヂ集団が政権に深くかかわっていた結果である。

(3)「随母姓」と「両属性」および「母祖」と「女性の中継」

氏族系譜中の「随母姓」および「母祖」と「女性の中継」は偶然に発生した現象ではない。そこにも日本社会におけるウヂ集団構造の特徴が反映されている。この点に関しては現代の研究者たちの研究と結論の中から、古代社会におけるウヂ集団の構造とその構造に関わる意識を究明することができる。ここでは、義江氏の「随母姓」と「両属性」、および明石氏の「母祖」と「女性の中継」についての論述を例に、彼らの「出自」・「出自系譜」論を分析し、さらに厳密な批判を試みたい。

「随母姓」の例は各種史料を通じてみられる。例えば現存最古の竪系図『和気系図』（景行天皇——武国凝別皇子苗裔を主張する因支首氏の系譜伝承系図である。平安前期に作成された）によれば「子忍尾□君之——（此人従二伊予国一到二来此土一）娶二因支首長女一生——子□思波□、次□与呂豆□」の記載があるが、注意に値するのは、「子□思波□、次□与呂豆□」の左側にある「此二人随レ母負二因支首姓一」の傍注である（第一例。参考系譜史料6を参照）。

第二例はは遊部伝承についての記載である。

古記云、遊部者、在二大倭國高市郡一。生目天皇之苗裔也。所三以負二遊部一者、生目天皇之孽、圓目王娶二伊賀比自支和氣之女一爲レ妻也。凡天皇崩時者、比自支和氣等到二殯所一、而供二奉其事一。仍取二其氏二人一、名稱二禰義余比一也。禰義者、負レ刀幷持レ戈、余比者、持二酒食一幷負レ刀。並入レ内供奉也。唯禰義等申辭者、輙不レ使レ知レ人也。後及二於長谷天皇崩時一、而依レ槃二比自支和氣一、七日七夜不レ奉二御食一。依レ此阿良備多麻比岐。爾時諸國求二其氏人一。或人曰、圓目王娶二比自岐和気・(之女二字脱カ)一為レ妻。是王可レ問云。仍召問、答云、然也。召二其妻一問、答云、我氏死絶、妾一人在耳。卽指三負其事一、女申云。女者不レ便二負レ兵供奉一。仍以二其事一移二其夫圓目王一。卽其夫代二其妻一而供二奉其事一。依レ此和平給也。爾時詔自二今日一以後、手足毛成二八束毛一遊詔也。故名二遊部君一是也。但此條遊部、謂野中古市人歌垣之類是。(45)

第三例として次のような例をあげることもできる。

(延暦九年)十二月壬辰朔、詔曰、春秋之義、祖以レ子貴。此則、礼経之垂典、帝王之恒範。朕、君二臨寓内一、十二年於レ茲。追尊之道、猶有二闕如一。興言念レ之、深以懼焉。宜三朕外祖父高野朝臣・外祖母土師宿禰、並追二贈正一位一、其改二土師氏一爲二大枝朝臣一。(46)

つまり、大枝朝臣は、土師氏の出である外祖母土師宿禰真妹が桓武天皇により大枝朝臣の姓を賜わったことに始まっているわけで、これも「随母姓」の一つの例であるといえる。

氏族系譜と系図中の「随母姓」も研究者たちに注目されており、例えば義江氏は前述の第一、二例がみな婚姻を媒介にして、その職掌を世襲したのであると考えている。第二例において、比自支和気氏が生目天皇苗裔という出自を主張するのは、第一例の景行天皇―武国凝別皇子苗裔を主張する因支首氏の系譜伝承と共通する性格を持っている。異なるのは第二例が「因支首氏の場合のように所生子が『随二母姓一』という形ではなく、妻から夫への職掌の譲りとして語られ」ている点である。すなわち「そこでは両属性原理は直接に表面にはあらわれず、天皇の賜姓を通じて、『遊』（鎮魂の歌舞）という奉事根源が新たに設定しなおされているのである」[47]。義江氏のこれらの論述を簡単にまとめると、下記の二点があげられる。①前述の第一例と第二例はいずれもその職掌の世襲を目的とするものである。②両例はいずれも「両属性」原理の表れである。ただ第一例では表面化し、第二例では表面には現れなかったのである。いずれにしても、義江氏の結論はこの段階ではウヂの「出自」は族長位継承を示す「一系系譜」と、複数の祖より発して個人の社会的な帰属を示す「両属系譜」の統合もしくは並存によって示されたのである[48]という。

しかし著者は前述の結論には納得できない。まず、文化人類学上の出自は族長位継承の内容を含まないからである。すなわち、ウヂの職掌の世襲を目的とする系譜は出自系譜ではない（この点について本章第一節を参照）。

第二は、『和気系図』から見れば、「子忍尾□君之」の二人の子以後の子孫はすべて「子忍尾□君之」の妻の姓、「因支首」という姓を名乗り、数世代後の改賜姓まで続いたのである。しかし、「随母姓」といえるのは「子忍尾□君之」の子の世代だけであり、「子忍尾□君之」の子、すなわち「□思波□」、「与呂豆□」の次の世代からは父の姓である「因支首」を冠称したことになる。こうした例では系図、系譜の中のすべての構成員が父系・母系の両属に帰属するとはいえない。第一例傍注の「随㆑母負㆓因支首姓㆒」における「母」は母という個人であるだけで、「母系」ではないといえる。それゆえ、この系図の「随母姓」は出自概念上の意義を持たない。

そのほか、第二例の記載について、義江氏は「天皇のモガリ奉仕の職掌は、比自支和気氏の人々にのみ負（にな）われることができると観念され、ほかの氏人による御食奉仕では天皇の霊が受けつけなかったのである。それゆえに、伝承では、生き残りの女子と円目王との婚姻を介して、以後、生目天皇―円目王の苗裔によりその職掌が世襲されていく」[49]と指摘した。

義江氏は『日本古代の氏の構造』を出版した後、「天寿国繡帳銘系譜の一考察――出自論と王権論の接点――」[50]

という論文の中で、みずからの著作で主張した「両属性」説を補足した。義江氏はその系譜のトヨトミミ太子とタチバナ大女郎の婚姻関係を焦点として、二人のそれぞれの三〜四世代前までの父母「両系統」の血縁関係が記録され、したがって『祖』についてのそうした両属観念を媒介として、集団自体もしばしば両属的に存在し得た」と認識した。義江氏はそれを「和気系図」についての「子忍尾□君之」の二人の子だけの「随母姓」を「両属系譜」とした論説の補足説明とするのであろうか。

しかし著者は系譜中の父・母「両系統」は分かれておらず混同されていると考える。それゆえ、ここでは「両系統」は成立しない。義江氏が作成した「繡帳銘系譜の構成図[51]」はもっとも恰好の例であると思う。図1にその系図を借りて、説明しよう。

その図の中で⬚は系譜に記載なし、◎△▲はそれぞれ同一人物である。それによると、太子（トヨトミミ）の「父の母の父（イナメ）」と「母の母の父」および妃（タチバナ）の「父の母の母の父（イナメ）」とは同じ人物である。太子の「父の父（ヒロニハ）」と「母の父」および妃の「父の父の父」と妃の「父の母の父（ヒロニハ）」も同じ人物である。また太子の「父の母（キタシ）」と妃の「父の母の母（キタシ）」とも同一人物である。それゆえ、これは父系・母系に分かれた「両系統」とはいえない。これは「出自系譜」とはいえないのである。

明石氏の論説はほかの側面から氏族系譜の特質とウヂ集団の構造を説明した。彼はまず系譜中の「母祖」と「女性中継」について検討し、続いて次の「十市県主系図」を女性中継の例として検討している[52]。

事代主命―鴨王命―大日諸命―大間宿禰―春日日子―豊秋狭太彦―┬五十坂彦
└大井媛

明石氏の論述によると、その豊秋狭太彦は「孝昭紀」では女性である豊秋狭太媛で（傍点は原文）、系譜では男性名に〝改名〟されているという。このように系譜中に女性がいるなら、問題は彼女の次の世代の血統はどのよ

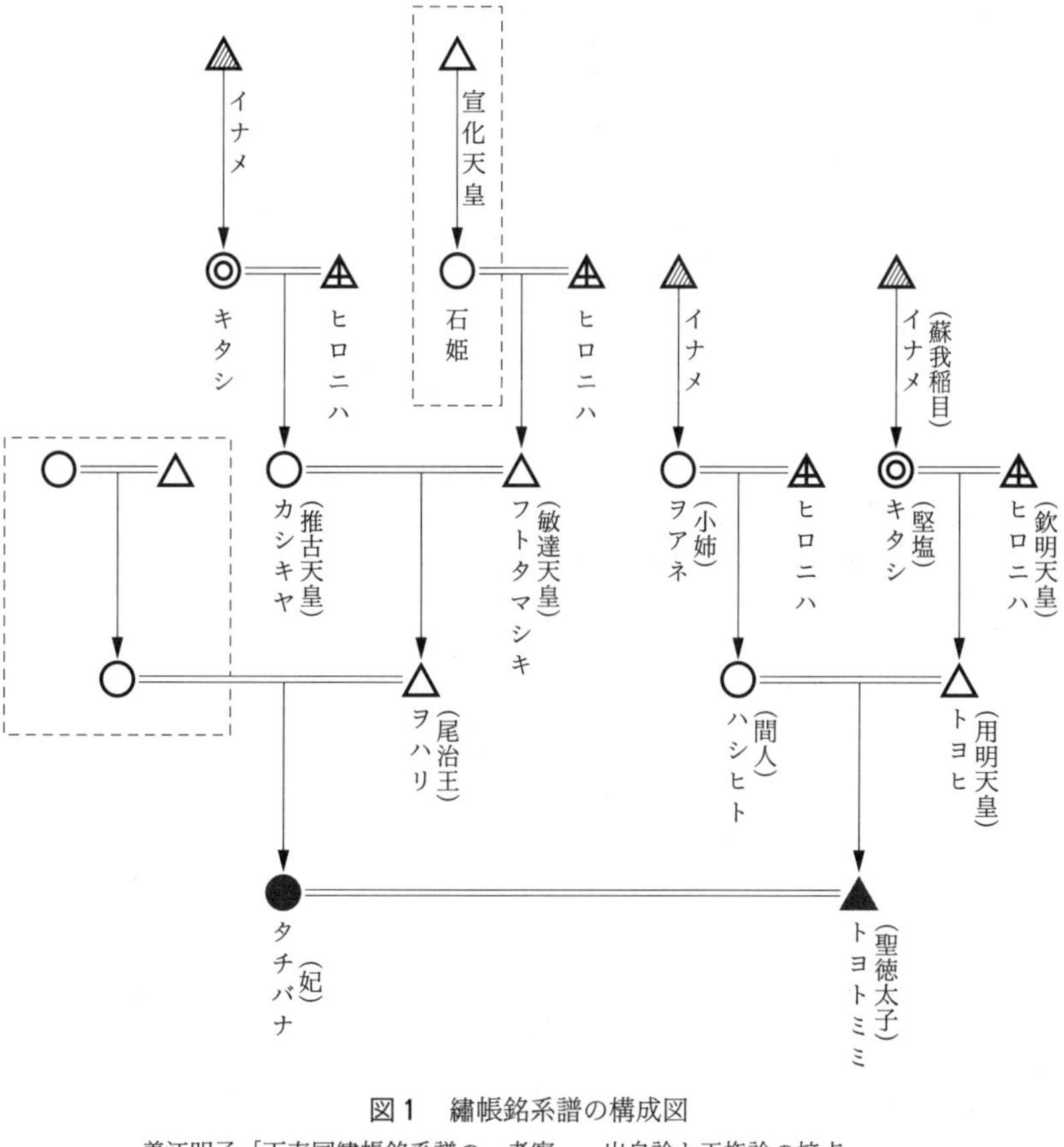

図１　繡帳銘系譜の構成図

義江明子「天寿国繡帳銘系譜の一考察――出自論と王権論の接点――」(『日本古代系譜様式論』，吉川弘文館，2000年)より転載．

うにたどられるかである。彼女の子どもである五十坂彦と大井媛の二人は受けついだ血統は母方に属するか、父方に属するか、そしてその次の世代はどうか、また、その系譜は父系出自系譜とすることができるであろうか。また、「神代記」の「鏡作遠祖」は石凝姥命という女性であるが、『日本書紀』の本文と『古語拾遺』の記事では石凝姥命の父である天秡戸を鏡作遠祖とした。明石氏は前者（「十市県主系図」）は「一旦、系譜化されるとなると、男性名に変えたり操作されるようである」、後者（「鏡作遠祖」）は「母祖を否定するために父祖を加えた」と、いずれも父系系譜化される運命にあることは間違いないと考える。(53)

系譜中の母祖と女性中継に対する巧妙で、かつ作為的な操作方法として、明石氏は「一つは母祖の近親の男性、すなわち男子・夫・父を以て始祖とみなすやり方である。（中略）二つは、単純に母祖の名前を伝承の過程で男性名にすり変えるやり方である。とりわけ、記録する際に一字を置き換えて名前を〃性転換〃することが多かったようである」(54)と指摘した。明石氏はこうした論述の後、依然として「父系出自」をウヂ集団の基本的な性格とした。しかし明石氏のこうした論述こそ、日本古代の氏族系譜が出自系譜ではなく、非出自系譜であることを明確に説明していると思われる。

なぜなら、まず、系譜中では女性または母祖と男性もしくは父祖が渾然一体となっていることは疑いのないところである。第二に、その作為の方法によって兄弟姉妹のみでなく、姉妹の子ないし彼女たちの夫を含む一群の人々も、みな一族内の構成員であるという意識が人々に強く存在したことは明らかである。

以上の検討によって、日本古代の氏族系譜はウヂ集団が無系的および血統上での未分化のキンドレッドあることを証明した。

むすび

「族譜」・「氏族系譜」とは血縁によって結ばれた一集団内の人々の血縁関係を記録するものである。しかしすべての「族譜」・「氏族系譜」を「出自系譜」であると考えることはできない。「出自系譜」ともっとも混同されやすいのは地位継承系譜であるが、これは「一本の線」という顕著な特徴を持っている。これは地位や権力は財産と違って分割することができないから、地位や権力を継承することができるのはただ一人に限られる。これを受け継ぐ者と受け継がれる者は普通は血縁関係にある。中国古代の皇帝や族長の地位は父から子へと受け継がれるので、継承系譜は父から子へと連鎖的につながってゆく「一本の線」の形をとる。それゆえ、このような地位継承系譜を出自系譜であると誤認しやすく、注意が必要である。また、王位や族長位の継承系譜には「奉仕文言」が付いているのが普通である。稲荷山鉄剣銘文の後半部の「世々爲二杖刀人首一奉事来至レ今。獲加多支鹵大王寺在二斯鬼宮一時、吾左二治天下一。令レ作二此百練利刀一、記二吾奉事根原一也」もこれにあたる。こうした「奉事文言」の有無も、それが地位継承系譜であるか否かの判断材料である。

「族譜」・「氏族系譜」は一般的に家伝から発展してきたのである。

家伝とはそもそも一つの血縁親族集団内で、親族の発展に功績を立てたり、朝廷の官職に就いたりした偉人を中心に、血縁親族の業績を記録するものであった。つまり、このような記録は個人を中心とする親族集団の伝記にすぎない。例えば本章で取り上げた「氾氏家譜残簡」がそれで、「古譜」と呼ばれる。

それに対して宋代からの族譜には宗族内のすべての構成員（男性および彼らの配偶者）が世代、出生の順番（同一家族内の男子は出生の順番によって、「一房」（「長房」）、「二房」、「三房」……と称される）にしたがって記録されるようになった。換言すれば記録された人は宗族の構成員資格を持つのである（配偶者を除く。中国では女性は血統を伝達する権利と義務を持たないから、この意味で彼女たちは完全な構成員資格を持たない）。古譜に対してこれは「族譜」もしくは「宗譜」と称されている。宗譜が示すのは中国の典型的な父系単系出自集団の構造である。宗族においては父系または男性の血統の秩序、すなわち父系血統の親疎により、その構成員の集団内における位置や地位が定まる。したがって宗譜こそは出自系譜としての性格を備えたものである。中国における宗族と宗譜の関係から明らかなように、出自系譜と出自集団は互いに補完しあうものである。日本の場合はどうか。

延暦一八年一二月の桓武天皇の勅は日本古代のウヂ集団の「或源同流別、或宗異姓同」、「難レ辯二本枝一」という本質的な構造を明らかにしている。

桓武天皇は中国唐の『氏族志』『姓氏録』に倣って『新撰姓氏録』を作り、源・流、宗・姓を統一し、本・枝を分別しようとした。しかし、勅中には「令レ載二始祖及別祖等名一、勿レ列二枝流並継嗣歴名一」という文もあり、これにしたがえば源・流、宗・姓を統一し、本・枝を分別するという目的を達することはできない。この勅自体が矛盾をはらんでいたのである。この矛盾は『新撰姓氏録』にも影響を及ぼしている。『新撰姓氏録』は各ウヂ集団が「皇別」・「神別」・「諸蕃」の別に分類されているが、それぞれ始祖・別祖の名を載せるのみで、継嗣の名前は列記しない。このような系譜では祖先を一人一人順にたどってゆくことはではないから、その祖先は本当な祖先であるかどうか疑問が大きい。日本古代の氏族系譜のこうした特徴は、ウヂ集団の非出自構造に基づくものであり、この系譜が出自系譜ではないことを示している。

前記の研究を基礎にして、本章第三節では日本古代の氏族譜中の(1)神話・伝説および祖先意識について、(2)姓と改賜姓、(3)「随母姓」と「両属性」および「母祖」と「女性の中継」などの問題についても分析した。中国の宗譜に対して、日本古代社会における氏族系譜の始祖は往々にして作られたものである。その始祖と系譜中の人物との実際の血縁関係は問わないのである。その系譜に見られるこうした祖先意識は、原始社会の人々が自然界のさまざまな現象が理解できず、氏神を祖先としたこととは異なる。ウヂの系譜に記された始祖は意識的に作られた始祖である。しかしこうした人為的な祖先は一種の固定観念となって、後代の人々にも受け継がれていった。ゆえに、氏族系譜に記された祖先は、血のつながった本物の祖先を意味しない。また各ウヂ集団は天皇に何度も改賜姓を申請し、天皇もしばしば改賜姓の勅令を出している。これも氏族系譜の血統関係に混乱をもたらした主要な要因である。それゆえこのような氏族系譜は、ある意味では血縁関係の記録には違いないが、出自関係を示すものではないのである。

また氏族系譜の中では「母祖」、「女性の中継」に対して種々の操作・作為が行われた。そうしたさまざまな操作・作為と研究者たちのそれらの問題についての論説も、「氏族系譜」の父・母、男性・女性渾然一体となった非出自系譜としての性格を説明していると考える。さまざまな操作・作為された氏族系譜はあたかもベールのようにウヂ集団を覆っている。われわれはその表面のベールを引きはがし、構造の実質を究明しなければならないと思う。

中国の親族制度について台湾の研究者陳其南は、文化人類学の視点から西洋文化人類学者のさまざまな論説を厳しく批判した上で、伝統的な中国の親制度中の「房」・「分房」などを検討し、「系譜性」の原則を強調してきた。(55)つまり中国においては、「家」の一般的な機能、例えば同居・共食・共同経済・財産相続などはすべて「系譜性」すなわち厳しい父系血縁身分秩序のもとで機能している。一方日本古代においては、氏族系譜のベールの下でウヂ集団はいかなる機能を持ち、それらは、またどのように作動しているのか。それについては以下の各章で引き続き検討する。

(1)　多賀秋五郎『宗譜の研究』資料編（東洋文庫論叢第四五、東洋文庫、一九六〇年）八頁。

（2）descentという用語は文化人類学上の概念である。本書第二章を参照。

（3）高群逸枝『母系制の研究』（厚生閣、一九三八年、のち『高群逸枝全集』第一巻に収録、理論社、一九六六年）第四章第二節。

（4）江守五夫『シンポジウム鉄剣の謎と古代日本』（新潮社、一九七八年）、「古代女性史に関する問題——民族学的立場からの一考察」（家族史研究編集委員会編『家族史研究』第二集、大月書店、一九八〇年）。

（5）吉田孝『律令国家と古代の社会』（岩波書店、一九八三年）第Ⅲ章。

（6）義江明子『日本古代の氏の構造』（吉川弘文館、一九八六年）総論。

（7）明石一紀『日本古代の親族構造』（吉川弘文館、一九九一年）第三部第一章。

（8）注（6）義江前掲書、総論。義江「古系譜の『児』（子）をめぐって——共同体論と出自論の接点——」（『日本歴史』四八四号、一九八八年）。

（9）注（7）明石前掲書、第三部第一章。

（10）『史記』「殷本紀」にその時期の一時の「兄終弟及（兄弟相承）」は「九世の乱」（九世に比（いた）るまで乱れるの意）のようになったとある。したがってそれは王位継承の正統ではないといえる。本書第五章を参照。

（11）銭杭『周代宗族制度史研究』（学林出版社、一九九一年）二二頁。

（12）柳田国男「親方子方」（『定本柳田国男集』一五、筑摩書房、一九六九年）。

（13）『続日本紀』天平宝字五年四月癸亥条に、巨勢朝巨関麻呂の、「其伯父（中略）邑治養レ之為レ子、遂承二其後一」という事例と、『日本後紀』弘仁三年六月辛丑条に、朝野宿禰鹿取の、「詐為二叔父（中略）道長之子一、既得二出身一幷改レ姓」という事例が見られる。

（14）注（6）義江前掲書。

（15）村田正志編『出雲国造家文書』（清文堂出版、一九六八年）、高嶋弘志「出雲国造系図成立考」（『日本海地域史研究』七、文献出版、一九八五年）、同「出雲国造系図編纂の背景」（佐伯有清編『日本古代中世史論考』、吉川弘文館、一九八七年）。

(16) 注(8)義江前掲稿参照。
(17) 注(7)明石前掲書、二三一頁。
(18) 同右、第三部第一章。
(19) 滋賀秀三『中国家族法の原理』(創文社、一九八一年)第一章第一節を参照。
(20) 多賀秋五郎『中國宗譜の研究』上巻(日本学術振興会、一九八一年)。
(21) 同右、八四頁。
(22) 同右、八九頁。
(23) 同右、一二一頁。
(24) 同右、二頁。
(25) 渡邊欣雄「出自」・「出自集団」(『文化人類学事典』、弘文堂、一九八七年、三五六頁)。
(26) 『日本後紀』延暦一八年一二月戊戌条。
(27) 溝口睦子『日本古代氏族系譜の成立』(学習院学術研究叢書九、学習院、一九八二年)第一章を参照。
(28) 同右。
(29) 古代宗法制親族集団とは唐代までの父系親族集団を指す。周代から唐代までその宗法制親族集団は中央政権と緊密に結んで、名門・望族の階層内だけで発達した。宋代以降、その宗法制親族集団の構造は庶民社会に広がった。そして次第に固定して父系単系出自集団になった。その変化に応じて、唐代までの父系親族集団を古代宗法制親族集団と称し、宋以降のを近代宗法制親族集団あるいは宗族と称する。それによって、唐代までの譜を古譜と称し、宋以降の譜を宗譜と称する。
(30) 『春秋左氏傳』哀公二年。
(31) 佐伯有清『新撰姓氏録』本文編(吉川弘文館、一九六六年再版)。
(32) 注(27)溝口前掲書、九六・一八四頁。
(33) 同右、九六〜九七頁。

(34) 注(6)義江前掲書、二六七頁。
(35) 允恭朝の「盟神探湯」については『古事記』『日本書紀』ともにみえる。
(36) 吉田孝「古代社会における『ウヂ』」(朝尾直弘・網野善彦・山口啓二・吉田孝編『日本の社会史』第六巻・『社会的諸集団』、岩波書店、一九八八年、五一頁)。
(37) 官人の選考と任命は中国の魏晋、隋唐時代において血統の尊卑(その尊卑は宗法制のもとでの血縁関係の親疎によるのである)および名門・望族の等級を重要な基準とする。古代の中国では、「姓」は血統の尊卑を物語り、「姓」を以て名門・望族であるか否かを区別できる。日本において、官人の考選と任命は「姓」の有無によって定めるが、その「姓」は血統関係を反映したものではない。
(38) 義江明子「古代の氏と出自——氏名の成立と展開」(黒木三郎他編『家の名・族の名・人の名』、三省堂、一九八八年、四七頁)。
(39) 以上『続日本紀』天平勝宝二年三月戊戌条、五月丙午条。
(40) 注(38)義江前掲稿。
(41) 同右。
(42) 『続日本紀』天応元年七月癸酉条。
(43) 同右、延暦一〇年九月丁丑条。
(44) 注(6)義江前掲書。
(45) 『令集解』「喪葬令八・親王一品条・遊部事」「古記」。
(46) 『続日本紀』延暦九年一二月壬辰条。
(47) 注(6)義江前掲書、三三七頁。
(48) 同右、三三〇頁。
(49) 同右、三三七頁。
(50) 義江明子「天寿国繡帳銘系譜の一考察——出自論と王権論の接点——」(『日本史研究』三二五号、一九八九年)、

のち『日本古代系譜様式論』に収録（吉川弘文館、二〇〇五年）。
(51) 同右。
(52) 注(7)明石前掲書、第三部第一章「ウヂの基本的性格——古代における父系出自」、二三四頁。
(53) 同右、二三四・二三五頁。
(54) 同右、二四一頁。
(55) 陳其南「房と伝統的中国家族制度——西洋人類学における中国家族研究の再検討」（橋本満・深尾葉子編『現代中国の底流』、行路社、一九九〇年）。

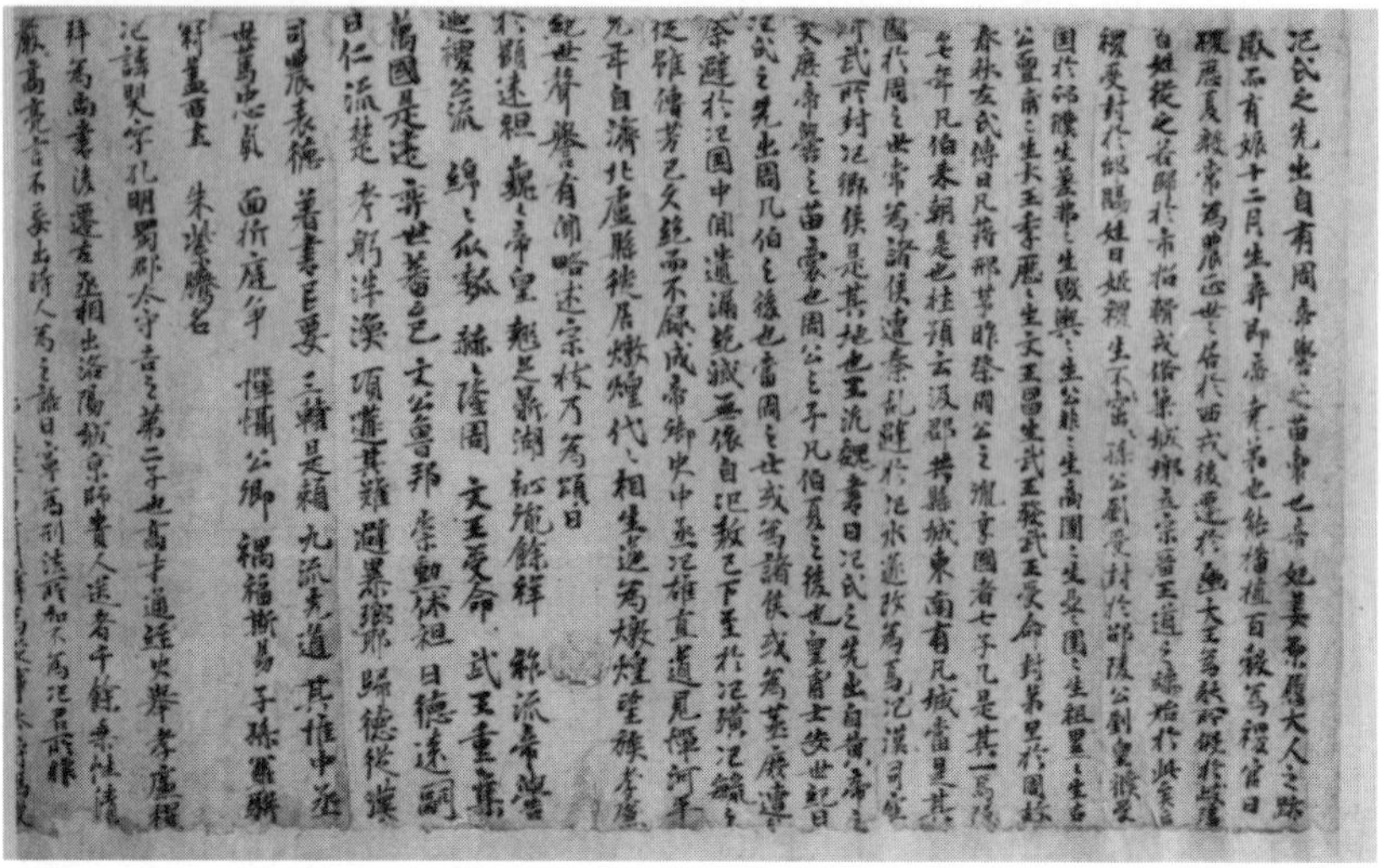

氾氏之先、出自有周、帝嚳之苗裔也、帝妃姜原、履大人之跡、
感而有娠、十二月生弃、卽帝堯弟也、能播植百穀、爲稷官、曰
稷、歴夏殷、常爲農正、世々居於西戎、後遷於豳大王、爲狄所侵、於岐陽
百姓從之、若歸於市、招輯戎俗、築城墩、立宗廟、王道之端、始於此矣、后
稷受封於邰、賜姓曰姫、稷生不窋、ゝ孫公劉、受封於邵陵、公劉皇僕、受
國於邠、僕生差弗、弗生毀輿、ゝ生公非、ゝ生高圉、ゝ生亞、ゝ圉、ゝ生祖累、ゝ生古
公亶甫、ゝ生大王季歴、ゝ生文王昌、生武王發、武王受命、封弟旦於周、故
春秋左氏傳曰、凡蔣邢茅胙祭、周公之胤、享國者、七子、几是其一焉、隠
公七年、凡伯來朝是也、杜預云、汲郡共縣城東南有城凡、當是其
國、於周之世、常爲諸侯、遭秦乱、避於氾水、遂改爲焉氾、漢司空
何武、所封氾鄕侯、是其地也、王沈、魏書曰、氾氏之先、出自黃帝之
支庶、帝嚳之苗裔也、周公之子、凡伯夏之後也、皇甫士安、世紀曰
氾氏之先、出周几伯之後也、當周之世、或爲諸侯、或爲丞庶、遭
秦避於氾國、中閒遺漏、絶滅無依、自氾敖已下、至於氾璜氾毓、ゝ
徒雖傳芳已久、絶而不録、成帝御史中丞氾雄、直道見憚、河平
元年、自濟北盧縣、徙居燉煌、代ゝ相生、遂爲燉煌望族、孝廉
紀世、聲譽有聞、略述宗枝、乃爲頌曰
於顯遠祖　巍ゝ帝皇　翹足鼎湖　祉胤餘祥　祚流帝嚳
□稷公流　綿ゝ爪瓠　赫ゝ隆周　文王受命　武王重集
萬國是建　弈世蕃邑　文公魯邦　崇勳休祖　曰德遠嗣
曰仁流楚　孝躬泮渙　項遘其難　避暴瑯耶　歸德從漢
司農表德　著書巨要　三輔是頼　九流光道　其惟中丞
世篤忠貞　面折庭爭　憚懾公卿　禍福斯易　子孫羅駢
冠蓋西土　朱紫騰名
氾諱㬰、字孔明、蜀郡太守吉之第二子也、高才通經史、擧孝廉、擢
拜爲尙書、後遷左丞相、出洛陽城、京師貴人、送者千餘乘、性淸

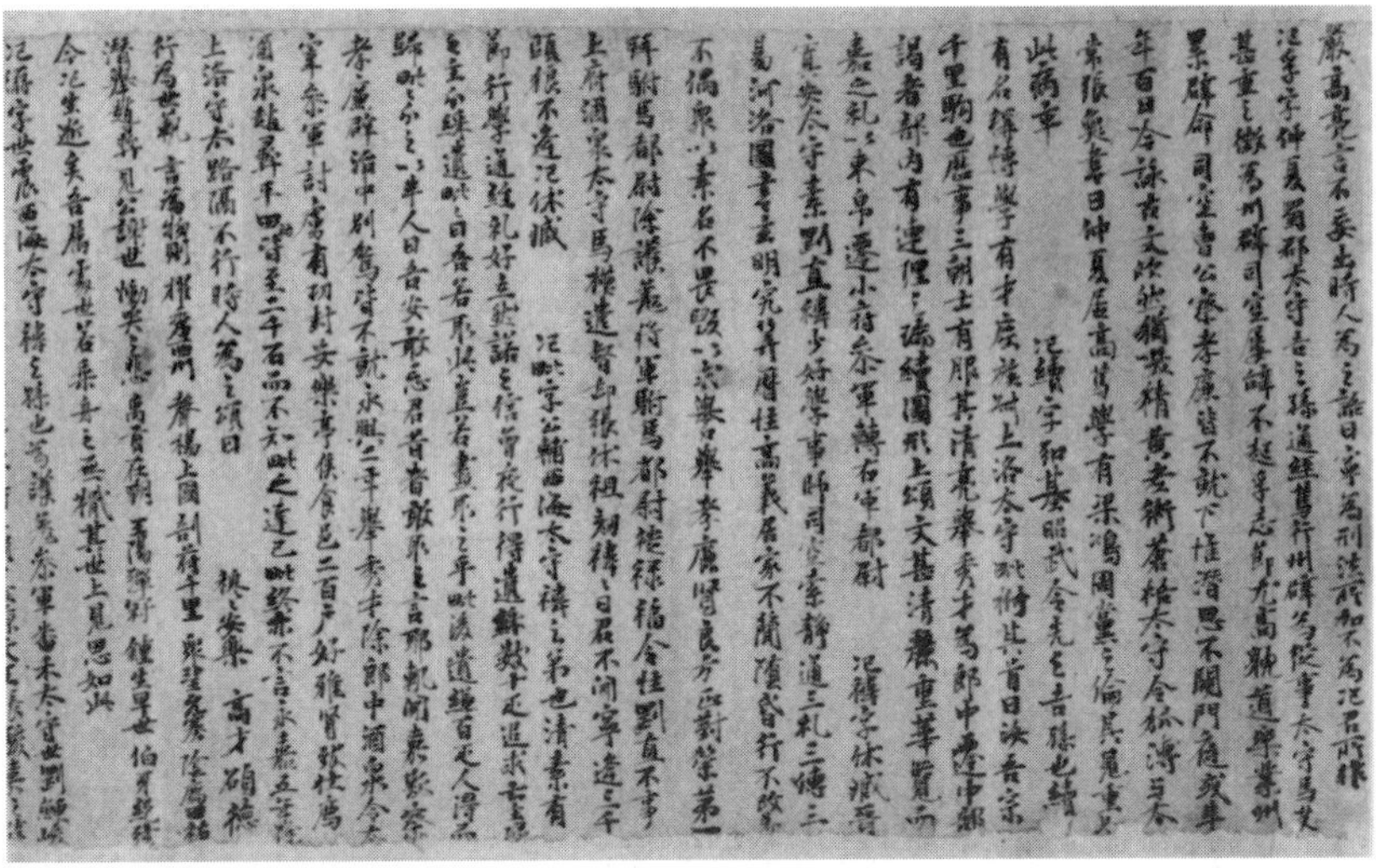

嚴高亮、言不妄出、時人爲之語曰、寧爲刑法所加、不爲汜君所非、
汜孚、字仲夏、蜀郡太守吉之孫、通經篤行、州辟爲從事、太守馬艾、
甚重之、徵爲州辟司空、屢辟不起、孚志節尤高、躭道樂業、州
累辟命司空、曹公察孝廉、皆不就、下惟潛思、不闚門庭、或半
年百日、吟詠古文、欣然猶咲、精黃老術、蒼梧太守令狐溥、与太
常張奐書曰、仲夏居高篤學、有梁鴻周黨之倫、其見重如
此、病卒、　汜續字□基、昭武令光之吉孫也、續
有名稱博學、有才度、族叔上洛太守毗、拊其首曰、汝吾宗
千里駒也、歷事三朝、士有服其淸亮、擧秀才、爲郎中、遷中部
謁者、部内有連理之瑞、續圖形上頌、文甚淸麗、重華、覽而
嘉之、礼以束帛、遷小府參軍、轉右軍都尉、　汜禕、字休藏、晉
賓安太守、素剛直、禕、少好學、事師司空索靜、通三礼・三傳・三
易、河洛圖書、玄明究筭曆、性高義、居家不簡墮、昏行不改節、
不偶衆以素名、不畏毀以求譽、擧孝廉、賢良方正、對策第一、
拜駙馬都尉、除護羌將軍駙馬都尉、徙祿福令、性剛直、不事
上府、酒泉太守馬模、遣督郵張休祖劾禕、ゝ曰、君不聞、寧逢三千
頭狼、不逢汜休藏　汜毗、字公輔、西海太守禕之弟也、淸素有
節行、學通經礼、好立然諾之信、曾夜行、得遺綵數十疋、追求亡主
歸之、主分綵遺毗、ゝ曰、吾若取此、豈若盡取之乎、毗後遺縑百疋、人得而
歸毗、ゝ分之以半、人曰、吾安敢忘君、昔者敢取之言耶、軌聞嘉歎、察
孝廉、辟治中別駕、皆不就、永興二年、擧秀才、除郎中・酒泉令・太
宰參軍、討虜有功、封安樂亭候、食邑二百戶、好雅賢致仕、薦
酒泉趙彝、平田祐、皆至二千石、而不知毗之達己、毗終亦不言、永嘉五年、
除上洛守太▲太守、路隔不行、時人爲之頌曰　穆ゝ安楽　高才碩德
行爲世範　言爲物則　擢秀西州　聲楊上國　剖苻千里　衆望无塞　陰薦田祐
潛擧趙彝　見公謝世　慟哭之悲　禹貢在朝　王陽彈冠　錘生早世　伯牙絶弦
今汜生逝矣、吾屬處世、若乘舟之無檝、其世上見思如此

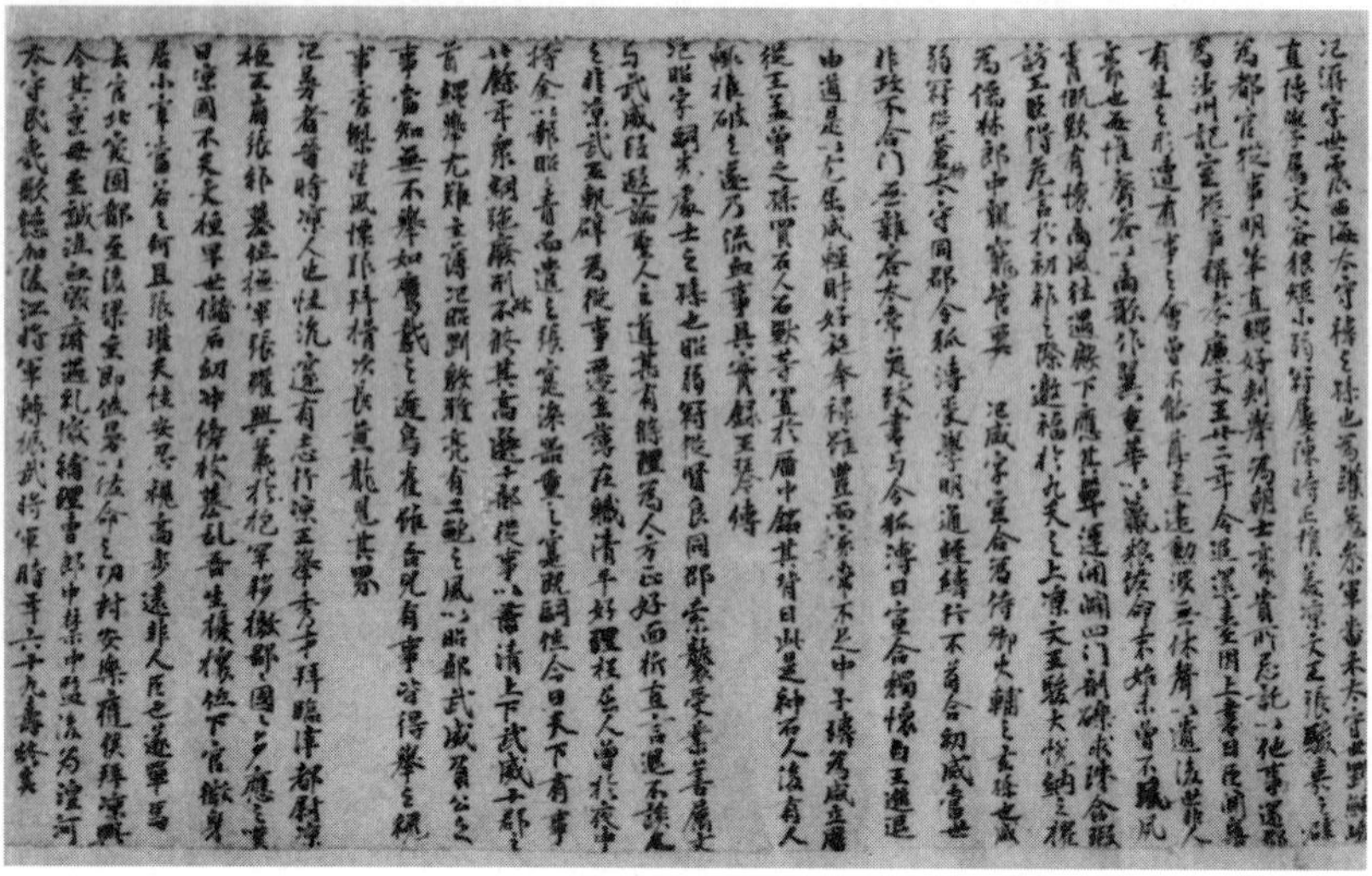

氾漘、字世震、西海大守禕之孫也、爲護羌參軍、番禾太守、世剛鯁峻
直、博學屬文、容狼短小、弱冠屢陳時正損益、凉文王張駿嘉之、辟
爲都官從事、明筆直繩、好剌學、爲朝士豪貴所忌、託以他事、還郡
爲沙州記室從事、稱孝廉、文王廿二年、令追還臺、因上書曰、臣聞稟
有生之形、遭有事之會、曾不能尊主建勳、沒無休聲以遺後世、非人
豪也、每惟齊客以商歌作翼、重華以簫粮佐命、末始未曾不□夙
霄慨歎、有懷高風、往遇殿下、應其革運、開闢四門、剖礫求珠、含瑕
訪玉、臣得危言於初祚之際、邀福於九天之上、凉文王駿、大悅納之、擢
爲儒林郎中、親寵管要　氾咸、字宣合、爲侍御史輔之玄孫也、咸
弱冠、從蒼梧太守同郡令狐溥、受學、明通經緯、行不苟合、初咸當世
非政不合、門無雜客、太常奐、致書、与令狐溥曰、宣合獨懷白玉、進退
由道、是以尤屈、咸輕財好施、奉祿雖豊、而家常不足、中子瑋、爲咸立厝
從王孟曾之孫、買石人石獸等、置於厝中、銘其背曰、此是神石人、後有人
輙推破之、遂之流血、事具實録王琴傳
氾昭、字嗣光、處士之孫也、昭弱冠、從賢良同郡索襲、受業、善屬文、
与武威段遐、論聖人之道、甚有條理、爲人方正、好面折直言、退不談人
之非、凉武王軌、辟爲從事、遷主簿、在職清平、好理枉屈、人曾於夜中
持金、以報昭、ゝ責而遺之、張寔深器重之、寔旣嗣位、令曰、天下有事
廿餘年、衆綱弛廢、刑政不修、其高選十部從事、以蕭清上下、武威十郡之
首、繩舉尤難、主薄氾昭、剛毅雅亮、有二鮑之風、以昭部武威、負公之
事、當知無不舉、如鷹鸇之逐烏雀、雖吾兒有事、皆得舉之、視
事豪傑、望風慄服、拜揖次長、黃龍見其界
氾曼者、晉時凉人也、性沆瀣、有志行、凉王擧秀才、拜臨津都尉、凉
桓王崩、張祚簒位、撫軍張瓘、興義於枹罕、移檄郡ゝ國ゝ、多應之、嘆
曰、凉國不夭、文桓早世、儲后幼冲、傍枝簒亂、吾生擾攘、以下官微、身
居小宰、當若之何、且張瓘、天性安忍、視高步遠、非人臣也、遂單馬
去官、北突固都、至後梁主卽位、曼以佐命之功、封安樂庭侯、拜凉興
令、其叀母、致誠泣血、毀瘠遇礼、徵補理曹郎中・禁中監、後爲湟河

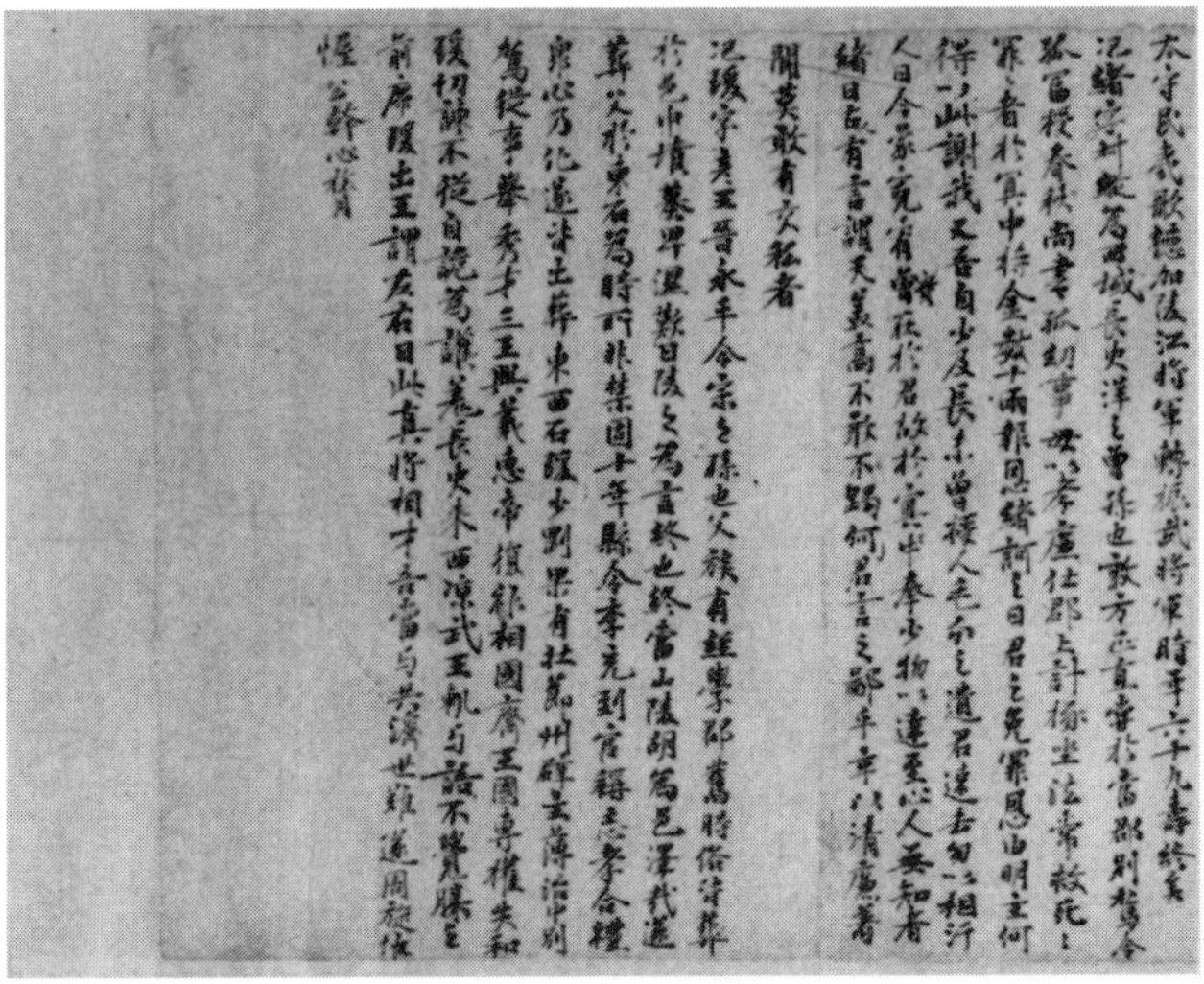

太守、民夷歌德、加陵江將軍、轉振武將軍、時年六十九、壽終矣

汜緒、字叔縱、爲西域長史洋之曾孫也、敦方正直、嘗於當郡別駕令狐冨、授春秋尚書、狐幼事母、以孝廉仕、郡上計掾坐法、常救死ゝ罪ゝ者於寘中、持金數十兩、報恩、緒訶之曰、君之免罪、恩由明主、何得以此謝我、又吾自少及長、未曾授人毛分之遺、君速去、勿以相汗、人曰、今蒙寛宥、曾在於君、故於寘中、奉少物、以達至心、人無知者、緒曰、古人有言、謂天盖高不敢不蹐、何君言之鄙乎、呼以清廉著聞、莫敢有交私者

汜瑗、字彦王、晉永平令宗之孫也、父族有經學、郡舊時俗、皆葬於邑中、墳墓卑濕、歎曰、陵之爲言終也、終當山陵、胡爲邑澤哉、遂葬父於東石、爲時所非、禁固十年、縣令李充到官、稱志孝合禮、衆心乃化、遂皆出葬東西石、瑗少剛果、有壯節、州辟主薄・治中・別駕從事、擧秀才、三王興義、惠帝復祚、相國齊王國、專權失和、瑗切諫、不從、自詭爲護羌長史、來西涼、武王軌与語、不覺膝之前席、瑗出、王謂左右曰、此眞將相才、吾當与共濟世難、遂周旋帷幄、公幹心膂

出典：中国社会科学院歴史研究所他編『英蔵敦煌文献（漢文仏経以外部分）』第3巻（四川人民出版社、一九九〇年）。
翻刻は多賀秋五郎『中國宗譜の研究』上巻（日本学術振興会、一九八一年）によった。

三代世表第一

【索隱】應劭云表者錄其事而見之按禮有表記而鄭玄云表明也謂事微而不著須表明也故言表【正義】言代者以五帝久古傳記少見夏殷以來乃有尚書略有年月比於五帝事迹易明故舉三代爲首表表者明也明言事儀

太史公曰五帝三代之記尚矣【索隱】按此表依帝繫及系本其實敘五帝三代而篇唯名三代系表者以三代代系長遠宜以名篇且三代皆出自五帝故敘三代要從五帝而起首也劉氏云尚猶久古也尚矣之文元出大戴禮彼云黃帝尚矣自殷以前諸侯不可得而譜【正義】譜布也列其事也周以來乃頗可著孔子因史文次春秋紀元年正時日月蓋其詳哉至於序尚書則略無年月或頗有然多闕不可錄故疑則傳疑蓋其慎也余讀諜記【索隱】諜音牒牒者記系謚之書也下云稽歷譜諜謂歷代之譜諜也黃帝以來皆有年數稽其歷譜諜終始五德之傳【索隱】音轉謂帝王更王以金木水火土之五德傳次相承終而復始故云終始五德之傳也古文咸不同乖異夫子之弗論次其年月豈虛哉於是以五帝繫諜尚書集世紀黃帝以來訖共和爲世表【索隱】按大戴禮有五帝德及帝繫篇蓋太史公取此二篇之諜及尚書集而紀黃帝以來爲系表也厲王奔彘周召二公共相王室故曰共和皇甫謐云共伯和干王位則以共國伯爵和其名也干王位言篡也與史遷之說不同蓋異說耳

帝王世國號	顓頊屬	俈屬	堯屬	舜屬	夏屬	殷屬	周屬
黃帝 號有熊	黃帝生昌意	黃帝生玄囂	黃帝生玄囂	黃帝生昌意	黃帝生昌意	黃帝生玄囂	黃帝生玄囂
帝顓頊 黃帝孫起黃帝至顓頊三世	昌意生顓頊顓頊爲高陽氏	玄囂生蟜極	玄囂生蟜極	昌意生顓頊顓頊生窮蟬【索隱】系本作窮係宋忠云窮係謚也	昌意生顓頊	玄囂生蟜極蟜極生高辛	玄囂生蟜極蟜極生高辛
帝俈 黃帝曾孫起黃帝至帝俈四世號高辛		蟜極生高辛高辛生帝俈【索隱】黃帝玄孫	蟜極生高辛高辛生放勛	窮蟬生敬康敬康生句望		高辛生卨	高辛生后稷爲周祖
帝堯 起黃帝至俈子五世號唐堯			放勛爲堯	句望生蟜牛蟜牛生瞽叟		卨爲殷祖	后稷生不窋
帝舜 黃帝玄孫之玄孫號虞				瞽叟生重華是爲帝舜	顓頊生鯀鯀生文命【索隱】漢書	卨生昭明	不窋生鞠

	顓頊五代而生鯀此及帝系皆云顓頊生鯀是古文闕其代系也		
帝禹 黃帝耳孫號夏	文命是爲禹	昭明生相土	鞠生公劉
帝啓 伐有扈作甘誓		相土生昌若	公劉生慶節
帝太康		昌若生曹圉曹圉生冥	慶節生皇僕皇僕生差弗
帝仲康 太康弟		冥生振	差弗生毀渝毀渝生公非
帝相		振生微微生報丁	公非生高圉高圉生亞圉
帝少康		報丁生報乙報乙生報丙	亞圉生公祖類

帝予 【索隱】直呂反亦作宁【正義】相爲過澆所滅后緡歸有仍生少康其子予復禹績	報丙生主壬主壬生主癸	公祖類生太王亶父
帝槐 【索隱】音回一音懷系本作芬	主癸生天乙是爲殷湯從湯至黃帝十七世	亶父生季歷季歷生文王昌益易卦
帝芒 【索隱】音亡一作荒		文王昌生武王發

帝泄 【索隱】音薛

帝不降

帝扃 不降弟【索隱】古熒反

帝廑 【索隱】其靳反又音勤

帝孔甲 不降子好鬼神淫亂不好德二龍去

帝皋 【索隱】宋忠云墓在崤南陵

帝發 【索隱】帝皋子也系本云帝皋生發及履癸履癸一名桀

帝履癸 是爲桀

從禹至桀十七世從黃帝至桀二十世

殷湯代夏氏 從黃帝至湯十七世

帝外丙 湯太子太丁蚤卒故立次弟外丙

帝仲壬 外丙弟

帝太甲 故太子太丁子淫伊尹放之桐宮三年悔過自責伊尹乃迎之復位

帝沃丁 伊尹卒

帝太庚 沃丁弟

帝小甲 太庚弟殷道衰諸侯或不至【索隱】殷本紀及系本皆云小甲太庚子

帝雍己 小甲弟

帝太戊 雍己弟以桑穀生稱中宗

帝中丁

帝外壬 中丁弟

帝河亶甲 外壬弟

帝祖乙

帝祖辛

帝沃甲 祖辛弟【[illegible]】系本作開甲

帝祖丁 祖辛子

帝南庚 沃甲子

帝陽甲 祖丁子

帝盤庚 陽甲弟徙河南

帝小辛 盤庚弟

帝小乙 小辛弟

帝武丁 雉升鼎耳雊得傅說稱高宗

帝祖庚

帝甲 祖庚弟淫【集解】徐廣曰一云淫德殷衰

帝廩辛 【索隱】或作馮辛系本作祖辛誤也按上祖乙已生祖辛故知非也

帝庚丁 廩辛弟殷徙河北

帝武乙 慢神震死

帝太丁

帝乙 殷益衰

帝辛 是爲紂弒

從湯至紂二十九世從黃帝至紂四十六世

周武王伐殷 從黃帝至武王十九世

	成王誦【[illegible]】本或作庸非		康王釗 刑錯四十餘年【[illegible]】克堯反又音昭
魯	周公旦	初封武王弟	魯公伯禽
齊	太公尚	初封文王武王師	丁公呂伋
晉	唐叔虞	初封武王子	晉侯燮
秦	惡來助紂父飛廉有力	初封	女防
楚	熊繹繹父鬻熊	初封事文王	熊乂
宋	微子啓	初封紂庶兄	微仲啓弟
衛	康叔	初封武王弟	康伯【[illegible]】康叔子王孫牟父也
陳	胡公滿	初封舜之後	申公
蔡	叔度	初封武王弟	蔡仲
曹	叔振鐸	初封武王弟	
燕	召公奭	初封周同姓	九世至惠侯

昭王瑕 南巡不返不赴諱之[redacted]音避宋忠云昭王南伐楚辛由靡爲左涉漢中流而隕由靡承王遂卒不復周乃侯其後于西翟也	考公	乙公	武侯	旁皋	熊䵣[redacted]吐咸反又徒感反又杜減反鄒氏又作黚音	宋公	孝伯	相公	蔡伯	太伯	
穆王滿 作甫刑荒服不至	煬公 考公弟	癸公	成侯	大几	熊勝	丁公	嗣伯	孝公	宮侯	仲君	
恭王伊扈	幽公	哀公	厲侯	大駱	熊煬	湣公 丁公弟	疌伯[redacted]音捷	慎公	厲侯	宮伯	
懿王堅 周道衰詩人作刺	魏公[redacted]系本作微公名弗甚	胡公	靖侯	非子	熊渠	煬公 湣公弟	靖伯	幽公	武侯	孝伯	
孝王辟方 懿王弟	厲公	獻公 弒胡公		秦侯	熊無康	厲公	貞伯	釐公		夷伯	
夷王燮 懿王子	獻公 厲公弟	武公		公伯	熊摯紅	釐公	頃侯				
厲王胡 以惡聞遇亂出奔遂死于彘	真公			秦仲	熊延 紅弟		釐侯				

共和 二伯行政	武公 真公弟				熊勇						

號謚
屬
始封
子
孫
曾孫
玄孫
六世
七世
張晏曰禮服盡於玄孫故以世數名也

楚元王交　補注先謙曰高紀王碭郡薛郡郯郡三十六縣本傳王薛郡東海彭城三十六縣楚

高帝弟　師古曰楚元王帝弟而表居代王前者以封日先後為次也　補注先謙曰史表都彭城

六年正月丙午立二十三年薨　補注先謙曰傳同官本三作二

孝文二年夷王郢客嗣四年薨

六年王戊嗣二十一年孝景三年反誅

孝景四年文王禮元王子平陸侯紹封三年薨　補注先謙曰傳作四年

七年安王道嗣二十二年薨

元朔元年襄王注嗣十二年薨　補注先謙曰傳注作十四年誤

元鼎元年節王純嗣十六年薨

天漢元年王延壽嗣三十二年地節元年謀反誅

代王喜　補注先謙曰高紀王雲中鴈門代郡五十三縣

高帝兄

正月壬子立七年為匈奴所攻棄國自歸廢為郃陽侯孝惠二年薨

吳　高祖十二年十月辛丑王濞以故代王子沛侯立四十二年孝景三年反誅　補注先謙曰本傳王吳三郡五十三城

齊悼惠王肥　補注先謙曰高紀王膠東膠西臨淄濟北博陽城陽郡七十三縣

高帝子

正月壬子立十三年薨　補注錢大昭曰高五王傳正月立史表作正月甲子以高紀壬子是甲子非也

孝惠七年哀王襄嗣十二年薨　補注先謙曰本傳孝文元年薨距嗣位十二年二字衍

孝文二年文王則嗣十四年薨亡後

孝文十六年孝王將閭以悼惠王子楊虛侯紹封十一年薨

孝景四年懿王壽嗣二十三年薨

元光四年厲王次昌嗣五年薨亡後　補注先謙曰懿王二十三年薨表合在元光四年也

孝文二年二月乙卯城陽景王章以悼惠王子朱虛侯立二年薨　補注先謙曰史表作孝文元年二月紀作三月地理志云都莒

四年共王喜嗣八年徙淮南四年復還凡三十三年薨

孝景後元年頃王延嗣二十六年薨　補注先謙曰本作孝景後元年官本元作六

元狩六年敬王義嗣九年薨

元封二年惠王武嗣十一年薨　補注錢大昭曰閩本作元封元年

天漢四年荒王順嗣四十六年薨　補注錢大昭曰史表順作質

八世　甘露三年戴王恢嗣八年薨

九世　永光元年孝王景嗣二十四年薨

十世　鴻嘉二年哀王雲嗣一年薨亡後　元始元年王俚以雲弟紹封二十五年王莽篡位貶為公明年廢　補注先謙曰傳作雲兄

二月乙卯王興居以悼惠王子

濟北

東牟侯立二年謀反誅

十六年四月丙寅懿王志以悼惠王子安都侯立爲

菑川

濟北王十一年孝景四年徙菑川三十五年薨

元光六年靖王建嗣二十年薨

元封二年頃王遺嗣三十五年薨

元平元年思王終古嗣二十八年薨

初元三年考王尚嗣六年薨 補注先謙曰傳作五年誤此是

永光四年孝王橫嗣三十一年薨

元延四年懷王友嗣六年薨 補注先謙曰友傳作交

八世

建平四年王永嗣十二年王莽篡位貶爲公明年廢

九世

四月丙寅王辟光以悼惠王子

濟南

扐侯立十一年反誅 師古曰扐音力 補注錢大昭曰扐下脫惠字

四月丙寅王賢以悼惠王子武城侯立十一年反誅 補注朱一新曰注本城作成先謙曰官本作成傳亦作成

菑川

四月丙寅王卬以悼惠王子平昌侯立十一年反誅

膠西

四月丙寅王熊渠以悼惠王子白石侯立十一年反誅 補注錢大昭曰傳作雄渠

膠東

荊王賈

高帝從父弟

補注先謙曰弟傳作兄

六年正月丙午六年十二月爲英布所攻亡後 [illegible]

淮南厲王長

高帝子

十一年十月庚午立二十二年孝文六年謀反廢徙蜀死雍

十六年四月丙寅王安以厲王子阜陵侯立四十二年元狩元年謀反自殺 補注先謙曰二當爲三自十六年至元狩元年正得四十三年史表不誤

衡山

四月丙寅王賜以厲王子陽周侯立爲廬江王十二年徙衡山三十三年謀反自殺 補注先謙曰淮南衡山同時發覺自殺三十三當作四十三年

濟北

四月丙寅王勃以厲王子安陽侯立爲衡山王十二年徙濟北十一年薨謚曰貞王

孝景六年成王胡嗣五十四年薨 補注先謙曰傳作式王子侯表同史表作武

天漢四年王寬嗣十一年後二年謀反自殺 補注先謙曰據傳坐悖人倫祝詛上自殺後二年謂後元二年

趙隱王如意 補注先謙曰史表都邯鄲

高帝子

九年四月立十二年爲呂太后所殺亡後 補注朱一新曰如意先王代不書者以年幼未之國也傳亦未書先謙曰如意立四年薨於惠帝元年此十年乃高帝紀年誤

（後　略）

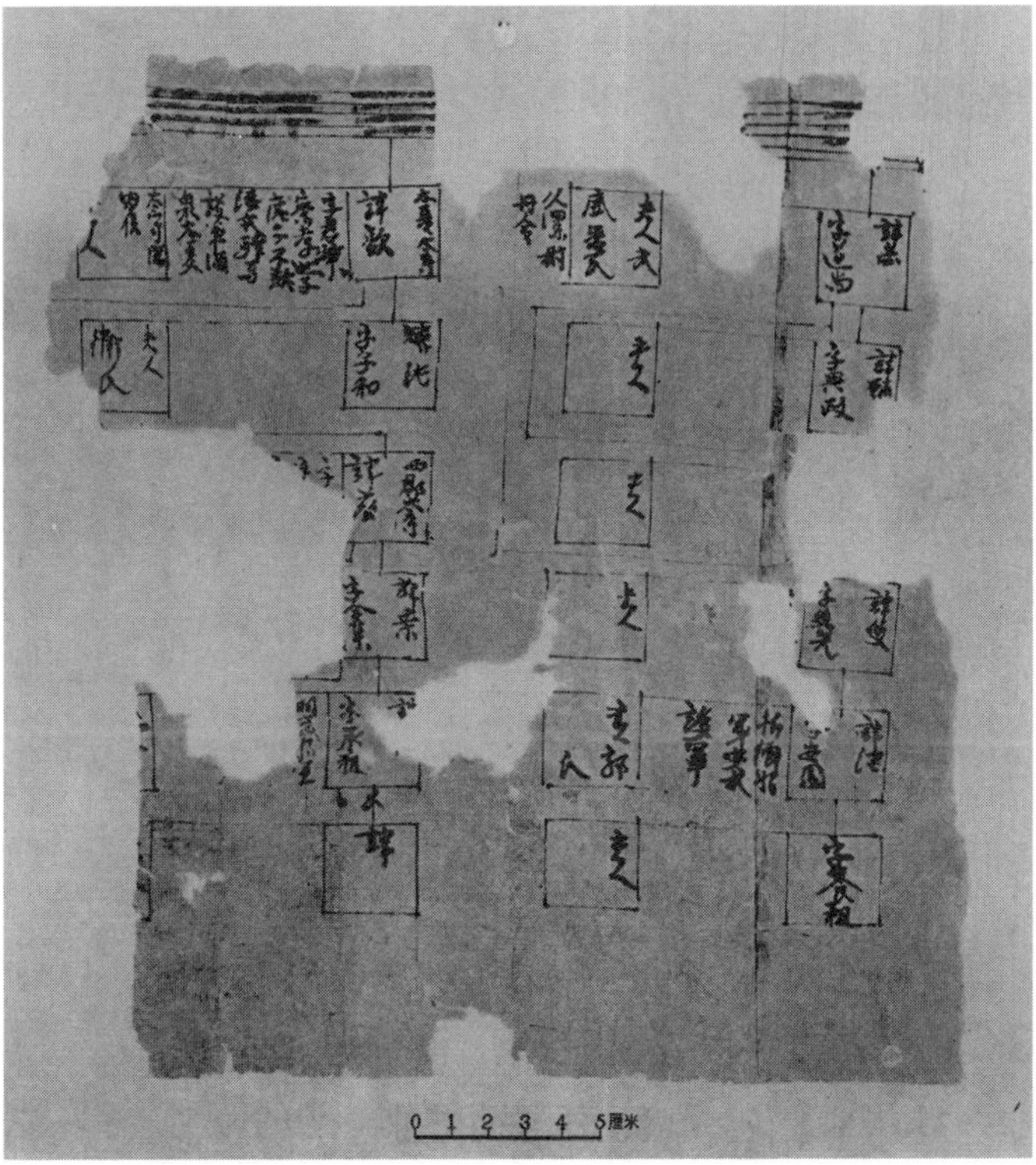

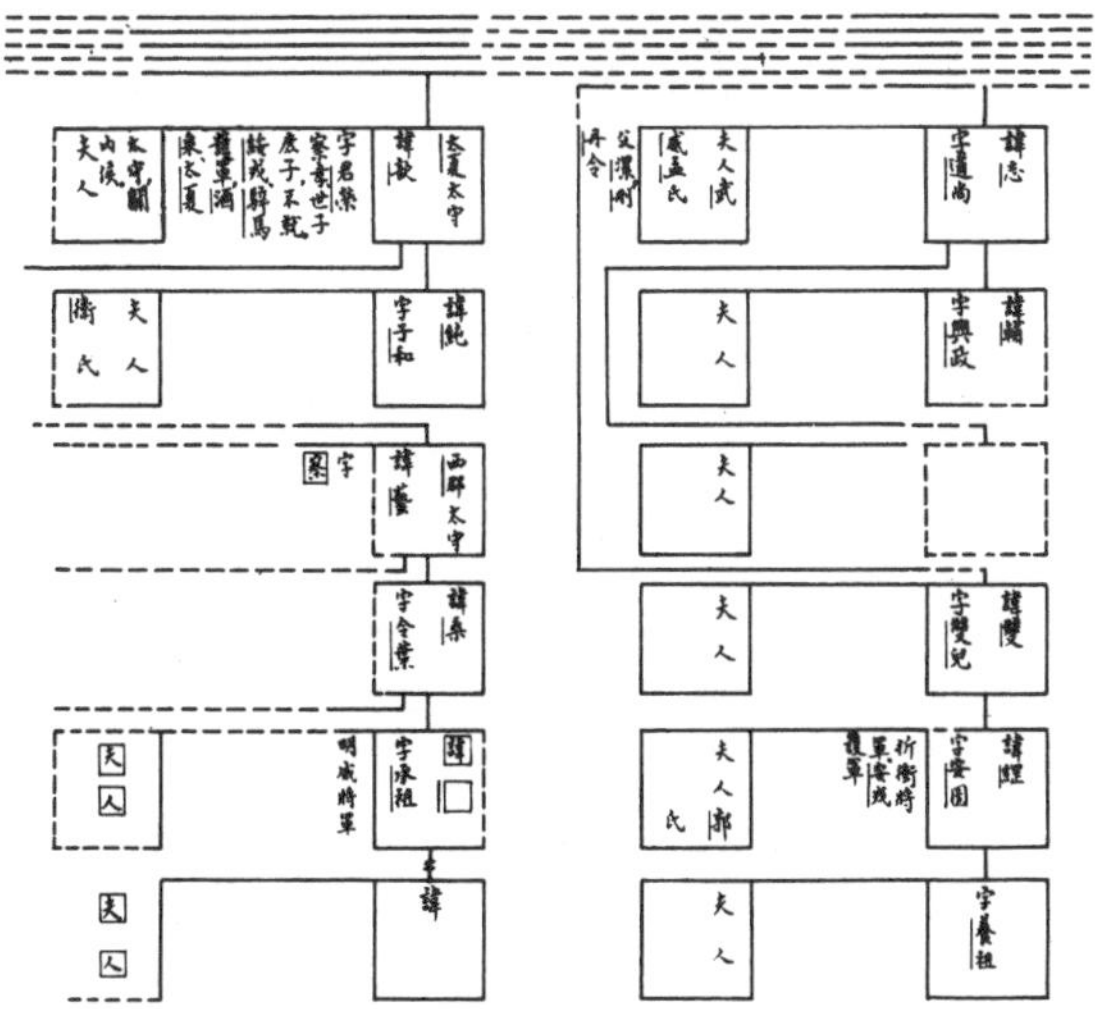

参考系譜史料3a　高昌某氏残譜「阿斯塔那(アスタナ)一一三号墓文書」（『吐魯番(トルファン)出土文書』より）

参考系譜史料3b　某氏族譜「阿斯塔那五〇号墓文書」（『吐魯番出土文書』より）

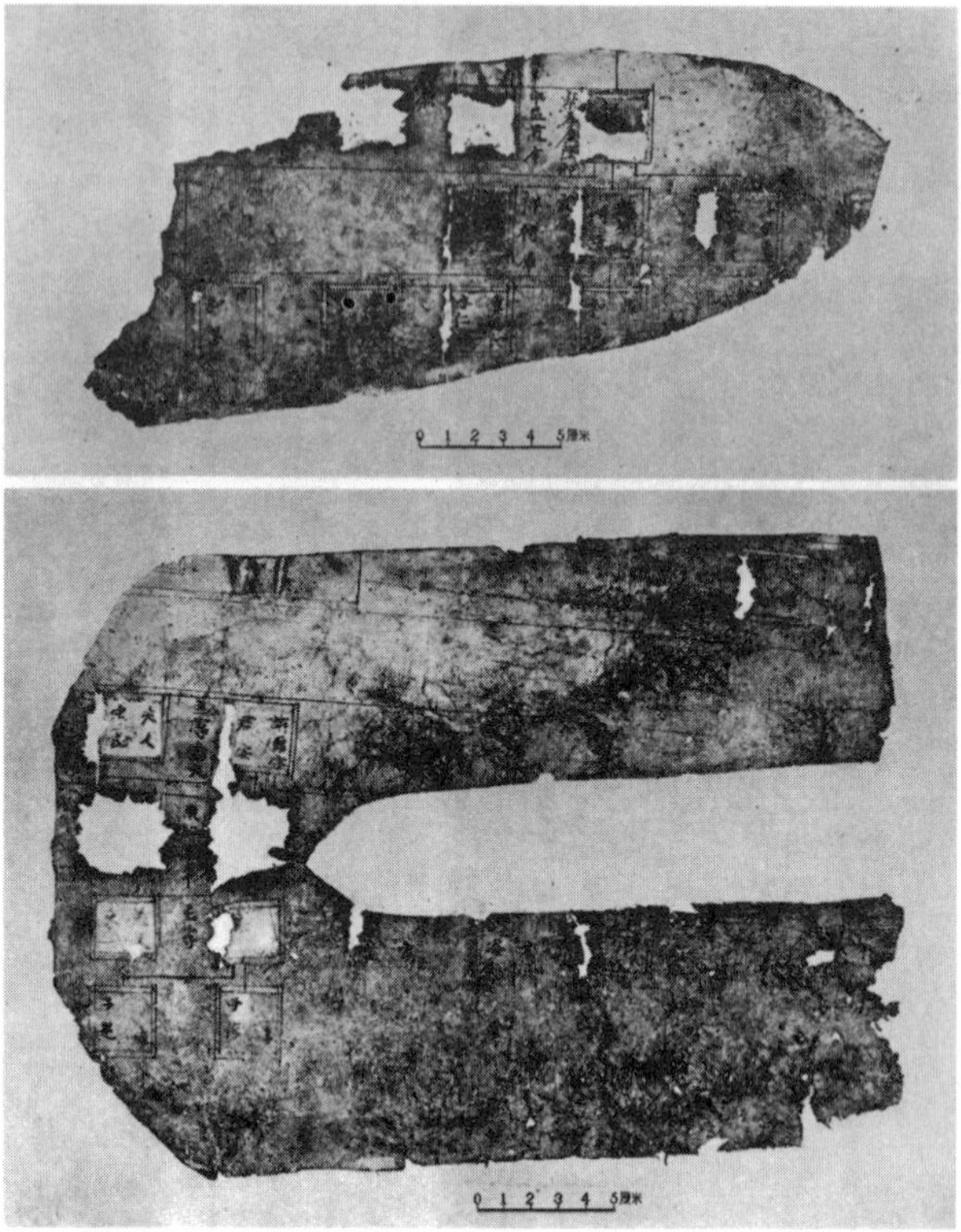

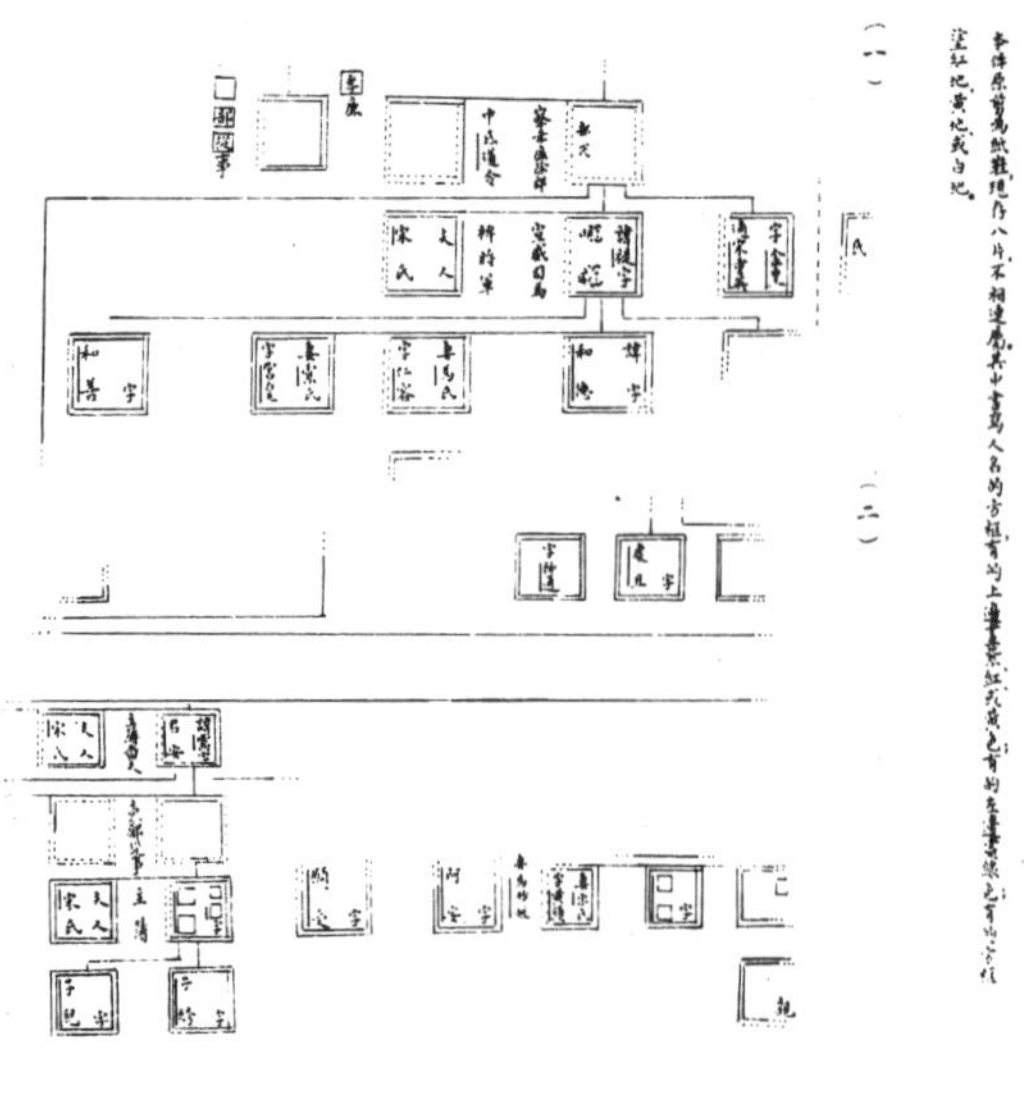

（四）

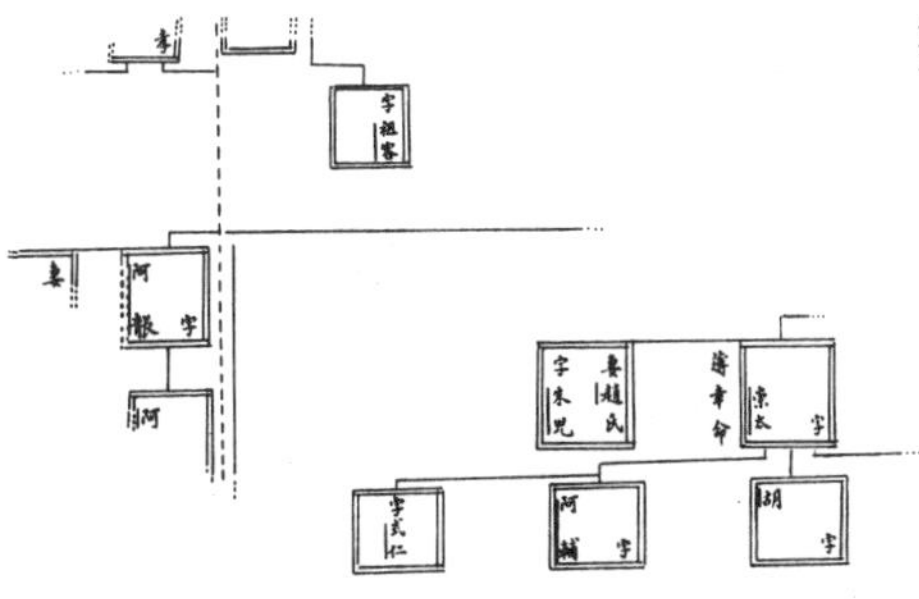

（三）

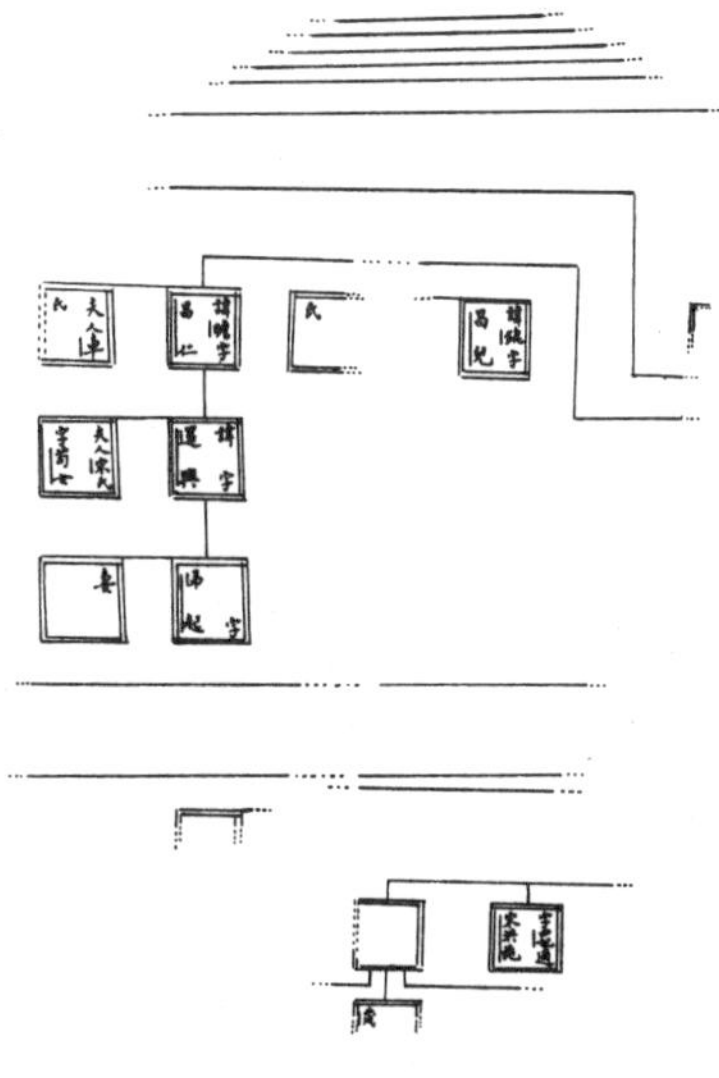

(五)　塔　字冶　氏人口　天人　阿深　宇　氏

(六)　道要　塔頂　戶十　大深氏　李十深

(七)　宇廬　神地　宇廬廕

(八)　李橫洲　庚寅勒

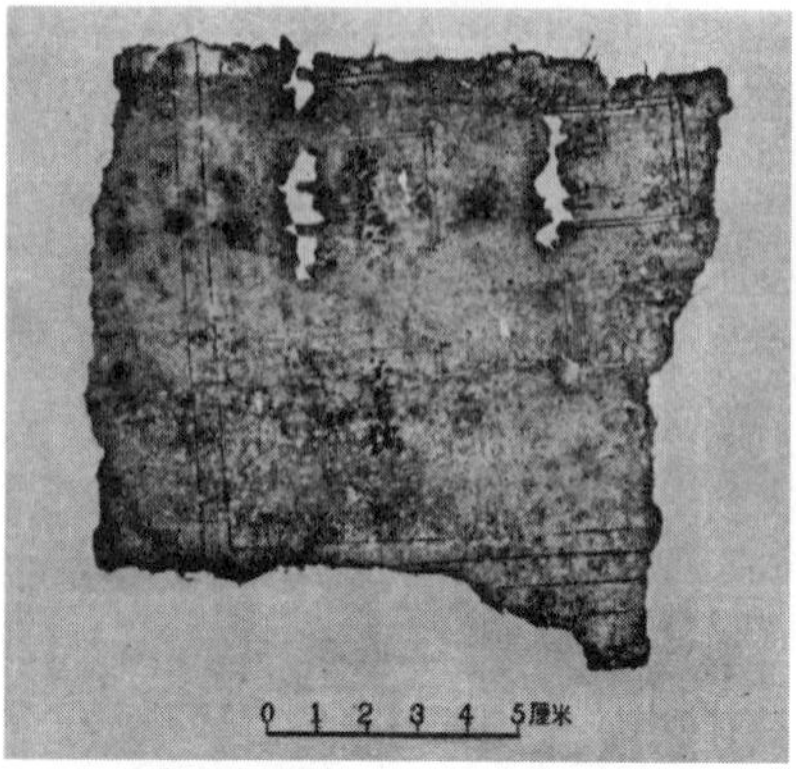

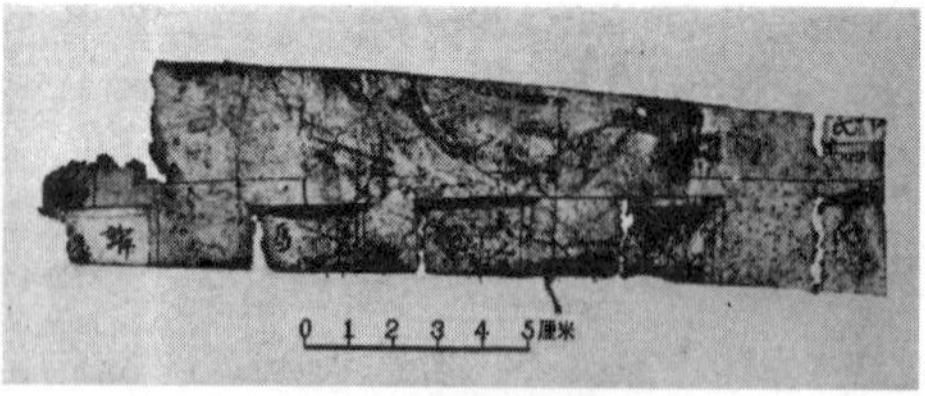

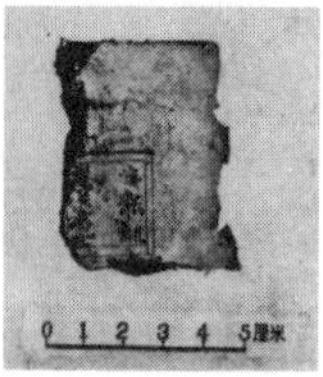

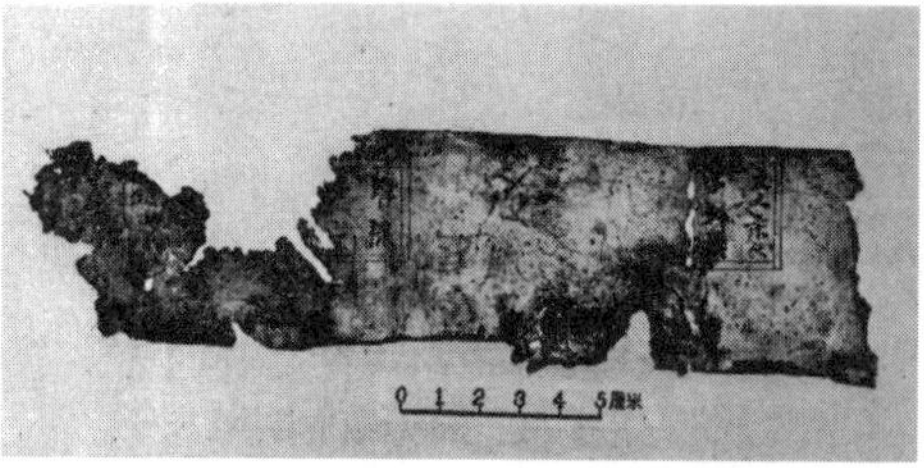

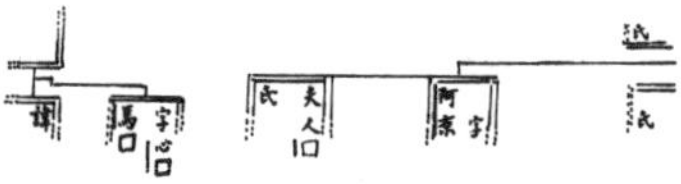

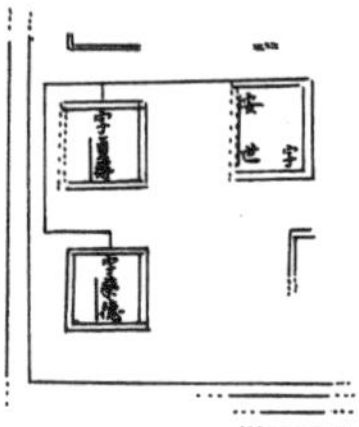

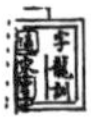

参考系譜史料4　蘇氏族譜

（静嘉堂文庫蔵「重刊嘉祐集」巻一三（明嘉靖刊）、同文庫蔵「蘇老泉先生全集」巻一四（清康熙刊）、多賀秋五郎『中国宗譜の研究』上巻、日本学術振興会、一九八一年を参考に作成）

蘇氏諱釿　子祈　無嗣
不仕娶　子福　子宗夐　子昭鳳　子惟讚　子垂象
黄氏享　子垂正
年若干　子垂範
七月二　子惟善　子垂則
十六日　子昭慶　子惟德　子珐
卒　子昭文　子渭　子瑗
子沆
子浩
子漸
子洙
子宗藝　無嗣
子宗瓊　無嗣
子禮　子晫　子昭翰　子文質　子士元
子文圭　子士能
子士良
子士寧

子士嘉
子士宗
子畯　子昭遇　無嗣
子昭遠　無嗣
子昭逸　無嗣
子昭建　無嗣
子暕　無嗣
子祐　子宗靄　子昭玘　子文實　子惟忠
子惟恭
子文寶　無嗣
子昭現　子文采　子士祥
子宗著　子德謙　子永
子諱祜　子宗善　子昭圖　子惟益　子充元
不仕娶　子充滋
李氏享　子惟吉　無嗣
年五十　子昭越　無嗣
四七月　子宗晏　子昭
三十日　子宗昇　子德榮　子哲　子珵
卒　子瑜
子德升　子淳　子舟
子德元　子汶
子諱杲　子諱序　子澮　子位
不仕娶　仕至大　子佾

宋氏享年五十一六月八日卒

理評事　娶史氏　享年七十五五月十一日卒

子　渙

子　洵

子宗晁　無　嗣

子　德　子子勳　子愼言　子慶昌

子復圭

子　澄

参考系譜史料5　歐陽氏譜図

（静嘉堂文庫蔵、『歐陽文忠公集』外集二一・天順本／多賀秋五郎『中國宗譜の研究』上巻、日本学術振興会、一九八一年を参考に作成）

景達 生一子	僧寶 生三子	頠 生二子	紇 生四子	詢
				亮
				德
				器
			約 生一子	胤
		盛 闕		
		邃 闕		
詢 生四子	長卿 闕			
	肅 生一子	顗 闕		
	倫 闕			
	通 生二子	幼明 生一子	衵 生二子	璟
				琮
		幼讓 闕		

自琮已下譜亡、至其八世孫曰萬、始復見于譜

萬 生一子名亡	某 生一子	雅 生二子	效 生三子	謨
				託
				遠
			楚 生三子二名亡	某
				某
				戍
託 生三子	鄂 闕			
	郴 生八子	俊 生一子	翺 生一子	葛 三
		伸 生一子	宏 生二子	至
				起
		儀 生四子	猛 生二子	麗
				綬
			谷 生二子	煥
				炳
			寬 生五子	曦

				伾 生一子			信 生一子	偃 生三子							
			載 生一子	素 生三子			端 無子	觀 生二子		旦 生二子		曄 生三子			
暐	晃	曉	煦	鑒	霈	曉	藹		昞	脩	宗古	宗道	宗顔	宗閔	宗孟

								邦 闕
佺 生二子				儆 生三子				
翦 生三子			羽 無子	顥 生二子		顗 生一子名亡	頊 生一子名亡	
暹	凱	勳		景	昱			

参考系譜史料6　和気系図（園城寺蔵／一巻紙本墨書／平安時代）の一部分

義江明子『日本古代の氏の構造』（吉川弘文館、一九八六年）より転載。

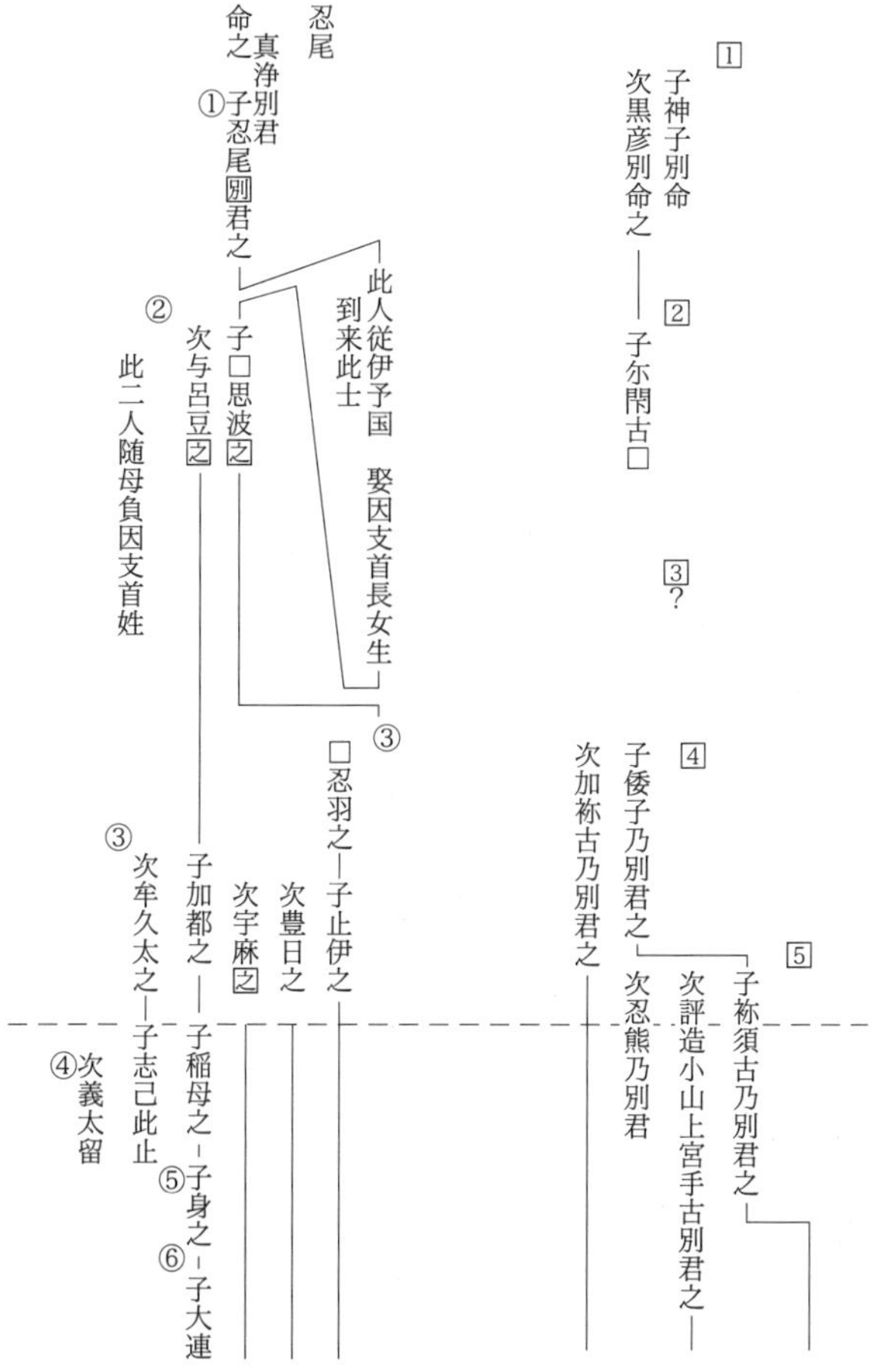

第二部　継承制・相続制における特徴とその文化的分析の展開

第五章　日本古代社会における王位継承と血縁集団の構造

――中国との比較において――

はじめに

日本古代国家の成立から律令制の完成にかけての時期とみなされる六世紀から八世紀半ばにかけては、王位をめぐる争いが頻発した時期であり、王位の継承に関してもさまざまな特色を持つ、波乱に富んだ時代である。

日本古代社会には有力豪族による大王推戴の伝統がある。大伴氏・物部氏・蘇我氏・藤原氏らは次々に王位継承の争いに巻き込まれ、その勢力も王の交替にともなって相次いで消長していた。五三一年継体天皇の没後、古い豪族の大伴氏は安閑・宣化天皇を位に就けた。しかし朝廷に対して同じように大きな勢力を持っていた蘇我氏は、安閑天皇が亡くなった後、欽明天皇を位に就けたいと望み、五三九年、欽明天皇が正式に天皇の位に就いた。その時、大伴金村は朝廷から退いた。表向きには対朝鮮政策の失敗という理由であったが、実際には蘇我氏と関係の深い欽明天皇が位に就いてしまったためである。その後、用明天皇の後の位をめぐって大伴氏と同様の古い家柄の物部氏と、家柄としては新しい蘇我氏との闘争が起こった。蘇我氏は独自で王位の継承者を決定できるよう、対立する物部氏を滅ぼし、また皇子と天皇さえもそれぞれ暗殺・自殺させたのみならず、さらに蘇我入鹿の時代になると、蘇我氏の一族はあたかもみずからが天皇であるかのように振る舞った。しかし結局、蘇我入鹿と父の蝦夷が中大兄皇子や中臣鎌足らによって滅ぼされ、蘇我氏は滅亡した。蘇我氏に取って代わったのは中臣鎌足を代表とする藤原氏である。鎌足の子の藤原不比等の娘、安宿媛（光明子）が聖武天皇の皇后になってからは、藤原氏は天皇に輔政を行ってきた。

一方、六～八世紀に王位と直接関係のある皇族のうち、非業の最期を遂げた者は、『日本書紀』『続日本紀』によれば、一〇数人以上にのぼる。例えば太子の押坂彦人大兄皇子は前述の用明天皇後の王位をめぐって、物部守屋・中臣勝海対蘇我馬子の闘争に巻き込まれた[1]。また蘇我氏が穴穂部皇子の実の兄にあたる泊瀬部皇子を天皇に担ぎ出そうと企てる中、穴穂部皇子を位に就けようとする物部氏の謀り事が露呈したため、穴穂部皇子は宅部皇子とともに蘇我馬子などに殺された。このほか、五九二年に崇峻天皇も馬子に暗殺された。また『日本書紀』皇極天皇二年一〇月戊午と一一月丙子朔に次の記載がある。「蘇我臣入鹿獨謀、將下癈二上宮王等一、而立二古人大兄一爲中天皇上」（蘇我臣入鹿、獨り謀りて、上宮の王等〔注によれば、それは聖徳太子の皇子たち、特に山背大兄王を指す〕を癈てて、古人大兄〔舒明天皇の皇子〕を立てて天皇とせむとす）。のち、山背大兄皇子は「吾起レ兵伐二入鹿一者、其勝定之。然由二一身之故一、不レ欲レ残二害百姓一。是以、吾之一身、賜二於入鹿一」（吾、兵を起こして入鹿を伐たば、其の勝たむこと定し。然るに一つの身の故に由りて、百姓を残り害はむことを欲りせじ。是を以て、吾が一つの身をば、入鹿に賜ふ〔本章における『日本書紀』の引用の訓読みはすべて『日本古典文学大系』、岩波書店、一九六七年による〕）という理由で、子弟や妃妾とともに自殺してしまった[2]。なお大友皇子・大津皇子・長屋王なども王位をめぐって殺された皇族であった。

一方、中国古代の歴史に目を移してみれば、王位をめぐる争いはいつも統治集団内権力闘争の焦点であった。中国の夏の時代に王位の「父子相承」という直系継承制がすでに確立していたが[3]、一夫多妻婚のもとで、儲嗣が年少などの場合、王の弟らが王位をめぐって争い、王族内で殺し合うことが多かった。そこで殷の時代には、一時いわゆる「兄終弟及」（兄弟相及ぼす、すなわち兄弟継承）という継承形態があった。(4)

王位をめぐる争いが引き起こす政治の乱れを避けるため、嫡長男の身分を持つ者は一人しかいない、またその身分は生来のもので、人為的に変えることはできないという考えのもとに、周の時代（紀元前一一世紀〜七七一年）、周公旦（周武王の弟、名前は旦という。以下周公と記す）は周武王が亡くなった後「周公行レ政七年、成王（兄の子）長。周公反二政成王一、北面就二群臣之位一」（周公、政（まつりごと）を行ふこと七年、成王長ず。周公、政を成王に反（かえ）し、北面して群臣の位に就く〔本章における『史記』の引用の訓読みはすべて『新訳漢文大系』、明治書院、一九八七年による〕）(5)ということから嫡長男継承制を確立した。以来古代中国では、皇帝の嫡長男の即位こそ正統と認められたのである。

六世紀から七、八世紀にかけてはいわば日本古代国家の成立期である。そしてこの時期、王位継承の最大の特徴は兄弟姉妹による継承である。一部の研究者はその姉妹を含んだ兄弟による継承を、直系継承制中の「中継」と考えていた。(6)しかし著者はその見解には賛成できない。以下、日本のこの時代の王位継承の実態、また中国古代の継承制における「兄終弟及」、直系継承およびそれを実行する条件、日本の女性継承などの問題について検討し、さらに日本古代社会における王位継承の特質を中心に血縁集団構造の分析もあわせて行いたい。

第一節　王位継承の意味

文化人類学では、王位・族長位・家長位の継承を地位の継承（succession）と総称する。地位の継承は血縁集団構成員の「血統」を継承・伝達する「出自」とは異なるものである。

出自集団の構成員資格は、社会の婚姻形態により形成される「親子関係」の意で、子供が父の血縁集団に属するなら、その子は父からの祖先の血統を継承し、次の世代にその血統を伝達する。母の血縁集団に属するなら、母の祖先からの血統を継承し、次の世代に母の祖先の血統を伝達する。つまり出自とは祖先の血統を継承し、伝達する血縁集団構成員資格のことである（本書第二章を参照）。

それに対して、地位の継承は王位、一族や部族の長の地位、家長・主婦など血縁集団ないし血縁集団から拡大した社会的集団内の地位を対象とし、一定の権利・義務のほか、名称や称号・威信などが付随しており、継承者はそれらを前任者から一括継承する。地位はある種の財産と異なり分割できない。ゆえに、一つの地位の継承者となれるのはただ一人である。これに対して同じく継承対象とする家名（姓）や家紋など、ある種の集団の構成員資格が、一人の継承に限定されないことは注目に値する。また族長位・家長位の継承は、前任者との一定の親族関係を有する者に限られるのが普通であるが、王位、特に古代社会における王位もほとんど同じように、一定の親族関係に基づいて継承した(7)。それはなぜか。古代社会において統治者は、国は拡大された家であり、家は縮小された国であるという考えに基づいて建国する。国のすべての権力を持つ王は、国を家として、みずからをその家（国）の長としていた。にもかかわらず、王・族長・家長らが持っている権力は畢竟、一種の公共権力である。したがって、地位の継承には公（集団における立場）と私（個人としての立場）の二つの面がある。その継承にあたっては、一定の血縁親族関係に基づいていても、往々にして選挙・任命・実力抗争ないし不当な手段による奪取などが行われる。

地位の継承は家長位・族長位にせよ、王位にせよ、すべて血縁関係に基づいている。古代社会、特に古代国家成立前後の段階では、王位の継承権をめぐって常に激しい争いが起こっていた。そして最後には往々にして血縁親族や親子の間でさえ殺し合うような事態が生じていた。

この種の争いはどこの国でも起こり、けっして珍しいことではない。また争いの目的と用いる手段（暗殺など）はほぼ同じであるが、継承の形態は、時代や地域によって、兄弟か嫡子か、傍系か直系かなど、それぞれ異なっていたのである。そしてその差異の根源はおおむね古代社会における血縁集団の構造の違いに求められる。日本古代社会の血縁集団構造の特徴を探るため、次に日本古代国家成立前後の王位継承の実態について、中国古代の王位継承と比較しつつ論じてゆきたい。

第二節　兄弟姉妹継承の実態と「直系」説

(1)日本古代社会における兄弟姉妹継承と中国殷の「兄終弟及」

六～八世紀の天皇系図に表れたもっとも顕著な特徴は、兄弟姉妹の継承が多いことである。継体天皇の後、天智・天武天皇までの一四代、一三人の天皇の中で、宣化・欽明・用明・崇峻・推古（女）・孝徳・斉明（女）・天武、合わせて八代の天皇は兄弟姉妹間で天皇位を継承している。また王位が天皇の一族内で不規則に継承された形は七世紀後期の天武天皇の後、長い間存在していた。その継承の実態は図1のとおりである。

従来、王位は天皇の一族内で不規則に継承されているが、研究者はその中から極力規則性を探そうとする。まず兄弟継承については、白鳥清氏は応神天皇以前の王位継承は末子継承であり、応神以後、朝鮮から中国的な長子相続の観念が伝わり、両者を総合したものとして、兄弟継承になったと唱えた。[8] 井上光貞氏は兄弟継承を原則としながら、兄弟の世代が終わった後には、大兄の子の系統に王位がかわると考えた。そして、「このことは、この時代の王位継承法が、おそらくは当時一般の族長継承法とともに、兄弟継承法から直系継承へという過渡期にあった」ことを示していると指摘した。[9]

小林茂文氏は『日本書紀』に基づいて応神天皇から天智・天武天皇までの天皇の系図を作り、その二四代の天皇の出身を次のように分類した（図2を参照）。A_1系天皇は父が天皇、母が皇后である天皇で仁徳・履中・反正・允恭・安康・雄略・武烈・欽明・敏達・天智・天武の合わせて一一名、A_2系は父が天皇、母が妃である天皇で清

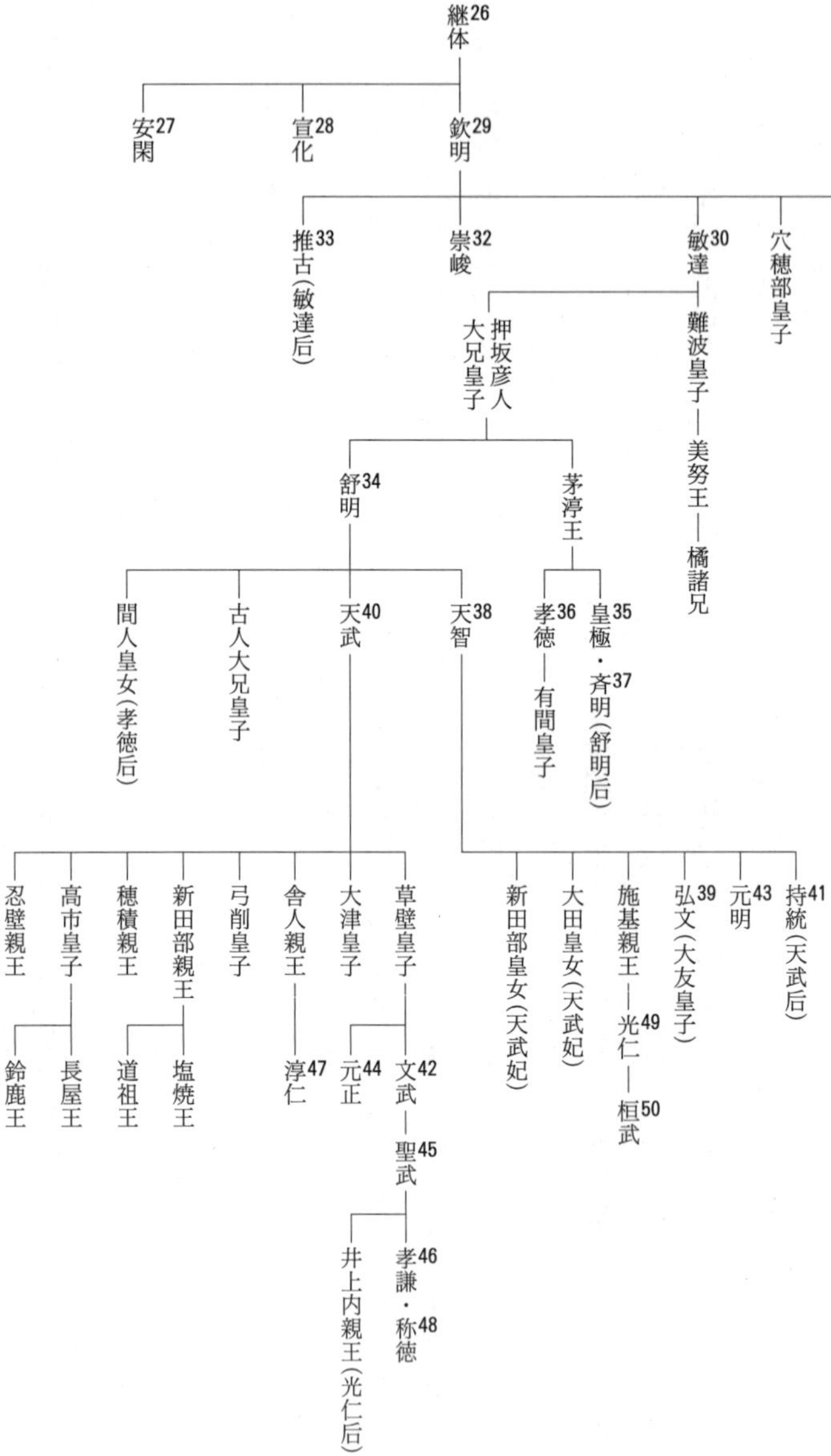

図1　継体から桓武までの王位継承図

図2 『日本書紀』を中心とした天皇の系譜

注：天皇の右肩の数字は即位順序。
兄弟姉妹間の左右は長幼序列ではない。
小林茂文『周縁の古代史――王権と性・子ども・境界』
（有精堂出版、一九九四年）より転載。

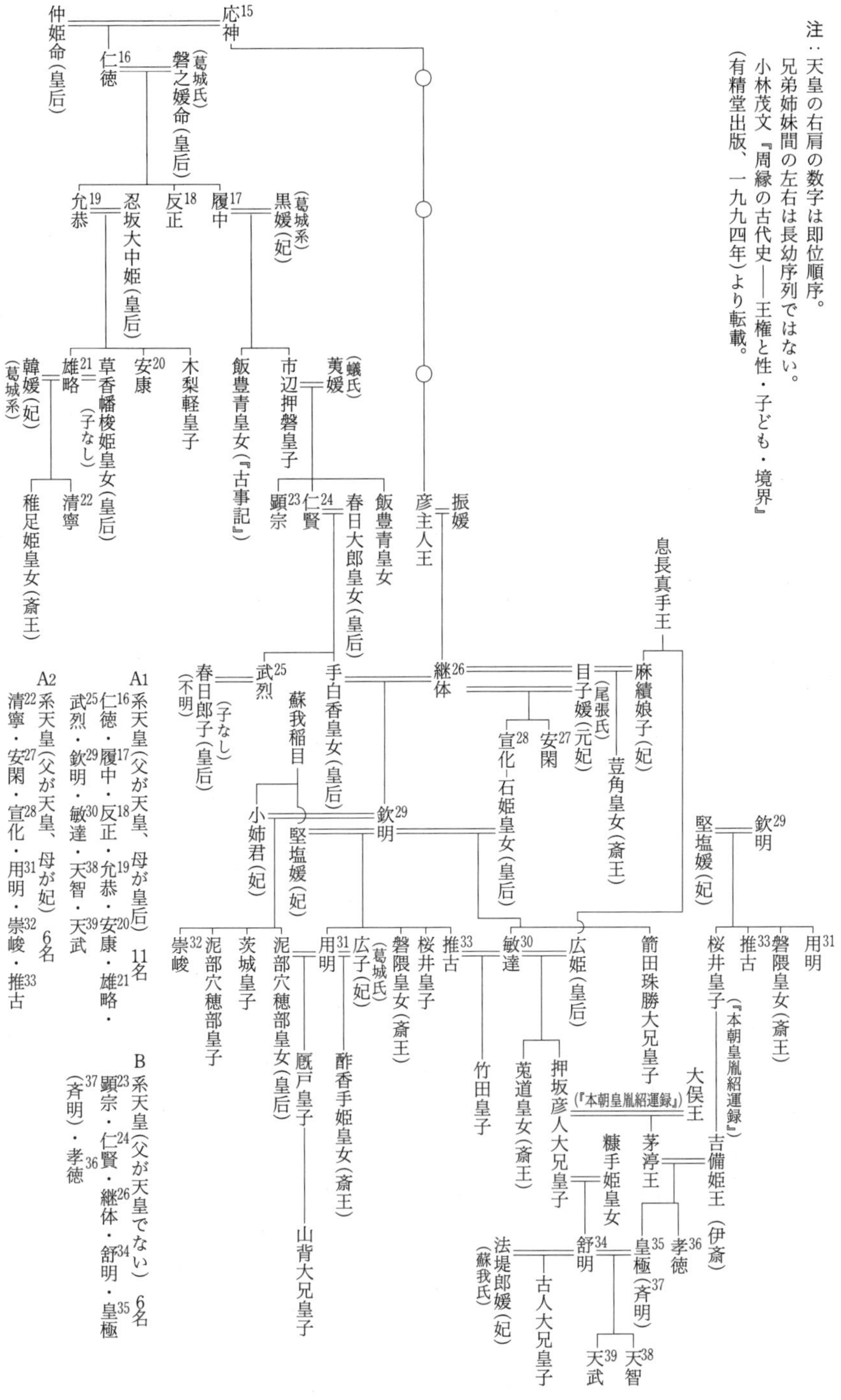

A1系天皇（父が天皇、母が皇后）11名
仁徳16・履中17・反正18・允恭19・安康20・雄略21・武烈25・欽明29・敏達30・天智38・天武

A2系天皇（父が天皇、母が妃）6名
清寧22・安閑27・宣化28・用明31・崇峻32・推古33

B系天皇（父が天皇でない）6名
顕宗23・仁賢24・継体26・舒明34・皇極35（斉明37）・孝徳36

寧・安閑・宣化・用明・崇峻・推古の合わせて六人、B系は父が天皇でない場合の天皇で顕宗・仁賢・継体・舒明・皇極（斉明）・孝徳の六人である。[10]

河内祥輔氏は「王女（キサキ）を母とする王こそが王位継承の資格にすぐれ、ミメを母とする王の継承資格よりまさるものとされていたのである。王位継承における直系と傍系の区別の根拠を、この婚姻形態のもたらす血統性の差異に求めたい」と考えた。また王位継承における兄弟（姉妹を含む）継承については「直系の形成に付随する補助的存在である。直系のものがすぐに王位に就けない時（年少など）、その条件の成熟を待つまでの空白を埋めるのが傍系の役割で」あると指摘した。[11]

女帝については、井上氏は、天皇が亡くなった後、当然即位すべき皇子の即位がはばかられ、あるいは大兄、または皇太子の子孫が皇位継承の困難な時、便宜上、または権宜上の処置として、八世紀以前には皇太后が、八世紀以後すなわち持統に続く元明と元明以後の諸女帝は皇太后ではなく、皇族の女性としての資格で即位した。したがって元明の即位から元明以前と以後とに分け、律令制の導入によって、元明以後は前皇后という本来の条件が消失し、女帝の観念は変質したと考えた。[12]

ところが、瀧浪貞子氏は、右述した井上氏の論説に対して、事実としてその通りであるが、しかしその認識は正確ではないと指摘し、女帝史の中で、元明ではなく元明よりその前の持統天皇の即位ではじめて「不改常典」が適用されたから、その方が画期的だとすべきであると主張した。瀧浪氏は「初期女帝」の推古・皇極（斉明）の三代二人の女帝を中心として論じた。女帝になる第一条件としては「女帝の即位による所生皇子排除」を原則とする立太子を実現に同意した上でこそ女帝になれる。つまり即位によって所生の皇子の王位継承権を断念しなければならなかったと強調した。[13]

また近年、古代の親族との関連において王位継承の規則性を求めるものがあった。例えば成清弘和氏は、一九九九年出版された『日本古代の王位継承と親族』で次のように主張した。「日本律令に、支配者層の親族形態（王家——天皇家をも包含すると考えてよい）が双方（系）的親族集団と規定されているならば、それは取りも直さず、日本独自の親族形態の残存と評価できることとなる。そして、当該期の王位継承を規定しているのは、天智が制定し、天武が改変した嫡（直）系継承を旨とした『不改常典』であり、そこには中継ぎとしての女帝も存在し得た」。さらに一歩進んで「中継ぎというより緊急避難的な女帝の即位も見られるが、双方（系）的親族集団に則った、入り婿による王位の継承といった事象も確認できる」と指摘した。[14]なお南部昇氏も同じく女帝の継承を「直系皇位」継承の「中継」の役割を果たしていると考えた。[15]

従来の研究者は「直系継承への過渡」もしくは「直系の形成に付随する補助的存在」「緊急避難的な」「便宜上、または権宜上の処置」という言葉を使い、日本古代の王位継承についてあくまでも直系継承の規則があるとする。女性を含む兄弟継承が時々見られるけれども、それは「中継」にすぎないと主張していることが分かる。

ここで問題となるのは「直系継承」の特徴とそれが行われる条件である。以下日本のこの時代の王位継承における兄弟継承の問題を、中国の直系継承制、とりわけ直系継承制確立初期に一時行われていた「兄終弟及」と比較して、日本古代の兄弟姉妹間における王位継承の性格について、論を進めたい。

持統天皇の時代まで、王位の継承者は成人（三〇歳以上）してはじめて王位に就くことができるという習慣があり、[16]それが王位継承の不文律となっていた。このことは当時王位がほとんど兄弟姉妹間で継承された大きな要因である。ゆえに研究者も、継体天皇後の安閑・宣化天皇の即位は欽明がまだ成人していなかったためであり、用明の即位は敏達の子の竹田皇子が幼少であったためであるなど、兄弟姉妹間の継承を直系継承の補助的な役割として論じていた。[17]またその後の推古から元正までの女帝もすべて直系継承のための中継的・補助的存在であり、推古朝を境として、以後女帝の頻出する時期に入ると、兄弟継承は姿を消したと考えていた。[18]つまり、研究者らは推古以後、女帝による継承は、皇女あるいは皇女であると同時に皇后である身分の者が、兄弟に代わって直系継承の中継的・補助的な役割を果たしたものであると主張していた。

その兄弟姉妹継承の性格については、中国の殷時代の「兄終弟及」と比較すれば、その特徴がさらに明らかになる。

中国古代の直系継承制の確立は二段階に分けられると考えられる。『史記』「夏本紀」の諸王世系によれば、歴代の王のうち太康と帝不降の位は、それぞれ弟の中康と扃が継ぎ、扃の子の廑の位はまた伯父（不降）の子の孔甲に戻った。また太康の位を弟の中康が継承したのは「太康失国」という原因があった。それ以外の一二代の王はみなそれぞれ父子相承である。その継承関係は図3のとおりである。

また『史記』「殷本紀」では、殷の先公世系もすべて父子相承である（図4aを参照）が、王国維氏の甲骨卜辞についての考証によれば、まず『史記』「殷本紀」に記載された第九代の報丁、一〇代の報乙と一一代の報丙の三代の殷の先公の順は報乙、報丙、報丁であるべきだという。[19] そして、第七代の亥は振と同じ人物であると証明された。しかも亥と次の世代の微の間に亥の弟の恒の在位があったのである。『竹書紀年』の「殷侯子亥賓于有易而淫焉、有易之君綿臣殺而放之。故殷上甲微假師于河伯以伐有易滅之、遂殺其君綿臣。中葉衰而上甲微復興、故殷人報焉」（殷侯子亥有易に賓して淫す、有易の君綿臣殺して之を放つ。故に殷の上甲微、師を河伯に假りて以て有易を伐ち、之を滅ぼし、遂に其の君綿臣を殺す。中葉に衰へて上甲微復興り、故に殷人報ゆ）[20] という記載によれば、亥が有易（地名）で淫蕩に耽っていたので有易の綿臣に殺されたが、その時亥の息子の上甲微がまだ幼少であったため、弟の恒が即位した。のち、「昏微遵レ迹、有狄不レ寧」（昏微迹に遵ひて、有狄寧んぜず〔ここにおける訓読みは『新釈漢文大系』三四、『楚辞』、明治書院、一九八九年による〕）[21] により、上甲微は父の遺業にしたがって国を治めたので、有易は安閑とすることができなかった。ゆえに王国維氏の考証により亥の子の上甲微が恒の後に在位したことが分かった。[22]すなわち恒は位を兄の子の上甲微に戻したのである。したがって恒の即位は非常事態のもとで「摂代」（異なる世代の中継）として王位に就いたものとみなされる。甲骨卜辞の考証によって右記した『史記』「殷本紀」に記載された殷の一四代の先公世系の二カ所の誤りを訂正した図は4ｂの通りである。

このように、中国の夏、また殷の一四代の先公世系はすでに父子相承は確立していたと考えられる。それは直系継承確立の第一段階である。そして第二段階は、周武王の弟の旦（周公）が嫡長男継承制を立てた時に始まると考えられる（父子〔一般に庶子を含む〕相承でも、嫡長男継承でもいずれも直系継承である。区別する場合は、嫡長男継承を嫡系継承と呼ぶ）。しかし、夏の後、すなわち前述した殷の一四代の先公世系の最後の天乙（湯／甲骨卜辞では唐）から帝辛までの三〇代王の中、湯（湯の長子太丁は未だ立たずして卒す）から庚丁（甲骨卜辞では康丁）に至る

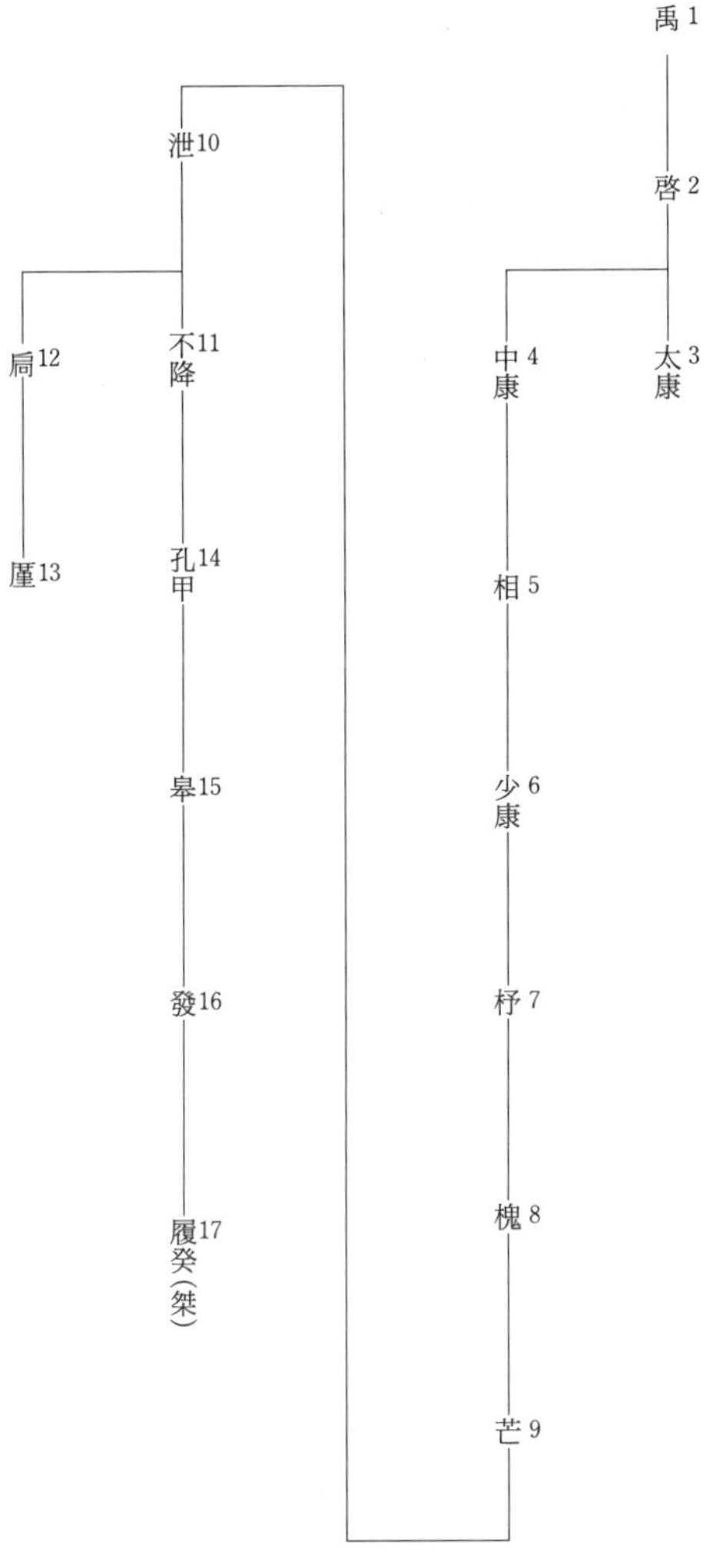

図3　『史記』「夏本紀」による夏時代の王の世系順

図4a 『史記』「殷本紀」による殷の先公世系順

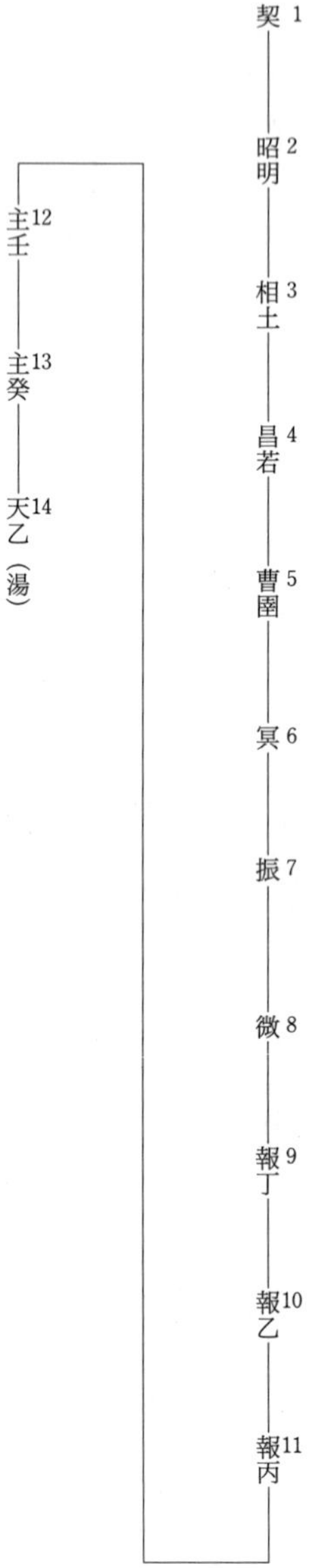

図4b 甲骨文により訂正した殷の先公世系順

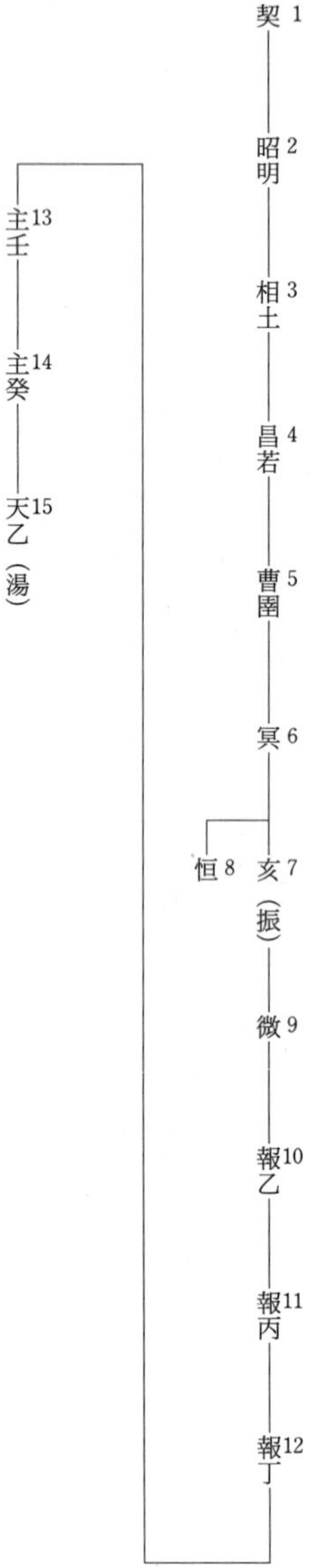

二六代の王のうち一三代も「兄終弟及」が行われた、庚丁（康丁）以後はまた父子相承に復したのである。その継承関係は図5a・bのとおりである。

甲骨卜辞の研究者によれば、まず王の名前の書き方が違うという（図5a・b）。例えば同じ人物の湯、太丁、外丙、仲壬、太甲、雍己、仲丁、外壬、河亶甲、祖乙、祖辛、沃甲、祖丁、陽甲、盤庚、祖庚、祖甲、廩辛、庚丁、太丁、帝乙などは甲骨文では唐、大丁、卜丙、南壬、大甲、呂己、中丁、卜壬、戔甲、且乙、且辛、羌甲、且丁や虎甲（『今本竹書紀年』では和甲）、般庚、且庚、且甲、父（兄）辛、康丁、文武丁、父乙などと表記されていた。また、『史記』「殷本紀」は第八代の雍己と第九代の太戊の順も逆になっていた。ゆえにある研究者は太戊は同世代の三王の中で兄でもなく、末弟でもなくて、古来の王位継承法では、彼の子の仲丁が王位を継承する権利はなかったにもかかわらず、殷の王になった(23)。歴史では、それは「九世の乱」を起こした禍根であると考えている。さらに、王国維氏は卜辞によって『史記』「殷本紀」における祖乙（且乙）が河亶甲（戔甲）の子ではなく、仲丁（中丁）の子であると訂正し、それが広く認められている。訂正後の王の名前と王位の順は図5bのようになる。以下は、甲骨卜辞によって訂正した王位継承（図5b）を根拠としてこの時期の「兄終弟及」を検討する。

まず、その一三代の「兄終弟及」について、『史記』に次のような記載がある。「湯崩。太子太丁未レ立而卒。於レ是、迺立二太丁之弟外丙一、是爲二帝外丙一。帝外丙即レ位、三年崩。立二外丙之弟中壬一、是爲二帝中壬一。帝中壬即レ位、四年崩。伊尹迺立二太丁之子太甲一。太甲成湯嫡長孫也。是爲二帝太甲一」（湯崩ず。太子太丁未だ立たずして卒す。是に於いて、迺ち太丁の弟外丙を立つ、是を帝外丙と爲す。帝外丙位に即き、三年にして崩ず。外丙の弟中壬を立て、是を帝中壬と爲す。帝中壬位に即き、四年にして崩ず。伊尹迺ち太丁の子太甲を立つ。太甲は成湯の嫡長孫なり。是を帝太甲と爲す）(24)。つまり唐（『史記』では湯）の子の大丁の位は二回七年の「兄終弟及」を経て、また唐の嫡孫の大甲に戻った。その後、一二代の戔甲も位を兄（中丁）の子の且乙に戻し(25)、一五代の羌甲も位を兄（且辛）の子の且丁

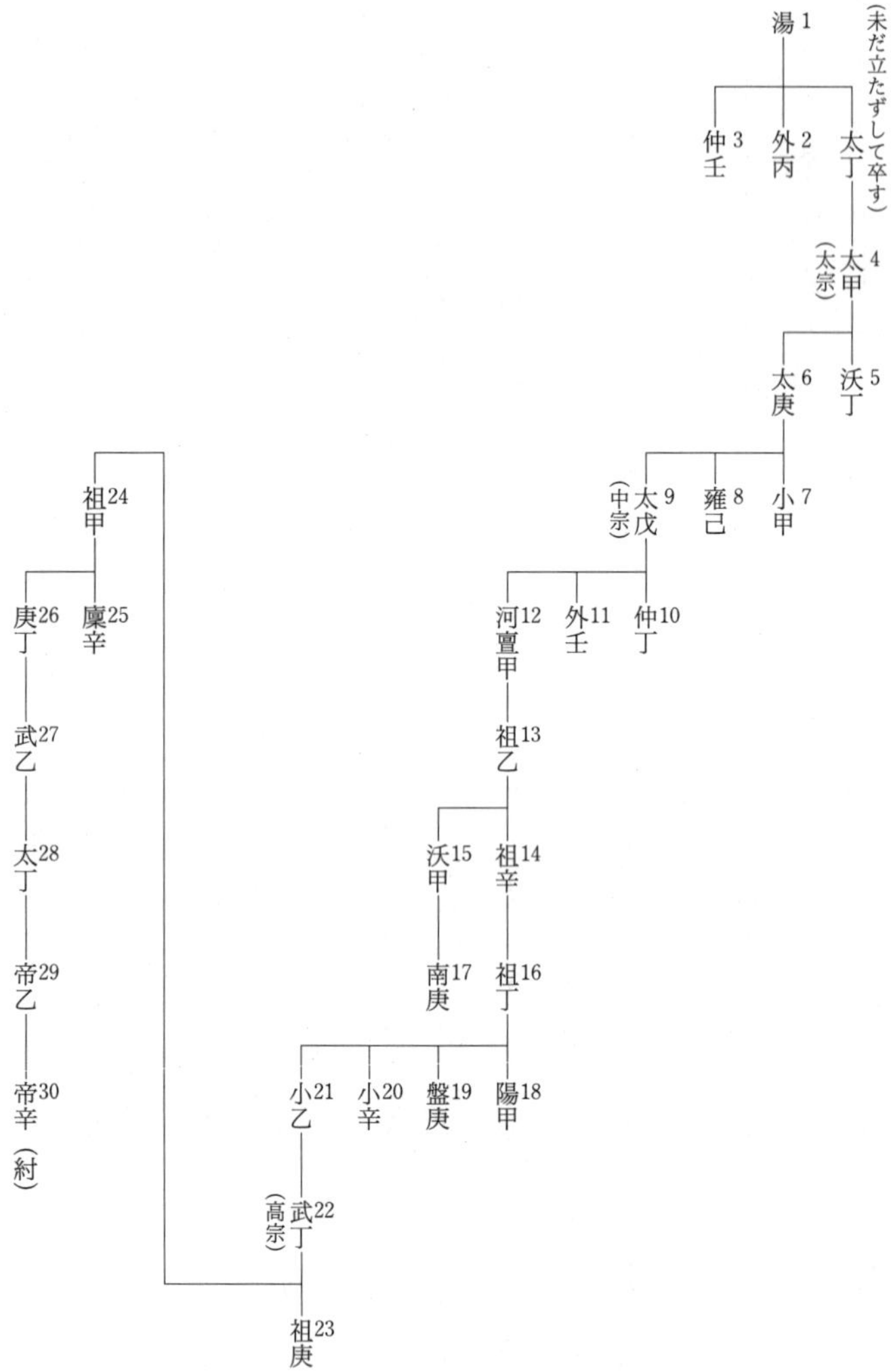

図 5a　『史記』「殷本紀」による湯からの殷の王位継承順

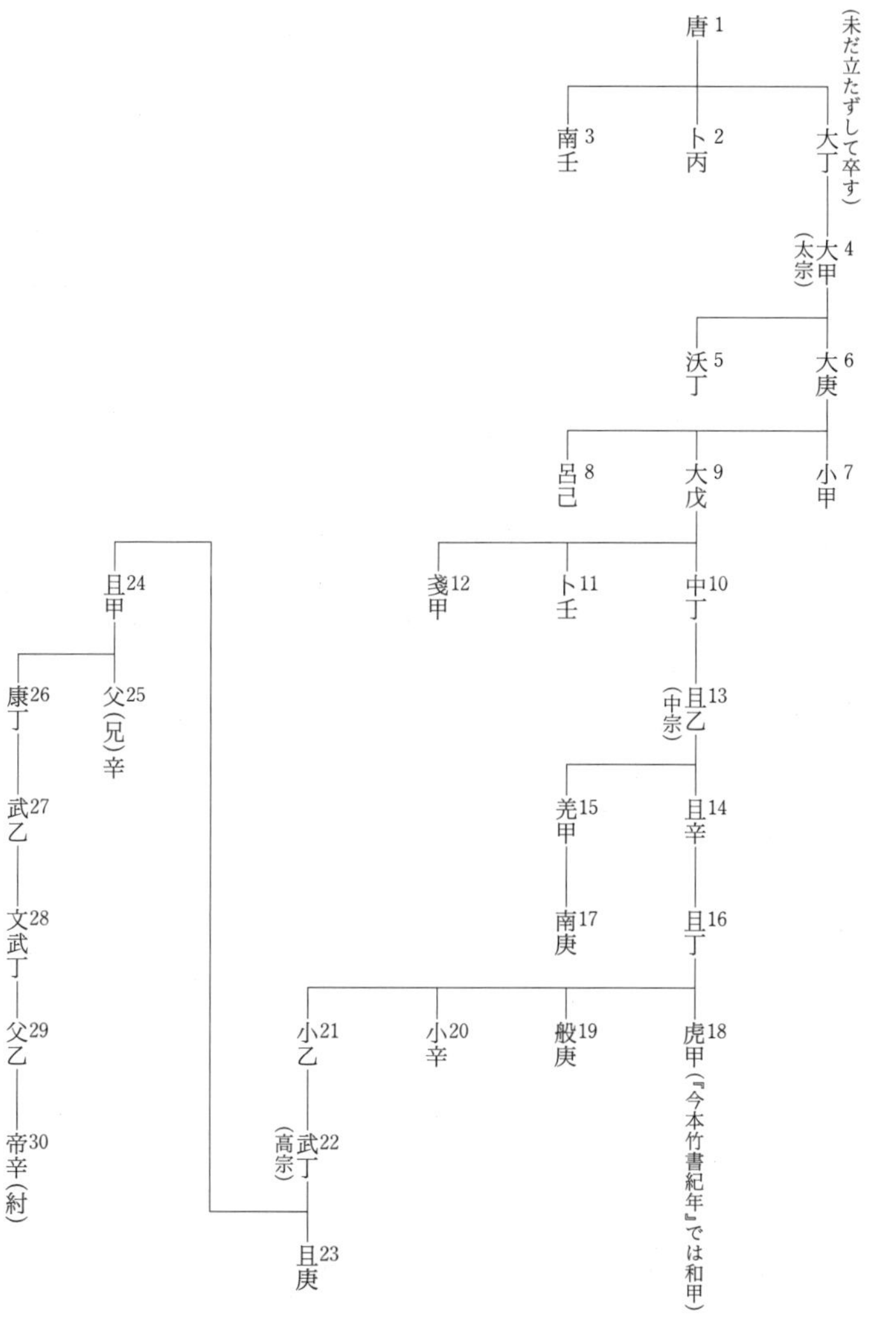

図 5b　甲骨文により訂正した唐（湯）からの殷代の王位継承順

注：この図は主に王国維氏の「殷卜辞中所見先公先王考」,「殷卜辞中所見先公先王続考」,「商先王世数」によるものである．ただし18代「虎甲」の名は楊樹達氏の「竹書紀年所見殷王名疏証」（『積微居甲文説』，上海古籍書店，1986年）によると和甲である．

（一六代）に戻した。且丁が亡くなった後、前任者の叔父羌甲の子、すなわち従弟の南庚（一七代）が即位したが、南庚の後に、位はまた且丁の子、つまり且乙の嫡系の二世代おいた孫の虎甲（一八代／『今本竹書紀年』では和甲）に戻した。兄の子が幼少であるのは弟の即位の重要な原因である。しかし弟は王位を兄の子ではなく、みずからの子に譲位すると、それは「自二仲丁一以来、廢レ嫡而更立二諸弟子一、弟子或争相代立、比二九世一亂」（仲丁より以来、嫡を廢して更々諸々の弟と子とを立つ。弟と子と或いは争ひ、相代り立つ。九世に比るまで亂る）[26]という事態を招く。

また、この時代の王位継承における一三世代の「兄終弟及」について、甲骨卜辞学研究者の胡厚宣氏は、卜辞における祖先の祭祀と婚姻制との関連から論証した。彼は、殷の後半において祀られていた位牌に、王の数人の妻の中で一人だけ正妻になっていたことから、正妻の子は王位を継承できるが、それ以外の妻の子は、継承できなかった、したがって宗法制度と関連した父系出自と関わる族外婚制および長子継承制はすでに確立していたと指摘した。さらに、彼は殷の後半に立太子制も成立し、王位継承はすでに「兄終弟及」ではなく、「父子継承」（父子相承）が継承制の主流になったと考えた[27]。また張光直氏は甲骨卜辞を利用して王位継承中のさまざまな可能性を検討した上で、胡氏の右記の論考はもっとも有力な論説であると主張した[28]。

このように、父子相承という直系継承法は夏の時代からすでに確立し、殷の後半には嫡系継承制も萌え出たと見なされるが、その中の「兄終弟及」は弟子が王位を争ったために、一時父子相承制が混乱した。中国の歴史において、これを「乱嗣」と称する。

上記殷の先公世系順の図4a・bと殷の王位継承順の図5a・bを甲骨卜辞学専門家の董作賓氏が一九五二年に作った「殷代王室世系圖」（図6）のごとく統合すると、「兄終弟及」（兄弟継承）は存在したが、直系継承はやはり主流であることが分かる。その図6を日本における兄弟姉妹による王位継承図1と比べると、その相異点はさらに顕著である。

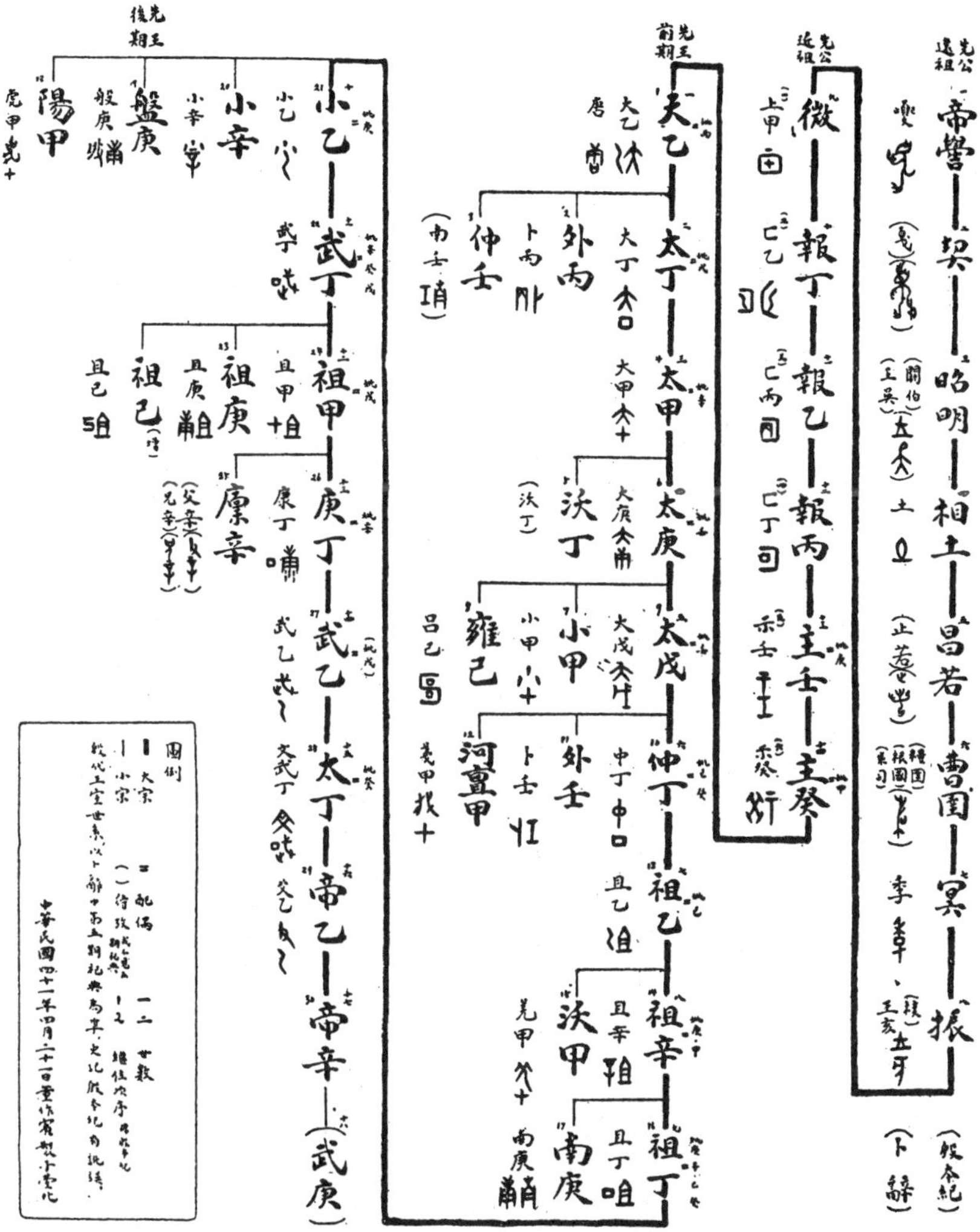

図６　殷代王室世系図
董作賓「甲骨文斷代研究的十個標準(上)」
(『大陸雜誌』第四巻第八期，台北大陸雜誌社，一九五二年）より転載.

父子相承制を立てたのちの一時の「兄終弟及」は、周代に嫡長男継承制が確立されたあともしばしば見える。嫡長男継承制を確立した周公は同母兄の武王が亡くなった時「成王（武王の子）少、周初定二天下一。周公恐二諸侯畔一、周公乃摂二行政一当レ国」（成王少く、周初めて天下を定む。周公、諸侯の畔くを恐れ、周公乃ち政を摂行して国に当る）。「周公行レ政七年、成王長。周公反二政成王一、北面就二群臣之位一」（周公、政を行ふこと七年、成王長ず。周公、政を成王に反し、北面して群臣の位に就く）[29]といった。つまり周公が王位を兄の子に戻したのは、武王の直系の子孫に引き続き王位を継承させるためである。このような継承は春秋時代にもしきりに見える。例えば『春秋左氏傳』隠公三年の記事によると、紀元前七二八年宋の宣公は、自分の子ではなく弟の穆公に位を譲った。紀元前七二〇年穆公は病気にかかった際、大司馬の孔父を呼び寄せて自分の死後はみずからの子たる馮ではなく、兄宣公の子（名は與夷）を即位させるように依属したが、孔父が、「群臣願レ奉レ馮」（群臣、馮を奉ぜんことを願ふ）と答えた時、穆公は「不可。先君以二寡人一爲レ賢、使レ主二社稷一。若棄レ徳不レ譲、是廃二先君之擧一也」（不可なり。先君寡人を以て賢と爲し、社稷に主たらしむ。若し徳を棄てて譲らずんば、是れ先君の擧を廃するなり〔本章における『春秋左氏傳』の引用の訓読みはすべて『新訳漢文大系』、明治書院、一九八七年による〕）といった。そして八月穆公がなくなり、兄の子の與夷が即位した。これについて君子は「宋宣公可レ謂レ知レ人矣。立二穆公一、其子饗レ之、命以レ義夫」（宋の宣公は人を知れりと謂ふ可し。穆公を立てて、其の子之を饗けしは、命ずるに義を以てするかな）といい、また引き続き「商頌（頌は、宗廟の祭りに用いる楽歌で、祖先の徳をたたえたもの）曰、殷受レ命咸宜、百禄是荷」（商頌に曰く、殷の命を受くるは咸宜しく、百禄を是れ荷ふ）[30]と記した。つまり宋の穆公はみずからの子の馮ではなく、兄の子の與夷に位を戻した。したがって、弟に対する譲位は直系継承制の補足であると考えられる。

『春秋左氏傳』にはまた類似の記事がある。まず、隠公一年の記事によれば、魯の恵公の正夫人は、宋から迎えた孟子であった。その孟子が亡くなったので孟子の腰元であった声子を後妻としたが、その間に隠公が生まれた。

また宋の武公に仲子という娘が生まれたが、この仲子が生まれながらに、その掌のすじが魯の字の形をしているが、これは大変めでたいしるしであったので、武公は「この子はきっと魯の夫人になるであろう」といった。そこで仲子は魯の恵公の夫人になって恵公の寵愛を受けた。のち、仲子から桓公（名は允）が生まれた。恵公が桓公を自分の後に立てようと考えていたが、桓公のまだ幼いうちに、恵公が亡くなった。こうしたことから、隠公は桓公の異母兄として一時、君の位について、桓公を守り立てることにした。(31) 一〇年後（隠公一一年）、隠公の公子羽父は、大宰の地位に着こうという野心から、太子の地位にあった桓公を殺害すべきであることを隠公に申し出た。しかし隠公は「爲二其少一故也、吾將レ授レ之矣。使レ營二菟裘一、吾將レ老焉」（其の少きが爲の故なり。吾將に之に授けんとす。菟裘に營ましめ、吾將に老いんとす）といった。つまり隠公は「私が位についているのは、桓公が年若いためであるが、そろそろ桓公に位を譲りたいと考えている。されば菟裘に邸宅を建てて、そこに退隠しようと思っている」といって、羽父の申し出を拒絶したのである。(32) 右記の隠公の話に対して『春秋左傳旧註疏証』では「吾爲允少故攝代、今允長矣、吾方営菟裘之地而老焉、以授子允政」（吾、允の少きが爲の故に攝代す、今允長ず、吾方に菟裘の地に営みて老いんとし、以て子允に政を授く）と解釈していて、(33) この話から允は恵公の正夫人の子であったから、隠公は允の違う母親の兄であったが、弟の允が幼少なので摂政として王位に就いたものの、允が成年になったために王位をまた允に戻したと分かる。

もちろん長い歴史の中には、即位した弟がみずからの子を次の位につかせる場合もしばしば見える。それを「私其子」という。一般的には「私其子」というのは「利己的な行為」と看做され、非難される。そのため継承制の主流とはならなかったのである。

右記の二例中の兄の隠公や弟の穆公はいずれも前王の直系継承人の成年までに摂代として王位に就いたことから分かるように、「兄終弟及」あるいは「摂代」（異なる世代の場合は「摂代」）あるいは「摂政」という中国古代の王位継承のもっとも重要な特徴は、兄の子が成人し、または戦争が終わり、政治が安定した後、弟がその王位を兄の子に戻すことである。そのようにしてこそ、父子相承という直系継承を守ることができる。直系継承の補助たる「中継」（摂代）は弟の即位と譲位と、セットにして実行されるべきものであった。

これに対して日本古代には前述のように、継承者は成人（三〇歳以上）しなければ王位に就けない不文律があった。同時に「中継」した兄弟姉妹は、高齢でも死ぬまで譲位しない慣習もあった。これはもう一つの不文律となっている。例えば宣化天皇は七三歳の高齢で亡くなるまで譲位しなかった。推古天皇は三九歳の時、崇峻天皇が大臣の蘇我馬子に暗殺された後に即位し、七五歳で亡くなるまで三六年間在位した。長い在位期間においては、王位継承候補者の聖徳太子さえ彼女の在位の二九年目に亡くなった。推古天皇の在位した三六年の間に、輔政した聖徳太子はとっくに成人したが、推古はついに譲位しなかった。『日本書紀』皇極天皇四年、皇極天皇は「譲㆓位於軽皇子㆒。立㆓中大兄㆒、爲㆓皇太子㆒」（位を軽皇子に譲りたまふ。中大兄を立てて、皇太子とす）と記されており、「孝徳天皇即位前紀」でも「天豊財重日足姫天皇、授㆓璽綬㆒禅㆑位」（天豊財重日足姫天皇、璽綬（みしるし）を授（さづ）けたまひて、位を禅（ゆづ）りたまふ）と記載されている。これまでは天皇の崩御によって新帝が即位することとなっていたが、右の記述は天皇譲位の最初の例である。しかし、皇極はこの時期の伝統にしたがって、そのまま死ぬまで王位にあればよいのであって、突然「譲位」を表明することの方が不自然であると考える研究者もいる。(34) しかも譲位しても次の継承者は自分の子ではなく、前天皇の子でもなく、弟の軽皇子に王位を譲った。したがって皇極天皇の即位と譲位は「中継」の意義がまったくないと考えられる。

このように、古代日本では、皇太子は成人しなければ王位に就けず、これに代わって即位した兄弟姉妹がそのまま死ぬまで王位に留まっていた（譲位はない）。これは中国の直系継承制のもとでの一時的な兄弟継承とは明らかに性格を異にしている。日本のそれは直系継承における「中継」の意義を持っていないといえる。

(2) 王位候補者と継承者の資格について

　周知の如く、日本古代社会における王位の継承者は有力豪族の合議によって生まれる慣習があった。合議における候補者は前天皇の諸子とは限らない。例えば崇峻天皇が蘇我馬子に暗殺された後「嗣位既空、群臣請二渟中倉太珠敷天皇之皇后額田部皇女一、以将二令践祚一。皇后辞譲之。百寮上レ表勧進」（嗣位既に空し。群臣、渟中倉太珠敷天皇の皇后額田部皇女に請して、以て令践祚らむとす。皇后辞譲びたまふ。百寮、表を上りて勧進る）[35]という状況のもとで、推古は四代前の欽明天皇の娘、三代前の敏達天皇の異母妹および妻（皇后）、二代前の用明天皇の同母妹で先代の崇峻天皇の姉として登極した。彼女は即位後まもなく、敏達天皇と彼女との間の子ではなく、同母兄の用明天皇の子の厩戸皇子を太子に立てた。

　敏達は欽明天皇の嫡子であり、皇太子として即位した。研究者によれば敏達以後の用明・崇峻・推古はすべて敏達の子が成長するまで、中継として位に就いたという[36]。しかし、前述の通り、推古天皇は即位した後、敏達の子ではなく用明の子を太子に立てた。そもそも敏達には六人の息子がいた。『日本書紀』によれば広姫皇后との間の太子の押坂彦人大兄皇子は、用明天皇の後の位をめぐる物部氏と蘇我氏の闘争に巻き込まれたというが、その運命は記録に残っていない。推古との間にできた竹田皇子も推古の即位後まもなく亡くなった。竹田皇子の同母弟の尾張皇子は『日本書紀』には敏達と推古の間の第五子として記されているが、それ以外は何も分からないから、やはり夭折したと推断し得る。この推断が正しかったとしても、敏達にはさらに老女子との間に難波皇子・春日皇子・大派皇子の三人の息子がいたのである。『日本書紀』の「崇峻天皇即位前紀」には、難波皇子と春日皇子は、泊瀬部皇子・竹田皇子・厩戸皇子などと一緒に、蘇我馬子が物部守屋大連を滅ぼす連合軍に参加していたことが記されている。これによれば、少なくともその時難波皇子と春日皇子は死んではおらず、また幼少でもない。推古が即位した直後に難波皇子・春日皇子・大派皇子の三人ともすべて亡くなったとは考えにくい。この三人の皇子は嫡子ではなく、王位継承の優先資格は嫡子には及ばない。しかし、直系継承のもとでは庶子には継承の資格がある。これに対して兄弟または兄弟の子にはその資格がない。しかし、推古は即位の直後、みずからの同母兄弟の子を太子に立てた。ゆえに、推古には王位を敏達直系に引き続き伝える意図はなかったと考えられる。

皇太子であった聖徳太子は推古より早く亡くなったので、嗣位が空いたまま推古が亡くなった。群臣は次の継承者について、意見を統一することができなかった。蘇我氏は押坂彦人大兄の子の田村皇子を位に就かせようとしたが、許勢臣大麻呂などは聖徳太子の子の山背大兄を推戴した。田村皇子は敏達の孫であり、父の押坂彦人大兄には天皇の経験がなかった。山背大兄は用明天皇の孫であり、父の厩戸皇子は皇太子のまま亡くなったから、田村皇子の父と同様に天皇にはならなかった。前述の研究者の説によれば、用明の即位は中継だという。もしそうなら、用明の子の厩戸皇子が太子になることはそもそも直系継承の原則に反することであった。したがって、この争いでは敏達天皇の孫である田村皇子が直系として即位するのが当たり前ではないか。

しかし、群臣は継承者について「合意」を達成することができなかった。『日本書紀』には次の記載がある。

山背大兄、居二於斑鳩宮一、漏二聆是議一。即遣二三國王・桜井臣和慈古二人一、密謂二大臣一曰、傳聞之、叔父以二田村皇子一、欲レ爲二天皇一。我聞二此言一、立思矣居思矣、未レ得二其理一。願分明欲レ知二叔父之意一。（山背大兄、斑鳩宮に居しまして、是の議（はかりこと）を漏れ聆（き）きつ。即ち三國王・桜井臣和慈古、二人を遣（つかは）して、密（しのび）に大臣に謂（かた）りて曰（のたま）はく、「傳（つて）に聞く、叔父、田村皇子を以て、天皇とせむとす。我此の言を聞きて、立ちて思ひ、居て思へども、未だ其の理（ことわり）を得ず。願（ねが）はくは、分明（わきわき）に叔父の意（こころ）を知らむと欲（おも）ふ」とのたまふ。[37]）

右記の記事によると、この時代、直系継承という概念は存在せず、直系継承は制度として成立していなかったと考えられる。

また皇極天皇四年、皇極が太子中大兄に譲位したいという意志を表明したため、中大兄は即位について新興豪族の中臣鎌足と相談した。この時中臣鎌足は次のようにいった。

古人大兄、殿下之兄也。輕皇子、殿下之舅也。方今、古人大兄在。而殿下陟天皇位、便違二人弟恭遜之心一。且立レ舅以答二民望一、不二亦可一乎。（古人大兄は、殿下の兄なり。輕皇子は、殿下の舅なり。方に今、古人大兄在します。而るに殿下陟天皇位さば、便ち人の弟恭み遜ふ心に違はむ。且し、舅を立てて民の望に答はば、亦可からずや。(38)）

これは『日本書紀』の「孝徳天皇即位前紀」に見られる記事である。この前紀に「天豊財重日足姫天皇、思三欲傳二位於中大兄一」（天豊財重日足姫天皇、位を中大兄に傳へたまはむと思欲し）と記している。つまり、皇極天皇は中大兄に譲位するつもりだったが、当時は成人、すなわち三〇歳以上でなければ即位できない習慣があり、皇極天皇が譲位する際、中大兄はわずか一九歳だったので、中臣鎌足が「人の弟恭み遜ふ心」という理由で中大兄に「舅を立てて民の望に答」うとなだめた。

『日本書紀』には、しばしば神話や異伝が併記され、編纂時の創作、改作、捨象もあったが、この記事は『日本書紀』が完成される数十年前のものであり、信頼できる史実といってもよいだろう。右記の中臣鎌足の言葉から見ると、即位の際に、「人の弟恭み遜ふ心」「民の望に答ふ」というのが太子による即位より重要だという考えは、当時日本人の普遍的な価値観であったと思われる。

孝徳天皇（軽皇子）は即位後九年あまりで亡くなった。前述のとおり、その時皇太子中大兄がすでに成人していたけれども、二七歳では即位はできないので、母親の皇極先帝がふたたび位を就いて、斉明天皇になった。このことから、定められた継承者が必ずしも即位するわけではないことが分かる。即位の際にまず考慮されるのは、定められた継承者や、直系者などの要素よりも、年齢とかかわった「人の弟恭み遜ふ心」「民の望に答ふ」というものであった。

もちろん軽皇子は中大兄の舅（母方の兄弟）であると同時に敏達天皇の曾孫でもあった。この点においては中大兄と同様の資格を持っている。しかし、中大兄の父と母はいずれも天皇で、みずからも嫡子であり、皇太子であった。継承者としては、中大兄が軽皇子や異母兄の古人皇子よりずっと有力であった。しかし、先の中臣鎌足の言葉から見ると、軽皇子は敏達の曾孫だけだからではなく、一方では、中大兄の舅でもあった。また古人皇子の場合は中大兄の兄であった。すなわち二人はいずれも中大兄より年長の皇族構成員であり、「民の望」を持っていたために、即位の際に嫡子である皇太子中大兄よりもっと有力であった。このことからも、七世紀後半まで直系継承の意識も、皇太子継承の制度も確立・存在していなかったことが見て取れるのである。

(3)直系継承と立太子について

太子を立てるとは、王が在位期間中に継承者を定めることである。本章のはじめに述べたように、王位の継承は族長・家長の継承と同じように親族関係に基づいて行われる。単位家族[39]が血縁家族集団に属し、生産・消費などの家族の機能が独立していない社会では、集団内の権力・財産などの分配・継承・相続は単位家族には影響しない。こうした血縁親族集団においては、地位の継承者はしばしば集団内の構成員から選挙・任命あるいは合議によって選ばれる。しかし、時代が下ると、父子を核心とする単位家族は血縁親族集団から分裂し、一個の独立した生産・消費の単位になった。その場合、権力・地位、とりわけ王位の継承は、王を中心とする単位家族の利益に直接関わるので、選挙や任命や合議によらず、王の意志により定められるようになった。継承者は血縁親族集団内の全員の中から選ばれるのではなく、王がみずからの単位家族の利益を守るために王自身と血縁のもっとも近い人、すなわち王の子を継承者としていた。王位をめぐる諸子の争いを避けるため、王は在位期間中に継承者を定め、情勢によっては自身が生きているうちに位を太子に譲渡し、上皇として太子の執政を補助する。そうして、統治権を永久にみずからの直系子孫に渡し続ける。これが太子を立てる理由と目的であった。

日本古代における立太子については村井康彦氏の指摘したように、持統朝までの立太子の意義は皇位継承者としての資格が必ずしも保証されていたわけではなく、むしろ皇太子は天皇の補佐として、ある場合天皇に代わって国政に参与する立場であった。村井氏は、天武天皇在位中八年間皇太子の地位にありながら即位できなかった草壁皇子の反省から、持統天皇は孫の珂瑠皇子の立太子の半年後に譲位した。その後皇太子が空位の期間も多かったので、これが皇太子制度における第一の画期で、第四九代の光仁天皇以後、皇太子の空位の状態がほとんどなくなるから、それは皇太子制度における第二画期であり、確立期であったと考えた(40)。

ここで日本古代の立太子と中国の立太子制度を比べるとその特徴はさらに明らかになると思う。

中国では父系相承という直系継承制の確立にともなって、立太子の制度も次第に確立した。甲骨卜辞学研究者の胡氏によれば、立太子の制度が殷の後半に立てられたという(41)。周公旦から嫡長男継承制が確立して以後は、嫡長男のみが太子になれると定められた。「太子死、有二母弟一則立レ之、無則立レ長、年鈞択レ賢、義鈞則卜」（太子死せば、母弟有らば、則ち之を立て、無くんば則ち長を立て、年鈞（としひと）しくば賢を択び、義鈞しくば則ち卜（ぼく）する）というのは、古来の継承法である(42)。この継承制のもとでは、嫡長男は幼少でも、重い障害があっても太子にならなければならない。つまり「王有二適嗣一、不レ可レ乱也」（王に適嗣有り、乱るべからざるなり）(43)というのは王位継承の原則である。したがって西晋（二六五～三一六）の恵帝は知的障害者であったが、太子になった。父の武帝は何度もその太子を廃し、ほかの子を太子に立てようとしたが、皇后と諸大臣が「立嫡以長不以賢」（立嫡は長を以てし、賢を以てせず）(44)という周以降の金言を盾に、武帝の考えを思い止まらせた(45)。また、たとえ嫡長男の人柄が悪くても、太子に立てて王位を継承させせなければならない。それを阻止する方法は太子を廃すること、またはその太子を殺すことであった。例えば、唐（六一八〜九〇七）の高祖の嫡長男の李建成は「好酒色」「親賭徒悪覇」、まったくの放蕩息子であるが、やはり皇太子に立てられた。唐の政権を守るために、高祖の次男の李世民は太子である兄を殺した（「玄武門之変」六二六年）のち、みずからが太子になった。二カ月後、父の李淵（唐高祖（五六六〜六三五））が譲位し、彼は王位について太宗となり、[46]賢帝として善政を行った。

中国古代においては立太子制度の確立にともない、王および皇帝の譲位も頻繁に行われた。このような譲位を「内禅」という。例えば、北魏（三八六〜五三四）の孝文帝（四六七〜四九九）は二歳にして太子になり、五歳にもならないうちに即位したが、これは父の顯祖献文帝拓跋弘が在位五年、わずか一七歳で息子に譲位したからである。[47]前述の春秋時代の宋穆公および唐の高祖の譲位もこの「内禅」にあたる。この事例から分かるように、立太子と譲位、特に弟が即位した後の王位を兄の子に返すための譲位は、直系継承制を守るための重要なメカニズムであった。

『日本書紀』では「神武紀」以来皇太子という称号がしばしば見られ、立太子についても書かれているが、これは、編纂当時中国の皇太子という称号のみが導入されたと考えられる。日本には皇太子にあたるヒツギノミコという称号があり、それは霊を継ぐ者という意味である。天皇の長子やその兄弟、さらに遠い皇族もヒツギノミコとなった。さらに古くは一人だけではなかったという説もあり、一人を選んだという説もある。また選定方法に一定のきまりがあったかどうか、天皇存命中に必ず立てたかどうかについてはまだよく分からない。『日本書紀』によると、敏達は欽明天皇の第二子で、欽明二九年（五六八）に太子に立てられた。推古元年（五九三）には、推古天皇の同母兄である用明天皇の子、厩戸皇子が太子に立てられた。孝徳天皇も在位期間中に、自己の子の有間皇子ではなく、姉であり前天皇である皇極の子の中大兄を太子とした。また女性が太子になった例もある。聖武天皇と光明皇后の娘の阿倍内親王は、聖武天皇の在位期間中に太子に立てられ、のちに聖武の譲位により王位について、孝謙天皇となった。

そもそも太子を立てる目的は王位を王自身の単位家族で守るためであると先に述べた。しかし、推古・孝徳天皇は自身の子ではなく兄弟姉妹の子を太子に立て、聖武天皇は未婚の娘を太子に立てた。これらのことから見ると、太子を立てる目的はみずからの単位家族で王位を守ることにはなかったといえる。この時代、天皇個人を中心とする単位家族はまだ独立しておらず、[48]政治権力や王位は天皇の一族を単位とするものであった。ゆえに天皇の一族は天皇（元・前天皇を含む）の子だけでなく、女性も含めみな継承の資格を持っている。もちろん天皇との血縁関係は近いほど有力である。このような血縁集団構造のもとでは、直系継承の必要はなく、太子を立てる意図も直系継承を守るためではなかった。前述したようにこの時期の太子は天皇の補佐として、国政に参与するしかなかった。[49]したがって、太子は天皇の兄弟姉妹の子供でも、女子でもよく、また将来即位しなくてもよいのである。その意味で日本ではこの時代立太子はまだ制度化されていなかったといえる。

⑷持統～元明天皇以後の立太子と譲位について

持統～元明天皇の時代にかけては、王位継承の方法にいくらかの変化が見られる。

まず持統天皇は在位中の一一年（六九七）春に一五歳の孫の珂瑠皇子を太子に立てた。[50]また同年の八月、珂瑠皇子は「禪を受けて位に即き」て、文武天皇になる。こうして文武天皇は歴史上初の未成年天皇となった。持統は太上天皇として、大宝二年（七〇二）一二月に亡くなるまで、五年間文武天皇と協力して天下を治めた。これで従来の「成人しなければ即位できない」という不文律と終身在位の原則が崩れ、王位継承の方法は大きく変質する。

なお文武天皇は二五歳の若さで崩じたのだが、その時文武天皇と藤原不比等の娘宮子との間の首皇子はわずか七歳であった。そこで天智の娘で持統の妹、草壁皇子の妃であると同時に文武の母の元明天皇が登極した。元明天皇は即位の詔に父の天智天皇が定めた「不改常典」（近江大津宮御宇大倭根子天皇乃、与天地共長与日月共遠不改常典止立賜比敷賜覇留法乎〔近江大津宮に御宇（あめのしたしらしめ）しし大倭根子天皇の、天地（あめつち）と共に長く日月と共に遠く改（かは）るましじき常の典（のり）と立て賜ひ敷き賜へる法（のり）（本章における『続日本紀』の引用の訓読みはすべて『新日本古典文学大系』、岩波書店、一九八九年による）〕）[51]を引用した。「不改常典」についてはさまざまな議論があるが[52]、①元明が即位したこと、②元明在位期間の和銅七年（七一四）六月、孫の首皇子（一四歳）を太子に立てたこと、③その後太子が「年歯幼く稚く未だ深宮を離れず」という理由で、王位を自分と草壁皇子の間の娘、文武天皇の姉である元正へ譲位したこと、④元正はのちに王位を首皇子（聖武）に譲ったことなどから見れば、「不改常典」が案出されたのは天武系の文武天皇から首皇子の直系（もしくは嫡系）相承を円滑に実現させるためであったと考えられる。また聖武天皇による立太子にはその意図がもっとも著しく表れている。

聖武天皇は、藤原光明子との間に生まれた基王を生後三三日目に太子に立てたが、この子は翌年、神亀五年（七二八）九月に夭折した。同じ年、聖武には県犬養広刀自を母とする安積親王が誕生した。しかし、基王夭折後の約一〇年間は皇太子の位を空けたままで、天平一〇年（七三八）に至ってようやく藤原光明子を母とする未婚の阿倍内親王を太子に立てた。その時安積親王はすでに一一歳でまだ健在であり、天平一六年（七四四）一七歳で病を得て急死したが、最後まで太子にはなれなかった。ここに嫡系継承（ここでは直系継承ではない）の意図の顕在化の一端が見られるのではないか。

持統天皇から元明天皇までの時代における王位継承法の変化の原因を求める場合、以下の二点に注意しなければならない。第一に持統天皇以後、特に聖武天皇の時に王位を在位天皇の自家、特に天皇・皇后を中心とする単位家族内で守ろうとする立太子および譲位の目的が明確になったことである。聖武天皇の二人の男子のうち、基王のみ太子に立ち、安積親王が立てなかったのはその例である。原因は基王は皇后（藤原光明子）の子であり、安積親王はそうではなかったからである。第二に持統時代に受けた中国文化の影響である。八世紀初頭、文武天皇時代は日本の律令制度の完成期と看做されるが、その基盤は七世紀末の持統時代にすでにほぼ整っていたといえる。それは中国の中央集権制度を手本としたものであった。『続日本紀』によれば、八世紀半ば大宰府には中国の五経（『易経』『書経』『詩経』『礼記』『春秋』）はあるが、三史（『史記』『漢書』『後漢書』）の正本がなく、学問を志す徒にとって不便だったため、歴代の諸史各ひとそろいのを賜わりたいと朝廷に請い、朝廷はそれに応じて、『史記』『漢書』『後漢書』に加え『三国志』『晋書』各一部を大宰府に賜わった(53)という。これにより、当時日本の朝廷には、中国のその時代までの正史の写本が蔵されていたことが分かる。したがって中国古代の王位継承法、すなわち父子直系相承、嫡長男継承制もおそらくこれらの史書を通して、当時の日本の王位継承に大きな影響を及ぼしたと考えられる。

しかし、いずれの国においても継承法はその血縁集団構造の特質に根を下ろしたものであり、中国の法令制度が日本に伝わっても、日本固有の血縁集団の構造自体は変わることはない。したがって、持統以後の王位継承においても、直系や嫡系継承は制度として確立されるまでには至らなかった。天皇もしくは前天皇の男女の子孫らはいずれも継承の資格を持っている。聖武天皇の娘、阿倍内親王は天平一〇年（七三八）太子になり、天平勝宝元年（七四九）聖武天皇の譲位後、即位して孝謙天皇となった。阿倍内親王の即位について、南部氏は孝謙女帝は「自らが直系相続を担った」と考えている。かくして女性も「直系」の構成員資格を持っていたといえよう。

孝謙天皇は未婚の女性で、太子になって六年目に異母兄弟である安積親王が急死した。これで聖武の男系は断絶し、かわって天武系のほかの孫が太子の位に就くこととなった。天武の孫で新田部親王の子である道祖王の立太子・廃太子、同じく天武の孫で舎人親王の子である大炊王の立太子・即位（淳仁天皇）・廃位を経て、王位はふたたび称徳（孝謙重祚）に戻った。称徳天皇は宝亀元年（七七〇）皇太子の位を空けたまま五三歳で没した。王位の継承者はふたたび大臣らの合議によって決められることになった。合議の結果、天智の孫で施基皇子の子である白壁王が王位に就き、光仁天皇（皇后は聖武の娘の井上内親王〔母は県犬養広刀自〕）となり、王位はまた天智系に移った。称徳天皇以後、女帝は日本の古代史から姿を消す（古代以後、一六三〇年の明正天皇と一七六三年の後桜町天皇は女帝である）が、兄弟継承は禁じられることなく、長く存在し続けた。

持統から聖武天皇の時代にかけて、中国の父子相承の直系継承制および嫡長男継承制は、中国の古代文化や法の一部分として日本の統治階層に受け入れられた。しかしそれは萌芽状態のみに終わり、兄弟つまり非直系の傍系による一時的ではない継承は依然として存在していた。中国の直系継承制は日本には根づかなかったのである。それは日本古代の血縁集団の構造に由来していると考えられる。

第三節　女帝の継承

(1)女帝登極の正統性について

六世紀終わりから八世紀半ばまでに六人八代の女帝が登極した。

初期の女帝に対して、女帝になる第一条件としては「女帝の即位による所生皇子排除」という立太子の原則を受け入れる女性のみが女帝になれるとする研究者がいる。(54) また、女帝は傍系の男王に代わるもので、傍系の男王はもともと中継として即位したが、往々にして王位継承問題を紛糾させがちであるという反省から、女性を王位に就けるという便宜的な方法を採ったというのが一般的な見解である。(55)

しかし、実際には先に述べた通り、女帝（持統まで）の即位には傍系の男王と同様直系継承の「中継」の意味はなかったと思われる。女帝が亡くなった時にも、男王の時と同じように王位をめぐる争いが起こる。推古没後の山背大兄皇子と田村皇子の争いもそれである。したがって女帝の即位は王位継承問題の複雑化を防ぐ役割は果たしていない。

以下、女帝の登極について検討するために、まず女性即位の正統性の問題を取り上げたい。

最初の女帝は推古天皇である。彼女の治世期間、執政者は聖徳太子で実権は蘇我馬子にあった。推古は最高司祭者で、一種のシンボルとして推戴されたにすぎないと考える研究者もいる。(56)「最高司祭者」としての役割は別にして、推古はその長い在位期間中、小野妹子の問題を解決し、母方の馬子が天皇の直轄領である葛城県を蘇我氏に与えるよう要求した問題などでつねに皇族の立場に立ち、馬子らの要求を拒否した。彼女が当時の政治の安定のために貢献したことは事実である。

持統天皇は国家としての制度の整備・完成、特に律令制度の完成に力を尽くし、大きく貢献した。推古と持統はいずれも優れた政治的能力を持った女帝であるといえる。

また推古の在位は、五九二年の即位から六二八年に没するまで、三六年間にわたるが、長い在位期間中、女性継承であるための非難や王位をめぐる争いは記録されていない。六人八世代の女帝の在位期間は合わせて八六年、このほぼ一世紀に近い間、女帝継承に反対する争いは起こらなかったのである。これらの女帝の立場は、中国古代の皇太后の「臨朝称制」の立場とはまったく異なっている。

「臨朝称制」とは、「娃娃皇帝」(赤ん坊皇帝)・「小皇帝」が即位した後、彼らの母が皇太后として「娃娃皇帝」・「小皇帝」に代わって、国の最高政治権を握り、天下に号令し、直接国家を管理することである。前漢（紀元前二〇二～紀元八年）の呂太后も「臨朝」を行った人物として知られている。後漢（二五～二二〇）時代には、一〇歳、一〇数歳、一〇〇日の乳児に至るまでが相次いで即位している。例えば後漢、第四代の和帝は一〇歳（八八～一〇五）、第五代の殤帝はわずか一〇〇日の乳児、第六代の安帝は一三歳（一〇七～一二五）、第八代の順帝は一一歳

（一二五～一四四）、第九代の沖帝は二歳（一四四～一四五）、第一〇代の質帝は八歳（一四五～一四六）、第一一代の桓帝は一五歳（一四六～一六七）、第一二代の霊帝は一二歳（一六八～一八九）であり、次の第一三代の少帝（弁）は一七歳であったし、在位わずか数カ月で廃帝され、弘農王になった。一四代の献帝は九歳で即位している。つまり後漢一四世代の皇帝のうち、第二代の明帝と第三代の章帝および第七代の在位わずか数カ月の少帝が一七歳で即位したのを除くと、第四代の和帝から最後の献帝まですべて乳児・赤ん坊・少年、つまりすべて一五歳以下の「娃娃皇帝」・「小皇帝」である。そのため、この時代において、皇太后による「臨朝称制」は普遍的になった。その実質は皇太后を中心とする外戚集団が直接政治に参与し、王位をめぐって争っていたのでる。例えば、和帝が即位した当初は竇太后が臨朝を行って、北匈奴との戦争に戦功を上げた竇太后の兄の竇憲は大将軍になり、朝廷の要職は竇氏の一族に独占された。和帝が外戚による帝位の簒奪をも竇憲によって実現されるのを恐れ、宦官と図って竇氏を除いた。のち、和帝皇后の鄧氏は和帝の歿後に一〇〇日の乳児と一三歳の安帝を帝位に就け、臨朝称制を行った。安帝が死んだのち、唯一人の実子劉保は皇太子を廃され、安帝の后閻皇后によって皇族の中で一番幼い劉懿が帝位に就けられたが、間もなく病に倒れた（毒を盛られたという説もある）。その後、宦官らが閻氏を除き、劉保を即位させ、順帝とした。順帝皇后の梁氏も順帝の歿後にふたたび二歳、八歳、一五歳の三人の「小皇帝」を帝位に就けたが、八歳の質帝は梁太后の兄の梁冀によって毒殺された。次の桓帝は一五歳だったが、政治権力はやはり梁氏に握られるままであった。

皇太后が臨朝を行い、さらにその一族を朝廷の枢要の地位につけたのは、政治混乱の最大の起因となった。したがって、前漢の武帝はみずからが危篤に陥った際に、八歳の息子の劉弗陵（漢の昭帝）を太子に立て、今後皇太后・皇后が政治紛争を起こすのを避けるために太子の母親の鈎弋夫人を賜死させたのである。[57] 後漢の「娃娃皇帝」・「小皇帝」と皇太后の「臨朝称制」の暗黒の時代が終わり、北魏の時代に入ると、同様の理由で初代の拓跋珪（魏道武帝）の時に皇帝の息子が皇太子に立てられると、皇太子の母を賜死させせなければならないというきわめて残酷な規定が定められた。そしてその規定のもとで魏の孝文帝が二歳にもならぬうちに太子に立てられると、その母親はすぐ賜死させられたのである。このことについて『魏書』巻七「太宗紀」に次の記載がある。「初、帝母劉貴人賜死、太祖告帝曰『昔漢武帝將立其子而殺其母、不令婦人後與国政、使外家爲亂。汝当継統、故吾遠同漢武、爲長久之計』（昔漢の武帝將に其の子を立てんとして其の母を殺し、婦人をして後国政に與かり、外家をして亂を爲さしめず。汝当に統を継ぐべし、故に吾遠く漢武と同じくし、長久なる計を爲す）」。[58] この記述から見れば北魏政権が中国北方系の異民族政権であるのは確かであるが、政権を握る皇帝が、皇太后・皇后の「臨朝称制」、および母后とその一族が政治紛争を起こすことを懸念していた点においては前漢の武帝と同様に考えられる。

中国古代、特に後漢時代における皇太后、あるいは皇后の「臨朝称制」とその外戚集団が政権を牛耳るというのが半ば常識化していたのに対して、日本奈良時代における天皇の皇后は皇族でなければならないし、天皇の母は妃で、すなわち皇族ではない場合、蘇我氏以外の外戚勢力は単独で朝廷を牛耳ることができない。第二九代天皇の欽明は蘇我稲目の娘二人、堅塩姫と小姉君を妃とし、彼女らが用明・崇峻・推古天皇を生んだ。その勢力が最高峰に達した時、皇子と天皇さえもそれぞれ暗殺されるか、または自殺させられたのみならず、蘇我入鹿の時代になると、蘇我氏の一族はあたかもみずからが天皇であるかのように振る舞っていた。それにもかかわらず、当時の天皇はやはり天皇「家」の立場に立って行政していた。なぜなら、日本の場合、即位した天皇はみな成人、つまり三〇歳以上だったから、外戚が簡単に政治を左右することはできなかったのである。例えば前述したように六二四年、蘇我馬子が推古天皇に葛城県の土地を請うて許されなかった。また蘇我馬子の時代にも彼が崇峻天皇を暗殺した後、次の王位の継承者について、やはり「群臣請」「百寮上」表勧進」すなわち有力豪族の合議という慣習にのっとって、王位の継承者を決めていた。つまり奈良時代の天皇および朝廷の政治構造と中国の皇帝独裁という政治体制とは異なり、また社会の血縁親族集団の構造も異なっていたため、中国のような皇太后・皇后の「臨朝称制」が存立しなかったし、外戚集団によって政治を牛耳られるようなことも風潮にはならなかった。

以上から分かるように、中国の女性は娘や皇太后・皇后のいずれの身分でも、即位することはまったく不可能であった。中国の長い歴史上で、女帝は唐の則天武后ただ一人である。

則天武后は初唐に生まれ、一四歳で唐太宗の幼妾として宮中に仕えられ、その後「才人」の封を受けて「武媚」という号を賜わった。六四九年太宗が没し、則天武后はいったん尼僧となった。六五四年、彼女はふたたび高宗に宮中に召し入れられ、大きな寵愛を受け、「昭儀」の封号を得た。そして翌年、高宗は皇后王氏を廃し、則天武后を皇后の位に就かせた。その時から則天武后は朝政に参加し、朝廷内の矛盾を利用して、旧大臣の放逐や反対の大臣の処刑を行い、さらにまた高宗の母舅の長孫無忌を自殺にまで追い詰めた。当時の群臣は高宗と則天武后を並べて「二聖」と称した。高宗は王朝の維持のために王位を太子の李弘（則天の長男）に譲位しようとしたが、則天武后は毒入りの薬酒で太子を殺し、次男の李賢を太子に立てた。そして高宗が李賢を監国役に任じようとしたところ、則天武后はすぐ李賢を廃して庶民にし、三男の李顕を太子に立てた。六八三年高宗が病没し、李顕が即位して皇帝（中宗）となったが、則天武后は皇太后として朝廷の政治権をしっかりと握っていた。翌六八四年、彼女はさらに皇帝の三男を廬陵王に左遷し、四男の李旦を皇帝（睿宗）に立てた。またこの年、則天武后は都の洛陽を神都と改め、唐の官職名を新たに作り、みずからが女皇として登極するための準備を整えた。六九〇年、四男の睿宗をはじめ六〇、〇〇〇人は、則天の示唆のもとに国号の改称を上書し、それを受けた形で則天武后は国号の唐を周と改め、みずから「大聖皇帝」と称した。

則天武后は政変を起こして皇位を得たのではなく、三六年間の画策を経て、苦心惨憺の末、六七歳の年にようやく帝位に登る宿願を果たした。それに対して、皇族内の女性がみずからの正当な身分として堂々と王位に就いた日本では、女帝の即位は正統性を持っていたと考えられる。中国では女性は皇帝が幼少の場合などに、最高でも皇太后・皇后の身分で「臨朝親政」を行うのみであった。娘の身分では「臨朝」の資格はない。しかも一般的に中国の歴史においては、皇太后・皇后の「臨朝」は往々にして非難されがちである。

⑵女帝の身分と女帝継承の性格

次に、即位する女帝の身分について分析したい。『日本書紀』の即位前紀には、男帝と同様に女帝の父・母の出身も明記されている。例えば安閑天皇は「男大迹天皇長子也、母曰₂目子媛₁」（男大迹天皇は継体天皇）、宣化天皇は「男大迹天皇第二子也、勾大兄広国押武金日天皇之同母弟也」（勾大兄広国押武金日天皇は安閑天皇）、用明天皇は「天国排開広庭天皇第四子也、母曰₂堅塩媛₁」（天国排開広庭天皇は欽明天皇）、推古天皇は「天国排開広庭天皇中女也、橘豊日天皇同母妹也」（橘豊日天皇は用明天皇）、などとそれぞれの即位前紀に記載されている。皇極天皇は父も祖父も天皇ではなく、その即位前紀には「渟中倉太珠敷天皇曾孫、押坂彦人大兄皇子孫、茅渟王女也」（渟中倉太珠敷天皇は敏達天皇）と記されている。

六人八代の女帝の身分を比較すると、元正と孝謙の二人は皇后・皇太后の経験がなく、皇女の身分で即位した。元正女帝は文武天皇が二五歳の若さで没した後、天武と持統の娘、文武の同父母姉の身分（独身者）で即位した。孝謙女帝は弟の基王が早逝したため、聖武の未婚の娘の身分で初めて女性の皇太子となり、聖武天皇の譲位により孝謙天皇となった。あとの四人は皇女であり、前・元天皇の皇后・皇太后（元明は草壁皇子の妃、文武天皇の母）でもあった。しかし皇后または天皇の妻ではあるが、皇女ではない女性の即位は一例もなかった。例えば藤原光明子は聖武天皇の皇后であったが即位はできなかった。したがって、女帝の即位には、皇女の身分が皇后の身分より重要だったと考えられる。つまり、女帝はまず皇女でなければならず、皇女ではなければ皇后でも即位できないのである。こうした女帝の王位継承法の特徴も、皇女が皇族の血縁構成員資格を持っていたことの証左とすることができよう。

日本の女帝の登極と中国の太后の「臨朝親政」とが著しい対照をなすのは、それぞれがまったく異なる血縁集団構造に基づいているためである。

前述のように古代社会における王位の継承は、一般的に前任者と一定の親族関係、すなわち前任者の親族集団の構成員資格を持っている者に限られた。しかし中国における女性は、結婚前も結婚後も実父あるいは夫の宗族集団のどちらの構成員資格も持たなかった。ゆえに皇帝の娘にせよ皇太后・皇后にせよ、いずれも王位に就くことはできなかった。

中国では「姓」は宗族集団の外在的シンボルであり、同じ宗族の男女すべてに同一の姓が冠され、これは出生から死亡に至るまで終生変わらない。この点では女性は男性と同様、実父の宗族集団に属する。しかし結婚後、死亡すれば位牌は夫の宗族集団の「祠堂」に置かれる。社会的には結婚を境に父の宗族から夫の宗族へ移るのである。このように女性は父宗、夫宗の二面に引き裂かれ[59]、父・夫どちらの宗族においても完璧な構成員資格は持っていない。したがって皇帝が死去した際、即位する嫡長男が幼少もしくは脳に障害があるなどの事情があっても、皇帝の娘・姉妹・皇后・皇太后、いずれの身分の女性も、日本の女帝のようにみずから即位することは絶対にできなかった。「同姓不婚」の原則のもとで、皇帝の娘や姉妹は外族に嫁ぐ。すると社会的には夫の宗族集団に移ったことになり、その娘には「臨朝親政」の資格さえもなくなる。他方、皇后・皇太后は、社会的には皇帝の宗族に移っていても、「姓」は実父の宗族集団の姓のままであり、完璧な皇族の構成員資格はなく、ゆえに皇后・皇太后が政治的権力を握る場合、便宜的措置として「臨朝親政」とせざるを得なかった。

日本では、天皇の一族は「姓」を持たず、女性も皇族の構成員資格を持っていた。また従来同父母の兄弟姉妹以外の近親婚の習慣があり、そのような時代には、皇女または天皇（前・元天皇を含む）の姉妹や娘、すなわち内親王の婚姻は皇族内婚を原則としていた[60]。ゆえに皇族内で結婚した皇女は、結婚によって皇族としての構成員資格を失うこともなかった。したがって皇族の女性は皇女（前・元天皇の姉妹、従姉妹を含む）でも皇女と皇后の二重の身分でも堂々と登極できるのである。それはこれまで述べてきたような日本古代社会における血縁集団の特徴および特有の構成員資格の認定様式、そして特有の婚姻制[61]を背景として成り立ったものにほかならない。

むすび

これまで検討してきた王位継承のいわゆる「直系」説と女帝継承の性格について、最後にもう一度見解をまとめておきたい。

この時代の王位の継承には以下の五つの特徴が見られる。第一に、継承者が成人（三〇歳以上）でなければ王位に就けないという不文律があった。この不文律のもとで被継承者の兄弟（日本では姉妹も含む）はつねに必然的に継承者となった。第二に、王位を継承した兄弟または姉妹はいったん王位に就けば、死ぬまで譲位しない。つまり、兄弟姉妹が即位すれば高齢になっても、死ぬまで前帝の後裔にバトンを渡さなかった。それも不文律であった。このように日本において兄弟姉妹による継承は、直系継承制のもとでの一時的な補助としての「中継」とは異なるものであった。第三に、伝統にのっとり、有力豪族の合議によって継承者を推戴していた習慣があるため、合議される継承者の範囲は被継承者の子だけではなく、その兄弟姉妹と彼らの子も含む皇族内の全員になった。第四に、太子を立てても、その太子は必ずしも即位するわけではなく、立太子は往々にして形式的になる。また太子は前天皇の子に限らず、選定の仕方には、直系継承の意図は見られない。第五に、この時期には、皇族の女性は皇女でも皇女と皇后の二重の身分でも堂々と登極できたため、女帝が頻出した。

これらの特徴から明らかなように、日本において王位の直系継承は行われておらず、またそれはあり得ないことであった。なぜなら、日本では皇族の中で単位家族がいまだ独立も、成立もしていなかったからである。中国においては、王を中心とする単位家族としての血縁集団内における権力・財産などの分配・相続の権利を守るために、王は必ず自分の息子を継承者とする必要があった。日本では継承者は皇族内の全員から生み出され、またそれによって一族の権力や財産が守られた。したがって継承者を王の息子に限る必然はなかった。そして、中国とは異なり、皇族内の女性も男性同様皇族としての構成員資格を持っていたために、皇族内の極端な近親婚が行われ、その結果、彼女らは皇后や女帝となり得たのである。こうした特徴はすべて血縁親族集団の構造がしからしめるものであった。

以上、本章において日本古代における血縁集団構造の父系擬制的、非出自集団としての無系的および血統上での未分化のキンドレッドの性格が明らかになったと認識している。

(1) 押坂彦人大兄皇子が物部守屋、中臣勝海対蘇我馬子の抗争の渦中にあったことは『日本書紀』「用明天皇紀」に記録がある。押坂彦人大兄皇子がこの抗争で亡くなったかどうは不明だが、敏達天皇が太子とした押坂彦人大兄皇子が、用明天皇の死去後に即位しなかったのは事実である。そしてその後『日本書紀』に彼に関する記載は一切見られない。

(2) 『日本書紀』「皇極天皇紀」。

(3) 李則鳴「古代宗法制度探源」(『中国古代史論叢』第九輯、福建人民出版社、一九八五年、二一〜一三頁)。

(4) 『史記』「殷本紀」にその時期の一時の「兄終弟及(兄弟相承)」は「九世の乱」(九世に比るまで乱れるの意)のようになったとある。したがって、王位の「兄終弟及(兄弟相承)」というのは王位継承の正統ではないといえる。次の文を参照。

(5)『史記』「周本紀」。
(6) 河内祥輔「王位継承法試論」(佐伯有清編『日本古代史論考』、吉川弘文館、一九八〇年)、南部昇「女帝と直系王位継承」(『日本歴史』二八二号、一九七一年)、成清弘和『日本古代の王位継承と親族』(御影史学研究会歴史叢書一、岩田書院、一九九九年)。
(7) M. Fortes, *Kinship and the Social Order*, The Legacy of Lewis Henry Morgan, Chicago, Aldine,1969. R. M. Keesing, *Kin Groups and Social Structure*, New York: Holt, Rinehart & Winston,1975. H. W. Scheffler, "Kinship, descent and Alliance", in J. Honigmann(ed.), *Handbook of Cultural Anthropology*, New York: Rand McNally,1973.
(8) 白鳥清「古代日本の末子相続について」(池田宏編『東洋史論叢　白鳥博士還暦記念』、岩波書店、一九二五年)。
(9) 井上光貞「古代の皇太子」(『日本古代国家の研究』、岩波書店、一九六五年第一刷、一九八三年第一四刷、一八七頁)。
(10) 小林茂文『周縁の古代史——王権と性・子ども・境界』(有精堂出版、一九九四年)二三〜二五頁。
(11) 注(6)河内前掲稿。
(12) 注(9)井上前掲書、二三四頁。
(13) 瀧浪貞子「女帝の条件」(『京都市歴史資料館紀要』第一〇号、一九九二年、二三頁)。
(14) 注(6)成清前掲書、四〜五頁。
(15) 注(6)南部前掲稿。
(16) 村井康彦氏の研究によって、奈良朝時代以前の王位継承の年齢は、文武以前では、武烈が一〇歳、安寧が二九歳で即位しているのを除いて、すべて三〇歳以上、平均年齢四七歳である。したがって村井氏は王位継承の年齢は三〇歳以上にしたと考えた(「王権の継受——不改常典をめぐって——」、国際日本文化研究センター紀要『日本研究』第一集、一九八九年、七二頁を参照)。
(17) 注(6)河内前掲稿。
(18) 注(6)南部前掲稿。

(19) 王国維「殷卜辞中所見先公先王考」、「殷卜辞中所見先公先王続考」(王国維著・傅傑編校『王国維論学集』、中国社会科学出版社、一九九七年、二四〜二五頁、三一〜三三頁)。

(20) 『竹書紀年』(『四部備要』史部、上海中華書局據平津館本校刊、一八八五年)。

(21) 『楚辞』天問。

(22) 注(19)王前掲書、一八〜二三頁。

(23) 項北「甲骨卜辞校正『史記』所載商代世系之誤両例」(胡厚宣編『甲骨文與殷商史』第二輯、上海古籍出版社、一九八六年、五頁)。

(24) 『史記』「殷本紀」。

(25) 『史記』「殷本紀」によれば、祖乙は河亶甲の子であるにもかかわらず、王国維は卜辞によって祖乙(且乙)が仲丁(中丁)の子であると訂正し、それが広く認められている。王氏の「商先王世数」(『観堂集林』巻九所収、商務印書館、一九四〇年、一九〜二一頁)を参照。

(26) 『史記』「殷本紀」。

(27) 胡厚宣「殷代婚姻家族宗法生育制度考」(『甲骨学商史論叢初集』、『民国叢書』第一編八二歴史・地理類、上海書店、一二〜一三、二六〜二八頁)。

(28) 張光直『Shang Civilization』(毛小雨訳『商代文明』、北京工芸美術出版社、一九九九年)一七二頁。

(29) 『史記』「周本紀」。

(30) 『春秋左氏傳』隠公三年。

(31) 『春秋左氏傳』隠公一年。

(32) 同右、隠公一一年。

(33) 劉文淇『春秋左傳旧註疏証』隠公一一年。

(34) 注(6)河内前掲稿の注16を参照。

(35) 『日本書紀』「推古天皇即位前紀」。

(36) 注(6)河内前掲稿。
(37) 『日本書紀』「舒明天皇即位前紀」。
(38) 同右、「孝徳天皇即位前紀」。
(39) 単位家族とは古代社会では複数の大家族、すなわち複合家族に対して一人の男性を中心とした妻・妾およびその嫡・庶子を含んだ家族である。中国ではこのような家族を「個体家庭」と呼び、本書では「単位家族」という名称を使う。
(40) 前掲注(16)参照。
(41) 注(27)胡前掲書、二六頁。
(42) 『春秋左氏傳』襄公三一年。
(43) 同右、昭公二六年。
(44) 『春秋公羊傳注疏』巻二三、「昭公」、昭公二〇年（一三経注、一八一五年阮元刻本、二九三頁）。
(45) 『晋書』巻三、世祖武帝紀。
(46) 『新唐書』本紀第一、高祖皇帝李淵。本紀第二、太宗皇帝李世民。
(47) 『魏書』巻六、顯祖献文帝紀。巻七（上・下）高祖孝文帝紀。
(48) 村井康彦氏・栗原弘氏によれば、家が成立していなかった最大の指標は、家単位で墓地を持つことなく、夫婦別墓制であったところに認められる。なぜなら、氏神祭とならんで同胞意識の保持の役割を果たしたものに氏墓がある。しかし、この時代（一〇世紀まで）夫婦であっても死ねば夫は夫の氏族墓地に、妻は妻方の氏族墓地に葬られ、合葬するということがなかった。個人の帰属原理は「家」ではなく、「氏族」にあったのである（村井「公家の家意識——氏と家とのはざまで——」、『歴史公論』創刊五〇号記念増大号、第六巻一号、「日本人と家」、一九八〇年、一〇二～一〇三頁、栗原「平安中期の入墓規定と親族組織——藤原兼家・道長家族を中心として——」、秋山國三先生追悼会編『京都地域史の研究』、国書刊行会、一九七九年、四四～四六頁）。
(49) 注(16)、村井前掲稿、八九～九三頁。

（50）『続日本紀』「文武天皇即位前紀」。
（51）同右、「元明天皇即位前紀」。
（52）「不改常典」についての研究は、古くは本居宣長「詔詞解」、三浦周行「法制史概論」（『続法制史の研究』、岩波書店、一九一九年、一九五八年六刷）、岩橋小彌太「天智天皇の立て給ひし常の典」（『増補上代史籍の研究』二、吉川弘文館、一九七三年）などがある。また長山泰孝「不改常典の再検討」（『日本歴史』四四六号、一九八五年）、直木孝次郎「天智天皇と皇位継承法」（『人文研究』六―九、一九五五年）、林陸朗「天平の廟堂と官人構造の變化」（『歴史学研究』二二八号、一九五九年）、武田佐知子「『不改常典』について」（『日本歴史』三〇九号、一九七四年）などの研究を参照。
（53）『続日本紀』神護景雲三年一〇月甲辰（一〇日）条に次のように記されている。「大宰府言、此府人物殷繁、天下一都会也。子弟之徒、学者稍衆。而府庫但蓄二五経一、未レ有二三史正本一。渉猟之人、其道不レ広。伏乞、列代諸史、各給二一本一。伝二習管内一、以興二学業一。詔賜二史記・漢書・後漢書・三国志・晋書各一部一」（大宰府言さく、「この府は人・物殷繁にして天下の一都会なり。子弟の徒、学者稍く衆し。而れども府庫は但五経のみを蓄へて、未だ三史の正本有らず。渉猟の人、その道広からず。伏して乞はくは、列代の諸史、各一本を給はむことを。管内に伝へ習はしめて、以て学業を興さむ」とまうす。詔して、史記・漢書・後漢書・三国志・晋書各一部を賜ふ〔ここの訓読みは『新日本古典文学大系』、岩波書店、一九九五年による〕）。
（54）注（13）瀧浪前掲稿。
（55）注（6）河内・南部前掲稿を参照。
（56）奥田暁子「王権と女性」（祭見和子他監修『女と男の時空――日本女性史再考』第一巻・『ヒメとヒコの時代――原始・古代』、藤原書店、一九九五年）。
（57）『資治通鑑』巻二二。『漢紀』一四「漢武帝」後元元年（「人言『且立其子、何去其母乎？』帝日『然、是非児曹愚人之所知也。往古國家所以亂、由主少、母壮也。女主独居驕蹇、淫亂自恣、莫能禁也。汝不聞呂后邪？故不得不先去之也』」）。

(58)　『魏書』巻七（上・下）「太宗紀」。
(59)　滋賀秀三『中国家族法の原理』（創文社、一九八一年）二〇頁。
(60)　本書第三章を参照。
(61)　同右。

第六章　平安時代の養子縁組と蔭位制

はじめに

養子縁組をするとは、養父母が自分で生んだ子ではなく、人為的に他人の子を自分の子として引き取って育て、擬制親子関係を結ぶことである。養子を取るのは一般に以下の二つの状況の下において行われる。一つは、自分には嗣子がないため、他人の子を引き取って自分の嗣子として育てる、つまり「家の跡継ぎ」を目的とすること。もう一つは、仁義や道義から何らかの原因で遺棄された身寄りのない孤児を収容することである。[1] 本章は前者、つまり「家の跡継ぎ」を目的とする養子を研究対象とするものである。

一般に、「家の跡継ぎ」には三つの意味が含まれる。一つは継嗣、つまり祖先の血統と家族の世代を継ぐこと、一つは家族内の家長や族長の地位を継承すること、もう一つは家業・家産を相続することである。民族によって親族構造や親族の内包する意味が異なるため、「家の跡継ぎ」の持つ意味も個々によって異なったものになるのは当然である。

中国においては、「家の跡継ぎ」とは主に父系祖先の血統を継承することを意味する。つまり祖先の血統と家系を継承し、また次の世代に伝達するのである。これを「継嗣」、世系、または「宗祧」（父系血統上における系列）を継承するといい、男性子孫に限ってこの権利を持つ。このような血縁構造の集団を宗族と称する。文化人類学の理論では、中国の宗族におけるこうした男性子孫の継嗣権は、また宗族の構成員資格（membership）[2]とも称されるが、宗族構成員資格を持つものにのみ、上述した「家の跡継ぎ」のほかの二種の権利、つまり家長や族長の地位を継承する権利と家業や家産を相続する権利が与えられる。言い換えれば、家長や族長の地位の継承と家業や家産の相続は、宗族構成員資格を持つことを前提条件としているのである。

中国では「家の跡継ぎ」の意味は「宗祧」を継承することにある。すなわち父系祖先の血統を継承し、次の世代にその祖先の血統を伝達することなのである。いわゆる「宗祧」を継承する目的は祖先を祭ることにある。中国においては、古来祖先を祭ることには「神不レ歆二非類一、民不レ祀二非族一」（神は非類を歆けず、民は非族を祀らず（本章における『春秋左氏傳』の引用の訓読みはすべて『新釈漢文大系』、明治書院、一九八七年による））[3]、「鬼神、非二其族類一、不レ歆二其祀一」（鬼神は、其の族類に非ざれば、其の祀りを歆けず）[4]という伝統がある。そこで「不孝有レ三、無レ後爲レ大」（不孝に三有り。後無きを大なりと爲す。〔この訓読みは『新釈漢文大系』、明治書院、一九八七年による〕）[5]という風俗が生まれた。「後無き」場合の救い手としては、男性兄弟の息子や従兄弟の息子を養子にする方法がある。『唐令』「戸令第九」の定める通り「同宗於二昭穆一相當者」（同宗の昭穆に相当する者）[6]を養子にし、宗族たる祖先の血統の系列（「宗祧」）を受け継いでいく。

一方、日本にも歴史的に養子を取る習慣がある。中国の『唐令』「戸令」の影響を受けて、『養老令』「戸令」（七一八年）に「凡無レ子者、聴レ養下四等以上親於二昭穆一合者上」（凡そ子無くは、四等以上の親の、昭穆に合へらむ者を養ふこと聴せ〔この訓読みは『日本思想大系』・『律令』、岩波書店、一九七六年第一刷、一九七七年第三刷による〕）とある。これを『唐令』「戸令」と照らし合せると、「同宗」を「四等以上親」に改めたことが分かる。平安時代の中・晩期に至ると、異姓養子や婿養子[7]が多く見られるようになった。鎌倉・室町幕府を経て江戸時代になると、さらに通例養子、婿養子、順養子、末期養子（急養子）、心当て養子、分知配当養子、証人（人質）養子、腰掛養子など紛らわしいほどさまざまな名目の養子が現れた。

日本の歴史に見える養子は、養父子の血縁や長幼系列、養育の目的および養子を取る手続きとプロセスなどから見れば、平安時代後期の律令制の解体、一二世紀鎌倉幕府の武士政権の成立を境として、二段階に分けることができる。前期は主に平安貴族が血縁関係のある親族を養子に取ることが多く、長幼系列を論じないことを特徴とする。後期すなわち一二世紀からは上述した特徴は風習として定着したが、非血縁関係にある異姓養子を取ることが多く、特徴としては、武家は「養子願書」を、庶民家は「養子証文」をもって、養父子の関係を確立させたことがあげられる。本章は前期、つまり平安時代の貴族階層における長幼系列を論じない血縁親族を養子に取ることを中心に検討するものである。

日本の「家」というのは、一般的にいう血縁関係で結ばれる家族、つまり夫婦を中心に、子供を産み、生産と消費を行うもっとも基礎的な社会生活の一単位ではなく、より経済力のある、家業・家産の永続継承を目的とする経営体である。この経営体は夫婦を中心とし、子孫を繁栄させて、生産と消費を家族の中で機能させる家を超越したものであり、一種の擬血縁的・経済的・社会的機能を担う集団である。このような「家」という集団の構造的特徴はその直系を重視するところにある。すなわち①家長・族長の地位の直系継承、②家業・家産の直系単独（一般には長男による）相続（この継承制は一四世紀中期に確立された）、③家族世帯としての直系居住形態である。この三種の直系を重視するという特徴は、世界のそのほかの地域、例えばヨーロッパの多くの地域でも見られるが、三種が一体化した例は稀にしか見られない[8]。

よって、本章は、上述の養子の「家の跡継ぎ」における三種の意義から着手して、平安時代の養子に関する令の条文と養子の実態について分析し、平安時代の養子制度が、ウヂ集団から「家」集団へと変化する過程で果たした歴史的な役割を考察する。養子制度は一種の習俗として、また一種の法律制度として、当時の社会集団内部の構造的変化や社会集団の質的変化を反映すると考えるからである。それのみならず、その民族の価値観や倫理観などの文化的特色をも反映していると著者は考える。よって同時に日本古代の養子制度の文化的特徴についても考察するつもりである。

第一節　『養老令』「戸令・聴養条」と『法曹至要抄』の「養子承分事」

(1)『養老令』「戸令」における「聴養条」

七一八年に完成された『養老令』「戸令・聴養条」に

凡無レ子者、聴下養二四等以上親於二昭穆一合者上

とある。周知の通り、日本のこの時期の律令はほとんどそのまま当時の中国の唐律令（七世紀半ばに制定された『永徽律疏』）を援用したものである。(9) ただし、『唐戸令』の中では養子を取ることを

諸無レ子者聴レ養下同宗於二昭穆一相當者上

と規定していた。前述のとおり日本の「戸令」は、『唐戸令』の「同宗」を「四等以上親」に改めている。また『養老令』「儀制令」の親等の条によれば、父母より上の世代と女性を除いて、二等親に属するのは、兄弟・甥（兄弟の子）・孫である。従兄弟・異父兄弟・同居する前妻妾の子は三等親になり、同じ曾祖父の従兄弟・兄弟の孫・従兄弟の子供・外甥（姉妹の子）・曾孫・妻妾の前夫の子供はすべて四等親である。そのうち「合昭穆者」は、甥・同居する前妻妾の子・従兄弟の子・外甥・妻妾の前夫の子である。この条令に基づけば、彼らはみな養子として取る条件にあう。ただし実際は、日本は古来弟・娘婿・妹婿を養子に取り、上述する昭穆序列の制限にとらわれ

ない習慣がある。(10) この現象に対して、『令義解』に

謂昭者、明也。爲レ父、故曰レ明也。穆者、敬也。子宜レ敬レ父也。凡取二養子一者、年歯須二相適一。何者、下條云、男年十五聽レ婚、既定二夫婦一、理當レ有レ子。然則年十五者、則於二卅者一、有二爲レ子之道一。年卅者、則於二廿五者一、有二爲レ父之端一。擧二其一隅一、餘從可レ知也

と解釈している。『令集解』は同じ解釈をしたのち、養父子の年齢差を、

取二少十五年一爲レ定(11)

と明確にしただけで、世代の区別については特に定めていない。したがって、『養老令』が天平宝字元年（七五七）に実施されてからの一世紀後、つまり九世紀中期には、『令集解』がいうような

然今時人多以二已親弟、從父弟等一爲二養子一

という現象が現れたのも不思議ではなかろう。

要するに、日本の古代は当時中国の唐令を模倣して『養老令』を編纂したが、当時の婚姻状況(12)や上述した「戸令・聴養条」およびその解釈、また当時の養子の実態から見れば、日本古代の血縁親族構造の中では、父系の血縁系統が存在せず、中国の宗族内部にある上下・長幼・尊卑をはっきり区別した血縁身分秩序も存在しなかったのである。だから、養子を取る目的は、父系の「宗祧」を継承して父祖の血統を次の世代に伝達することではなかった。また祖を祭る時の方法も中国のそれとは異なったものであった。中国では昔から

爲二人後一者、爲二其父母一、報。（〔大宗の後となる者がいなくて、同宗内で定められて、その〕人の後と爲った者は、〔反（かえ）ってきて〕其の〔生みの〕父母のために〔齊裏・不杖・期に服〕する。）(13)

という考えがあり、『續資治通鑑』巻第六一「宋紀六一」にも次のように説明されている。

爲二人後一者、爲二之子一。故爲レ所レ後服二斬衰三年一、而爲二其父母一齊二衰期一。爲所レ後者之親皆如レ子、而爲レ已親

　皆降二一等一。盖以承二大宗一、則宜レ降二於小宗一

それに対して日本では『養老令』「儀制令・五等親条」で養父母と実父母をともに一等親とし、『養老令』「喪葬令・服紀条」では実父母の喪服は一年、養父母の喪服は五カ月と定めていた。つまり実父母と養父母の喪服において日本と中国とは逆であった。例えば、右少将蔵人頭である藤原実資が残した日記『小右記』の天元五年（九八二）から寛弘八年（一〇一一）までの部分により、実資がほとんど毎年二月一四日の実父藤原斉敏の忌辰に「親齋食、修諷誦於法性寺、早朝沐」と実父を祀っていたことが分かる。ただし、毎年五月一八日の養父（実の祖父）藤原実頼の忌辰にはほとんど「身代を以て参入せしむ」（「以二身代一令二参入一」）、あるいは「以二内供定興一身代令二齋食一」、すなわち他人が自身にとって代わって養父を祀っていたのである。[14] なぜなら、日本において養子を取る目的は祖先を祀ることではなかったためであり、また、前述した中国における祖先を祀る中身も異なるためである。

　家長・族長の地位の継承については、この時期の史料が乏しいため、ここではまず、天皇家皇位の継承から考察を始める。

　『日本書紀』[15]によれば、応神天皇（一五代天皇）から律令が定まる直前の天武天皇（四〇代）、持統天皇（四一代）までで兄弟（女性つまり姉妹をも含めて）から皇位を継承したのは、反正天皇（一八代）・允恭天皇（一九代）・雄略天皇（二一代）・仁賢天皇（二四代）・宣化天皇（二八代）・欽明天皇（二九代）・用明天皇（三一代）・崇峻天皇（三二代）・推古天皇（女、三三代）・孝徳天皇（三六代）・斉明天皇（女、三七代）・天武天皇（四〇代）[16]、の計一二例である。ほかにも、清寧天皇（二二代）には子がなく、皇位を従兄弟（同じ曾祖父、祖父の兄弟の孫）顕宗（二三代）に伝えたりしている。また、武烈天皇の皇位を継承した継体天皇（二六代）は武烈と同じく応神天皇からは五世代以上離れた子孫である。推古天皇は皇位を兄弟の孫舒明天皇（三四代）に伝えたが、舒明の後継者は従姉妹の皇極天皇（女、三五代、のちにふたたび三七代天皇の位につき、斉明天皇となった）である。子が父の皇位を継承した

のは、仁徳天皇（一六代）・履中天皇（一七代）・安康天皇（二〇代）・清寧天皇（二二代）・武烈天皇（二五代）・安閑天皇（二七代）・敏達天皇（三〇代）の計七例である。このように皇位は皇族の男女の間で不規則に継承されてきたのであるが、この不規則な継承の中に何かルールのようなものなかったか、考える学者も少なくない。[17] さらに兄弟による皇位継承を皇族内の叔父姪婚現象と結びつけて、家長としての兄は自分の娘を弟に嫁がせることによって、後継者が弟であると同時に婿養子にもなるわけであり、これを「父子継承」の直系皇位継承と見なす学者もいる。[18]

当時皇位が皇族の中（女性をも含めて）で不規則に伝えられていたのは、皇族出身の男女であればだれでも皇族構成員資格を持つことを前提としていたことが原因だと考えられる。[19] 女性も皇族構成員資格を持つため、皇族出身の女性は皇族内の男性と結婚することはよく見られることであった。[20] その目的は、国家体制において最大の権力を持ち、かつ現人神とも称せられる天皇とその一族たる皇族の、尊い「純潔」な血統を保つことであった。しかし文化人類学の理論によれば、こうした婚姻形態における両親の血統は未分化の状態にあったということになる。このような血縁集団は「無系」構造であり、すなわち父系・母系とする血縁の系統は存在しなかったのである。したがって天皇である兄が娘を弟に嫁がせるといった叔父姪婚が行われた原因は、弟を婿養子にして皇位の直系継承者にするためだというわけではなかったのである。また、当時の日本では、同父同母の兄と妹は結婚ができないというタブーがあったが、それ以外には何の制限もなかったため、叔父姪婚のようなことが出来たのである。[21]

皇位の継承において、直系継承を主張し始めたのは持統天皇が執政していた時期（六九〇〜六九七）である。持統天皇は天智天皇の娘であり、天武天皇（天智天皇の同父同母の弟）の皇后（叔父・姪婚）でもある。天武が六八六年に死去した時、草壁太子は二四歳であった。奈良時代以前は、天皇の即位年齢は三〇歳以上というのが不文律になっていたため、[22] 草壁太子は即位できなかった。皇位を天武の直系親族の中で継承させるために、持統は皇后として政権を握った（臨朝称制）。しかし、草壁太子は即位を待たずに二七歳（六八九年）で死去したため、持統は六九〇年正式に皇位に就いたのである。七年後（六九七年）持統は一五歳の孫である文武に即位させ、みずからは譲位した。文武は歴史上最初の未成人の天皇になった。その後皇位は持統の妹で文武の母である元明と文武の姉である元正といった二人の女性天皇を経て、四五代で、天武と持統の曾孫すなわち文武の子である聖武へと継承されたのである。持統の意図には、直系継承への配慮がうかがえる。しかし、持統・文武時期は中国の唐律令を模倣して『大宝律令』と『養老律令』を編纂した時期であったため、持統に代表される皇位の直系継承傾向は中国の「父子継承」（「父死子継」）の一時的な影響と見なしてもよいと思われる。著者は、父子という直系継承の意義は複合大家族の中において、自己を中心とする単位家族[23]の地位や利益を守るためであると考える。父子直系継承の前提条件としては、単位家族は複合大家族の中から分離し、独立しなければならず、さもなければ、直系継承には意味がない。当時の日本では単位家族はまだ複合大家族の中から分離しきれていないため、直系継承は意味がなく、また実現もできなかったのである。結局皇位の継承はふたたび皇族の中で不規則な形で継承される状態に戻ったのである[24]。

皇族以外では、ウヂ集団における「氏上」（八世紀末、九世紀以後は「氏長者」という）は、聖徳太子が推古一一年（六〇三）冠位制を制定した頃は旧制を踏襲し、各ウヂ間のバランスを保つために各ウヂ集団の嫡子[25]に限って継承させていた。天武冠位制の施行を契機に、同一ウヂ集団における庶子（嫡子以外の子）に位階を世襲出来たが、官職は得られないという散位者で終わったのである[26]。つまり、一つのウヂ集団には一人の「氏上」あるいは「氏長者」しか存在せず、庶子は官位にも就けず、一家の家長にもなれないのである。

その理由は上述したように、旧ウヂ集団の遺制で一つの集団には首領は一人しかいないことにあるが、もっとも根本的な原因は、やはり当時の社会では初期の「婿取婚」が行われていたことである。夫婦関係は「妻問婚」

時期の別居状態から「婿取婚」の同居状態への過渡期にあり、夫婦別居と同居状態が混在し、一夫一妻を中核とする単位家族がまだ確立されておらず、「家」はウヂ集団の中から分離した一つの独立した社会単位にはなっていないのである。弟を養子にするにしても、娘を兄弟の子に嫁がせてその人を婿養子にするにしても、いずれにせよ、その意味は家長の地位を継承させることではなかったのである。ならば、養子を取る目的はどこにあるのであろうか。

(2)『法曹至要抄』における「養子承分事」

平安末期から鎌倉初期にかけて律令を注釈するために作られた『法曹至要抄』を見ると、その「養子承分事」の条に次のような記載がある。

養子之法、無レ子之人爲二継家業一所二収養一也。(27)

これによると養子を取る目的は家業の相続にあったようであるが、しかし、上述した通り、この時期には「家」はまだウヂ集団の中から分離しきれていない状態であった。それならばここでいう「家業」とは何を指すのであろうか。

それを解明するために、次節では藤原氏の養子を中心に養子と養父母の間の血縁関係を整理し、ウヂ集団から「家」集団へと移行していく過程において養子制度が果たした歴史的な役割について分析する一方、日本の「家」や、家職と家業の特徴、養子が家職や家業を相続する実態とその意義などについても考察したいと思う。

第二節　養子と養親の間の血縁関係——藤原氏を中心に

(1)養父子血縁関係の実態

養子に関するもっとも早い記録は奈良時代に見える。養老五年（七二一）当時従三位であった邑治は弟の小邑治の子、関麻呂は養子であったことを記しており、[28] 延暦一一年（七九二）大和国の朝野宿禰鹿取言は叔父朝野宿禰道長の養子になっている。[29] 奈良時代のこの二例から見れば、養父子の血縁関係は「同宗於二昭穆一相當者」といえよう。平安時代に入ると、養父子は依然として血縁関係を中心に据えるが、長幼の序列を論じない養子が大幅に増えた。著者は『尊卑分脈』第一篇、藤原不比等第二子房前の主要な支脈に限って調査してみたが、各種の養子は計一一〇数例あり、そのうち祖父世代の養子になる例は三〇例（中の五例は母方の祖父の養子になる例であり、その一例は異姓養子、一例は女性養子〔孫女〕）であった。以下、その中の一部を図解して図1～6、六つの図にまとめてみた。[30]

図1から分かるように、一族内では長幼の序列を論じない養父子関係は大変複雑なものであり、また養父側は実子を持っているという複雑な状況で養子を取っていた。図2では、実の親子である実信と満季は二人とも公定の養子となっていた。つまり父子二人は兄弟になってしまったのである。さらに実信の実父、満季の実の祖父忠季もまた自分の祖父実明の養子となっていた。こうして長幼の順序から見ると、実信父子二人を養子に取った公定は、自分より上の世代にあたる実信と同世代に当たる満季を養子にしたことになる。図3では、頼長は兄の養子になっており、頼長の息子師長は曾祖父（実の祖父）忠実の養子になっている。また忠実本人も父親師通が逝去したため、祖父の師実の養子になったのである。図4では、頼親は祖父資頼の養子に、資頼本人もまた祖父宗頼の養子となっていた。そして宗頼は父親の兄弟成頼の養子になっており、成頼は兄弟の息子光雅の養子になっていたのである。つまり、光雅は上の世代の叔父を自分の養子に取ったのである。『尊卑分脈』はこの関係を記載した上に、次の注を加えた。『公卿補任』で、成頼は同父兄光頼の養子である、と。すなわち『公卿補任』によれば、光頼は弟の成頼を養子にしてから、息子宗頼を成頼の養子にしたのである（図5を参照）。図6では、実資

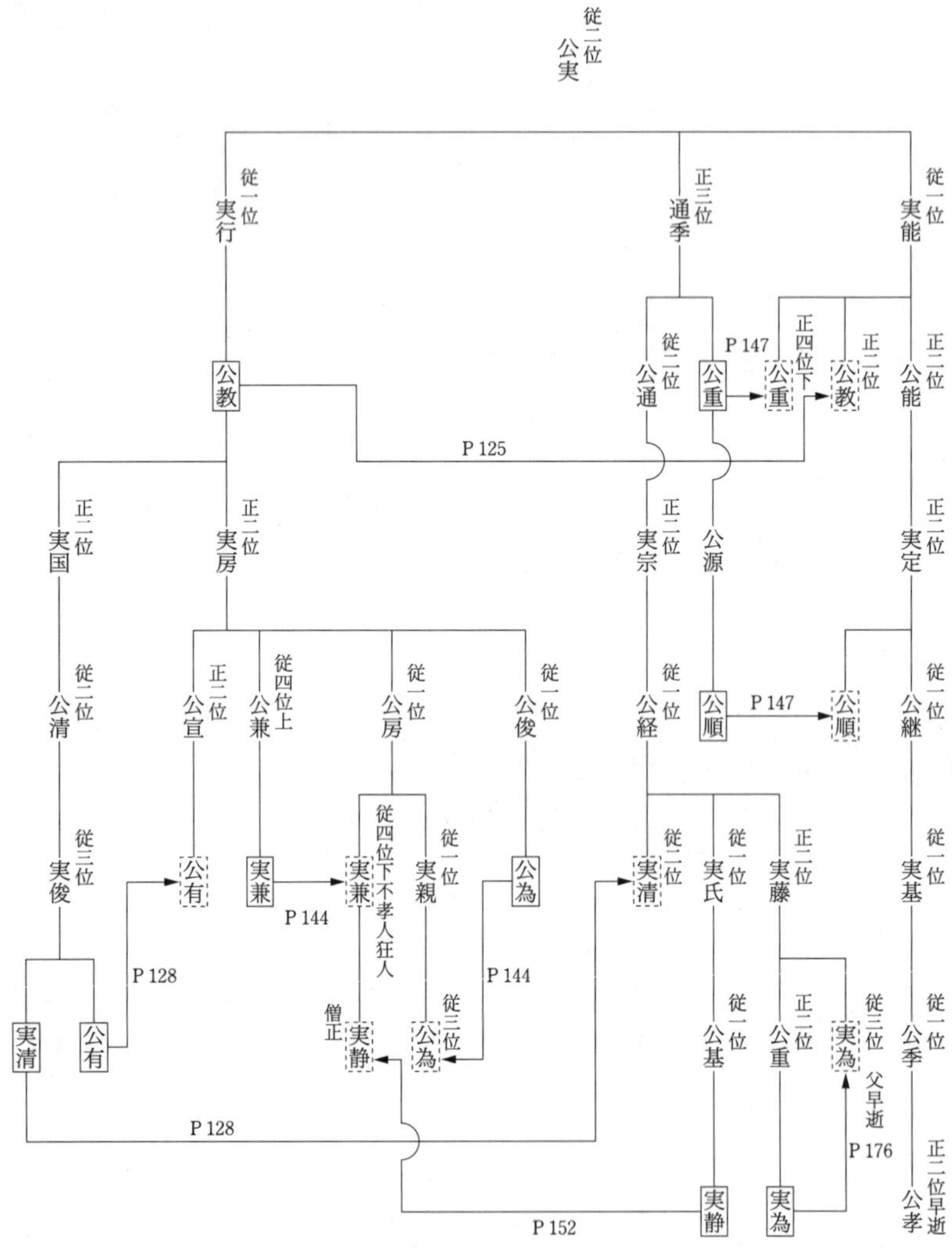
公実 従二位
実行 従一位
通季 正三位
実能 従一位
公教
公通 従二位
公重
P 147
公重 正四位下
公教 正二位
公能 正二位
P 125
実国 正二位
実房 正二位
実宗 正二位
公源
実定 正二位
公清 従二位
公宣 正二位
公兼 従四位上
公房 従一位
公俊 従一位
公経 従一位
公順
P 147
公順
公継 従一位
実俊 従三位
公有
実兼
実兼 従四位下不孝人狂人
実親 従一位
公為
実清 従二位
実氏 従一位
実藤 正二位
実基 従一位
P 144
P 128
P 144
実清
公有
実静 僧正
公為 従三位
公基 従一位
公重 正二位
実為 従三位 父早逝
公季 従一位
P 128
P 176
実静
実為
公孝 正二位早逝
P 152

図 1

図2

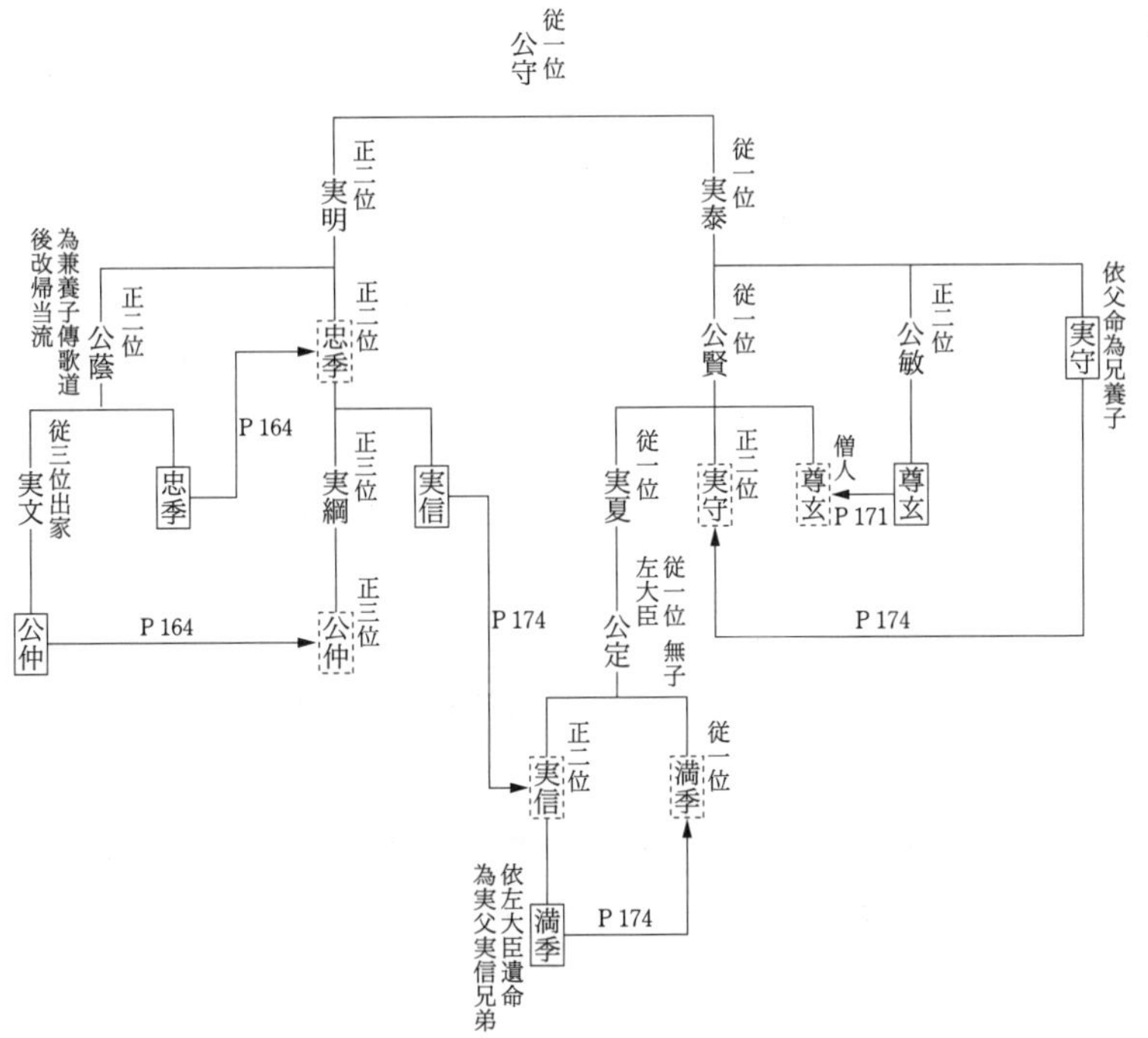
従一位
公守
正二位
実明
従一位
実泰
為兼養子傳歌道
後改帰当流
正二位
公蔭
正二位
忠季
従一位
公賢
正二位
公敏
依父命為兄養子
実守
従三位出家
実文
忠季
P 164
正三位
実綱
実信
従一位
実夏
正二位
実守
僧人
尊玄
P 171
尊玄
公仲
P 164
正三位
公仲
P 174
従一位
左大臣
公定
無子
P 174
正二位
実信
従一位
満季
依左大臣遺命
為実父実信兄弟
満季
P 174

図3

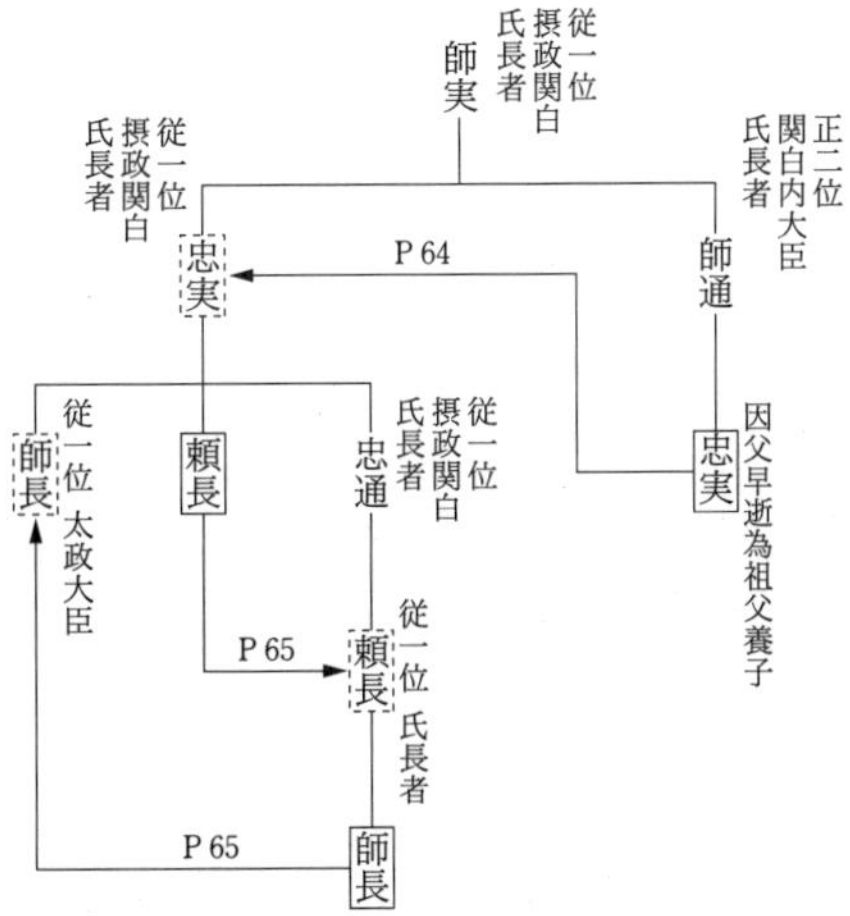
従一位
摂政関白
氏長者
師実
従一位
摂政関白
氏長者
忠実
正二位
関白内大臣
氏長者
師通
P 64
因父早逝為祖父養子
忠実
従一位
師長
太政大臣
頼長
従一位
摂政関白
氏長者
忠通
P 65
従一位
頼長
氏長者
P 65
師長

図4

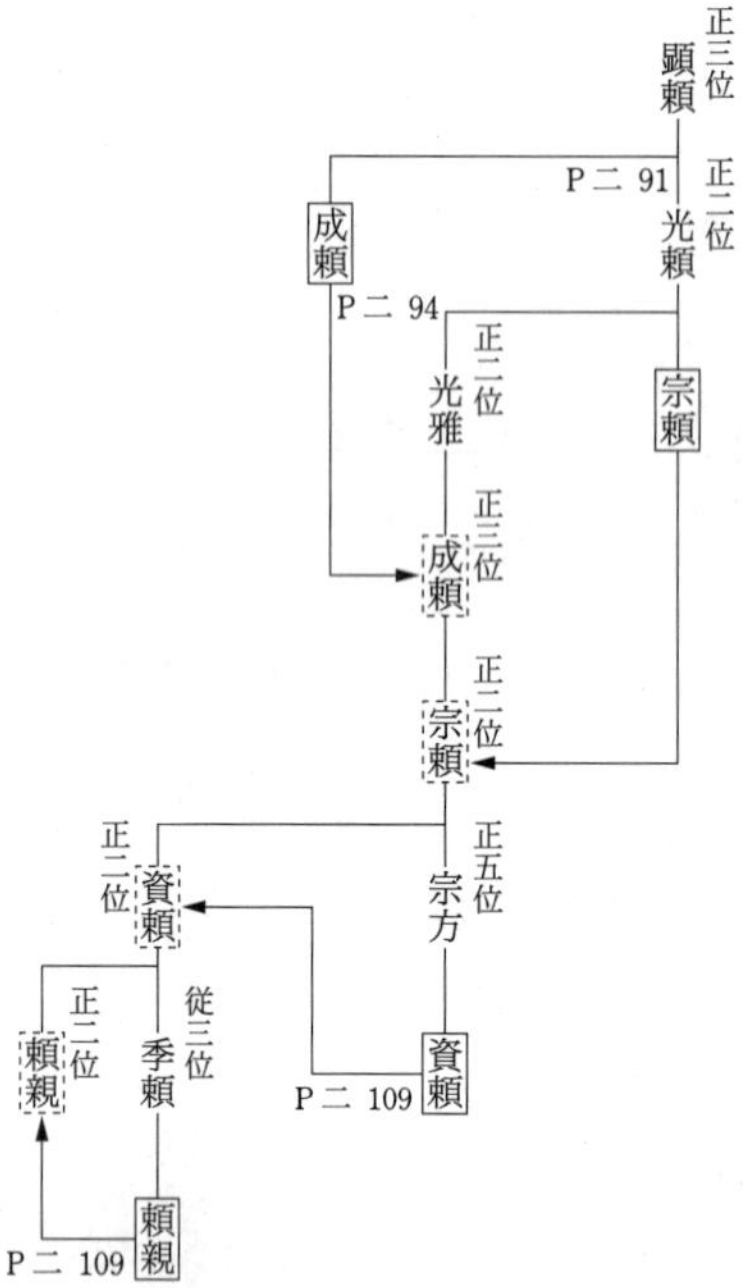
正三位
顕頼
P二 91
正二位
光頼
成頼
P二 94
正二位
光雅
宗頼
正三位
成頼
正二位
宗頼
正五位
宗方
正二位
資頼
従三位
季頼
正二位
頼親
資頼
P二 109
頼親
P二 109

図5

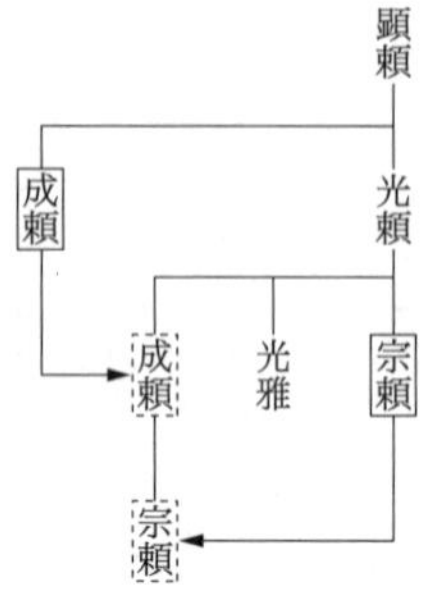
顕頼
成頼
光頼
成頼
光雅
宗頼
宗頼

図6

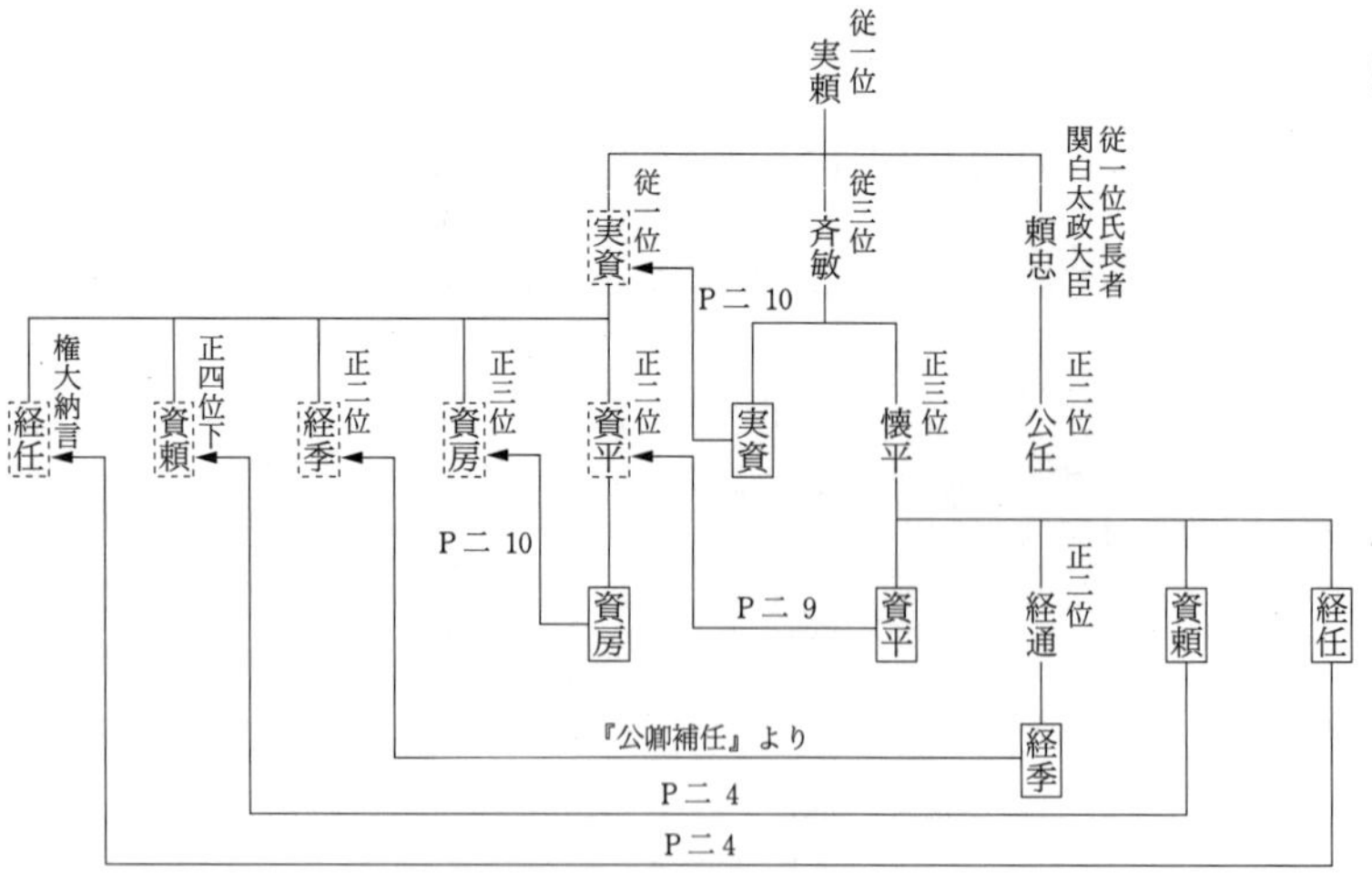
従一位
実頼
従一位氏長者
関白太政大臣
頼忠
従三位
斉敏
従一位
実資
P二 10
権大納言
経任
正四位下
資頼
正二位
経季
正三位
資房
正二位
資平
実資
正三位
懐平
正二位
公任
P二 10
資房
P二 9
資平
正二位
経通
資頼
経任
『公卿補任』より
経季
P二 4
P二 4

は祖父実頼の養子になり、また同時に同父兄弟懐平の息子三人と孫二人、計五人を養子にしている。ここに世代関係を考慮しない養父子関係を見ることができよう。

そのほか、藤原頼長の正室には子がなく、側室の長男菖蒲丸を養子にしたが、のちにまた菖蒲丸を彼の伯父忠通（頼長の養父）の養子にし（ただし、『尊卑分脈』によれば、頼長本人は兄忠通の養子となり、頼長はまた自分の息子と兄弟関係になった。図3を参照）、その後、さらに側室の子今丸を養子にしたなど[31]、さまざまな例が見られる。

平安後期になると、血縁がなかった養子を取ることは、もはや日常茶飯事のようになっていた。政治家・漢学者の大江匡房[32]は橘広房を養子に取り、広房はその娘と結婚した（婿養子）[33]。広房の息子以実（有経と名を改めた）は大江公仲の養子になっており[34]、大江公仲本人も叔父広経の養子となった[35]。前二例は血縁がなかった養子であり（橘氏父子）、広房と有経父子はそれぞれ大江家の同世代の匡房と公仲の養子であった[36]。そして大江匡房の孫維光は藤原家の光能を養子に取っているが[37]、これも血縁がなかった養子の一例である。

漢詩と歴史研究を家業とする専門家が、血縁・血統・世代関係を無視して養子を取ることは不可解に思うが、実は平安中・後期になると、このような複雑な養父子関係はすでに枚挙にいとまがないほど多くなっているのである。貴族の次男・三男は、他家の養子になるか、出家して僧侶になる以外は出世の道を考えることができなかった、と田端泰子氏が指摘している[38]。

(2)養父子血縁関係の分類

上述した平安時代養父子関係の実態を、血縁関係から分類すると以下のようになる。①兄弟または従兄弟の子を養子にする。②兄弟または従兄弟を養子にする。③孫または曾孫世代の子を養子にする。時には自分の孫と孫の子すなわち曾孫を同時に養子にしたり、兄弟もしくは従兄弟の孫を養子にすることもある。④側室の子を正室の養子（女が養子を取ること）にする。⑤血縁のなかった養子を取る。

血縁関係から見れば、同じ血縁に属する場合がある一方、血縁がなかった、つまり非血縁関係にある場合もある。世代関係から見れば、下の世代を養子に取る以外に、同じ世代の者や孫の世代の者を養子にするケースもあり（上の世代の人を養子にする例も一例ある）、さらに父子が同じ人の養子になることもある。

藤原氏はかくも頻繁に養子を取っていた。しかもその多くが世代関係を無視した養父子関係になっていたわけであるが、それが一体なぜであるか、ということはここでやはり注目されるべきであろう。『法曹至要抄』に「養子之法、無レ子之人爲レ継二家業一収養也」（養子の法、子無き人の家業を継がんが爲に収養するものなり）という言葉がある。当時、家と家業は果たして確立していたのだろうか。もしそうだとしたら、この言葉どおり養子を取ることは家業の跡継ぎを絶やさないようにするのが目的だったといえるだろう。しかし、すでに実子のいる養父が養子を取っているのはなぜか、また複数の養子を同時に取ることはどういうことなのか。次にこれらのことを考察してみよう。

第三節　養子と「家」・家業・家財の形成との関わり

(1)「家」の芽生えとその特徴

大化の改新以降、七世紀後半、天智天皇と天武天皇の時に二度にわたって（六六四年と六八五年）冠位制改革（位階を大幅に増やす）[39]が行われ、また天智天皇の時（六六四年）にはウヂ集団の規模に基づいて氏上に大刀・小刀を賜った。[40]さらに天武天皇一〇年（六八一）・一一年には各ウヂ集団に氏上を申告させ、また小氏分立策（大氏を小氏に分ける）[41]を命じたりもした。加えて天皇が賜姓[42]するなど一連の政策を行い、それぞれ自立していたウヂ集団を国家統治の下に治めるだけではなく、ウヂ集団内部の分化をも促した。

藤原氏はまさに天皇の賜姓によって改新前の祭礼を掌る中臣氏から分離してきた新興貴族官僚集団であった。天智八年（六六九）中臣鎌足は内政改革に大いに貢献したため、死ぬ前に天皇から出生地にちなんだ藤原という姓を賜った。天武天皇の時、藤原中臣の第二子不比等が鎌足の政治事業を継承し、律令編纂などに功績を立てたため、天皇は藤原という姓を不比等とその子孫だけに継承させるように命じ、鎌足家のそのほかの支系はふたたび中臣姓に戻され、引き続き祭礼を掌ることとなった。

藤原不比等の四人の息子は、一つのウヂ集団からは一人しか国家の高位高官に任じられない、という従来の遺制を打ち破った。まず、不比等の長男武智麻呂は近江守、式部卿などの官職を歴任、七三四年には右大臣に任じられ、亡くなる前（七三七年流行の疫病により弟の房前・宇合・麻呂とともに死亡）の位階は正一位、官は左大臣まで昇進した。さらに家政機関[43]をも設けたが、その邸宅は平城宮の南にあるため、「南家」と呼ばれていた。次男の房前は父親不比等の政治的地位の後継者であった。七一七年に朝政参議となり、その後、中衛府第一代長官となって宮廷の軍権を握った。その邸宅は平城宮の北にあるため、「北家」と呼ばれていた。三男の宇合は長期にわたって式部卿の任にあり、その家政機関は「式家」と呼ばれていた。また不比等の四男麻呂は京職大夫の官位に就いていたため、その家政機関は「京家」と呼ばれ、七三一年に兵部卿に着任すると同時に参議をも兼任した。

上述の「氏上」の選定や「小氏分立」、「天皇賜姓」、「家政機関」の設置など一連の政策と法令を通して、ウヂ集団は急激に分化したのである。藤原の四家はみな藤原という姓を継承したけれども、各「家」は各自の「家長」（自家内では依然として「氏上」と称す）を持っており、そのほかのウヂ集団の氏上と同等の地位にあって、同等の権利を握っていた。また四家の間では、尊卑・上下の関係がなく、原則として他家の事を干渉しないようになっていた。[44]各家の子孫はそれぞれに不比等の四子を始祖と尊び、おのおのが寺や墓地を所有していた。[45]これによって「家」が芽生え、ウヂ集団は「家」集団へと変質し始めた。ただ当時の婚姻状態はまだ「婿取婚」の段階に止まっており、男性が女性の家に住み、子供は母親とともに母の実家で暮らす、という形で、婚姻関係がまだ十分に安定した状態ではなく、「妻問婚」時代の夫婦別居状態もある程度存在し続けていたのである。したがって上述した「家」は、一般にいう一夫一妻を中心とした子孫を繁栄させ、養育するという「私」的な意義を持つ「家」とは異なるものであった。それは血縁関係を絆にはするが、一方では冠位・官職およびその運営を主につかさどる「公」的な機関となりつつあったのである。しかしこういった意味を持つ「家」がしっかりと確立するのは、「家業」と「家産」、つまり「家」の経済的基礎がさらに確立され、またそれが安定したものになるのを待たねばならなかった。

以上のような形成過程およびその性質から見ると、日本の「家」が誕生したのは、ウヂ血縁集団内部で夫婦を中心とした単位家族の経済が発展した結果ではない、と考えられる。つまりその時代の「家」は一人の男性を中心とした妻・妾およびその嫡・庶子を含んだ単位家族の経済発展が、複合大家族内部の分裂や単位家族の独立を促したわけではない。日本の「家」の誕生は、天皇や朝廷による一連の政策、つまり外部の強制的な力によるものだったのである。したがって、「家」の実質は天皇と朝廷の公務を中心とした公的機関にならざるを得なかったし、その家業や家産も同様に、「公」的な性質を持つことになったのである。

(2)律令官人制と貴族「家」の家業と家産

日本は平安時代に「官位相当制」[46]を実施していたため、当時の有品親王や内親王、三位以上の貴族は、「家」の財源として位田・位封・季禄・資人のほかに、官職に応じた職田・職封・資人を与えられていた（表1参照）。

また貴族のこれらの収入は、蔭位制によって世襲することができる、と定められていた。『養老令』「選叙令・五位以上子条」は次のように定めている。

表1　主な官位相当および位階・官職に対する特権表

位階	官職	位田(町)	位封(戸)	季禄(半年分) 絁(匹)	綿(屯)	布(端)	鍬(口)	資人(人)	職田(町)	職封(戸)	資人(人)
正一位	太政大臣	80	300	30	30	100	140	100	40	3000	300
従一位		74	260	30	30	100	140	100			
正二位	左右大臣	60	200	20	20	60	100	80	30	2000	200
従二位		54	170	20	20	60	100	80			
正三位	大納言	40	130	14	14	42	80	60	20	800	100
従三位	大宰帥	34	100	12	12	36	60	60	10		
正四位上	中務卿	24		8	8	22	30	40			
正四位下	省の卿										
従四位上	左右大弁	20		7	7	18	30	35			
従四位下	神祇伯										
正五位〜従五位	衛府の督	12		5	5	12	20	25			
		8		4	4	12	20	20			
従五位上〜従六位下	国の守	8									

表2　日・唐蔭階構成の対比

唐六典巻二吏部郎中条註				大宝選任令(『養老令』「選叙令」)五位以上子条				
官　人	子	孫	曾　孫	官　人	嫡　子	庶　子	嫡　孫	庶　孫
一　品	正七品上	正七品下	従七品上	一　位	従五位下	正六位上	正六位上	正六位下
二　品	正七品下	従七品上	従七品下	二　位	正六位下	従六位上	従六位上	従六位下
正三品	従七品上	従七品下	正八品上	三　位	従六位上	従六位下	従六位下	正七位上
従三品	従七品下	正八品上	正八品下					
正四品	正八品上	正八品下		正四位	正七位下	従七位上		
従四品	正八品下	従八品上		従四位	従七位上	従七位下		
正五品	従八品上	従八品下		正五位	正八位下	従八位上		
従五品 国　公	従八品下	ナ　シ		従五位	従八位上	従八位下		

凡五位以上子出身者、一位嫡子従五位下、庶子正六位上。二位嫡子正六位下、庶子及三位嫡子従六位上、庶子従六位下。正四位嫡子正七位下、庶子及従四位嫡子従七位上、庶子従七位下。正五位嫡子正八位下、庶子及従五位嫡子従八位上、庶子従八位下。三位以上蔭及レ孫、降二子一等一。

これを表2[47]にし、『唐令』と比較してみよう。

前述の『養老令』「選叙令・五位以上子条」によれば、四位、五位の子および三位以上の子と孫は蔭位資格を有している。[48]ただし蔭位する時に孫は子より一階を繰り下げることになっている。

同令の「両応出身条」はまた、

凡両応二出身者一[49]従レ高叙

と定めていた。「選叙令・遷代条」によれば、

凡初位以上（一品以下）長上官遷代、皆以二六考一為限

となり、また「秀才出身条」も

其秀才明経得二上中以上一、有レ蔭

と定めていた。当時四位・五位の子と三位以上の子と孫には大学入学の特権を与えられており、また平安初期ではこれらの子と孫は大学に入ることが義務付けられていた。しかし事実上、大学はこれらの蔭子孫にとっては儒学的教養を身に付ける場所にすぎなかった。[50]したがって条文の中の「両応」は主に父と祖父の位階出仕叙位を指すものとなっていたのである。

野村忠夫氏は『律令官人制の研究』の中で一三例の叙位実例を列挙したが、その中の九例はいずれも父親より高い祖父の位階に応じて蔭叙し得た位階である。前掲『養老令』「選叙令・五位以上子条」に基づくなら、庶孫を庶子にすれば、出身つまり初叙の時は孫より位階を一階高くすることができ、嫡子にすれば二階高くすることが

できる。まさに野村氏が次のように指摘するとおりである。「蔭子孫の中核をなす蔭位資格者（三位以上の子・孫および四・五位の子）にとって最大の特典は、二一歳以上で父祖の位階とその父祖との関係（嫡・庶子、嫡・庶孫）に応じて従五位下〜従八位下の官位に叙されたのである。この蔭位制がほかの人々に対して隔絶した特権であることはいうまでもなく、一位嫡子の蔭階である従五位下は、位子・白丁出身者が三十年・五十年の官人生活を経て、なお到達できなかった官位である」[51]。

このように、特定の貴族の「家」は特定の官職を世襲によって独占し、特定の官庁を世襲によって独占することができたのである。つまり官職と「家」は結び付き、官職と官庁は特定の貴族によって独占的に運営され（官司請負制）、「官職家業化」という現象が一般的になっていたのである。例えば近江国の小槻氏は、貞観一五年（八七三）に小槻山公今雄が正六位上、左少史兼算博士となってからは、今雄の子孫はほとんど代々左少史となり、算道に任官されていた。ほかに清原・中原の両家も当時の大外記局（秘書局）の官職を独占している[52]。このように、律令国家の高位高官が貴族の家業となると同時に、付随的に国家の俸禄も自然とその家財となった。家業・家産を継ぐことは事実上父祖の位階と官職を継ぐことに等しくなったのである。

⑶養子と養父・実父の位階および官職

平安初期に南家・式家・京家が相次いで落ちぶれたのに対し、北家だけは急上昇を果たした。その子孫は朝廷の政務を二、三世紀にわたって支配していた。なかでも房前の曾孫冬嗣は嵯峨天皇の信頼を得て、朝廷の首席に立つことができたのである。

藤原基経は冬嗣の嫡長男長良の第三子であったが、叔父（長良の弟）良房に子がなかったため、その養子となり[53]、それ以降順風満帆に官途を歩む人生を送った。『公卿補任』によると、仁寿二年（八五二）一七歳で蔵人に任じられ（蔭孫には位なし）、仁寿四年（斉衡元＝八五四）一九歳で左兵衛少尉、同年一〇月従五位下任侍従、天安元年（八五七）二二歳で少納言となった。また天安二年（八五八）養父の良房が左大臣・太政大臣に昇進し、天皇外祖父の身分で摂政を始めた年には、位階が従五位のまま左少将、蔵人頭の官職に就いた。そして貞観二年（八六〇）二五歳で位階が正五位下に昇進、貞観三年（八六一）二六歳で従四位下、貞観六年（八六四）参議職に就き、貞観八年（八六六）三一歳で従四位上から正四位下を経て従三位まで昇進、官職も中納言まで上がった。基経の同父の兄、長良の長男国経は、天安二年（八五八）三一歳の時、基経に比べて六年も遅れて蔵人になっている。長良の六男、基経と同父の弟である清経も三二歳になってから蔵人に上がっている。蔭子孫の身分から見れば、この三人はすべて冬嗣の孫であり、また同じく長良の子であった。しかし蔭位の差がこんなに大きかったのは、基経が一六歳の成人式の時か、もしくはそれ以前に叔父良房の養子になったからにほかならない。[54]

基経が蔵人になった年は、実父長良の位階は正三位で、官は参議であったのに対して、養父良房の位階は正二位、官は右大臣であった。冠位と官職だけではなく、良房と天皇の関係も一般的なものではなかった。良房と嵯峨天皇の皇女の間に生まれた明子が文徳天皇に嫁いだため、良房は清和天皇の外祖父となったのである。それと同時に良房の官職は右大臣から左大臣・太政大臣にまで上がり、天安二年（八五八）に摂政の先鞭を取ったのである。したがって、良房の養子であることが幸いして、基経の昇進も同父兄弟や従兄弟よりずいぶん早くなったのである。[55]

史料に限りがあるため、上述の『尊卑分脈』第一篇藤原氏「北家」の一一〇数例の養子について、すべての実父と養父の位階と官職を調査することはできないが、ここで『公卿補任』を手がかりにして、一条天皇（九八六～一〇一一）から土御門天皇（一一九八～一二一〇）までの時期に見える藤原氏の養子と養父の血縁関係、および養子縁組が行われた時点の実父と養父の位階・官職の一覧を作ってみた（表3）。[56]

表３　『公卿補任』(一条朝〜土御門朝)に見える養子関係

	養子	実父	養父	養父子間の血縁関係	養父実子の有・無	養子縁組の時期	実父の位階官職	養父の位階官職
1	実資	斉敏	実頼	孫	有	養子成人式時 安和二年(969)	正四位下 参議	従一位 関白大臣
2	道頼	道隆	兼家	孫	有	養子誕生時 天禄元年(970)	正五位下 備後権介	正三位 中納言
3	行成	義孝	伊尹	孫	有	実父死亡時 天禄二年(971)	従五位下 右中将	正二位 摂政太政大臣
4	資平	懐平	実資	侄		養子誕生時 寛和二年(986)		
5	公成	実成	公季	孫	有	養子成人式時 寛弘八年(1011)	従三位 参議	正二位 内大臣
6	兼頼	頼宗	道長	孫	有	養子成人式時 万寿三年(1026)	正二位 権大納言	従一位 前太政大臣
7	経任	懐平	斉信	母方の侄	無	養子誕生時	従三位 参議	従四位上 参議
8	資房	資平	実資	孫		養子誕生時 寛弘三年(1006)	従五位上 少納言	正二位上 権大納言
9	能長	頼宗	能信	甥	有	養子成人式時 長元八年(1035)	正二位 権大納言	正二位 権大納言
10	経季	経通	実資	弟の孫		養子誕生時	従四位下 権左中辨	正二位 権大納言
11	顕季	隆経	実季	不明	有	養子誕生時 天喜二年(1054)		
12	頼長	忠実	忠通	弟	有	養子成人式時 大治五年(1130)	従一位 前太政大臣 (1129)	従一位 関白
13	師長	頼長	忠実	孫	有	養子成人式時 久安五年(1149)	正二位 左大臣	従一位 前太政大臣
14	朝隆	為房	為隆	弟	有	実父死亡時 永久三年(1115)	正三位 参議	正四位下 左中辨
15	公教	実行	実能	甥	有	養子初叙位時 嘉承二年(1106)		
16	親隆	為房	重隆	弟	有 (無才能)	実父死亡時 永久三年(1115)	正三位 参議	

17	家通	忠基	重通	不明	無	養子誕生時 康治元年(1142)	正四位下 参議	従三位 権中納言
18	成頼	顕頼	光頼	弟	有	実父死亡時 久安四年(1148)	正二位 権中納言	五位 蔵人頭
19	基宗	基家	光忠	不明	有	養子初叙位時 承安元年(1171)	従三位 非参議	従三位 権中納言
20	有経	重綱	経房	侄	有	実父死亡時		
21	泰通	為通	成通	兄の孫	無	実父死亡時 久寿元年(1154)	正四位下 参議	正二位 権大納言
22	実教	家成	公親	妻の弟	無		正二位 中納言	正四位下 参議(1156)
23	公衡	公能	実守	弟	無	実父死亡時 応保元年(1161)	正二位 右大臣	正四位下 参議(1170)
24	兼良	兼房	兼実	甥	有	養子成人式時 承安五年(1175)	従二位 非参議	従一位 右大臣
25	范季	能兼	范兼	弟	有	実父死亡時		
26	良平	兼実	基通	侄	有	養子成人式時 正治二年(1200)	従一位 前太政大臣	従一位 摂政大臣

この表から見れば、二六例の養子のうち、孫の世代を養子にしたのは九例、同じ世代つまり弟を養子にしたのは七例、下の世代つまり「合昭穆」の例は七例、残り三例はその世代関係が不明である。養父が実子を持つ例は一八例、そのうちの一例は実子がいたが、その実子にその器量がなかった。表から分かるように、兄が弟を養子にする場合に、その位階は蔭位制によっていずれもその実父の位階より低くなっていた（これらの例はいずれもその実父が死亡もしくは出家した時に兄が「後見人」として、すなわち養子の弟が成人するまでの保護者として養父になっている。ここでは扶養義務が含まれていた）が、孫を養子にする九例はその養父（祖父）は例外なく三位以上の公卿であり、位階と官職はみなその実父より高かったのである。

さらに前文であげた藤原家の六つの養子図（図1～6）を見てみよう。養子となった時期とその養父・実父の位階や官職を明らかにすることはできないが、『尊卑分脈』の記載から、その養父の位階・官職がいずれも実父より高いことは明らかである。

前述の叔父の養子となった基経とその兄弟たちの昇進状況、および図1〜6と表3が示す養父と実父の位階・官職の格差からみて、『養老令』「蔭子孫条令」のもとでは、父祖の位階と官職は、直接子孫の出世や任官に影響したといえよう。また律令のほかの条文、例えば『養老令』「継嗣令・継嗣条」の規定では、

凡三位以上継レ嗣者、皆嫡相承。若無二嫡子一、及有二罪疾一者、立二嫡孫一。無二嫡孫一、以レ次立二嫡子同母弟一。無二母弟一、立二庶子一。無二庶子一、立二嫡孫同母弟一。無二母弟一、立二庶孫一。四位以下、唯立二嫡子一、（謂、庶人以上、其八位以上嫡子、未レ叙身亡、及有二罪疾一者、更聴二立替一。）其氏宗者、聴レ勅

とあり、『令集解』の『養老令』「選叙令・五位以上子条」についての解釈では、

凡以二孫列一爲レ嫡者、降二嫡子一等一。以二子列一爲レ嫡者、子與嫡之位

となっている。これらは父祖の位階・官職が子孫の官途を決めるだけでなく、初めて位階を叙位する時と官職が昇進する時に、子の方が孫より、また嫡子の方が庶子より有利だったことを示している。

また『養老令』「継嗣令・定嫡子条」は次のように定める。

凡定二五位以上嫡子一者、陳二牒治部一、験レ実申レ官。其嫡子有二罪疾一、不レ任レ承レ重者、申二牒所司一、験レ実聴二更立一。

これによると、五位以上の貴族が嫡子を立て替える時は、治部に申し出て確認されればよかったし、六位以下、庶人以上の人が嫡子を立て替える時は、いかなる手続きも求められず、その父祖が任意に行えばよいのであった[57]。そしてあらゆる律令条文には蔭位の人数や嫡子人数を制限する規定もなく、したがって高位高官は実子があるにもかかわらず、血統や世代関係を無視して頻繁に親戚を養子に取り、一人が数人の養子を取ることもあった。さらに正室に子がない時に側室の子を養子に取るというように、女性が養子を取るという現象まで起こっていたのである。

上述した藤原氏の例では、孫を養子にした者はすべて養父が三位以上の公卿であった。その理由は律令条文によって孫が蔭位の時に一等下げられるのを避けること、庶孫を嫡子にすると初叙位の時に孫より二級も位階が高くなること、さらにこれらの公卿たちは天皇朝廷との関係が深いため、養子の今後の昇進にも有利であることなどが考えられる。前述したような藤原基経昇進の経緯は、その恰好な例といえよう。当時の高位高官の者が相次いで孫を養子にした原因は、ここにあるのではないだろうか。『養老令』が実施されてから二〜三世紀の間、高位高官は藤原氏一族が独占し続けていたのである。

しかし、著者は上述した「選叙令」と「継嗣令」に見えるこれらの関係条文が、けっして平安時代の養子にさまざまな特徴が生じたことの唯一の原因になっているとは思わない。『養老令』は『唐令』の基礎の上に定められたものであるから、次にやはり『唐令』の関係条文も考察してみなければならないと思う。『唐令』「選擧令」第二六条に

諸一品子正七品上叙、從三品子遞降二一等一。四品五品有二正從之差一、亦遞降二一等一。從五品子從八品下叙。國公子亦從八品下。三品已上蔭曾孫、五品已上蔭孫。孫降二子一等一、曾孫降二孫一等一。散官同二職事一。若三等帶二勳官一者、卽依二勳官品一同二職事蔭一、四品降二一等一、五品降二二等一。郡縣公子、準二從五品孫一、縣男已上子降二一等一。勳官二品子、又降二一等一。二王後子孫、準二正三品蔭一。自レ外降入二九品一者、並不レ得レ成蔭[58]（傍点は著者）

とある。『唐令』の中には「継嗣令」がなく、類似したものに「封爵令」がある。その第二条に、

諸王公侯伯子男、皆子孫承レ嫡者傳襲。無嫡子及有罪疾、立嫡孫。無二嫡孫一以レ次立二嫡子同母弟一。無二母弟一立二庶子一。無二庶子一立二嫡孫同母弟一。無二母弟一立二庶孫一、曾玄以下准レ此。無レ後者國除[59]

と記されている。日唐の両令を比較すると注目すべきことがいくつかある。

まず、日本の律令官人の「官」と「品位」は呼応するものである。すなわち「官位相当[60]」が実施されていた。一

方、唐の「官」と「品位」は分離されたもので、[61]中国ではたとえ父祖のおかげで品位が取れたとしても、それ相応の官職は得られなかった。そもそも中国は頻繁に王朝が交代していたので、世襲で受け継いだ栄光や経済的利益は、だいたい三〜四代で終わってしまう。日本は中国と異なり、「万世天子」の下で、公卿朝臣の子孫は世襲により位田・位封・季禄、また任官によって職田・職封・資人などを含んださまざまな実利を得たのである。これらの利益は二代や三代で終わるものではなく、何代も続くため、律令国家の官職がこれら貴族の「家業」となり、封禄もその家産となっていた。こうして、家業は何よりも大切なものとなったのである。したがって『養老令』「選叙令・爲人後（あとつぎ）者条」には

凡爲二人後一者、非二兄弟之子一、不レ得二出身一

という規定があるにもかかわらず、日本では「家業のためならば律令を破ることも許される」[62]のであった。この条文は実際空文となったのである。

次に注目すべきことは、『唐令』「選叙令」の蔭位制では、嫡子・嫡孫にしか蔭位資格がなかったことである。嫡子・嫡孫がいない時だけ庶子が規定にしたがって爵位を世襲することができる。日本の『令集解』は「継嗣令・継嗣条」の

若無二嫡子一及有二罪疾一者、立二嫡孫一

という部分について、

凡此家嫡若無者、更聴レ立レ嫡。若以二子列一爲レ嫡者、号爲二嫡子一。若以二孫列一爲レ嫡者、号爲二嫡孫一

との解釈をしていた。つまり庶子・庶孫として立てられた者の身分は嫡子・嫡孫とすることができると定められていた。中国では嫡子・嫡孫がいなければ、庶子が嫡子の代わりに爵位を世襲することができるが、その庶子・庶孫の身分を任意に嫡子・嫡孫の身分に変えることはできなかった。つまり嫡子・嫡孫の代わりに爵位を世襲し

ても、身分は依然として庶子・庶孫のままだったのである。

さらに注目すべきことがある。『唐令』では三品以上の公卿は孫・曾孫まで爵位を世襲することができ、孫は一等位階を下げ、曾孫はさらに一等を下げる規定があった。しかし中国宗族の内部では、血縁身分秩序が厳しく、尊卑・長幼・世代関係を混在させることができず、人為的にそれを変えようとすれば、「乱倫」または祖先への無礼と見なされるのであった。したがって爵位を世襲する時、孫の場合一等繰り下げる規定があっても、孫を養子にすることはなかったのである。中国の養子法は「同宗於㆓昭穆㆒相當者」を要としている。したがって貴族らは、子がないために養子を取らざるを得ない場合でも、子・孫が高位高官を世襲することが目的で兄弟や孫を養子にするといった日本のようなことは、現実的になかったのである。

むすび

日本の律令制時代の「家」は、夫婦を中心とした、子孫繁栄の役割を担う血縁集団ではなく、冠位・官職を運営し継承する「公」的機関であった。公卿や貴族の「家」は、位階に応じた官職を家業に、またそれに応じた俸禄を家産としたのである。平安時代の公卿貴族は律令の規定を利用して、血縁や世代関係を無視して養子を取り、家業を継承することによって、自分の政治勢力を拡大させた。これはウヂ集団の徹底的な解体と「家」の確立を促し、同時に「家」の経済的な実力を強めた。つまり律令時代から平安貴族、特に公卿が孫を養子に取るのを契機として、律令制以前からの伝統的な天皇に対する貴族の奉仕関係が消滅し、これにかわって天皇との個人的な結びつきが貴族の朝廷での地位を左右するようになった。その歴史的意義はきわめて深いといえよう。また唐代の養子法令を「活用」して人為的に血縁身分秩序を調整し、法令の規定に無理に合わせた形で代々の実利を得ていたのが、いわば平安時代の養子制の実態だったのである。

以上、簡略ながらも平安時代における公家の養子に関して考察した。そこからは中国の宗族に見える「義を重んじて利を軽んじ」（「重義輕利」）、「義を以て利を制す」（「以義制利」）という考え方とまったく相反する「利が義よりも大きい」という日本の典型的な功利主義文化がうかがえる。

中国の宗族は父系の血統・尊卑・長幼の秩序・世代関係など自然の血縁関係を最高の基準とする。このような血縁構造は儒家的な「礼制」という文化および上述の「義を重んじて利を軽んじ」、「義を以て利を制す」という価値観と互いに補完するのである。これらは中国伝統文化の核心である。宗族内部では、このような自然の血縁関係が目に見えない鎖として、一輪一輪緊密に繋がっており、身分や社会的地位などは出生時にすでに決められ、人為的にそれを変えようとすれば「乱倫」と見なされた。中国では「乱倫」のレッテルを貼られると、違法行為をしたということで、処刑されるよりも苦しい思いをして生き続けなければならない。この倫理観念は法律より厳しく人々の行為を制限し、人々の身分を固定していたのである。このような血縁身分構造は「義を重んじて利を軽んじ」るという価値観と結びつき、商業や企業の発展を制約あるいは壊してしまう要素となって、「中国では商人と富を欠いたことはなかったが、個人企業は終始一貫して、家族による自我を抑制する力に妨げられ、社会システム全体を揺さぶるほどにまで成長できたものはほとんどなかった」のである。(63)

しかし日本の血縁親族集団において中国のそれと相反する価値観と倫理体系をはらんでいた。本章では平安時代の養子の実態は、生まれつきの血縁身分秩序を考慮しない身分制が功利主義の文化的因子を育み、当時とその後の歴史の歩みに大きな影響を及ぼしたことを示している。

（1）　中国では、この二つの状況を区別して、前者を「継子」「嗣子」口語では「過継子」「過房子」といい、その養父母を「嗣父母」「継父母」という。養子を引き取る行爲を「立嗣」「立継」という。後者の場合の養子と養父母を「義子」と「義父母」という。

（2）宗族構成員資格とは、簡単にいえば継嗣権を指す。中国の宗族は典型的な父系単系という出自集団である。集団内では男性子孫しか祖先の血統を継承して次の世代に伝達する権利がなく、彼らは同時に家長や族長の継承権および財産の相続権をも有するのである。女性は出生から結婚後まで終始生家の姓（血縁関係は目に見えない内的な関係で、姓氏はそれを外在化する標識である）を持っているが、生家の姓を子孫に伝達させることはできず、実家の家長や族長の地位、家産を相続する権利もない。また女性は死後もその位牌は夫の配偶者として夫家の家廟に祀られる。これらのことから、滋賀秀三氏は中国の女性は実家においても夫家においても完璧な成員権を持っていないと主張している（『中国家族法の原理』、創文社、一九八一年第二版、二〇頁）。

（3）『春秋左氏傳』僖公一〇年。

（4）同右、僖公三一年。

（5）『孟子』「離婁章句上」。

（6）『唐戸婚律』巻一二「養子捨去條疏議」に「依一戸令二、無レ子者、聽レ養下同宗於二昭穆一相當者上」とある。仁井田陞『唐令拾遺』（東京大学出版会、一九三三年初版、一九六四年復刻版、一九九三年復刻版第二刷）「戸令第九」一四条を参照。

（7）婿を養子にすること。中国では「同姓不婚、異姓不養」の伝統があり、婿は異姓でなければならない。よって婿を養子にする習俗はない。中国では日本の婿養子と類似したもの、つまり娘しかない場合には、その婿を「贅婿」という。一般的にその「贅婿」は妻の家に住み、本姓をそのまま残していったが、彼の息子の中からひとりが妻の姓を冠しなければならない。

（8）笠谷和比古「『家』の概念とその比較史的考察」（笠谷和比古編『公家と武家Ⅱ——「家」の比較文明史的考察』、思文閣出版、一九九九年、序論）。

（9）仁井田陞氏の復元した四八条の「唐戸令」の中で、三七条はそのまま日本の『養老令』の中で援用された（注6仁井田前掲書「戸令第九」を参照）。

(10) 花田雄吉「日本古代における家長権の相続」(『歴史地理』第八七巻、第三・四合号、総号五四四号、一九五五年)。

(11) 社会の現実に基づいて中国の唐律令を元にした『養老律令』に新しい解釈を加えることは、当時の習慣的方法である。佐藤進一氏は類似した状況を考察したときに、この方法を「準用和折衷」と称した(『日本の中世国家』、岩波書店、二〇〇一年)。日本の律令時期は中国を模倣したとはいえ、その基層社会の構造はやはり中国と違っている。またいったん民族の風俗として定着すれば、法令で簡単に改めうるものではなくなる。

(12) 本書第三章を参照。

(13) 『儀禮』「喪服・齊衰不杖期」の条。

(14) 『小右記』一、二巻。

(15) 日本でもっとも古い史料は『古事記』と『日本書紀』である。これら、特に『古事記』は神話や偽りを多く含んでいる。ただ史学界では一般に、『日本書紀』の応神天皇からの皇位継承に関する記録は信頼できるとしている。よって本章は応神天皇の皇位継承から検討を始める。

(16) 天武天皇は天智天皇の同父同母の弟である。天智天皇は一時皇位を大友皇子に継がせようとしていたが、天智の歿後、天武天皇が武力によって、皇位を手にした(六七二年壬申の乱)。しかし、皇位を手にした後は反抗がなかったので、これも兄弟相続と見なしていいといえよう。

(17) 小林茂文『周縁の古代史――王権と性・子ども・境界』(有精堂出版、一九九四年)、河内祥輔「王位継承法試論」(佐伯有清編『日本古代史論考』、吉川弘文館、一九八〇年)、南部昇「女帝と直系王位継承」(『日本歴史』二八二号、一九七一年)、また、本書第五章を参照。

(18) 注(10)花田前掲稿。

(19) 本書第三章を参照。

(20) 同右。

(21) 同右。

(22) 村井康彦「王権の継受――不改常典をめぐって――」(国際日本文化研究センター紀要『日本研究』第一集、一九八九年）を参照。

(23) 単位家族とは古代社会では一人の男性を中心とした妻・妾およびその嫡・庶子を含んだ家族である（本書序章注3を参照）。

(24) 本書第五章を参照。

(25) 日本古代社会における嫡子は父、父祖によって一族の中で任意に立てることができる。後述を参照されたい。また、中田薫『法制史論集』第一巻（岩波書店、一九七〇年）九八頁を参照。

(26) 瀧浪貞子「散位と散位寮――古代官僚制の構造」（村井康彦編『公家と武家――その比較史的の考察』、思文閣出版、一九九五年）。

(27) 塙保己一編『群書類従』第六輯（続群書類従完成会、一九六〇年訂正三版）。

(28) 『続日本紀』天平宝字五年四月条。

(29) 『日本後紀』弘仁三年六月一五日条。

(30) 図中のPと後ろのアラビア数字はその養父子関係が『尊卑分脈』第一篇に見えるページ数である。例えば、P二5は『尊卑分脈』第二篇の5ページ目を意味する。

(31) 『台記』康治三年（天養元年＝一一四四）正月一日、久安二年（一一四六）三月一九日、一二月一九日、久安六年（一一五〇）七月九日条。

(32) 大江家と菅原家はともに平安時代の著名な文章道家であった。すなわち漢詩と歴史学を家業とする専門家であった。

(33) 『尊卑分脈』橘氏、大江氏。

(34) 嘉保元年（一〇九四）に大江公仲は強盗、放火および殺人罪で隠岐国への流刑に処され、承徳元年（一〇九七）に戻った。大治五年（一一三〇）その娘の仲子は父親の遺産相続をめぐって、公仲の養子有経と争いを起こした。『平安遺文』一三三八号、二一七七号を参照。

(35) 塙保己一編『群書類従』第五輯（続群書類従完成会、一九六〇年訂正三版）「大江氏系図」を参照。

(36) 同右。

(37) 『尊卑文脈』大江氏。

(38) 田端泰子『日本中世女性史論』（塙書房、一九九四年）二四四頁。

(39) 『日本書紀』天智三年、天武一四年。

(40) 同右、天智三年二月条「其大氏之氏上賜二大刀一、小氏之氏上賜二小刀一、其伴造等之氏上賜二干楯・弓矢一。亦定二其民部・家部一。」

(41) 同右、天武一〇年九月条「詔曰、凡諸氏有二氏上未レ定者、各定二氏上一、而申二送於理官一。」、天武一一年一二月条「詔曰、諸氏人等、各定下可二氏上者上而申送一。亦其眷族多在者、則分各定二氏上一。並申二於官司一。然後斟二酌其状一、而処分之。因承二官判一。唯因二小故一、而非二己族一者、輙莫レ附。」

(42) 天皇賜姓についての記載は、『日本書紀』の随所に見える。ほかに直木孝次郎「復姓の研究」（『日本古代国家の構造』、青木書店、一九五八年）を参照。

(43) 日本の律令時期は有品親王と三位以上の職事官が家政機関を設けることができたので、律令国家は各家政機関に職員を配分した。『養老令』「家令職員令」にはこのことについて詳しい規定が定められていた。養老三年（七一九）から「家政機関」の設置は五位以上の貴族まで拡大した。藤原不比等の四子はみな三位以上の高位高官であったため、全員家政機関を設けていたのである。

(44) 村井康彦「氏上から氏長者へ」（注8笠谷前掲編書）。

(45) 栗原弘氏は夫婦であっても死ねば夫は夫方の氏族墓地に、妻は妻方の氏族墓地に葬られ、合葬されることがなかったのは平安時代中期の原則的習慣であると考える（「平安中期の入墓規定と親族組織――藤原兼家・道長家族を中心として――」、秋山國三先生追悼会編『京都地域史の研究』、国書刊行会、一九七九年）。また家が成立していなかった最大の指標は、家単位で墓地を持つことがなく、夫婦別墓制であったところに求められる、と村井康彦氏は考える（「公家の家意識――氏と家とのはざまで――」、『歴史公論』創刊五〇号記念増大号、第六巻一号、「日本人と家」、一九八〇年、一〇三頁）。

(46) 中国古代においては官職と爵位が分離していたが、日本の律令時期は「官位相当制」を行っていた。つまり「職掌所レ事、謂二之官一。朝堂所レ居、謂二之位一也。凡臣事レ君、盡レ忠積レ功、然後得二爵位一。得二爵位一然後受レ官」（『令集解』「官位令」を参照）である（傍点は著者）。ゆえに、父祖の位階を世襲すると同時に相応する官職をも世襲する。

(47) 野村忠夫『律令官人制の研究』（吉川弘文館、一九七八年第三版）二六二頁の「日・唐蔭階構成の対比」をもとに作成。

(48) よって歴史上、三位以上の貴族を公卿と称し、四位、五位の貴族を通貴と称す。特殊な蔭位資格が両者の間に雲泥の差を付けたのである。

(49) 『令義解』は「両応」に対して、以下のように解釈している。「謂藉二父或祖蔭一及秀才明経、兼有二父祖蔭一之類也」。

(50) 古瀬奈津子「官人出身法からみた日唐官僚制の特質」（池田温編『日中律令制の諸相』、東方書店、二〇〇二年）。

(51) 注(47)野村前掲書、二七九頁。

(52) 佐藤進一『日本の中世国家』（岩波書店、二〇〇一年）二八～三二頁。

(53) 史書によると、藤原基経は藤原良房の猶子であった。平安時代藤原基経の上表に、「先臣臨レ終誡レ臣曰、（中略）吾既無レ男、汝即猶レ子。宜下述二吾志一、莫上レ忘二吾言一」とある。清和天皇にも「卿感二其猶子之愛一、甚二於喪レ父之傷一」という言葉が残っている。『日本三代実録』巻二二を参照。ちなみに猶子とは、公家の養子の一種である。一般的に養子は相続目的、猶子は名目的という説があるが、実に相続を目的とした猶子はよくみえる。近世になるころまでは猶子という表現が多い。近世になると、養子という表現が多くなる。

(54) 栗原弘「藤原良房・基経の養子関係の成立時期について」（『古代文化』第四三巻第一二号、一九九一年）。

(55) 常行は基経の従兄弟にあたり、また基経と同年齢であったが、蔵人になったのは基経より一年遅れた。貞観二年（八六〇）に位階は双方とも正五位下、官は右少将であったが、同年従四位下に上がり、内蔵頭となった。この後、常行は二九歳で基経とともに参議となった。貞観八年（八六六）基経が三一歳で従四位上から正四位下、さらに従三位へと昇進、官は中納言となったのに対し、同年齢の常行は正四位下に止まり、官も備前権守と右大将止まりであった。八五八年以降、基経が能力に大差のない常行より叙位や任官のどちらも順調に伸びたのは、基経の養父良房が冠位官職の高い地位に身を置いていたこと、および天皇との特殊な関係にあったことが原因と思われる。同右を参照。

(56)　高橋秀樹『日本中世の家と親族』（吉川弘文館、一九九六年）表四を参照して作成した。養子を取る時期については、本章ではしばらくこれに準ずる。

(57)　注(25)中田前掲書、九八頁。

(58)　注(6)仁井田前掲書、「選擧令」第二六条。

(59)　同右。

(60)　前掲注(46)を参照。

(61)　宮崎市定「日本の官位令と唐の官品令」（東方学会編『東方学』、一九五九年）を参照。

(62)　注(52)佐藤前掲書、五八頁。

(63)　Godley, Michael R. 1981, *The Mandarin-Capitalists From Nanyang,* Overseas Chinese Enterprise in The Modernization of China,1893-1911.(Cambridge University Press). 陳其南『家族与社会』（聯経出版事業公司、一九九〇年、二九六頁）第六章「明清徽州商人的職業觀與家族主義」。

第七章　近世の「養子願書」と「養子証文」

——中国の養子文書との比較を加えて——

はじめに

日本古代の公家社会では、血縁関係のある親族の中で、世代に関係なく養子を取ることが風習になっており、中世や近世以降はそれがさらに発展し、異姓の養子を取ることが特に盛んに行われた。武家社会においては、通例養子・聟（婿）養子・順養子・末期（まつご）（急）養子・仮（かり）（当分）養子・心当（こころあて）養子など、さまざまな名目の養子が現れている。また一八世紀初頭の一般庶民社会では養子が実家から金銭や財物、あるいはそれに代わる家業（本章第二節(3)にあげる蘇我理兵衛の例を参照）を持って養家に行くことも広く行われた。それがいわゆる「持参金養子」である。しかも幕府が再三にわたって禁令を出したにもかかわらず、こういった「持参金養子」が武家社会にも浸透していき、盛んに行われるようになった。

養子が当時の社会ではかなりの比率を占めていたということもすでに明らかになっている。研究の数字によると、寛永元年（一六二四）から慶安四年（一六五一）の間に大名家では毎年全男性のうち平均八・二パーセントが養子になっており、寛保元年（一七四一）から寛政六年（一七九四）では毎年平均三一・三パーセントの男性が養子になっている。[1] つまり一世紀あまりの間に養子の比率は八・二パーセントから三一・三パーセントに増えたわけである。江戸中期になると、大名家に限らず、大名に仕える武士の家でも養子が盛んとなっていた。宝永五年（一七〇八）岡山藩ではおよそ三分の一以上が養子相続であった。[2] 寛政から天保年間（一八世紀末から一九世紀半ば）にかけて、金沢藩の養子相続は半数にも及んでいた、[3] と指摘するむきもある。家族問題研究の専門家である湯沢雍彦氏によると、江戸時代から明治初期には日本人男性のうち、四人に一人が婿養子であったらしい。[4] 婿養子だけで二五パーセントを占めていたわけで、そのほかさまざまな養子を含めると、この数字をはるかに上回るであろう。

多くの養子については、これまでにもこのように社会学、特に家族問題研究の重要な対象とされており、その成果も数多くみられる。ここでは日本の中世・近世における養子相続の歴史的背景、特に近世における養子縁組の手続きや「養子願書」「養子証文」の内容を明らかにするとともに、住友産業が一六世紀後半に創業した時の家系を手がかりに、中国における養子文書と比べ、血縁関係に見える自然な秩序に基づいた身分制度やそれと表裏をなす倫理文化と人為的な身分制度、さらにはそれに付随して現れる「人」自身に関する契約文化の違い[5]を考察したいと思う。また、日本の前近代を特徴づける存在であった養子制度は、社会が近代化されていくにあたってどのような歴史的意義を持っていたのか、ということについても考察する。

第一節　財産の「単独相続制」と「家督制」の確立、および中・近世養子に関する条令

(1)財産の「単独相続制」と「家督制」が確立した意義

中国の唐の「戸令」にみられるような、息子たちによる財産の「諸子均分相続制」[6]とは異なり、日本で律令時代から行われていたのは、息子たちによる「不等分分割相続制」[7]であった。このような相続関係は中世前期、す

なわち鎌倉時代まで続いていた。江戸時代になると、幕府は各藩の武家中の主従関係における道義と秩序を維持するため、主君から与えられた「恩給地」は一定の条件のもとで子孫に残してもよいと定めていたが、勝手に処分することは認めなかった。平安末期から鎌倉期にかけて、先祖相伝の所領の分散・流出を防ぐべく、また分割相続による族的結合の弛緩、さらには一族間の対立といった事態が生じてきたために単独相続がとられるように[8]なり、嫡子は法定相続人から選定相続人に変化した。[9]その選定された嫡子の地位が大幅に高まった上、その権威も非常に強くなり、嫡子が「一族」・「一門」・「一流」の責任者である「惣（総）領」として、庶子を率い、幕府に対する責任を負うようになった。その結果、例えば幕府が課税する時など、「惣領」として自身の分を納めるだけでなく、各庶子の分を徴収し、一括上納せねばならなかったし、また軍事行動を起こす時もみずから出征すると同時に庶子を率いて主君にしたがい、戦争に赴かねばならなかった。主君から得た所領および「新恩給与」も惣領が一括して受領したあと、各庶子に分配していたし、庶子が命に背いた時も惣領がその土地を没収する権力を持っていた。このように惣領は家長的性格を備えて事実上「一族」・「一門」・「一流」の家長となったのである。ゆえに財産相続にあたって、庶子の分割相続権は事実上すでに有名無実なものとなり、惣領による単独相続となるのも時間の問題であった。

多くの大名の「所領譲状」から、一四世紀中期には分割相続から単独相続へ移行していたことが分かる。[10]惣領権限、特に惣領の財産権が広がり強まったのにともない、惣領が庶子を統率したり、財産権を総攬することを一身に掌握する「家督」[11]として認識されるようになった。鎌倉時代末の蒙古襲来による軍事的緊張の高まり、およびそれに続く南北朝内乱期における庶子の独立と惣領制的な同族団の解体[12]などで、社会は乱れて人々の心には不安感が募っていた。そこで家臣が細分化のために土地を失うことがないよう保証するため、また財産を分けるにあたって一族の中に争いが起こらないようにするため、嫡子による財産の単独相続と庶子を統率する家長権が一体化され、「家督制」が中世の後期に各地で次第に確立されたのである。

財産が単独相続されるようになったことと家督制が確立したことは、家臣が主君に奉公する時のすべての責任を家督たる嫡子が担い、主君に属する「一族」・「一門」・「一流」の責任者となったことを意味する。また同時に、主君に忠誠を尽くし奉公することの代償としての俸禄にも新たな意味が加わった。つまり、その時から俸禄とは、奉公する能力が家臣一人一人にどれ位あるか、といったことを前提とする個人契約となったのである。[13]江戸時代初期は、家臣が長患いをしたり死亡したりすることで主君に仕えることができなくなると、俸禄を主君に返さなければならないような事態が生じたが、[14]主君に仕える能力のある実子があれば、主君から俸禄が再支給された。実子が未成年で主君に仕えることが出来なければ、その子の名義で俸禄を続けて領有できるが、成人するまでは減禄されるか、「幼少役金」を納めるかしなければならなかった。したがって減禄されたり「幼少役金」を納めたりしないですむように、各家臣は便宜的な措置を取り、子供が未成年の間は弟を養子にしたり、娘がいれば才能のある人物を探して娘と結婚させ、そのまま女婿を養子にしたりした（婿養子）。弟も娘もいない場合は養子（通例養子）を別に選ぶか、まず養女を取ってから女婿を探し、その婿を婿養子として自身の相続人にするなどした（のちに引用する史料2を参照）。江戸時代は、大名が「参勤交代」をしたり、遠方へ赴任したりすることがあったので、その道中に予期せぬことで死亡したり戦死したりすることが懸念された。そこでそのようなことが原因で大名が減らないよう保証するため、将軍は大名が遠出する前に「仮養子」の願書提出を義務付けた。参勤交代で国許に帰る際、仮の「養子願書」を密封して老中に届けておくことを「仮養子」という。大名が死んだ場合のみ開封し、正式の書類として扱うが、何もなければ翌年、参勤してきた時に封したまま返すのである。

またそれとよく似たものに「心当養子（こころあて）」というものがあり、家臣が危急もしくは突然死亡した時に、相続人がないということのないよう、みずからの主君に「心当養子」の願書を出さねばならなかった（提出する者の年齢について幕府と各藩にはそれぞれ異なった規定がある)。ほかに「末期養子」というものもあり、これは地域によっては「急病養子」(仙台藩)、「危急養子」(久留米藩)などと称したが、死亡する前や危篤状態の時に取った、文字通り緊急事態に対処した養子である。養子を取るには養父はみずから署名した「養子願書」を自分の主君に出さなければならず、死後ほかの人物によって代理提出された願書は認められなかったので、大名や各家臣は重病になると「末期養子」の願書を出さなければならなかった。しかし末期養子の認可のためには、幕府から派遣された役人が直接当主の生存と養子縁組の意思を確める「判元見届」という手続きが必要であり(史料2を参照)、無制限に認められたわけではなかった。もし「末期養子」願書を提出したのちに病いが快復し、養子関係を解消する場合は、提出した願書の返却を求めればよかった。[15]

このほか、財産の単独相続および家督制の確立は、嫡子以外の息子たちに新たな活路を探さざるを得ないという状況を作り出し、大きな問題を生んだ。嫡子以外の息子たちは、上述したさまざまな養子の予備軍となっていたのである。黒須里美・落合恵美子両氏のいうように、中世以降の養子制度は各家庭における「息子の再分配」という戦略手段となり、また社会全体における「人的資源の再分配」という戦略手段ともなっていたのである。[16]

(2)幕府での養子法と武家における養子の特徴

平安時代に公家社会で普遍的に行われていた一族内の者を適宜選んだ養子関係と比べると、中・近世の武家社会の養子は、血縁関係のないところでも盛んに行われるようになったことが特徴である。『養老令』「継嗣令」の影響で、中世前期、すなわち鎌倉時代では家の相続人は嫡子と呼んでいた。したがって実子や嫡子がいない、あるいは嫡子に奉公する能力がない、また嫡子と被相続人が不仲である、といった場合、家長は嫡子の代わりを選ぶことができた。その際、まず同姓の近親者から弟・甥・父方の従弟・従甥(従兄弟の息子)・父方の遠縁の従弟といった順で嫡子が立てられた。もし同姓の人物に適当なものがいない場合は、異姓の者でも立てることができるので、女婿を養子にしたり、外孫や姉妹の息子、また父の異なる弟を養子にしたりしていた。しかしそれができる条件は次第に厳しくなり、近世では「此等之者其父之人柄（により可立之）」（これらの者はその父の人柄により立てこれを立つべし）とされるようになった。[17]上述したような血縁関係のある者がまったくいない場合は、親族以外からも候補者を探すことができた。しかしその時は、幕府の執政機関の審査を受け承認されることが必要であった。[18]一八、九世紀になると血縁関係のない養子が普遍的になり、藩士の三分の一が異姓の養子であることを多くの統計が物語っている。[19]

異姓の養子が大幅に増えたことは、社会を流動化する大きな契機になった。しかし、その流動する社会の範囲は広くはなかった。一八世紀後半の長門国清末藩における異姓の養子の実父と養父の俸禄七七例に関する磯田道史氏の調査によると、養父の俸禄が実父の家の一・五倍を超える家へ養子に行ったのはわずかに四例、つまり五パーセントあるのみで、養父の俸禄が実父の二倍あるのはわずか一例である。これは俸禄が実父の二倍以上ある者のところへ異姓の養子として入ることはほとんど不可能であった、ということを物語っている。異姓の養子縁組の約七割は禄高差が一・五倍を超えない同格の藩士同士で行われ、二〇石の家から三〇石の家へといった程度の移動にとどまっていて、大多数において実父の方が養父より俸禄が上回っている。養子四三例についての別の調査によって、実父と養父の俸禄が同じ水準であるのは二六例、つまり六〇パーセントをしめていたということが明らかにされている。[20]

また磯田氏の松代藩真田家に関する調査によると、大名家の家臣をA（士）・B（徒士）・C（御目見以下御家人、苗字持者）・D（御目見以下御家人、無苗字者）の四ランクに分け、同じ大名に仕えてはいるが、最底辺に置かれて苗字さえもない奉公人、すなわちDランクの者は二、三〇歳で隠居していた、ということが明らかになっている。

また松代藩真田家一七八〇〜一八〇五年の統計では、A・B・C・D四ランクで四〇歳以前に隠居した者の比率がそれぞれ一二・三パーセント、二八・〇パーセント、三一・二パーセント、五七・四パーセントになっている。[21]つまり大名家の最底辺層の武士——苗字のない奉公人の半数以上は壮年期のうちにその相続人が職を相続したため、自身は隠居を始めたわけだ——は、このような場合、被相続人の次世代の者が普通は未成年であり、幼少のあまり「職務が未熟」であるため、養子にその職務を継がせるしかなかった。そこでこのような身分の者は、大多数が「父方の従弟」という身分だとはいうものの、実際は多くが血縁関係のないものが身分を偽ってしてその職を継いでいたのである。普通、下級武士はそれぞれ一定の職能が求められる特定の仕事に従事しており、「勤務能力」を調べた上で奉公能力のあることが証明されないと、相続人は奉公人の養子となることが大名家に認められなかった。養子の能力に対して求められるものがあったため、最終的には奉公人という身分を超えて養子の人選をせざるをえない、ということになったわけだ。徒士の相続に関する文書（一七八七〜一七九五年）三八件のうち九件が養子相続のものである。さらにそのうち七件は武士以外の庶民家の子弟を養子にしており、これは三八件の中で五分の一になっている。[22]

また享保一八年（一七三三）、幕府は陪臣または浪人を養子にすることを認める法令を発布している。しかしその陪臣や浪人は、自家の親戚または妻の家の親戚でなければならなかった。[23]その後は武家が陪臣や浪人を養子にすることを禁止する条文も時にはあったが、すでに先例もあったため、親戚の身分を偽って武家の養子になるという現象がすでに禁止しがたいものになっていた。一八世紀初頭以降になると、実父の家から養父の家へ金を持って養子に行くという、いわゆる「持参金養子」というものも流行し始めた。幕府は享保一二年（一七二七）・安永三年（一七七四）・天保七年（一八三六）・嘉永六年（一八五三）に繰り返し「持参金養子」禁止の法令を出している。[24]しかし一八世紀以降商家の経済が発展して武家の経済が衰退したのにともない、武家が商家に借金することもしばしば起こってきた。こうした状況が発展した結果、商家の次男・三男が実父の家から金を持って武家へ養子に行って、武家社会の一員になるということが次々に起こる。幕府は繰り返し禁令を出したが、実際に「持参金養子」は中・下級武士を中心に広く行われるようになり[25]、さまざまな方法で、一般庶民が中・下級武士社会に入るのみならず、商人も武士という身分の障壁を打破し、武家の相続人となりえたのであった[26]。

中・近世の日本社会は身分制社会であったが、こういった身分制度はすでに、生まれつきの自然な血縁関係の秩序によってすべてが定められるものではなくなっていた。江戸中期から末期、すなわち一八～九世紀に流行した「持参金養子」はそのことを示している。また家から出されたかなりの数にのぼる次男・三男は、家から独立した個人として、血縁関係のない養子の身分で新しい家庭に入っていったのであった。

第二節　武家の「養子願書」と庶民家の「養子証文」

実家から出された息子たちは新たに入った家庭で、各家庭での「息子の再分配」や社会全体での「人的資源の再分配」がなされる中、どのように新しい人間関係をおりなしていったのであろうか。このことについて、ここで考察してみたい。

(1)武家の「養子願書」

日本では養父子関係が結ばれることを「養子縁組」といい、養父子関係が解消されることを「養子離縁」という。前文で述べたように近世になって血縁関係のない養子が大幅に増えたため、こういった「養子縁組」という関係を成り立たせるには、血縁関係によって縁組を維持していくことができなくなってきていた。さらに中世以降の武家の養子の多くは、実子が幼少であるために結ばれた養父子関係であった。養子は養家に入ると長男という身分と地位を得た上で、家督の職を継いでいた。そこでは、養父の実子が成長して成人したり、また養子自身にも息子ができたりした場合、誰が次の相続人になるかという問題に直面する。また一般庶民の家庭においても同様によく似た問題に直面することがあり、特に「持参金養子」の場合、よくそれが起こっていた。「持参金養子」が実家から養家に持って来た「持参金」は普通、養家の財産に組み込まれていたため、それがしばしば養子と養家の離縁の際に起こる争いの焦点になった。そこで近世以降武家で養子縁組をする時には、その手続きとして、養父が主君に「養子願書」を提出することが必要となり、また養父の家の親戚に関する資料を書面で添えなければならなかった。庶民の家で養子を取る時は、養子の代理である実父と養父が契約した「養子証文」(「養子一札」「名跡証文」「遺跡証文」とも呼ばれる)を交換しさえすればよい。

史料1・2(以下史料はすべて本章末を参照)は『公用雑纂』[27]第一・二巻に第一八号・第二六号文書として収められたもので、武家の「養子願書」である。第一八号の「願書」(史料1)は神保佐渡守が安藤対馬守に提出した「聟養子奉願候覚」である。この「願書」にはまず養父の身分(文中では俸禄すなわち石高によって示される)・役職・姓名・年齢や養子の姓名および実父の姓名と役職(身分)を記す。この「願書」によって、養父の神保はこれで三度目の婿養子出願になることが分かる。また文中には養子を取った前二回の様子が記載されている。一度目は安永八年(一七七九)六月、天野近江守の次男である与八郎を養子に取ることを出願し、同年一〇月に娘と結婚させ、婿養子とした。しかし養父子が不仲になり、天明元年(一七八一)、与八郎はその娘と離婚、実家に戻る。また同年、牧野遠江守の三男、左近を婿養子にするが、天明五年に娘が病死したため、その後養父子がまた不仲になり、双方で「熟談」した上、左近もまた、寛政四年(一七九二)にその実家に戻った。その間に養父には子供が一人出来ているが、与八郎を養子にした後に生まれたため、「願書」には次子と記されている。その子がまだ幼少(一一歳)で家督を継ぐことができないので、養父はさらに寛政五年(一七九三)に御使番の朝比奈弥太郎の次男である安之丞(二〇歳)を次女と結婚させて婿養子とした。「願書」の末尾には、養父、安藤対馬守とそのほかの三名の署名が見られる。

史料2は「急智養子願」である。先の「願書」と同じように、まずはじめに「願書」を提出する者の身分・役職・姓名・年齢と養子になる者の実父の身分・姓名および養子本人の姓名を記す。そして、養子を取る建部宇賀之助は、病気のため危篤状態になっていること、代官の大岡久之丞の次男米五郎とその養女（文書には養女に関するそのほかの記載がない）が年齢も相応であったので、婿養子に取る旨の記載がある。翌日宇賀之助は病没し、米五郎は婿養子としてその喪に服した。

史料1では一人の養父が三度にわたって養子を取っており、始めの二回はいずれも養子との関係が不和（二回目は娘が病死した後、養父子の関係が不和になった）になって「離縁」したものである。二回目の「離縁」は双方が「熟談」してのち、養父子関係が解消された。「熟談」してから養父子関係を解消するのは、武家の「養子離縁」でよく使われたやり方であり、「養子離縁」は養子を取るのと同じように、普遍的にみられる現象であった。手続きとしては先に提出した「養子願書」を撤回するだけで養父子関係が解消できる。養父は二回の養子がいずれも成功せず、三度目では御使番朝比奈弥太郎の次男を養子にしたのであった。

「末期養子」もよく見られた養子のタイプであり、史料2で「末期養子」の目的が明瞭にされている。かつて幕府は、「末期養子」を、原則的に禁止したこともあった。その理由は御家人死亡の直前の精神が確かでない状態での養子選定は無効と考えたためである。また、御家人の死亡後の詭計によるものであることをも懸念したからである。しかしそれでは大名が突然死亡して幕府に「除封」されたりすると、幕府の大名の人数が減って勢力も縮小される上、一族郎党が路頭に迷い、またその大名に仕えるすべての下級武士や奉公人も浪人になりはてることが余儀なくされる場合があり、それは社会の不安定因子となった。例えば、慶安四年（一六五一）由比正雪（一六〇五～一六五一）は第三代将軍徳川家光の死に乗じて大量の浪人を集めて倒幕を企てている。このようなことを防ぐため、その後幕府は「末期養子」の禁令を解くことを余儀なくされたが[28]、末子養子の認可のためには「判元見届」が必要であった（本章第一節(1)、また史料2末期養子願書を参照）。

(2)庶民家の「養子証文」

史料3・4は一般庶民における養父子の証書である[29]。史料3は多野郡鬼石町の飯塚家のもので、宝永七年（一七一〇）養家の逸見百助が養子の実父にあてて書いた、養子が家を継ぐ時の典型的な証書である。自分には子供がなく飯塚家の善之丞義を養子に取る、また養子には実家から金一〇〇両を持ってくることを求める[30]、そうすることで養父の家の土地家屋合わせて五町五畝二八歩（およそ五ヘクタール）およびそのほかの財産すべてを相続することができる、という説明が文中に見える。ただし、そのうちの八反歩（〇・七九ヘクタール）ともともと養母が実家から持って来た二反五畝歩（およそ〇・二五ヘクタール）の土地は、養父母が家督を譲って隠居した後の生活費にあてる、としている。さらに養父母の死後はこれらの土地も養子の財産に併合することになっている。また養子を入れてのち、もし養父母に息子が生まれたとしても財産を分けて分家することはできないが、一人分の財産を養父の実子に譲与し生計に供さなければならない、また養父子の関係がうまくいかず「離縁」する時は養子が実家から持ってきた一〇〇両の金は全額返却される、とも記し、最後は「如此相定（中略）為後日証文」と結んでいる。

史料3では、養子の「持参金」に対する要求、またそれによって養子が相続できる養家の財産の分量、さらに養父母が隠居してからの具体的な生活費をも明示している。ほかにも養父母が養子を取ってから息子が生まれた場合、財産はどのように処分するかという具体的な方法、また養父子の関係がうまくいかず「離縁」する場合の財産処分に関することも示している。ゆえにこれは養家と実家における、養父子の各自の権利と義務に関する契約である、と考えられる。

史料4は甘楽郡秋畑村での正徳元年（一七一一）の婿養子に関する百姓名跡証文である。宮本（未亡人）には子供がなく、藤左衛門家の次男である市三郎が実家よりわずかな「永高七文」の地畑林干草場とともに宮本家へ婿養子としていき、宮本家の畑・竹やぶと財宝を相続した。そして文中には次のような約束事が見える。今後、市三郎が養家と不和になり離縁を持ち出した場合でも、持ってきた敷地は養家のものになって返されることがない。よって婿養子である市三郎はその身一つで実家に帰らねばならない。しかし、もし養家の娘、すなわち市三郎の妻が、市三郎と不仲を理由に離縁を求めるなら、女の側、すなわち養家の畑・家屋敷・財産はすべて市三郎に譲与される。また文末には当事者双方と証人の署名・捺印がある。これは双方各人の権利や義務に基づき、さらに各人の利益をも含めた、自由意思によって合意された契約であると考えられる。

高木侃氏の「婿養子縁組証文考」という論考には、これとよく似た養子証文が二〇件近く列挙されている。本章で用いた史料3・4は庶民社会での「養子縁組」証文の一般的な書式であるといえる。養子縁組をする時とその関係を解消する時の具体的な条件はまったく同じだとは限らない。持参金のすべてを放棄し、身一つで実家に戻る養子もいれば、女性側から離縁を求めたために、すべての不動産を得たり、土地の半分を得たりする者もいた。また養子が養家に来て養父の娘と結婚してからの年数によって利息を計算する、ということもあった。『民事慣例類集』[31]や『明治前期家族法資料』[32]（第二巻第二冊上）にはよく似た資料が大量に集められており、枚挙にいとまがない。養子から離縁を求めた時は、実家から持ってきた「持参金」がすべて養家のものになり、養子は身一つで実家に戻ることしかできないなど、それは表面的には養子にとって不利なものであった。しかし養家の娘にとっても不利なことはあった。史料4にあげた例のように、養家の娘にとっても過酷な条件となっており、その目的は財産の分割や縮小を防ぐことにあった。しかし養家や養子にとって有利だとか不利だとかいうのは、当時のそれぞれの家にとって利益があったからこそなされたことなのである。例えば、当時の養子は普通、その実家では次男か三男または四男であり、財産の単独相続や家督制が確立してから、長男以外の子供たちは他家へ養子に行くのが当時の主な活路であったことなどがあげられる。また自家に男の子がいないような、または男の子がいても幼少であるためにしばらくは家を継ぐことができないような養家にとっても、養子や婿養子をとって家を継がせるのは便宜的な措置だった。つまり、相続人問題を解決できる上、いかなる相続方法よりも安心できるものであり、養父子双方にとってよいことずくめであった。のちに起こるであろう争いを避けるため、双方がともに持つことのできる権利や行うべき義務があるということを前提にし、自由意思での合意による約束事が取り決められ、またこの条項を実行しそれを保証する第三者もいた。したがって、この種の契約は、日本の近世における典型的な「人」自身に関する契約だ、と著者は考える。

先に引用した史料1・2の武家社会の「養子願書」と史料3・4の庶民社会の「養子証文」を比べると、その特徴は一目瞭然である。中世以降武家と庶民の家における養父子は、その養父子関係が不和になった時に解消することができるものであり、その身分は人為的かつ流動的なもので、生まれつきのものではなく、また固定された不変のものではなかったことが、「願書」と「証文」の二種の文書からうかがえる。そして両者における相違点としては、武家の養父子関係を解消することは事前に明文化されたものではなかった、という点があげられる。それは養父子の間が不和になってから、双方で「熟談」した上、行われたものであった。しかし、武家社会では厳格な主従関係のもとで、不公平な基本に基づいてその関係が解消される、という可能性もあった。普通、武家の養子は主従関係に制約され、さらに、養子の実家が養家より低い地位にある時、養子は養家で弱い立場に立たされて、「離縁」を求められることがよく起こった。かなりの数の藩では社会を安定させるために規定があり、充分とはいえない理由で、それでも三度にわたって養子をとった者が四度目にまた「養子願書」を提出した時には、それは認められなかった。つまり四度目の養父子関係は成立し得なかったのである。それとともに離縁された養子は、先には七年間は養子になれないというものもあれば（高田藩）[33]、一〇年間のものもあり、さらに終生養子になれないと改めた規定もできた（久留米藩）[34]。各藩で出されていた養父子の離縁についての禁令を見ると、養父子の離縁はかなり普遍的な現象であり、武家社会にあっては養子の身分に制限があるとはいえ、社会を構成する人の流れはやはり大きかったということが分かる。

それに反して、庶民社会には養父子の離縁に制約がなかった。武家の「養子願書」では、まず始めに養家と生家の身分を詳しく説明しているのに対して、庶民の「養子証文」ではこの条文がない。また「養子証文」では、「離縁」に関する条項がかなり具体的で、養家側と養子側どちらにも異なった条文があり、それぞれの権利と義務を定めている。しかし武家の「養子願書」にはこのような条文が見当たらず、「離縁」は双方で「熟談」することだけを基本にしていた。したがって武家で養子を取るということは、身分制度をある程度は弛緩したが、養家と養子の実父の身分を説明する、という武家の「養子願書」での通例のやり方を見ると、養子を取るということはやはりある程度身分に制約されるものだと考えられる。これは養子を取る時に庶民の間に見られた契約と明らかな対比をなすものである。特に江戸時代末期の「持参金養子」はすでに「人」自身に関する、あからさまな取引になっている。先にあげたような史料3・4にある「養子証文」から考えると、人自身に関わるこの種の取引は双方の権利と義務に基づき、まったく養家と実家の間だけのことで、何か公の機関の認定の必要もなく、関係者間の合意による契約の下に行われていたものだといえるであろう。これは「養子願書」と「養子証文」からみた近世養子の特徴ではなかろうか。

(3)近世の住友家系から見た「持参金養子」の一例

戦前の日本では三井、三菱に次ぐ三番目の大財閥で、また近代以降、輝かしい業績で名をなす住友の創始者である政友は天正一三年（一五八五）に生まれた。政友は越前丸岡で八〇〇〇貫（約五万石）の地を領した住友若狭守政俊の孫で、姉は蘇我氏の理右衛門に嫁いでいる。蘇我理右衛門は天正一八年（一五九〇）から京都で銅の精錬と銅細工を業とし、経営を始めている。その理右衛門の長男である理兵衛（一六〇七〜一六六二）が住友家政友の娘と結婚して住友友以を名乗り、実家蘇我家の銅吹き業を住友家に持ち込んで住友家の婿養子になった。以来、住友家は銅業家として世に知られ、有名な住友財閥はここに興ったのである。その関係は図1[35]のとおりである。

図1の住友家略系図から、友以は住友家の婿養子になってから岩井家の善右衛門の娘を後妻にしており、実質的な家業は友以と岩井間の子孫が受け継いだものだということが分かる。血縁関係からいうと友以は住友家政友の姉たる息子である。しかし友以はまた住友家の娘と結婚し、さらに婿養子となって住友に改姓しているため、その家業にはやはり住友の名を冠したのである。血縁系譜では第八代友端で子孫が途絶え、岡村家の友聞が養子になって第九代の家督を継いでいる。一四代以降はつまり一五代から徳大寺家の子孫（婿養子）がその家業を継ぐ。このように住友社史では住友政友を家祖と呼び、蘇我理右衛門を元祖、あるいは業祖と呼ぶようになった。

住友家の家系を見ると、女婿は女性側の家業が継げるだけでなく、実家すなわち男性側の家業を女性側の養家に持参することもできた、ということが分かる。友以は製銅業を「持参金」がわりにして住友家へ婿養子にいったのだということがいえるであろう。

住友家の家系での相続関係を見ると、「家業」は「家」のかなめになっていたことが分かる。つまり家業を継ぐことは「家」のかなめを継ぐことなのである。家産の単独相続が始まり家督制が確立してからは、長男以下の次男には「部屋住みの身分」しかなく、三男以下には「冷や飯食い」の身分しかない、と社会ではよくいわれてい

図1　住友家略系図

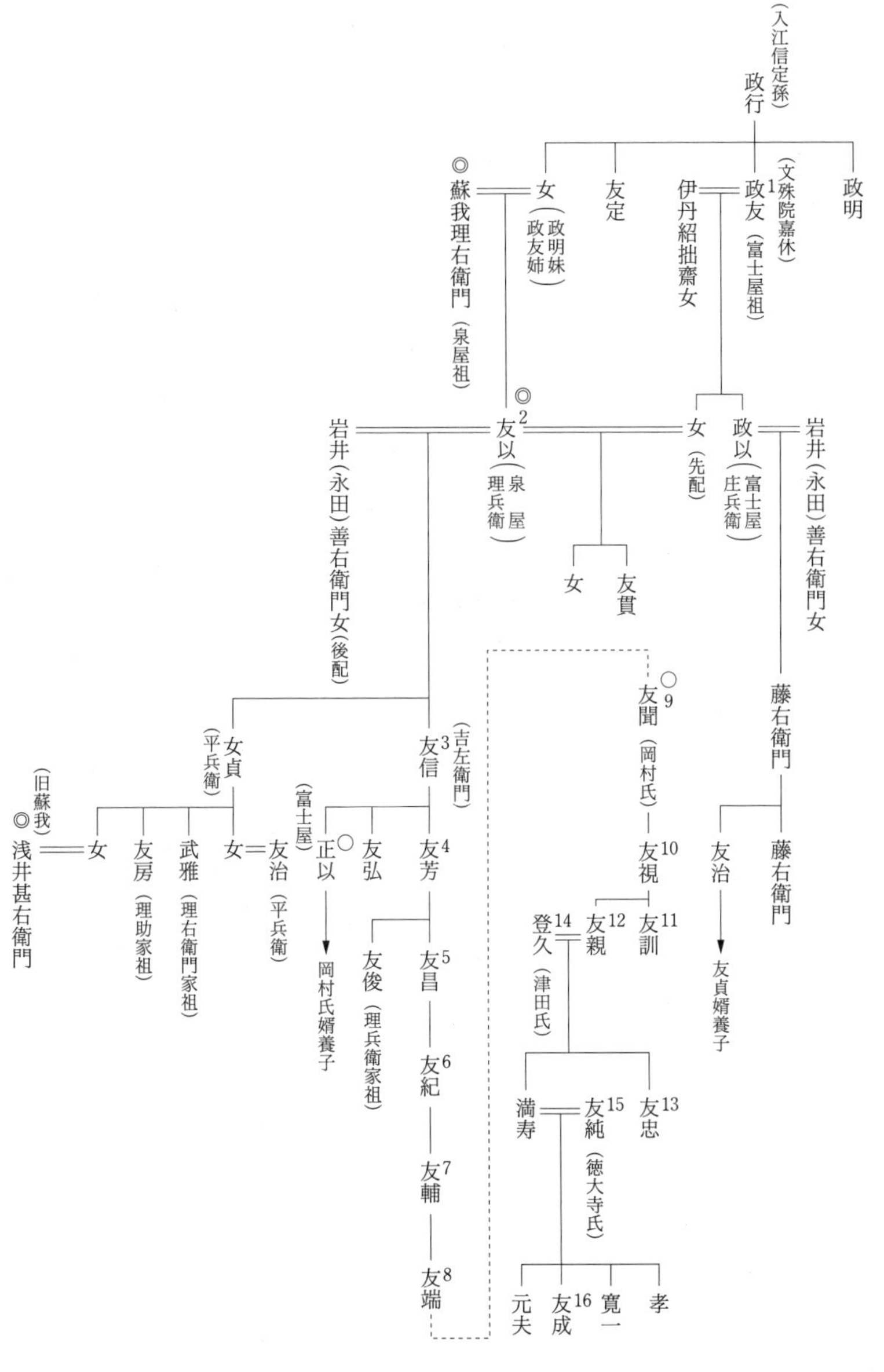
政行（入江信定孫）
政明
政友（文殊院嘉休）（富士屋祖）
伊丹紹拙斎女
友定
女（政明妹 政友姉）
蘇我理右衛門（泉屋祖）
政以（富士屋 庄兵衛）
岩井（永田）善右衛門女
女（先配）
友以（泉屋 理兵衛）
岩井（永田）善右衛門女（後配）
友貫
女
藤右衛門
藤右衛門
友治
友貞婿養子
友聞（岡村氏）
友視
友訓
友親
登久（津田氏）
友忠
友純（徳大寺氏）
満寿
孝
寛一
友成
元夫
友信（吉左衛門）
友芳
友弘
正以（富士屋）
岡村氏婿養子
友昌
友俊（理兵衛家祖）
友紀
友輔
友端
女貞（平兵衛）
女
友治（平兵衛）
武雅（理右衛門家祖）
友房（理助家祖）
女
浅井甚右衛門（旧蘇我）

た。ゆえに長男以外の息子たちは新しい活路を求めざるを得なかった。長男が家の家産を完全に残せるように、また自分たちに家産分けをすることで家産が減るということがないように後押しすべく、息子たちは何の恨み言もなく実家を出て他家へ養子に行った。[36] これは一種の風習、文化的伝統となっていたのである。これまでの日本近世の「養子願書」と「養子証文」および住友家業が始めた婿養子の意義をさらに明らかにするために、以下中国の養子文書を取り込み、検討を加える。

第三節　中国における養子離縁に関する法令と文書

(1)養子離縁に関する法令

本書第六章に述べたように中国では養子縁組を「收養」「過継」「過房」などと称する。子のいない夫婦は『唐令』「戸令」の「諸無レ子者、聽レ養下同宗於二昭穆一相當者上」によって同宗、すなわち夫の兄弟、あるいは従兄弟、再従兄弟の子を養子にすることができる。[37] また養子の離縁は「出離」「遣還」「遣逐」などと称する。対応する法令、例えば『唐律疏議』と『宋刑統』[38] の「戸婚律」に次のような規定がある。

諸養子、所レ養父母無レ子、而捨去者、徒二年。若自生レ子及本生無レ子、欲レ還者聽レ之。（疏議曰）若所レ養父母自生レ子、及本生父母無レ子、欲レ還二本生一者並聽。即両家並皆無レ子、去住亦任二其情一。若養處自生レ子、及雖レ無レ子不レ願二留養一、欲レ遣二還本生一者、任二其所レ養父母一。（諸養子、養ふ所の父母に子無くして捨て去る者は、徒二年なり。若し自ら〔養ふ所の父母――著者注〕子を生み、及び本生に子無くして、還さんと欲する者は之を聽す。〔疏議曰〕若し養ふ所の父母自ら子を生み、及び本生の父母に子無くして、本生に還さんと欲する者は並びに聽す。即ち両家並びに皆子無くんば、去住も亦其の情に任す。若し養處自ら子を生み、及び子無しと雖も留養を願はずして、本生に遣還せんと欲する者は、其の養ふ所の父母に任す。）

その法令により、①養父母に子がいなかった場合、養父母から去った養子に懲役二年、②実父母に子がなければ、その養子を実家に戻すことを許し、③実家と養家、ともに子がいなかった場合、その養子の身の振り方はその「情」に任せ、④養父母が子を生んだら、あるいはかつて子はなかったが、養父母がその養子を残したくなければ、養父母は任意にその養子を実家に追出（遣還）することができる。類似の法令は『大明律』巻四「戸律・戸役」(39)にも

> 若養㆓同宗之人㆒爲㆑子、所㆑養父母無㆑子、而捨去者、杖一百。發㆓付所㆑養父母㆒收管。若有㆓親生子㆒、及本生父母無㆑子、欲㆑還者聽。（若し同宗の人を養ひて子と爲し、養ふ所の父母に子無くして捨て去る者は、杖一百なり。養ふ所の父母を發付し收管す。若し親生の子有り、及び本生の父母に子無くして、還さんと欲する者は聽す。）

というものが見える。

また『名公書判明清集』(40)「戸婚門」に

> 所㆑養子孫破㆓蕩家産㆒不㆑能㆓侍養㆒、實有㆓顯過㆒、官司審験得㆑實、即聽㆓遣還㆒。今其不孝不友如㆑此、其過豈㆘止於㆗破㆓蕩家産㆒、與㆖不㆓侍養㆒而已。在㆓官司㆒、亦當㆓斷㆑之以㆑義、遣逐歸㆑宗。（後略）（養ふ所の子孫、家産を破蕩し侍養するに能はず、實に顯過有り、官司審験して實を得たらば、即ち遣還するを聽す。今其の不孝不友此くの如く、其の過は豈に止だ家産を破蕩すると侍養せざるとに於けるのみならんや。官司に在りても、亦當に之を斷ずるに義を以てし、遣逐して宗に歸すべし。〔後略〕）

という規定もある。

これらの法令によれば、養子の離縁は①実父母に子がいなかった場合、②養父母に子があったか、あるいは子がいなかったけれども、その養子を残したくなかったとき、③養子が親孝行をしない、体面を損なうような行為があった場合、以上三つの状況のもとで養子が実家に戻ってこそ法律にかなっているのである。そうしなければ

養子離縁は違法行為として、養子に懲役二年、あるいは養子に「杖一百」という罰が科せられる。また養祖父・養父の死後、養祖母と養母は理由なく養子を退去させる（遣還）、この場合の養子離縁も違法である。しかし理由があれば、例えば養子は「破蕩家産」「不能侍養」の場合、養子離縁も法にかなう。例えば『宋史』に

淳熙四年十月二十七日、戸部言、「知蜀州呉擴申明、乞自今養二同宗昭穆相當之子一、夫死之後、不レ許下其妻非レ理遣還上。若所レ養子破二蕩家産一、不レ能二侍養一、實有二顯過一、即聽下所レ養母愬上レ官。近親尊長證驗得レ實、依レ條遣還。（淳熙四年十月二十七日、戸部言ふ、「知蜀州呉擴申明す、乞ふ自今同宗昭穆相當の子を養ふに、夫死ぬる後、其の妻理非ずして遣還するを許さず。若し養ふ所の子家産を破蕩し、侍養する能はず、實に顯過有らば、即ち養ふ所の母の官に愬ふるを聽す。近親尊長、證驗して實を得たれば、條に依りて遣還す。）[41]

とあり、『名公書判明清集』にも

諸養子孫、而所レ養祖父・父亡、其祖母・母、不レ許二非レ理遣還一。（諸養子孫、養ふ所の祖父・父亡ぬるに、其の祖母・母、理非ずして遣還するを許さず。）

とある。それは、養子を取るのは一族男性の血統を守るためであるから、養子縁組と養子離縁は祖父・父、すなわち父系血統の男性の権利であり、祖母・母つまり女性はその権利を持っていなかったということである。

(2)養子離縁に関する文書

中国において養子は「同宗於二昭穆一相當者」、すなわち夫の兄弟の子であるから、養家と養子の関係は父系単系血統の絆で維持したのである。したがって、養子に関する文書は普遍的には見えなかった。次に敦煌で発見され、『沙州文録補』[42]に収録された宋代の乾徳二年（九六四）の養子文書（史料5）および『新編事文類聚啓劄青錢』[43]巻一〇「雑題門」に収録された元代養子に関する文書（史料6）の様式と内容を検討する。[44]

文書により史料5の要旨は、乾徳二年九月史氾三に実子がなかったから、親族と商議の上、氾三の兄史粉塠の息子たる願壽を養子とするが、その日から養父は「二意三心」を抱き、約束にたがうことができず、将来養子のために新婦を聘さねばならない。家産を分割する場合には、養子も養父の子息および家族の阿朶准亭らと平等に、一人分をもらえる。そしてもしのちに養父に子どもができて、それらの子と成人した阿朶准亭らが養子を虐待したら、虐待者の分は前記の割合をほかの家族に分配する。また、養父が先に養子に貸し与えた粟麦は、一切免除する。しかし、養子が養父母および姉妹兄弟に孝順でなく、あるいは妻家のいうに従い、または実母兄弟姉妹を招換して「貪酒看肉」、さらに盗賊などと結託して悪事をすれば一物（「家中針草」でも）をも与えず、養家から追出し（文書で「空身趁出」）、養父が貸し与えた粟麦をも完済し、また養子を官に訴えてこれに官の制裁を加えさせる。これによって親族と商議し養子を加えて子々孫々共同生活を営むよう、証書を作成して徴憑とする。たとえ転地転回するも、違約することなしとするものである。

史料6は元代における二通の養子に関する文書の様式（a・b）を組み合わせたものである。史料6aは養家から養子の実家に交付する「過房子書式」、史料6bは実家から養家に交付する「過房子回書式」というものである。史料6aから分かるように、夫婦には子がいなかったから、夫婦は協議した後に養子を取る。その目的は「承續祖宗香火」、すなわち祖先からの血統を代々に伝えて、祖先を祭り線香をたくことを絶やさないためである。史料6aにはまた養家は被収養者がこれまで養育を受けた費用として銭若干を実家に交付し、収養後には実家、養家とともに違約することができず、養子は養家に孝順でなければならず、また養家を去って実家に帰ることができないよう、のちのために文書を作成することである。史料6bはこれにほぼ対応したものである。その中に養育料の受領、子が養家に入った後、養家の家業面の芸についての「訓導」を受け、養父母にかしずき、抵抗したり背いたりすることができず、無断で実家に戻ることもできない。この二通の文書の最後にそれぞれ当事者と当事者以外の第三者（媒人）の花押がある。

(3)養子離縁に関する法令と文書から見た特徴

まず、法令を検討する。前文であげた養子離縁の法令から見れば、養子自身の立場からの離縁は、ただ実家に子がいなかった場合のみ法にかなう。なぜならば、実家の祖先を祀り、線香をたくことを絶やさないためである。養子の立場からはそれ以外の離縁はすべて違法であり、罰が科せられる。逆に養家の立場から、養子が親孝行をしない場合、あるいは不体面的行為があった場合、また養父母がその養子を残したくない場合は、その離縁はすべて法にかなう。また法令中で使う「遣還」「遣逐」は仁井田陞氏が指摘しているようにそれは一方（養家）的意思を以て追出す意である。

次に養子離縁の文書を見よう。一般的にみると前文であげた養子文書は養家と養子の実家による双方の間の契約文書にみえると思う。以下仁井田氏が引いた前述の史料5の一六点の要項[45]を以下のようにまとめる。①契約の年月日、②養父と養子の名前と相互関係、③養子縁組の理由、④養父の守約、⑤家産を分割する場合の割合、⑥養子が虐待された時の処分、⑦養父が先に養子に貸與した粟麦についての処分、⑧養子の離縁（ここではただ養子が養父母一家に孝順でない場合と不体面的行為があるとき）、⑨養子が親孝行しない時、官に控訴してその制裁を求めること、⑩文書を証書とする宣誓文言など。それは契約書のような諸項目を揃えていたようである。

史料6（a・b）にはほぼ同様な要項が見えているが、仁井田氏も指摘しているように文書における「瞑蛉」[46]というのは異姓養子を指す。また「任従改姓」という表現から、それは異姓養子に関する文書であるのが認められる。

異姓養子は法律では明確に禁止するが、各令文中の異姓養子を取る人に対しての罰から見ると、異姓養子は各時代、各地域によって程度を異にしながら存在したのも事実であろう。また異姓養子であるため、養父のこれまでの養育料の交付と実父のこれまでの養育料の受領という要項が文書にみえる。それは人身売買の意味があると考えられる。養子の離縁について仁井田氏は「諸資料によると、離縁の原因は養子が孝順ならざることであった」と指摘した。史料5にみえる養子の離縁がそれである。つまり養子が養家の財産を破蕩し、また養親が養子の侍養を不満に思っていた場合、いわゆる親孝行をしなかったから養子を追い出すというのが養子離縁の主な原因である。これは中国の養子縁組の目的、つまり父系祖先の血統を継承し伝承すること、言い換えれば父系親族集団内の世系（宗祧――父系血統上における系列）の継承と関連しているのである。また養子が日常行為において規範を違反するのも離縁の原因の一つである。前文ですでに検討した法令中の「遣還」「遣逐」は一方（養家）的意思を以て追出す意である。さらに養子文書の中の「空身趁出家」「毋得悖逆擅自抛離」という表現をも加えると、中国における養子の離縁は、法令でも養子文書でも養家の一方的な意思によって離縁する旨は一目瞭然である。養子の権利から見ると、史料5で養子の願壽は一人分の家産を与えられることがうかがえる。もちろん養子が虐待された場合、虐待した人に対する罰もあった。総合的に見れば養子の地位がかなり低下したものと考えられる。

上述した史料6a・b養父の養育料の交付と実父の養育料の受領からいうと、それは人身売買の文書とすれば、より確かではないだろうか。養父の養育料の交付と実父の養育料の受領は、日本の近世では金あるいは一部の財産をもって養家の家長地位を継承し、家産を相続する「持参金養子」としていたのと正反対である。

中国の養子離縁の文書と本章であげた日本近世の「養子願書」と「養子証文」を比較すれば、日本の近世において普遍的に見えた養子離縁は、養父の一方的な意思のみではなく、「養子願書」中の双方の「熟談」の上に離縁することとなっていたということがわかる。また「養子証文」にみえる、養子が家産を得られた分け前や離縁した場合の家産の分割状況から見ると、まず養子自身の立場から離縁はできたわけであり、また、養子になる目的は養家の家長位の継承、家産の相続のためであるから、個人として比較的独立した立場が養子にはあったと思われる。逆に中国において養子を取る目的は、養父の父系祖先の祭祀のためである。したがって、法律上でも、養家でも、養子の地位が低かったことは、その養子を取る目的および中国での「父為子綱」という伝統的な倫理文化と緊密に結びついたから、養子は自身の立場からの離縁も不可能であった。したがって、上文であげた養子文書は養父・養子の双方の権利と義務に基づいた双方合意による契約書とは認められなかった。それを養子に関する宣誓文書と見なすのはより適当ではないだろうか。

以上にあげた養子文書は宋・元時代のものであったが、養子を取る目的と養子になる条件（同宗於二昭穆一相當者）についての法律および伝統の「父為子綱」という家族倫理観は変わらなかったため、前述したさまざまな特徴（養子に関する文書はそれほど普遍的ではなかったものも含む）はひとつの風習になって近代に引きつがれ、さほどの変化を見せなかった。したがって、日本近世の養子離縁から見えるのは人間自身に対する契約関係であるが、中国の養子離縁から見えるのは人身従属の関係だといえるである。これも日中両国歴史上における血縁親族集団の構造および対応した文化の異なることの左証となると考える。

むすび

家業を継ぐことを主な目的とした、擬制血縁関係による世代の関係を無視してとれる孫養子、弟養子、異姓の婿養子、持参金養子といった養子は、祭祀を目的とし、生まれつきの自然な血縁関係による秩序を絆とする「諸無レ子者聽レ養下同宗於二昭穆一相當者上」である中国の養子制度と、まったく異なった種類の価値観や倫理観を育んできた。中国の家族に見られるような、家産の息子たちによる「諸子均分相続制」は、ある意味では家族の中の諸々の男たちに安全性や安心感を与えた。と同時に、程度の違いこそあれ、息子たちは家族に対して依頼心を持つようになったのである。

中国では二〇〇〇年あまり前の孟子に「父子有親、君臣有義、夫婦有別、長幼有序、朋友有信」（「父子に親あり、君臣に義あり、夫婦に別あり、長幼に序あり、朋友に信あり」）[47]という教えがあって、仁・義・礼・智・信のうち「仁」と「義」がもっとも重要だとされ、また「仁」と「義」の基本は孝・悌なのだと考えた。孝・悌を提唱する儒家たちは、始めは生まれつきの自然な血縁関係による秩序を人や人の行為、人間関係の規範にしようと望んでいた。しかし一方、「同居共食」という大家族の中で生きる個々の単位小家族[48]が自家の経済的利益を守ろうとするあまり、家産の相続問題で兄弟が反目し合い、赤の他人となるような事がいかなる時代、いかなる地域においても稀に見る現象ではなくなっていた。それは私心を起こし「ばらばらの砂」（団結力がないことの例え）になるという文化的根源になっていた、とさえいうことができる。と同時に、自然な血縁関係における等級制や身分制が鎖のようにつながり、また家族の構成員もその鎖の一輪一輪となってしっかりつながりあい、身動きさえとれないようになってしまっていた。このような現象は二〇世紀半ばまで続いていたのである。

巴金の『家』という小説（一九二七年執筆年、一九二九年発表）の主人公覚新は嫡長男＝嫡子・嫡長孫＝「承重孫」（父親の死後、この大家族の「承重孫」、宗祧を継ぐ者・孫）という立場に立たされ、持つべき自由も人生の楽しみもなくしてしまっていた。日本の小説家、宮本輝氏が一九八三年、日本の作家代表団の一員として、巴金の旧居を訪問した後、小説を読んだ往年の心境を思い出して『異国の窓から』に書いている。「中学三年生の私もまた、一つの家の奥でうごめく妖気に戦慄し、奇怪な人間という生き物の一端を垣間見、そこにあって過激なまでに運命や権力に立ち向かっていく高覚慧の血汐に、胸震わせたものであった」[49]。

中国のような父系の者が後継ぎになるという構造では、家業・財産・家伝の秘方は、息子や嫁には伝授されるが、娘や婿には伝授されないもので、祭祀を目的とし、かつ血縁関係を絆とする中国の養子制度は、「中国の家庭はすでに生命を構成するものであり、それと同様に倫理道徳の構造にもなっていた」ことを物語っている。「跡継ぎを取ることは倫理道徳や社会に関わる問題であり、決して法律に関わる問題ではない。簡単な法律にはこのような問題を包括することができないのである」[50]。

日本の養子制度は中国のそれとまた違った価値観や倫理観を示している。近世以降の養子のもっとも大きな特徴は、血縁関係のない養子が血縁関係に基づく身分制度を打破したことにある。一四世紀中期以降、長子以外の息子たちは一言の恨み言もなく契約という方法で、新しい家庭に入っていった。男性の四分の一にあたる養子、さらにそれと同じ四分の一にあたる養父を加えると、全男性の二分の一が養子に関わる契約関係に巻き込まれていたことになる。近世の養父子制度は人と人の契約という新たな人間関係を育んできた。そして血縁関係なしに養子をとるという関係に、新たな契約文化が生じたのである。

イギリスの古代法律史の専門家メイン（H.S.Maine）は、一八六一年に出版された『古代法』で、ヨーロッパの伝統的な社会が近現代社会に移り変わってきた過程を総括していう。「進歩的な社会でのあらゆる運動は、ある意味では一致している。運動が発展していく過程で、特徴としてあげられるのは、家族がもたれあうことが次第になくなり、その代わりに個人の義務が増してきたことである。（中略）『家族』にその根源があるさまざまな権利や義務に見られる相互関係のあり方に、次第に取って代わったもの、（中略）それがすなわち『契約』であった。（中略）すべての社会の発展はここで終わる。それは『身分制から契約へ』〔傍点は著者〕という発展であった」[51]。

日本の近世の「養子願書」と「養子証文」、また中国の養子文書を加えて考察したことで、血縁関係を基本とする身分制にみられた、中国伝統の倫理文化とは相反する契約文化が理解できたであろう。著者は古代の貴族の養子関係に見える功利主義的文化[52]、また近世の武家、特に庶民家での養子縁組と養子離縁がなされる中で育まれてきた契約文化は、日本が近代社会へその姿を変えていくにあたっての重要な文化的因子となったものと考える。

（1）竹内利美氏の『寛政重修諸家譜』の大名家についての調査による。同氏の「農村家族の動態」（東北大学教育学部編『研究年報』第二集、一九五三年）一四・一五頁を参照。
（2）岡山藩宝永五年三七件の相続のうち一二件が養子相続であった（谷口澄夫『岡山藩政史の研究』、山陽新聞社、一九八一年、四四四〜四四六頁）。
（3）服藤弘司『相続法の特質』（『幕藩体制国家の法と権力』五、創文社、一九八二年）三四二頁。
（4）湯沢雍彦「日本における養子縁組の統計的大勢」（養子と里親を考える会編『新しい家族』三、一九八三年、二一〜二九頁）。湯沢氏自身の父親は明治初期生まれの四人兄弟である。一人は家に残って祖先代々伝わってきた家業・家産を相続し、一人は分家して別に所帯を構えているが、湯沢氏の父親も含めて残る二人は婿養子になっている。
（5）ローレン（T. Rohlen）の提案により、日本の社会組織、例えば「家元」のような擬制的な血縁組織の本質的原理を『縁約』(kin-tract)の原理と呼ぶ。Francis L.K.Hsu, *CLAN, CASTE, AND CLUB*, Copyright, 1963, By D. Van Nostrand Co., Inc. All rights reserved.（作田啓一・浜口恵俊訳『比較文明社会論　クラン・カスト・クラブ・家元』、培風館、一九七一年初版、一九七二年第三刷、三〇四頁を参照）。しかし著者は擬制的な血縁組織という外的形式より、さらにある特定集団に加入することの決定と、また時にはそこから離脱することの決定とが、個人（の意志）に任されているという内的形式を重視するから、その養子縁組と養子離縁に関する関係を「契約」関係と考える。
（6）仁井田陞『唐令拾遺』「戸令」二七〔開七〕〔開二五〕「諸應分田宅及財物者、兄弟均分」（東方文化學院東京研究所、一九三三年、東京大学出版会、一九六四年復刻版、一九八三年復刻版第二刷）を参照。
（7）『養老令』「戸令・凡應分者条」凡應分者、家人、奴婢、田宅、資産、總計作﹂法、嫡母、繼母及嫡子各二分、庶子一分。
（8）大饗亮「中世の親族組織と封建制」（『封建的主従制成立史研究』、風間書房、一九六七年）と笠谷和比古「武家社会研究をめぐる諸問題」（村井康彦編『公家と武家――その比較文明史的考察』、思文閣出版、一九九五年）を参照。
（9）中田薫は、「縦令法律上立嫡の條件が定まって居ても、事實上はこれに拘束さるゝことなく、父祖が任意に、これを決行することが出来たのである。（中略）平安朝後半に於ける嫡子立替は、事實に於ては律令以前に於ける繼嗣選立と同様、全然父祖自由意志に依て行はれたの」である、と述べる（同氏『法制史論集』第一巻、岩波書店、一九二六年第一刷、一九五六年第二刷、九九頁）。

(10) 例えば『沙弥道義譲状』によれば延文元年（一三五六）相伝であった私領を嫡男の島津貞久に譲っている。

(11) 「家督」という概念は、そもそも家長の家長権などを意味した。『世鏡抄』に「家徳」（の）という用語がある。「徳」と「得」は音が同じで、財富・財産の意味がある。日本語では「督」は「徳」や「得」と同音語である。したがって、家産の単独相続が盛行したことにより、「家督」は家長の意を含む以外に家産の意も含むようになったと考える（福尾猛市郎『日本家族制度史概説』、吉川弘文館、一九七二年、一三四・二二五頁）。

(12) 笠谷和比古「『家』の概念とその比較史的考察」（笠谷編『公家と武家Ⅱ――「家」の比較文明史的考察』、思文閣出版、一九九九年、三三頁）を参照。

(13) 鎌田浩「武士社会の養子――幕藩比較養子法」（大竹秀男・竹田旦・長谷善計編『擬制された親子――養子』、三省堂、一九八八年、六五頁）。

(14) 俸禄制のこの転換の意義は、各武士団が優秀な人間を相続人として選らばざるを得なくなったことに意味がある。これは日本の近代化の秘密だと考えた（栗田勇・木村尚三郎「ヨーロッパの家、日本の家」、『歴史公論』創刊五〇号記念増大号、雄山閣、一九八〇年、七〇頁）。また、笠谷和比古『士（サムライ）の思想』（岩波書店、一九九七年）第五章第二節の中の「養子制度――能力あるものによる継承」を参照。

(15) 以上、注(13)鎌田前掲稿を参照。

(16) 黒須里美・落合恵美子「人口学的制約と養子――幕末維新期多摩農村における継承戦略」（速水融編『近代移行期の家族と歴史』、ミネルヴァ書房、二〇〇二年、一二九頁）。

(17) 高柳真三・石井良助編『御触書寛保集成』「武家諸法度之部」二（岩波書店、一九七六年）一七頁。

(18) 同右。

(19) 磯田道史「藩士社会の養子と階層移動」（国際日本文化研究センター紀要『日本研究』第一九集、二三七頁）、同『近世大名家臣団の社会構造』、第三章第三節を参照。

(20) 同右。
(21) 磯田道史「近世大名家臣団の相続と階層——松代藩真田家の場合」(地方史研究協議会編『地方史研究』二八八号、二〇〇〇年)。
(22) 同右。
(23) 注(17)高柳・石井編書、「養子跡目縁組等之部」一〇〇一、五三一頁。
(24) 法制史学会編・石井良助校訂『徳川禁令考』前集第四、武家幕府巻三七、旗本家人令条之二、養子並跡職二二八一・二二一六号(創文社、一九五九年第一刷、一九八一年第四刷、二五五・二六七頁)。
(25) 注(13)鎌田前掲稿、八二頁。
(26) 注(14)笠谷前掲書の第五章第二節の中の「御家人株の売買——庶民の武家社会への参入」を参照。
(27) 写本、寛政から文政年間(一八世紀後半から一九世紀前半まで)の各種類の願書を収集していた。九州大学(一〇冊)・京都大学(二〇巻二二冊)・慶応大学(一二冊)・東京大学史料編纂所(一冊)などに収蔵しており、そのうち「養子願書」がかなりの量を占めている。
(28) 穂積陳重「由井正雪事件と徳川幕府の養子法」(川合隆男編『日本社会学院年報』第一〇巻、龍渓書舎、一九九九年)を参照。
(29) 高木侃「婿養子縁組証文考」(『ぐんま史料研究』第五号、群馬県立文書館、一九九五年)より引用。
(30) 高木侃氏によると、持参金の通例は二〜一五両までで三〜五両がもっとも多い。ここでの持参金は一〇〇両であるが、それは婿方の格式が高かったことを表しているものと思われる。同右参照。
(31) 長森敬斐他編、司法省、一八七八年。
(32) 外岡茂十郎編、早稲田大学、一九六九年。
(33) 『旧藩制覚』、上越市立図書館に所蔵、注(13)鎌田前掲稿六七頁から引用。
(34) 藩法研究会編『藩法集』一一・『久留米藩』(創文社、一九七三年)、一一一八頁。
(35) 出典は住友修史室編『泉屋叢考』第壹輯(住友修史室、一九五一年)。原文は旧漢字である。

(36) 著者は日本で八〇歳以上の男性数人と出会っており、そのうち本人が養子、あるいは婿養子という人が何人かいた。当時の心境を尋ねると、「自分自身は何も考えておらず、兄が実家を相続するのに協力するため、家から出て養子になるのは当たり前だと思っていた」という答えが返ってきた。

(37) 本書第六章を参照。

(38) 『唐律疏議』、上海商務印書館、一九三九年（『唐律疏議』は三〇巻、唐の長孫無忌など皇帝の命令によって作ったものである。それは中国においてもっとも早い、もっとも完璧な法典であった）。『宋刑統』竇儀などは皇帝の勅によって作ったものである（呉興〔湖州〕劉氏嘉業堂、一九二一年、北京中華書局、一九八四年）。

(39) 『大明律』巻四「戸律・戸役」（遼沈書社、一九八九年）四五頁。

(40) これは訴訟に関する判書と官府の公式文書の分類集、明の張四維が編集した。

(41) 『宋史』「礼志」巻二八「服記」、淳熙四年（一一七七）一〇月条。

(42) 羅福萇『沙州文録補』（一九二四年、のち曾棗荘編『全宋文』所収、成都巴蜀書社出版、一九九一年）。

(43) 『新編事文類聚啓劄青錢』（續修四庫全書総目録〔子部〕）を参照。

(44) 史料5・6はのち、それぞれ仁井田陞氏の『唐宋法律文書の研究』（東方文化学院東京研究所、一九三七年）に収録された。五三二・五三八頁を参照。

(45) 同右、五三三頁を参照。

(46) 『詩経・小雅・小宛』に「螟蛉有子、蜾蠃負之」というのがある。螟蛉はみどりの小さい虫であり、蜾蠃は寄生バチであるが、蜾蠃が螟蛉を捕えて、巣において螟蛉の上に産卵する。のちに螟蛉を食べる。古人は蜾蠃が卵を産まないから、螟蛉を飼育すると誤解し、螟蛉を養子に喩えた。宋代では螟蛉を異姓養子に喩えた。王楙（宋代）『野客叢書』巻一五「螟蛉」（商務印所館、一九三九年。中華書局、一九八七年。上海古籍出版社、一九九一年）を参照。

(47) 孟子「滕文公」上。

(48) 単位家族とは古代社会では複数の大家族、すなわち複合家族に対して一人の男性を中心とした妻・妾とその嫡・庶子を含んだ家族である。中国ではこのような家族を「個体家庭」と呼び、本書では「単位家族」という名称を使う。

(49)　宮本輝『異国の窓から』(角川書店、一九九一年)一九八頁。

(50)　Ann Waltner, *Getting an Heir*, Adoption and the Construction of kinship in Late Imperial China (1990 The University of Hawaii press), 曹南来訳：安・沃特納『烟火接続——明清的収継与親族関係』(浙江人民出版社、一九九九年)二一四頁。

(51)　Henry Sumner Maine, *ANCIENT LAW, ITS CONNECTION WITH THE EARLY HISTORY OF SOCIETY AND ITS RELATION TO MODERN IDEAS*, Geoffrey Cumberlege Oxford University Press London new York Toronto, 1954, 中国語版：漢訳世界学術名著叢書『古代法』(商務印書館、一九五九年第一版、一九九七年第六回印刷)九六〜九七頁から引用。

(52)　本書第六章を参照。

史料1a

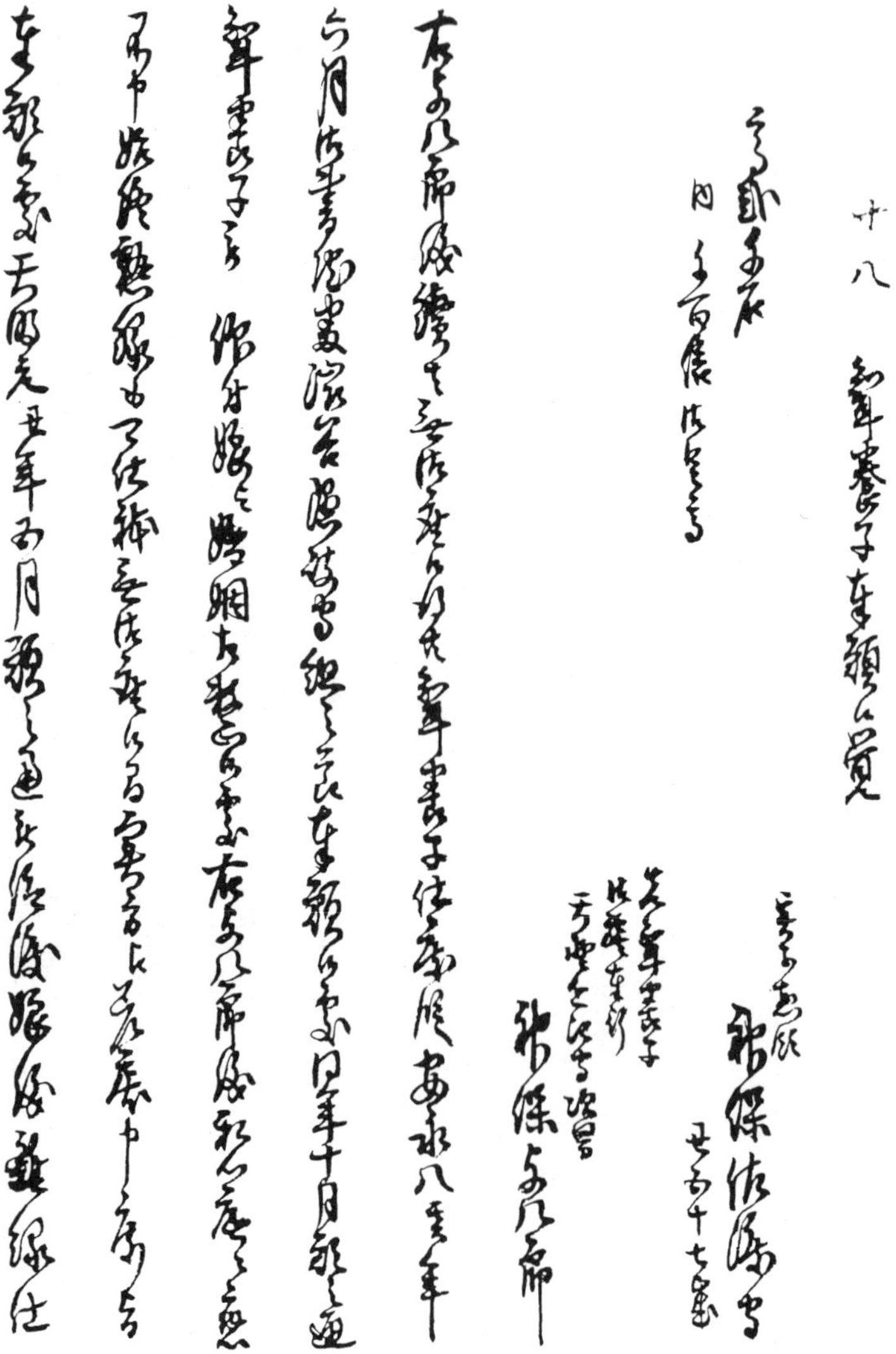

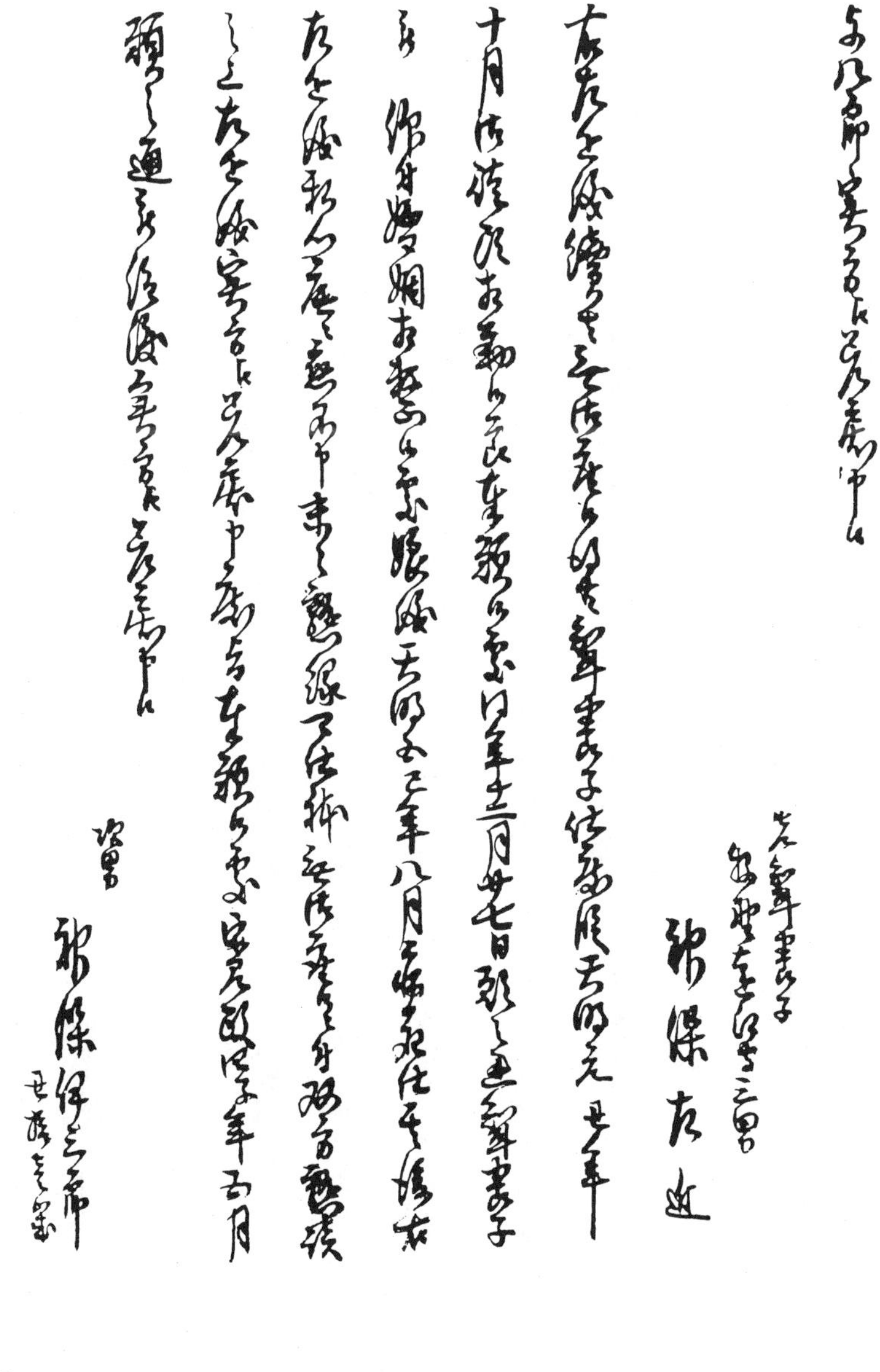

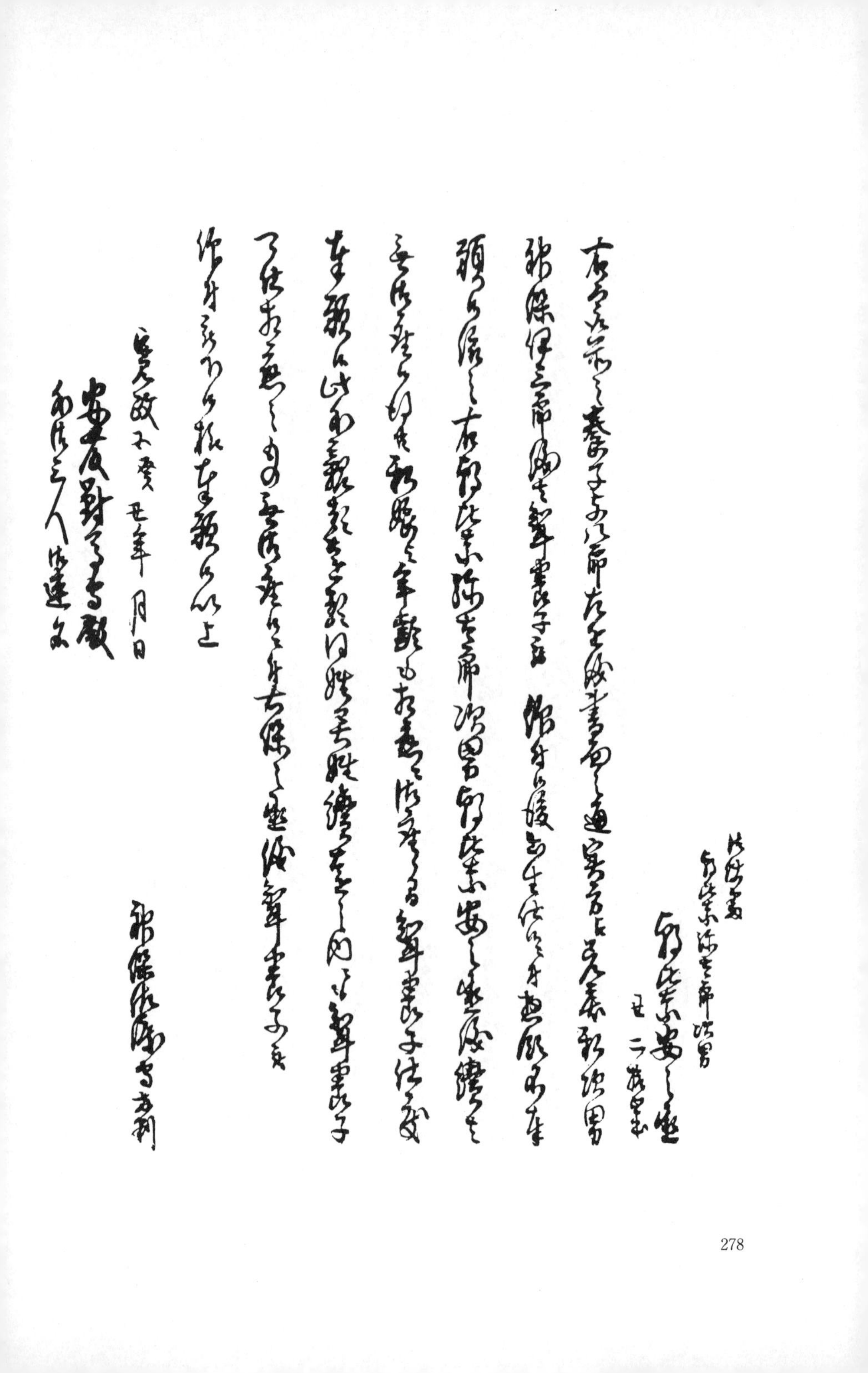

[illegible]

[illegible]

[illegible]

寛政五癸丑年　月日

宗對馬守殿

松平越中守　判

史料1b

十八　　聟養子奉願候覚

高弐千石　　　　　　　　　　実子惣領
　　　　　　　　　　　　　　神保佐渡守
　　　　　　　　　　　　　　丑五十七歳

内　千百俵御足高

　　　　　　　　　　　　　　先聟養子
　　　　　　　　　　　　　　御旗奉行
　　　　　　　　　　　　　　天野近江守次男
　　　　　　　　　　　　　　神保与八郎

右与八郎儀、続者無御座候得共、聟養子仕度段、安永八亥年六月御書院番渋谷隠岐守組之節、奉願候処、同年十月願之通聟養子被　仰付、娘と婚姻相整候処、右与八郎儀私心底ニ応不申、始終熟縁も可仕躰無御座候間、実方ぇ差戻申度旨奉願候処、天明元丑年五月願之通被仰渡、娘儀離縁仕、与八郎実方ぇ差戻申候

　　　　　　　　　　　　　　先聟養子
　　　　　　　　　　　　　　牧野遠江守三男
　　　　　　　　　　　　　　神保左近

右左近儀、続者無御座候得共、聟養子仕度段、天明元丑年十月御徒頭相勤候節、奉願候処、同年十二月廿七日、願之通聟養子被　仰付、婚姻相整候処、娘儀天明五巳年八月病死仕、其後右

左近儀私心底ニ応不申、末々熟縁可仕躰無御座候ニ付、双方熟談
之上、左近儀、実方ぇ差戻申度旨奉願候処、寛政四子年五月
願之通被仰渡、実方ぇ差戻申候

次男
神保伊三郎
丑拾壱歳

御使番
朝比奈弥太郎次男
朝比奈安之丞
丑二拾歳

右最前之養子与八郎左近儀、書面之通実方ぇ差戻、私次男
神保伊三郎儀者、聟養子被　仰付候後、出生仕候ニ付、惣領不奉
願候、依之右朝比奈弥太郎次男朝比奈安之丞儀、続者
無御座候得共、私娘と年齢も相応ニ御座候間、聟養子仕度
奉願候、此外親類遠類同姓異姓続遠之内ニも、聟養子
可仕相応之もの、無御座候ニ付、右保(安)之丞儀聟養子被
仰付被下候様、奉願候　以上

寛政五癸丑年月日　　神保佐渡守両判

安藤対馬守殿
外御三人御連名

史料2a

六

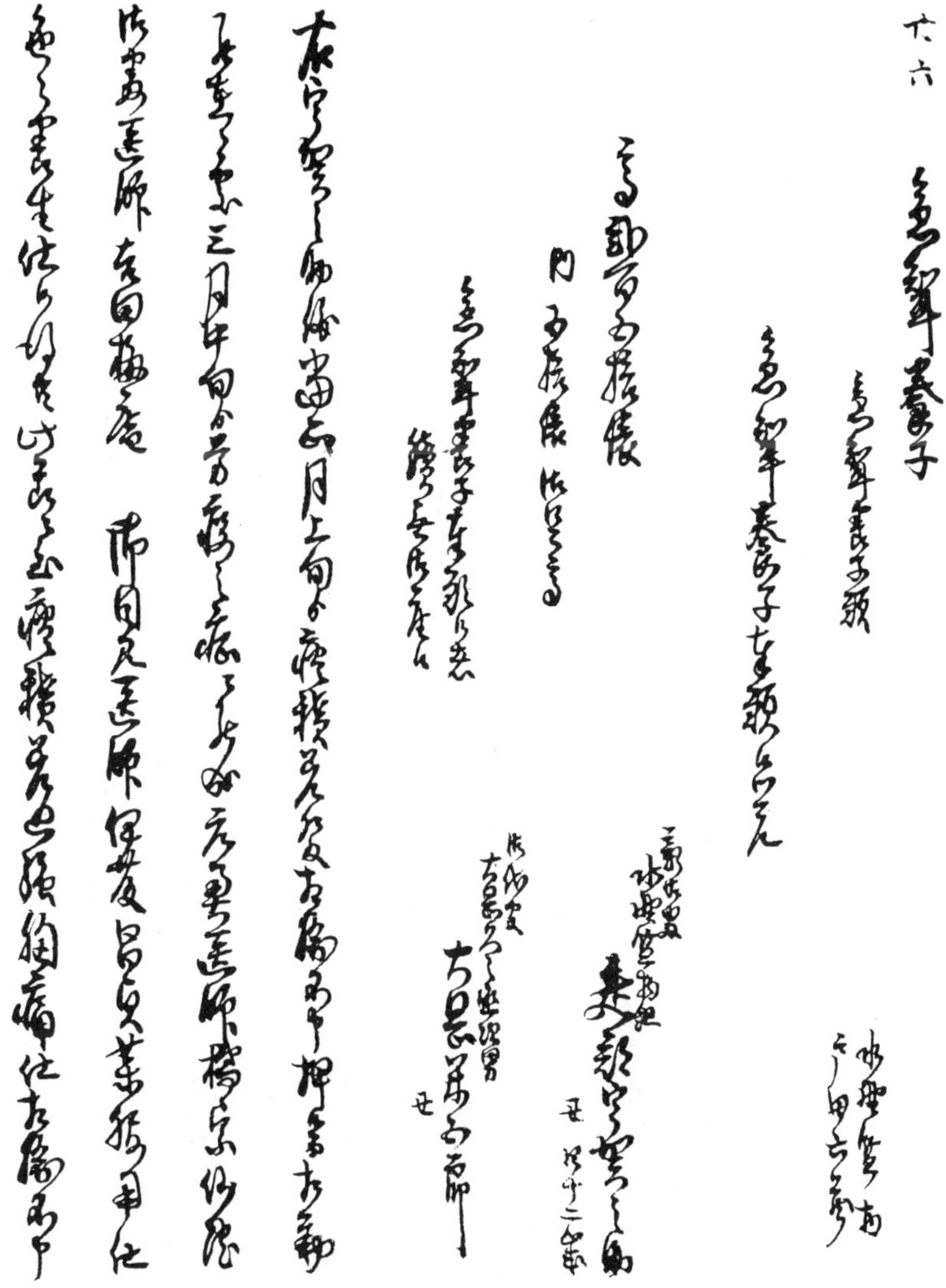

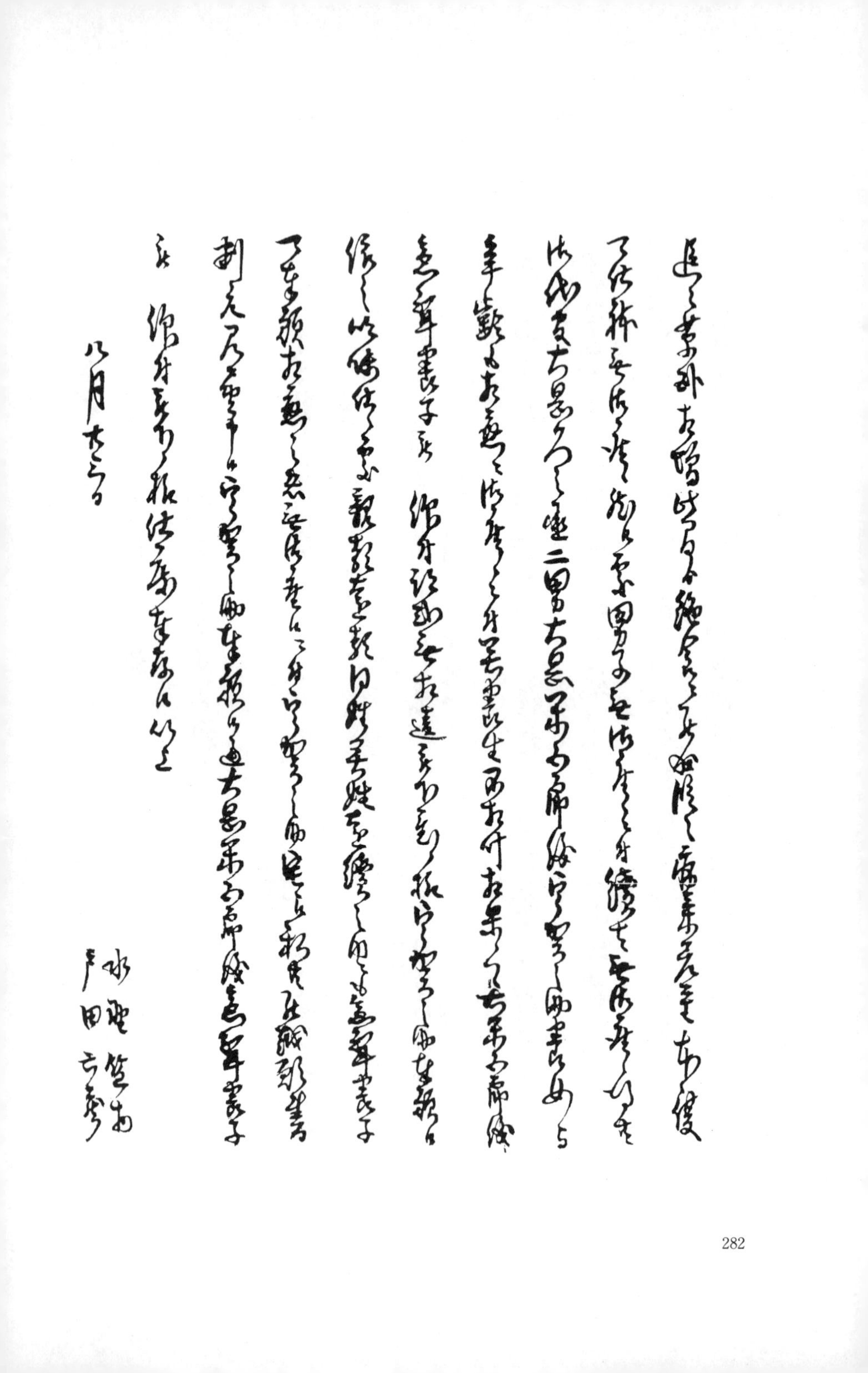

[illegible]

[illegible]

[illegible]

[illegible]

[illegible]

[illegible]

[illegible]

[illegible]

八月十六日

水野監物

戸田左門

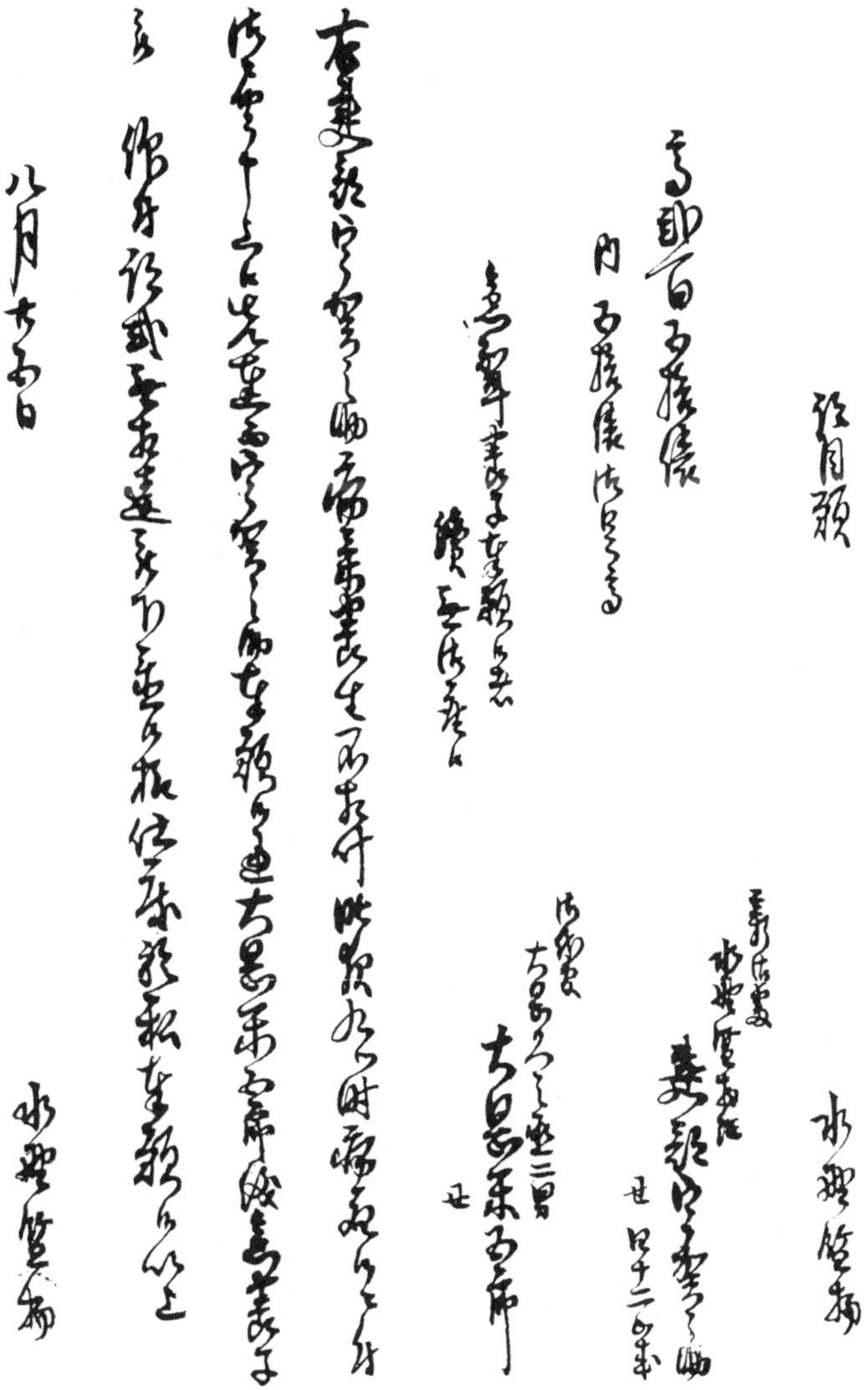

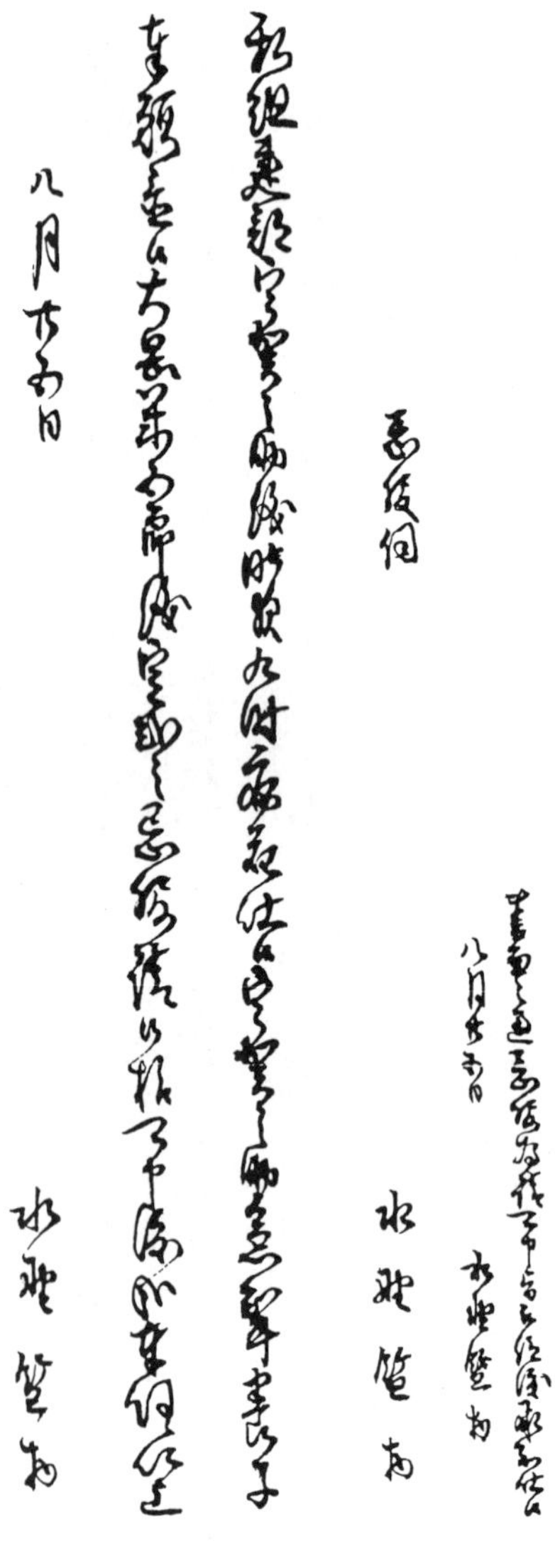
水野監物

史料2b

廿六　急智養子

急智養子願　水野監物

急智養子奉願候覚　戸田六蔵

高弐百五拾俵
内　五拾俵御足高

新御番
水野監物組
建部宇賀之助
丑四十二歳

急智養子奉願候者
続無御座候

御代官
大岡久之丞次男
大岡米五郎
丑

右宇賀之助儀、当正月上旬ゟ痰積差発相勝不申、押候而相勤罷在候処、三月中旬ゟ労疫之症ニ罷成、元奥医師橘宗仙院御番医師吉田梅庵　御目見医師伊藤昌貞、薬服用仕、色々養生仕候得共、此節ニ至、痰積差込強、胸痛仕相勝不申、追々草臥相増、此間ゟ絶食ニ罷成、段々病気差重、本復

可仕躰無御座候、然ル処男子無御座候ニ付、続者無御座候得共、
御代官大岡久之丞二男大岡米五郎儀宇賀之助養女と
年齢も相応ニ御座候ニ付、若養生不相叶相果候ハヽ、右米五郎儀
急聟養子被　仰付、跡式無相違被下置候様、宇賀之助奉願候、
依之吟味仕候処、親類遠類同姓異姓遠続之内ニも急聟養子
可奉願相応之者無御座候ニ付、宇賀之助宅江私共罷越願書
判元見届申候、宇賀之助奉願候通大岡米五郎儀急聟養子
被　仰付被下候様仕度奉存候、以上

八月廿三日

水野監物

戸田六蔵

跡目願

水野監物

高弐百五拾俵

内　五拾俵御足高

新御番
水野監物組
建部宇賀之助
丑四十二歳

急聟養子奉願候者　　　　　　　　　　御代官
　　　　　　　　　　　　　　　　　　大岡久之丞二男
　　　　　　　　　　　　　　　　　大岡米五郎
　　　　　　　　　　　　　　　　　　丑
　続無御座候

右建部宇賀之助病気養生不相叶、昨夜九ツ時病死候ニ付、
御届申上候、先達而宇賀之助奉願候通大岡米五郎儀急養子
被　仰付、跡式無相違被下置候様仕度、於私奉願候、以上
　八月廿五日　　　　　　　　　水野監物

　　　　　　　　　書面之通忌服為請可申旨被仰渡、承知仕候
　　　　　　　　　八月廿五日　　　　水野監物

　　　忌服伺　　　　　　　　　　　水野監物
私組建部宇賀之助儀、昨夜九時病死仕候、宇賀之助急聟養子
奉願置候、大岡米五郎儀、定式之忌服請候様、可申渡哉、奉伺候、以上
　八月廿五日　　　　　　　　　水野監物

史料3

名跡証文之事

拙者子共(供)無御座候ニ付、貴殿子息善之丞義ヲ御獄坊ヲ頼入致所望、為持参金金子百両請取、拙者養子ニ仕候処実正也、然上は田畑屋敷合五町五畝廿八歩幷家財諸道具共ニ不残善之丞方え譲渡シ可申候、右高之内八反歩幷拙者女房共畑弐反五畝歩相添へ為隠居免請取、未(末)々隠居仕、拙者共以後ハ善之丞方え相返シ可申候、自然以来拙者方ニ子共出来申候ても、右之持高分ケ地不仕、他え相応ニ人成可申候、万一不縁仕候ハヽ、右之持参金百両無相違返済可仕候、如此相定申上は相互ニむつましく末々相違申間敷候、為後日証文仍て如件

宝永七年寅ノ十二月

逸見百助㊞

立合 御獄坊㊞

同断 逸見源次郎㊞

飯塚伝左衛門殿

史料4

相定申名跡手形之事

宮本男子無御座候故藤左衛門二男市三郎ヲ名跡ト相定申様は、宮本作来候畑・竹やぶ・財宝不残市三郎方へくれ申筈ニ相定名跡ニ立申候、依之親藤左衛門方より為敷地赤仁田上わり地畑林干草場不残永高七文之所相添宮本名跡ニ入置申候、自今以後此畑ニ付て子細無之候、若市三郎婿入不申候ハヽ、右之敷地不残宮本跡ニ残シ置、其身斗罷出申筈ニ相定申候、又々宮本にこの娘市三郎を気ニ入レ不申候ハヽ、右之畑・家屋敷・財宝共ニ市三郎方へ相渡し、其上如何様ニ罷成候共少もうらみ申間敷候、為後日仍て名跡手形如件

正徳元辛夘ノ歳

霜月廿七日

宮本にこの㊞

敷地くれ主 藤左衛門㊞

同右 六之助㊞

仲人 三郎兵衛㊞

同 忠左衛門㊞

藤兵衛㊞

請人 市郎左衛門㊞

証人 本明院㊞

史料5（出典：仁井田陞『唐宋法律文書の研究』、東京大学出版会、一九八三年）

乾徳二年甲子歳九月廿七日、弟史氾三、前因不備、今無親生之子、請屈叔姪親枝姊妹兄弟、團座商量□□、欲議養兄史粉塠親男願壽、便作氾三覆(腹?)生親子、自今已後、其叔氾三、切不得二意三心、好須勾當收新婦榮聘、所有□(家)資地水活□(業)什物等、便共氾三子息幷及阿朶准亭願壽、各取壹分、不令偏併、若或氾三後有男女、幷及阿朶長成人、欺屈願壽、倚大猥情、作私別榮、小□□故非理打棒、押良爲賤者、見在地水活業□□壹分前件兄弟例、願壽所得麥粟債伍拾碩、便任叔氾三自折、升合不得論算、其□□分、願壽自收任便榮活、其男願壽後收□婦、漸漸長大、或不孝順父孃、並及姊妹兄弟、□且娶妻親之言、不肯作於活之計猥情、是他願壽親生阿耶幷及兄弟姊妹招換、不□上下、貪酒看肉、結般盜賊他人、更乃作□者、空身趁出、家中針草一無□數、其□債麥粟伍拾碩、升合不得欠少、當便□付氾三、將此文書、呈告　官中、倍加五逆之□、今對親枝衆座、再三商議、世世代代子孫□(男)女、同爲一活、押字證見爲憑、天轉地廻、不（下缺）

史料6a（出典：仁井田陞『唐宋法律文書の研究』、東京大学出版会、一九八三年）

過房子書式

某里住人姓某、娶某氏爲妻、已經年久、並无子息、誠恐老來絶嗣、爲此遂与妻某氏商議、托得某人爲媒、過房得某處某人第幾男名某見年幾歲爲嗣、承續祖宗香火、備到酧勞恩養財礼若干、所有螟蛉之後、兩无返悔、其過房男、須管小心侍奉、聽從訓導、毋得悖逆擅自拋禽、今立礼書爲用者、

年　月　日　　姓　某押　　書

媒人姓某押

史料6b（出典：仁井田陞『唐宋法律文書の研究』、東京大学出版会、一九八三年）

過房子回書式

某處某人、娶某氏爲妻、生下男子幾人、有第幾男名某見年幾歲、卜算命与父母相克、難以完聚、今憑某人爲媒、過房与某處某人爲男嗣、侍奉本人年老、承繼祖宗香火、得酧勞恩養財礼若干、自過房之後、任從改姓換名、訓導藝業、侍奉養老、不得抵拒悖逆、及不敢擅自抛禽回家、兩下更无返悔、如有此色、甘罰𫔭（錢）若干、入官公用无詞、今立過房文字爲照者、

年　月　日

父親姓　某押　書
母親姓　某押
過房子姓某押
媒人姓　某押

第八章　「皇考」をめぐる論争から見た人の後（あとつぎ）たる者の「礼」

——日本との比較において——

はじめに

中国においては、死去した父親を「考」と尊称する慣習がある。「皇考」とは、皇帝の逝去した前皇帝に対する尊称である。王位の父子直系継承制のもとでは、前皇帝は一般に現任皇帝の父親である。問題になるのは、前皇帝に実子や孫がいない、つまり後嗣がいない場合、傍系から入って帝位を継いだ皇帝が、自身の父に対して「皇考」と称するべきか否か、である。それは単なる尊号だけの問題ではなく、尊号と密接な関連がある屍柩を葬る上での墓制と、祭祀上の宗廟制の問題、つまり現任皇帝の実父および前皇帝に関する身分の問題をも引き起こす。

古代中国では、皇帝の没後、山に皇陵を造り、皇帝の屍柩を葬る。諸侯王、すなわち皇帝の兄弟・従兄弟の場合は、陵ではなく園を造り、その屍柩を葬る。また、『禮記』「王制」に「天子七廟、三昭三穆與㆓大祖之廟㆒而七。諸侯五廟、二昭二穆與㆓大祖之廟㆒而五……」（天子は七廟、三昭・三穆と大祖の廟とで七なり。諸侯は五廟、二昭・二穆と大祖の廟とで五なり……〔本章における『禮記』の引用の訓読みはすべて『全釈漢文大系』、集英社、一九七六年による〕）(1)とある。昭穆とは、世代関係を表す用語である。『説文解字』では「昭」と「穆」についてそれぞれ「昭、日昒也、従日召聲」（昭、日の昒なり、日に従ふ召の聲）、「穆、禾也、従禾㣎聲」（穆、禾なり、禾に従ふ㣎の聲）と解説する。『爾雅』「釋訓第三」には「穆」についてまた「穆穆敬也」（穆穆は敬なり）という解釈がある。さらに『論語集説』「八佾」に皇侃が「昭者明也。尊レ父、故曰レ明也。穆敬也、子宜レ敬二於父一也」（昭とは明らかなり。父を尊ぶ、故に明らかと曰ふなり。穆とは敬ふなり、子は宜しく父を敬ふべきなり）、と明確にいった。この意味で「昭・穆」を引伸して、廟制において廟の順列が表された。つまり太祖の廟が中央、二世・四世・六世は左に列して、これを昭（父の世代）といい、三世・五世・七世は右列して、これを穆（子の世代）という。天子宗廟の「七親廟」とは、始祖つまり太祖の廟所はそのままに中央に位し、次の二世・三世・四世・五世・六世・七世は昭と穆、すなわち左右に列する。あとの死者は入った場合、廟次は始祖つまり太祖の下から二世・三世・四世……と昭穆の順に遷るが、古いものは太廟に一括して祭るのである。このように終始七廟を維持するので、傍系から入った皇帝の父親の廟を天子の親廟に入れると、前皇帝の廟とともに同じ世代の二つの廟が同時期に入ることになる。すると、太祖の下に二世代の皇帝の廟が同時期にはみ出してしまい、不都合である。また『禮記』「喪服四制」は次のように記する。「天無二二日一、土無二二王一。國無二二君一、家無二二尊一。以レ一治レ之也」（天に二日無く、土に二王無く、國に二君無く、家に二尊無し。一を以て之を治むるなり。）[2]。また『儀禮』「喪服」[3]の「齊衰不杖期」（齊衰を着用して杖をつかないで、期の喪に服する禮）に「爲二人後一者、爲二其父母一、報。傳曰、『何以期也。不レ貳レ斬也。何以不レ貳レ斬也。持二重於大宗一者、降二其小宗一也。爲二人後一者、孰後。後二大宗一也。曷レ爲後二大宗一。大宗者尊之統也』」（人の後と爲る者、其の父母の爲めにす。報ゆ。傳に曰く、「何を以て期するや。斬を貳せざるなり。何を以て斬を貳せざるや。重きを大宗に持する者は、其の小宗を降すべければなり。人の後と爲る者とは、孰れの後となるや。大宗に後となるなり。曷爲れぞ大宗に後となるや。大宗は尊の統なればなり」〔本章における『儀禮』の引用の訓読みはすべて『東海大学古典叢書』、東海大学出版会、一九七八年による〕）[4]という喪服の礼制がある。つまり大宗の後となる者がいなくて、同宗内で定められてその人の後となった者は、その生みの父母のためにもっとも重い「斬衰三年」（喪服五等の中でもっとも重い斬衰を着用して三年の喪に服する禮）ではなく、「齊衰不杖期」に服するのである。それは皇帝といえども厳守しなければならない。

一方、傍系から皇統を継いだ皇帝は、実父母を慕う心情から、『儀禮』「喪服」の「傳曰、『爲父何以斬衰也。父至尊也』」（傳に曰く、「父の爲めにするに、何を以て斬衰するや。父は至尊なればなり」と）[5]や「子不レ私二其父一、則不レ成レ爲レ子」（子、其の父を私せざれば、則ち子と爲るを成さず）[6]、『孝經』「聖治章」にいう「父子之道天性也君臣之義也」（父子の道は天性なり、君臣の義なり）、さらに『周易』「鼎」、『儀禮注疏』「喪服」、『春秋公羊傳』「隠公元年」など古典によく見える「母以子貴」（母は子を以て貴し）を盾として、すでに没した実父に「皇考」という尊号を贈り、「皇考」にふさわしい葬礼と祭礼を挙行しようとする。それに迎合する官僚らも『禮記』「坊記」の「禮者因二人之情一而爲二之節文一、以爲二民坊一者也」（禮は人の情に因りて、之が節文を爲して、以て民の坊を爲す者なり）[7]と「喪服小記」の「父爲レ士、子爲二天子諸侯一、則祭以二天子諸侯一其尸服以二士服一」（父士爲り、子天子・諸侯爲る時は、則ち祭るに天子・諸侯を以てし其の尸の服は士の服を以てす。）[8]を根拠として、皇帝の没した実父に「皇考」という尊号を贈るとともに「皇考」としてふさわしい葬礼と祭礼が挙行できるように論証しようとする。これは前述の『儀禮』「喪服」における礼制と対立する。よって激しい論争が起こった。さらに現任皇帝が実父にとって唯一の息子であった場合、実父の宗にとってその子は唯一の嫡子であり、すなわち大宗である。これは同じ『儀禮』「喪服」の「齊衰不杖期」条の「適（嫡、以下同）子不レ得レ後二大宗一」（〔小宗の〕適子は大宗に後となるを得ず）に抵触する。よって、その論争はさらに激しくなった。

前漢以前の追尊は次の二例がある。第一例は周の武王が老いて、曾祖父の古公亶父（太王）と祖父の季歴（王季）に王号を送り、また先公を祭るのに天子の礼を用いた。[9]第二例は秦の始皇帝の二六年に、実父荘襄王に追尊して太上皇とした。[10]これらの二例はともに本系の父・祖父に追尊したものであり、しかも周の武王と秦の始皇帝はいずれも新しい王朝の創始者であったから、議論を生じなかった。

しかし、前漢・北宋・明では、傍系より入って皇統を継いだ者の実父母に対する尊称に関して、次のような論争・紛糾が起こった。前漢では宣帝の父史皇孫進に対する、哀帝の父定陶王康に対する、平帝の父中山王興に対する尊号の問題である。

また北宋の英宗即位の際に起きた「濮議」と、明の世宗即位の際に起きた「大礼の議」(「興獻議」ともいう)は歴史上の大事件となった。北宋の「濮議」の論争においては、反対派の代表的な朝廷の高官数人が地方官に左遷されて落着した。明の「大礼の議」に関する大論争の結果は、四品以下の一三四人が逮捕され、うち一七人が廷杖のため死亡した。そのほか辺境に追放された者もいた。

日本においても、歴史上子が天皇の位についた場合、その父が在世中に即位していなくても太上天皇という尊号を贈ることの是非についての論争があった。太上天皇とは、天皇が譲位した後の尊号である。持統天皇が称したのに始まるが、天皇の生父に当たる親王にもこの尊号が与えられたこともあった。ちなみに上皇を意味する仙洞・仙院・姑射山・藐姑山などというのは太上天皇の唐名や謚号である。例えば室町時代の正長元年(一四二八)、貞成親王の子の彦仁王は称光天皇(子供がいなかった)が死去した後、称光天皇の父後小松上皇の猶子[11]として即位し、後花園天皇となった。一九年後の文安四年(一四四七)に実父の貞成親王に太上天皇の尊号を贈り、後崇光院の謚号を奉った。一方、第一一八代の後桃園天皇は同じく後嗣がなかったため、安永九年(一七八〇)典仁親王の六男、兼仁皇子が婿養子となり、皇位に就いた。即位後の天明二年(一七八二)には朝廷側より内々で所司代牧野越中守に対して、太上天皇尊号について「掛合」があったが、朝廷が五年に渡って幕府と交渉した結果、「尊号御内慮一件取計不行届」として拒否された。なお典仁親王宣下は、その後も幕末に至るまでしばしば取り上げられたが、最終的には、一世紀後の明治二七年（一八九四）三月に太上天皇の尊号と「慶光天皇」という称号を追贈されたのである。

日本における血縁集団構造は、父系単系出自の宗族構造を持つ中国と異なり、「上下尊卑」「長幼輩行」というような血縁等級秩序が存在しない。そして、人の後たることの目的・意義および人の後となるシステムは中国とは異なる。[12]ゆえに日本の太上天皇の尊号についての論争は、中国における前漢の「皇考廟」・「恭皇廟」、北宋の「濮議」、明の「大礼の議」などの論争とは性格がまったく異なると考える。

前漢において傍系より入る皇帝の実父に「皇考」を追尊することについての代表的な研究は、藤川正數氏の『漢代における礼学の研究』である。藤川氏は儒学の礼制という視点から研究し、当時の論争が「礼の根本原理たる『義』と『情』とのいずれに重きを置くかという立場の相違、すなわち、公義主義か私情主義かという問題である」と考えた。つまり初め優勢であった公義主義が宣帝・哀帝時代には私情主義に圧倒され、哀帝の没後、公義主義が私情主義を抑圧したと主張する。[13]

北宋の「濮議」に関する代表的な研究としては、諸橋轍次氏の「濮王典礼」[14]と小林義廣氏の「『濮議』小考」[15]があげられる。諸橋氏は礼制、すなわち上下を頒ち、貴賤を定め、人をしてみなその処・位を明らかにするという「正名の教」において、「濮議」を考察した。これに対して小林氏は、北宋の英宗の即位と論争の経緯を詳しく述べた上で、論争に参加した人々の君主論・国家観における対立を強調する。

「濮議」について検討した研究者たちの多くが「濮議」を礼制との関連で論じつつ、その中における政治紛争に注目していた。その代表者は米国における宋史研究者の劉子健氏（James T.C.liu，一九九三年死去）であった。氏は「濮議」は当時の官僚群が英宗と曹太后との不和を利用した政治闘争だと指摘した。[16]

中山八郎氏は明の武宗の没後に傍系の世宗が即位したことで、その実父母をどのように呼ぶか、どのように祭るかが争われた「大礼の議」の経緯を詳細に追跡し、またこれを学問思想の面において捉えて事件に参与した派、特に王陽明と彼の門人とこの事件との関係に論及した(17)。

これらの研究をもとに、近年では福島正氏が北宋の『濮議』と明の『大礼の議』とは類似の事件であるけれども、両者を比べ合わせれば、その相違点が際立つのではないか」と指摘した。そして「濮議」は「大礼の議」に何らかの影響を与えたものと考えた上で「濮議」と「大礼の議」との比較研究を行った。両者を比較した結論として、氏は「残念ながら、評価に値すると思われる『爲人後（あとつぎ）議』がまったく継承されず、糟粕ともいうべき『典礼疏』のみが継承されたという事実であった」とまとめている(18)。

総合的に見れば、上記の諸研究は傍系から帝位に就いた経緯とそれによって引き起こされた論争の経過を詳細に紹介し、そしてそれらの論争を礼制、つまり喪服制、廟制などとの関連から検討している。上掲の論者はみな、朝廷内の官僚群における派閥間の矛盾とその論争に注目している。これに対して、本章は、前漢の「皇考廟」・「恭王廟」、北宋の「濮議」と明の「大礼の議」における、傍系から即位した皇帝と前皇帝とのそれぞれの血縁関係の異同を考察し、対立する派の代表的な論説、論争の結果について検証する。さらに日本の太上天皇という尊号の問題との比較を試み、日中両文化の源流の相違にも言及するつもりである。また近年新たに発見された「郭店楚簡」を史料として用い、人の後（あとつぎ）たる者の「礼」について、さらには皇権と親権の実質について考察を行う。

第一節　前漢「皇考廟」・「恭王廟」の実行

前漢において傍系による帝位の継承によって引き起こされた「皇考」という尊称と、それにともなって出来した皇帝の宗廟制についての論争は、まず宣帝、後に哀帝、そして平帝の三件があった。その論争の結果、宣帝と哀帝の時代にはそれぞれ「皇考廟」と「恭王廟」が建てられた。しかし平帝の時代には実父の中山王興の皇廟が建てられなかっただけでなく、「恭王廟」や「皇考廟」をも廃毀してしまった。しかし、のちの北宋の「濮議」と明の「大礼の議」の賛成派は、前漢の「皇考廟」と「恭王廟」の実行を論拠とした。ここでは、前漢の「皇考廟」と「恭王廟」と北宋の「濮議」、明の「大礼の議」事件の文化的背景と思想の源流を解明するために、まず前漢の宣帝・哀帝・平帝それぞれの、前皇帝との血縁関係とその即位の経緯を整理するところから論を始める。

(1)「皇考廟」と宣帝の即位

「皇考廟」とは、祖父の弟に当たる昭帝の没後に即位した宣帝が即位九年目（元康元年＝紀元前六五）に、二七年前の「巫蠱之禍」[19]によって亡くなった父（進）のために建てたものである。つまり宣帝の父史皇孫進は在世中には皇帝の位に就かなかったけれども、子たる宣帝が即位したことによって、皇帝に擬えられ漢の宗廟に祭られることになったのである。それはなぜだろうか。宣帝即位の経緯から説明することにしよう。

元平元年（紀元前七四）四月、前漢第八代の昭帝が没した後、嗣子がいないので、昭帝の五番目の兄の子昌邑王賀が即位することになった（図1を参照）。しかし、賀は前皇帝昭帝の喪期に悲哀の心を示さず、淫乱不軌であって、皇室の宗廟を承けて天子となる資格がないとされ、廃位になってしまった。それで、紀元前七三年、宣帝が昭帝の長兄の孫、すなわち武帝の嫡長曾孫として位に就いた。[20]宣帝の祖父は武帝の嫡長男、父は武帝の嫡長孫であったが、この二人はいずれも王位に就かなかった。

そもそも武帝には六男があったが、嫡長男の據は元狩元年（紀元前一二二）に太子となるも、征和二年（紀元前九一）「巫蠱之禍」によって自殺した。ほかの五人の皇子のうち、閎・旦・胥三人は元狩六年（紀元前一一七）同時にそれぞれ斉王・燕王・広陵王となったが、斉王閎は元封二年（紀元前一〇九）、太子より前に没した。天漢四年（紀元前九七）、昌邑王となった五男の髆も武帝より一年前の後元元年（紀元前八八）に亡くなった。それで武帝の

図1　前漢皇帝継承図

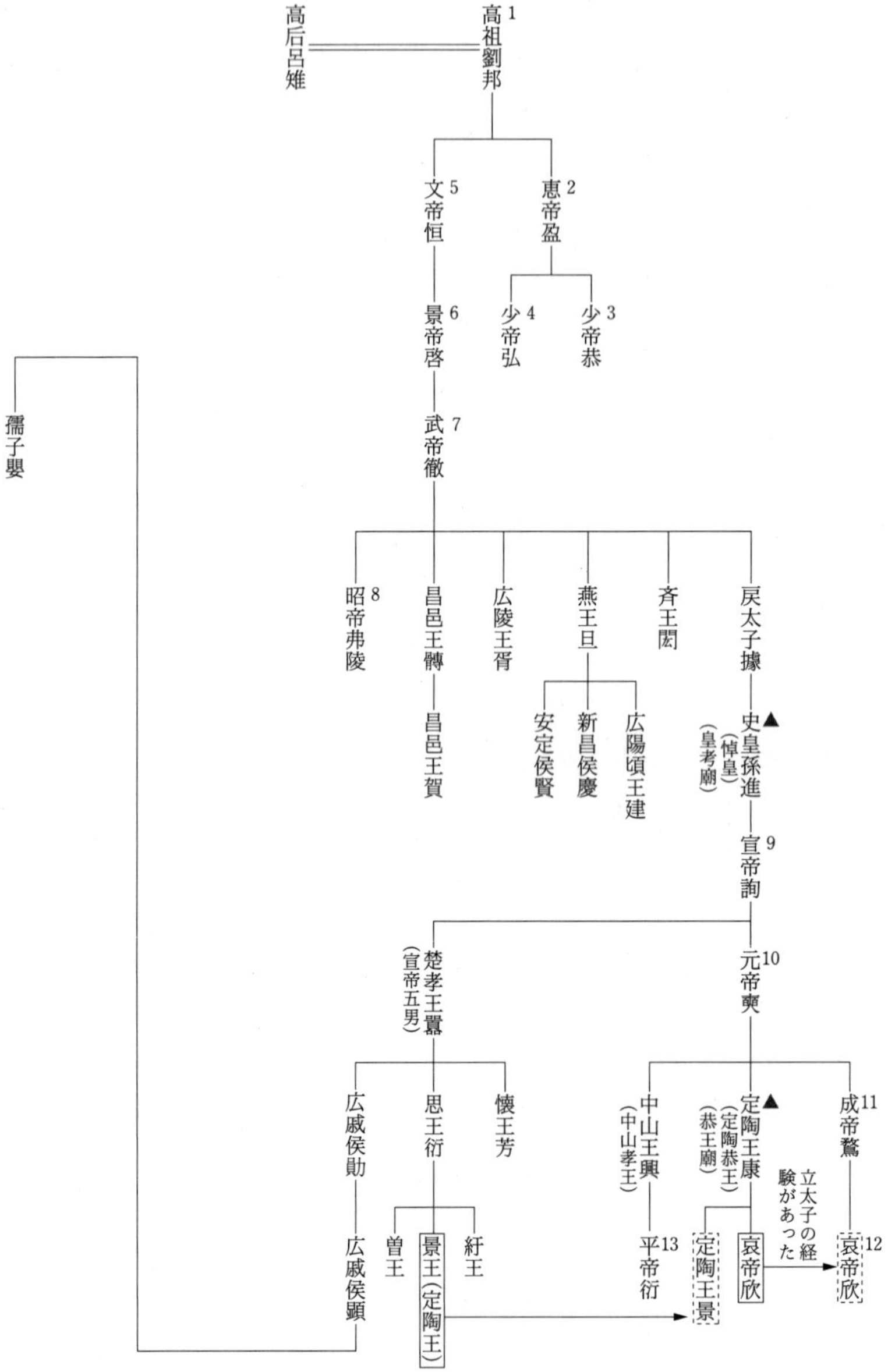

高祖劉邦 1
高后呂雉
恵帝盈 2
文帝恒 5
少帝恭 3
少帝弘 4
景帝啓 6
武帝徹 7
戻太子據
斉王閎
燕王旦
広陵王胥
昌邑王髆
昭帝弗陵 8
史皇孫進（悼皇）（皇考廟）▲
広陽頃王建
新昌侯慶
安定侯賢
昌邑王賀
宣帝詢 9
元帝奭 10
楚孝王囂（宣帝五男）
成帝驁 11
定陶王康（定陶恭王）（恭王廟）▲
中山王興（中山孝王）
懐王芳
思王衍
広戚侯勛
立太子の経験があった
哀帝欣 12
哀帝欣
定陶王景
平帝衎 13
紆王
景王（定陶王）
曽王
広戚侯顕
孺子嬰

末年に生存する者は、燕王旦と広陵王胥および末子弗陵の三人であった。この三人のうち、燕王と広陵王が行状驕嫚のため、後元二年（紀元前八七）武帝が没する直前、八歳の末子弗陵を立てて太子とした。これがすなわち昭帝である。昭帝は在位一三年の元平元年（紀元前七四）に子なくして没した。当時、武帝の四番目の子広陵王のみが生存したが、武帝在世中に失格と判定されたので、武帝の孫の中から継嗣を選ぶしかなかった。武帝の長男戻太子の子は太子と同じ時に死んだ。燕王旦には三人の子があったが、いずれも昭帝在位七年（元鳳二年＝紀元前七九）、昭帝一四歳の、父旦が謀反のあげく自殺した後に、恩赦されて庶人となった（この三人は宣帝の時代に、長男の建を広陽頃王に立て、次男と三男、慶と賢を新昌侯と安定侯に封じた）。また前述のとおり武帝の五男髆の子たる賀は、昭帝の喪期に悲哀の心を示さず、淫行のために廃せられてしまった。それで昭帝の次の世代、つまり武帝の孫の世代ではなく、武帝唯一の曾孫として宣帝が即位したのである。(21) すなわち武帝後の帝位は末子たる昭帝の一三年を経て、嫡系の曾孫宣帝に戻った。

即位した宣帝は本始元年（紀元前七三）、次のような詔を下した。「故皇太子在レ湖、未レ有二号謚一、歳時祠、其議レ謚置二園邑一」（もとの皇太子は湖県に葬られ、まだ謚がない、歳時ごとに祭祠し、謚を議定し、墓守の邑をおけ（本章における『漢書』の引用の訓読みはすべて小竹武夫訳『漢書』上巻、筑摩書房、一九七七年による））。(22) すなわち宣帝は祖父たる太子據に謚をつけ、廟園を置くことについて有司に議をさせたのである。『漢書』「武五子傳」によれば、有司の奏によって、宣帝の父史皇孫進の謚を「悼皇」、祖父の謚を「戻」とし、その墓地はいずれも諸王の園に比し、奉邑もそれぞれ三〇〇戸と二〇〇戸とした。これは『禮』『爲二人後（あとつぎ）一者、爲二之子一也』、故降二其父母一不レ得レ祭、尊レ祖之義也。陛下爲二孝昭帝後一、承二祖宗之祀一、制レ禮不レ踰レ閑」（「禮」に、「人の後と爲る者は、之が子と爲るなり」、故に其の父母を降して祭るを得ず、祖を尊ぶの義なり。陛下は孝昭帝の後と爲りて、祖宗の祀（まつり）を承（う）け、禮を制するに閑を踰（こ）えず）(23) となるからである。つまり帝位は父子相承制であり、宣帝は昭帝の後に帝位を就いた者であるから、宗廟の礼としては昭帝を祭るべきであって、実父の史皇孫を祭ることはできない。しかし、八年後の元康元年（紀元前六五）、有司は『禮記』の「喪服小記」における「父爲レ士、子爲二天子諸侯一、則祭以二天子諸侯一、其尸服以二士服一」（父士爲り、子天子・諸侯爲る時は、則ち祭るに天子・諸侯を以てし、其の尸の服は士の服を以てす）という文を根拠として、ふたたび「悼園宜下稱二尊號一曰二皇考一、立レ廟、因レ園爲レ寢、以レ時薦中享焉上。益二奉園民一滿二千六百家一、以爲二奉明縣一。」（悼園〔史皇孫の墓地〕は宜しく尊號を稱して皇考と曰ひ、廟を立て、園に因りて寢と爲し、時を以てここに薦享すべし。奉園の民を益し千六百家を滿たし、以て奉明縣と爲すべし）と奏上した。それでその年の五月に皇考廟を立て、奉邑を増して奉明県とした。[24]

宣帝の子たる元帝の時代に少府となった韋玄成は「今高皇帝爲二太祖一、孝文皇帝爲二太宗一、孝景皇帝爲レ昭、孝武帝為レ穆、孝昭皇帝與二孝宣皇帝一倶為レ昭、皇考廟親未盡、太上、孝惠廟皆親盡、宜レ毀」（今高皇帝は太祖と爲り、孝文皇帝は太宗と爲り、孝景皇帝は昭と爲り、孝武皇帝は穆と爲り、孝昭皇帝と孝宣皇帝は倶に昭と爲る。皇考の廟は親未だ盡きず、太上、孝惠の廟は皆親盡きたれば、宜しく毀たるべし）と奏上し、裁可された。[25]これによって「皇考廟」は五親廟の一つとして宗廟の中に位置づけられた。すなわち天子七親廟説により、漢の太祖高帝と太宗文帝、あとは時代の近い五廟、すなわち景・武・昭・皇考・宣が、親が尽きないため、毀たずとし、認められたのである。

(2)哀帝の立太子と「恭皇廟」に関する論争

綏和元年（紀元前八）宣帝の孫である成帝には子がなかったので、弟の定陶王康の子欣が太子として立てられた。翌年の綏和二年（紀元前七）三月にその太子が即位して哀帝となった。帝位に就いた哀帝が皇太后（祖母の傅太后）に太皇太后を尊崇し、太皇太后が詔を賜り、哀帝の父たる定陶王康を恭皇と追尊して恭皇帝となした。二カ月後の五月、哀帝はみずからの祖母の傅氏に恭皇太后、母の丁姫に恭皇后という尊号を賜った。さらに恭皇帝の祭祀の儀をも皇帝と同格にし、「恭皇廟」を建てた(26)。これは郎中令の冷褒と黄門郎の段猶の建議によって建てたものである(27)。しかし『漢書』の「師丹傳」によれば、師丹は第一に「定陶共(恭)皇號謚已前定、義不レ得ニ復改一」（定陶共皇は號謚已に前に定まれり、義として復た改むるを得ず）(28)、第二に「陛下既繼ニ體先帝一、持ニ重大宗一、承ニ宗廟天地社稷之祀一、義不レ得下復奉ニ定陶共(恭)皇祭一入中其廟上。今欲下立ニ廟於京師一、而使中臣下祭上レ之、是無レ主也」（陛下既に先帝に繼體し、大宗を持重し、宗廟・天地・社稷の祀を承（う）けたれば、義として復た定陶共皇の祭を奉じて其の廟に入るを得ず。今廟を京師に立てて臣下をして之を祭らしめんと欲するは、是れ主無きなり）(29)という二つの理由で反対した。孔光・王莽らはそれを支持したが、両派は対立し、激しい論争が行われた。結局大司馬の王莽は、外戚傅氏・丁氏らの勢力を避けるために隠退することとなった(30)。哀帝は師丹の職を免じて、都に恭皇の廟を立て、皇帝と同格の祭祀の儀を行った。

「恭皇廟」を建てた経緯と賛否の論争については『漢書』の「師丹傳」・「朱博傳」に詳細な記録があり、また藤川正數氏の『漢代における礼学の研究』でも詳しく分析されているので、参照されたい。

「皇考廟」と「恭皇廟」の共通点・相違点をまとめると以下の如くである。

「皇考廟」と「恭皇廟」とは、いずれも傍系から入って帝位に就いた皇帝が、実父のために実父廟を皇帝のそれと同格に建てて漢の宗廟に列し、祭祀の儀も皇帝と同様にしたものである。しかし、中国においては、父子相承こそ正統である。宣帝は昭帝に対して、哀帝は成帝に対していずれも子たるべきである。『儀禮』「喪服」の定めによって宣帝・哀帝いずれも実父に対しては「齊衰不杖期」の祭祀の儀を、昭帝と成帝に対しては「斬衰三年」の祭祀の儀を行わなければならない。しかし「皇考廟」を立てた宣帝は、昭帝の子の世代ではなく孫の世代であり、また武帝の嫡系の子孫として即位したのであった。ゆえに、父分を正すという伝統文化の下で、宣帝が実父の史皇孫進を「皇考」と称しても昭帝を損うことにはならないのではないか。しかも宣帝の祖父と父が亡くなったのはいずれも「巫蠱之禍」という無実の罪である。『儀禮』「喪服」には（小宗の）「適子不レ得レ後二大宗一」（適子は大宗に後となるを得ず）とあるが、宣帝は武帝の嫡系の唯一の人であり、その血統こそは武帝の後を継承すべき正統であろう。しかし、宣帝は即位後一〇年近くたってから、ようやく父の史皇孫進の廟を皇帝の廟として祭るようになった。これはなぜであろうか。藤川氏は、宣帝が即位した当時は、昌邑王肅清の直後であり、「皇考廟」について議論する余裕がなく、即位して七年目から「始めて政事を親しくする」(31)ようになり、統治者としての地位が安定してきたので、「皇考廟」を建てることに着手したと述べる。

また宣帝は立太子の経験がなかったので、正式に昭帝の子にはならなかった。それに対して哀帝の場合は、前任の成帝の存命中に太子となった。成帝は宣帝の嫡孫であったが、趙皇后との間には子がなく、後宮の許美人および曹偉との間に生まれた子がいた。しかし趙皇后とその弟趙昭儀は権勢がほかに移ることを恐れ、その子らを殺した(32)。綏和元年（紀元前八）、すなわち成帝が亡くなる直前に、成帝の弟である定陶王康の子哀帝が太子となり、翌年成帝の没後に即位した。哀帝は定陶王康のただ一人の子であったから、哀帝が太子となった数カ月後に宣帝五男の楚孝王囂の孫たる景王を定陶王とし、哀帝の父の定陶王康の祠事を奉ずる。このように哀帝は即位前に太子として成帝の子となった経緯がある。したがって、もし同じく『儀礼』「喪服」「齊衰不杖期」条の「人の後と爲る者、其の父母の爲めにす。報ゆ」に基づくならば、哀帝が実父の祭祀を漢の宗廟において、皇帝と同格に祭るのは非礼といえるのではないか。

「恭皇廟」を建ててから数年後の平帝の世、大司馬の身分で摂政者であった王莽は、『儀禮』「喪服」の「不レ貳レ斬也」（斬を貳にせざるなり）という義に基づいて、まず恭皇太后（傅氏、哀帝の祖母、のちに「帝太（太）后」を称した）・恭皇后（丁姫、哀帝の母、のちに「帝太后」を称した）の墓を掘り、両太后の璽綬を奪い、庶民のように埋葬した(33)。また「恭皇廟」も廃し（定陶隳廢共(恭)皇廟）、その贊成派であった冷褒段猶・董宏らが廣西の合浦に追放された。[34]それだけではなく、宣帝時代に建てた「皇考廟」について王莽は「此兩レ統貳レ父、違二於禮制一。……父為レ士、子爲二天子一、祭以二天子一者、乃謂下若二虞舜・夏禹・殷湯・周文・漢之高祖一受レ命而王者上也、非下謂中繼二祖統一爲レ後者上也」（此れは統を兩にして父を貳にし、禮制と違ふ。……父は士と爲り、子は天子と爲れば、祭るに天子を以てするとは、乃ち虞舜・夏禹・殷湯・周文・漢の高祖の若き命を受けて王たる者を謂ふなり、祖統に繼ぎて後と爲る者を謂ふに非ざるなり）[35]という理由で「皇考廟本不レ當レ立」（皇考の廟は本當（もとまさ）に立つべからず）[36]と主張し、これも同時に廃毀した。

第二節　「濮議」と「大礼の議」

前漢における「恭皇廟」と「皇考廟」の結末は上記のとおりであるが、それは一〇〇〇年、一五〇〇年という長い年月を経た後、北宋の英宗と明の世宗の時代に起こった「濮議」と「大礼の議」という二つの論争の根拠になった。

「濮議」とは、北宋第四代の仁宗に後嗣がなかったため、傍系の英宗が即位した際に起きた、英宗の父濮王允讓の尊号に関する論争である。「大礼の議」とは、明の一一代の武宗に後嗣がなかったため、傍系の世宗が即位した際に起きた、その父祐杬の尊号をめぐる大事件である。ここでまず北宋の英宗と明の世宗がそれぞれ前任皇帝の後嗣に選ばれ、皇帝に即位するまでの経過をたどってみることにしよう。

(1)宋の英宗の擁立と「濮議」

英宗の前任は第四代の仁宗である。仁宗は在世中三人の皇子楊王昉・雍王昕・荊王曦がいたが、いずれも夭折してしまった。楊王昉は誕生した当日（景祐四年＝一〇三七）に死去しており、雍王昕は二歳（康定二年〔一〇四一年一一月に慶暦と改元）＝一〇四一）の時死去、三男の荊王曦も二歳五カ月（慶暦三年＝一〇四三）で死去した。三男の荊王曦が死んだ後、仁宗の没まで皇子の出生は絶えてしまう。したがって、帝位の後嗣は仁宗の末年、多病の仁宗をはじめ朝廷上下のもっとも憂える問題になった。至和三年（一〇五六年九月に嘉祐と改元）初、仁宗が儀式の最中に目眩を感じ、それから一カ月ほど政務を充分に執れなくなった。大臣たちは、後嗣の決定を促す上奏文を相次いで提出し、さらに仁宗に面談してそれを催促したが、仁宗は「宗子已有二賢知可レ付者一、卿等其勿レ憂」（宗子、已に賢知にして付すべき者有り、卿等其れ憂ふこと勿れ）といった。その宗子とは従兄濮王允讓の一三男宗実、のちの英宗である[37]（その血縁関係は図2を参照）。

宗実の実父は太宗の孫、仁宗の従兄濮王允讓である。『宋史』巻二四五、列傳第四「濮王允讓」伝に「濮安懿王允讓、字益之、商王元份子也。天資渾厚、外莊内寛、喜慍不レ見二于色一。始爲二右千牛將軍一。周王祐薨、真宗以二緑車旄節一迎養二于禁中一。仁宗生、用二簫韶部樂一送二還邸一」（濮安懿王允讓、字は益之、商王元份の子なり。天資渾厚〔おおきくしっかりしている様〕にして、外に莊たり内に寛たり、喜慍〔よろこびとうらみ〕色に見えず。始め右千牛將軍と爲る。周王祐薨じ、真宗緑車〔皇孫の乗車〕旄節を以て迎へ禁中に養ふ。仁宗生まるるや、簫韶部樂を用ゐ邸へ送還せらる）とある。つまり仁宗が生まれる前、宗実の実父濮王允讓は真宗の後嗣たる養子として宮殿で養い育てられ、仁宗出生後、実家に戻ったという経緯があった。次の世代になって、宗実が生まれた後「四歳、仁宗養二於内一。寶元二年、豫王（雍王――著者注）生、乃歸二濮邸一」（四歳にして、仁宗内に養ふ。寶元二年、豫王生まれ、乃ち濮邸へ帰す）[38]、つまり宗実が四歳の時、実父が少年時代一時真宗の後嗣たる養子となったと同様に、仁宗の後嗣として宮殿に養育されたことがあった。しかし寶元二年（一〇三九）に仁宗の次男雍王昕（豫王）が誕生した後、宗実も実父の家に戻った。この経験があったから、仁宗の次男、三男が相次いで亡くなり、みずからの後嗣が絶えた後、仁宗はひそかに宗実を後継ぎにした。しかしこの当時宗実は実父濮王允讓の喪中（允讓が嘉祐四年＝一〇五九に死

図2　北宋（趙氏）皇帝継承図

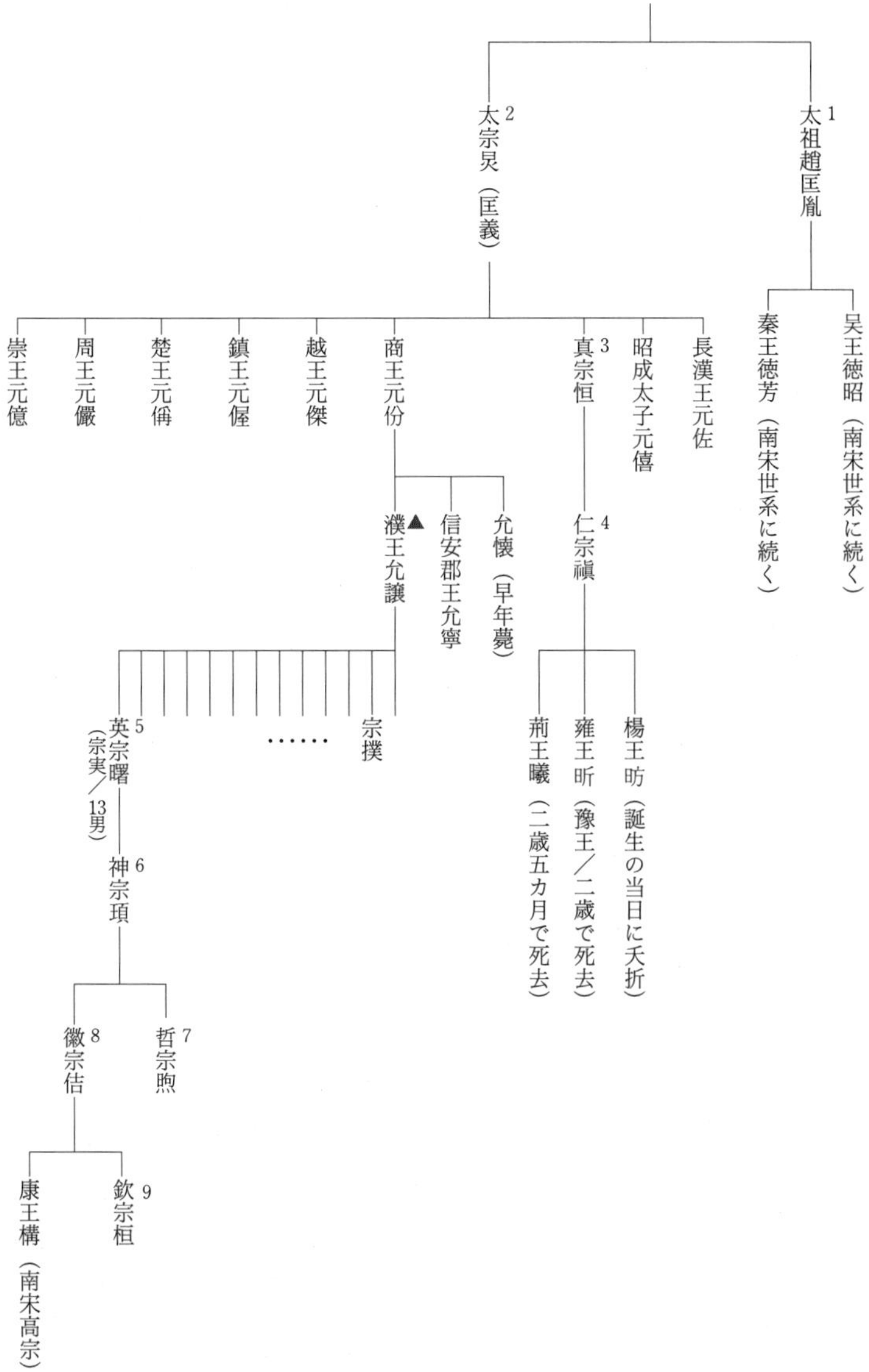

去）であった。仁宗は「卿等其勿憂」（卿等其れ憂ふこと勿れ）といい、宗実の父の喪終を待った。三年後の嘉祐七年（一〇六二）八月には仁宗は宗実を皇子とする詔勅を発し、また名前を曙に改めた[39]。曙が皇子になった八カ月後の翌年三月の末日に仁宗は没した。皇后は仁宗の遺詔を伝達して、曙に即位させた。それが英宗である。

英宗が帝位に就いたのちの治平二年（一〇六五）四月、英宗は「議㆘崇㆓濮安懿王㆒典禮㆖」（濮安懿王を崇奉す典禮を議せしむ）[40]という詔勅を出した。これについて宰相の韓琦ら、とりわけ副宰相の歐陽修が中心となって、「父子之道、天性也、臨㆑之以㆓大義㆒、有㆑可㆔以降㆓其外物㆒、而本㆓之於至仁㆒、則不㆑可㆑絶㆓其天性㆒。絶㆓人道㆒而滅㆓天理㆒、此不㆑仁者之或不㆑爲也」（父子の道は、天性なり。之に臨むに大義を以てし、以て其の外物を降す可き有り、而して之を至仁に本とするに、則ち其の天性を絶ふ可からず。人の道を絶ちて天の理を滅すは、此れ仁ならざる者の或ひは爲らざるなり）[41]という理由をあげ、また前漢の宣帝・後漢の光武帝がみなその父を「皇考」と称して、皇考廟を建てた例をあげ、濮王允讓への追尊を行うべきだと主張した。これに対して当時の知諫院の司馬光、また侍御史の呂誨ら、御史台や諫院に集う官僚を中核とする反対派は『儀禮』「喪服」「齊衰不杖期」条の「人の後（あとつぎ）と爲（な）る者、其の父母の爲（た）めにす。報ゆ（むく）」を論拠とした。彼らは、英宗が仁宗の皇子として帝位に就いたのだから、仁宗が父であると主張する。実父濮王允讓は仁宗の従兄であり、「皇伯」（中国では父の兄を伯と称する）と称するべきだ。祭祀も「斬衰三年」から「齊衰不杖期」に下げるべきだ、というのであった。

この論争の経過は『宋史紀事本末』巻三六「濮議」、『續資治通鑑長編』、『通鑑長編紀事本末』などに詳細に記録されている。また前掲の小林氏と福島氏の論文にも詳しく述べられている。ここで濮王允讓への尊号をめぐって「皇考」を主張する歐陽修と、「皇伯」を主張する司馬光の主な論説をまとめてみよう。

歐陽修は、司馬光を代表とした台諫派の主張する「皇伯」という尊号に対して「爲㆓人後㆒者、爲㆓其父母㆒降服三年爲㆑期、而不㆑没㆓父母之名㆒、以見㆓服可㆑降而名不㆑可㆑没也。若本生之親、改稱㆓皇伯㆒、歷㆓攷前世㆒、皆無㆓典據二」（人の後（あとつぎ）と爲る者、其の父母の爲に降服すること三年にして期と爲さば、而も父母の名を没さず、以て服の降す可くして名は没す可からざるを見（あらわ）す。若し本生の親、改めて皇伯と稱すれば、前世を歴攷すれども、皆な典據無し）[42]と指摘した。また先にあげた『儀禮』「喪服」「齊衰不杖期」条の「人の後（あとつぎ）と爲（な）る者、其の父母の爲（た）めにす。報（むく）ゆ」に対して、歐陽修は「『爲二人後一者爲二其所レ生父母一齊衰期』服雖レ降矣、必爲正レ服者、示二父母之道在一也」（「人の後（あとつぎ）たる者は其の生む所の父母の爲に齊衰もって期す」と。服は降すと雖も、必ず爲に服を正す者は、父母の道在るを示せばなり）[43]と述べて、「皇伯」論者に反撃した。これに対して、台諫派の中核人物たる司馬光は「陛下親爲二仁宗之子一、以承二大業一。傳曰、『國無二二君一、家無二二尊一。』若復尊二濮王一爲二皇考一、則置二仁宗於何地一乎」（陛下親しく仁宗の子と爲り、以て大業を承く。傳に曰く、「國に二君無く、家に二尊無し」と。若し復（ま）た濮王を尊びて皇考と爲さば、則ち仁宗を何れの地に置かんとするか）[44]と述べ、頑強に台諫派の説を主張した。

『宋史』「英宗」本紀によれば、約一年後の治平三年（一〇六六）一月、皇太后による「封二濮安懿王一宜如二前代故事一、王夫人王氏・韓氏・任氏、皇帝可レ稱レ親。尊二濮安懿王一爲レ皇、夫人爲レ后」（濮安懿王を封ずるに宜しく前代の故事の如くし、王夫人の王氏・韓氏・任氏もって、皇帝の親と稱すべし。濮安懿王を尊び皇と爲し、夫人もって后と爲せ）という手詔が中書門下に届けられた。そしてそれによって「以レ塋爲レ園、置二守衛吏一、即園立レ廟、俾三王子孫主二祠事一」（塋（えい）を以て園爲し、守衛の吏を置きて、即ち園に廟を立て、王の子孫をして祠事を主（つかさど）らしむること）という処置がとられた。『宋史紀事本末』「濮議」にも「皇太后手詔二中書一、宜下尊二濮王一爲レ皇、夫人爲レ后、皇帝稱上レ親。帝下レ詔謙讓、不レ受二尊號一、但稱レ親、即園立レ廟、以二王子宗樸一爲二濮國公一、奉二祠事一」（皇太后手（てづか）ら中書に詔し、宜しく濮王を尊んで皇と爲し、夫人を后と爲し、皇帝は親と稱すべしと。帝、詔を下して謙讓し、尊號を受けず、但だ親と稱すのみ。即ち園に廟を立て、王子の宗樸を以て濮國公と爲し、祠事を奉ぜしむ）ということを記載した。すなわち濮王允讓を「濮安懿皇」とし、その夫人たちを「后」とし、英宗は実父濮王と濮王の夫人らを「親」と称する、また濮王の塋城（墓城）を「園」とし、「園」に「廟」を建て、濮王の次男宗樸に祭祀を主宰させることにした。英宗は実父濮王および濮王の夫人らに対しての尊号を辞退したが、「親」と称することを承諾した。

こうした結果は、当然司馬光ら台諫派からの猛烈な反発を引き起こした。とりわけ呂誨は「親」という呼び方は仁宗と濮王、二人の父の存在を認めたことになるので許されないと述べ、さらに「首悪」の欧陽修や「奸臣」を処罰することを主張した。しかし大勢はすでに定まった。数日後、司馬光は諫官を辞め、呂誨など三人は地方官への左遷が決まった。英宗は濮王の尊号に関する議論の停止を命ずる詔勅を発布し[45]、これで濮議に関する論争は一応終結となった。

しかし「濮議」が終結した後も、その余波は残った。二カ月後の三月七日に、数人の台諫官が地方に左遷された。彼らに替わったのは欧陽修らと意見を同じくした官僚たちであった。事件を政治面で考えるならば、前皇帝・皇后の殊恩を蒙っている官僚と現任皇帝に信頼されている官僚の対立があり、さらに傍系から帝位に就いた英宗と皇太后との間の齟齬という問題も含んでいた。

(2)明の世宗嘉靖皇帝の登極と「大礼の議」

『明史』と『明世宗実録』によれば、嘉靖三年（一五二四）旧暦七月一五日、中元の祭り当日に、明の廷臣員外郎など数百人が北京紫禁城左順門で慟哭して、世宗皇帝が明の孝宗皇帝の後嗣にならなかったことを抗議した。解散の命令にしたがわないので、宦官が抗議している人の名を記録し、肝要な八人を逮捕したが、それでも解散しなかったという。当時一七歳の世宗皇帝は我慢ならず、一三四人を逮捕し、そのうちの八人が追放された。またほかの官吏もそれぞれ官の等級により罰され、四品以上の官僚が俸禄をさし止められ、四品以下の者が笞刑に処された。そのうち一六人が重傷のために死亡した。一週間後、もう一度抗議した人のうち、三人が終身追放、数人が庶民に落とされ、もう一人が笞刑に処されて亡くなった。この事件は以下のような経緯で起こったものである。

正徳一六年（一五二一）三月一四日、明の一一代皇帝武宗朱厚照が三一歳で、子供も兄弟もない、つまり後嗣のないまま崩御した。当時、慈寿皇太后と朝政を総覧していた内閣大学士の楊廷和は、武宗の従弟朱厚熜を擁立する策を定めた。

朱厚熜は武宗と同様に憲宗の孫である。父は憲宗の四男朱祐杬で、武宗の父孝宗の異母弟である。封国は安陸州(46)にあり、正徳一四年（一五一九）死去した。諡は「獻」という。朱厚熜は朱祐杬の次男であり、兄朱厚熙は生まれて五日目に夭折した。したがって朱祐杬が死去した後、唯一人の息子である朱厚熜は一三歳で父の跡を継いで、封国安陸州の国政を管理した。二年後の正徳一六年（一五二一）三月一一日（辛酉）、武宗が没する五日前に、勅命により、朱厚熜は襲封、すなわち安陸王になった。のち、武宗が崩御して、喪中の朱厚熜が皇帝に迎えられ、四月二二日（癸卯）に帝位に就いた。それが世宗嘉靖皇帝であり（その継承関係は図3を参照）、時に一五歳であった。

『明史』巻一七「本紀第十七・世宗一」によれば、正徳一六年四月二日（癸未）、朱厚熜は安陸を出発して、四月二二日（癸卯）に北京の郊外に到着した。楊廷和と礼官らは朱厚熜に皇太子として東安門から文華殿に入れ、また日を選んで登極させようとした。しかし朱厚熜の長史たる袁宗皐が「遺詔以我嗣皇帝位、非皇子也」（遺詔は我を以て皇帝の位を嗣がしむるも、皇子にあらざるなり）と述べ、朱厚熜はその日の日中（正午）に、大明門より入城して、官を遣わし、宗廟社稷に告げるなど即位にともなう諸儀式を行った(47)。

登極して三日目、世宗は早速使者を派遣して、母の蔣氏を迎えに行かせた。その二日後の二七日（戊申）、礼部に父興獻王の封号、祭祀などについて議すよう勅命を下した。楊廷和の意見を受けた礼部尚書の毛澄は、五月七

図3　明の皇帝継承図

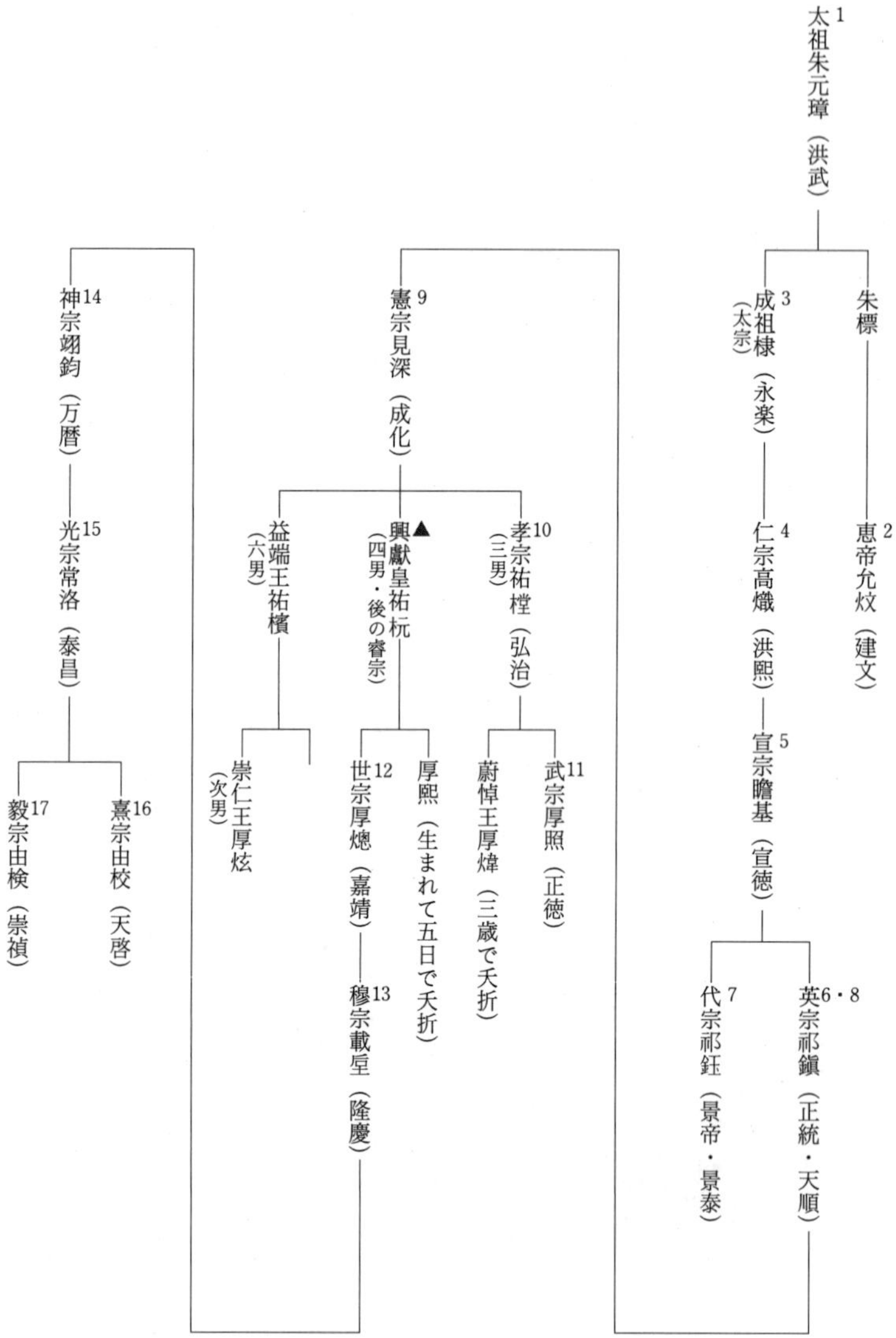
1 太祖朱元璋（洪武）
朱標
2 恵帝允炆（建文）
3 成祖棣（永楽）
（太宗）
4 仁宗高熾（洪熙）
5 宣宗瞻基（宣徳）
6・8 英宗祁鎮（正統・天順）
7 代宗祁鈺（景帝・景泰）
9 憲宗見深（成化）
10 孝宗祐樘（弘治）
（三男）
11 武宗厚照（正徳）
蔚悼王厚煒（三歳で夭折）
▲ 興獻皇祐杬
（四男・後の睿宗）
厚熙（生まれて五日で夭折）
12 世宗厚熜（嘉靖）
13 穆宗載坖（隆慶）
益端王祐檳
（六男）
崇仁王厚炫
（次男）
14 神宗翊鈞（万暦）
15 光宗常洛（泰昌）
16 熹宗由校（天啓）
17 毅宗由検（崇禎）

日、興獻王の祭祀の主祀については世宗の従弟、すなわち興獻王の異母弟益端王朱祐檳（憲宗の六男）の次男崇仁王厚炫に興獻国を転封し、その祭祀を主宰させること、また、尊号については父世代に当たる孝宗（前任皇帝である武宗の父親）を「皇考」、実父の興獻王を「皇叔父興獻大王」（叔父は父の弟）、母の蔣氏を「皇叔母興獻王妃」と称するべきだと主張した上奏文を奉った。しかし世宗は激怒し、「父母可レ更二易若一レ是耶」（父母、是くの若く更易す可けんや）といい、再議を命じた。[48]だが、彼らの意見は変わらなかった。世宗も固執して、何度も礼部の奏文を拒んだ。世宗と礼部との対峙をそれまではただ傍観していた進士の張璁は、七月に入って礼部の上奏を論駁し、興獻王を「皇考」、蔣氏を「聖母」と称すべき、つまり「聖考不レ失二其爲一レ父、聖母不レ失二其爲一レ母」（聖考其の父爲（た）る失はず、聖母其の母爲（た）る失はざるなり）[49]という意見を提出した。両派は対立し、明の朝廷を数年間の大混乱に陥れた。

　両派の対立した主張とその理論的根拠をまとめれば、以下のようになる。

　楊廷和・毛澄ら礼部の主張の根拠は、第一に、前漢の成帝は弟の定陶王康の子を太子としたために、従兄弟である思王の子景を定陶王康の祭祀の主祀人とさせたこと、第二に、宋の英宗が父濮王の墓地を改めて陵を建てることをせず、園の現状を保持したこと、さらには程頤「典禮疏」のなかの「爲二人後一者、謂レ所レ後爲二父母一、而謂レ所レ生爲二伯叔父母一、此生人之大倫也。然所レ生之義、至尊至大、宜三別立二殊稱一。曰二皇伯叔父某国大王一、則正統既明、而所レ生亦尊崇極矣」（人の後（あとつぎ）たる者は、後（あとつぎ）とする所を謂ひて父母と爲し、而して生む所を謂ひて伯叔父母と爲す、此れ生人の大倫なり。然（しか）るに生む所の義は至だ尊く至だ大なれば、宜しく別に殊稱を立つべし。皇伯叔父をもって某国大王と曰へば、則ち正統既に明らかにして、生む所も亦た尊崇すること極まらん）という言葉であった。興獻王は孝宗の弟であり、世宗の実父でもあり、宋の濮安懿王の立場に当たる。先例にならって、世宗は孝宗を皇考と称し、実父の興獻王を「皇叔父興獻大王」、母の蔣氏を「皇叔母興獻王妃」と称すべきである[50]、と彼らは主張した。

これに対して張璁は次のように論陣を張った。前漢の哀帝は定陶王康の子、宋の英宗は濮王の子であるが、それぞれ前任の成帝、仁宗の在世中に宮中に育てられ、立太子を経てから帝位に就いたので、確かに前任皇帝の後嗣である。しかし世宗のことは武宗が没した後、大臣らが祖訓により取り計らったのであって、遺詔にも明確に「興獻王長子」と書かれており、「人之後（あとつぎ）に爲す」のではない。世宗は祖統を継ぐのであって、それは後嗣として、宮中に養われた者とまったく異なるのである。張璁はまた「礼制」における「長子は人之後（あとつぎ）得ず」を盾として、興獻王にとっては世宗は唯一人の息子で、天下のために人の後（あとつぎ）になっても、子としてその父母之義が絶えることはない、ゆえに世宗は祖の跡継ぎとなっても、その親の尊を取り消さなくてもよい。「統」は「嗣」と異なり、必ず「父死子立」とは決まっていないのであるという論[51]を奉った。世宗はその上書を得て、礼部の議を抑え、「此論出、吾父子獲全矣」（此の論出せば、吾が父子全きを獲るなり）[52]といって大変喜んだ。これは世宗が完勝を勝ち取った理論的基盤となった。嘉靖三年（一五二四）七月一五日中元当日の事件を平定した後、九月三日（丙寅）に孝宗を皇伯と、昭聖皇太后を皇伯母と称し、父たる興獻王を興獻皇帝としてその親称を皇考とし、章聖皇太后を聖母とすることを定めた。一三日（丙子）その決定を勅として発布した。そして北京に顕陵を建てることを決意した。

第三節　顕陵——特殊な明の帝陵

(1)帝　陵

帝陵とは、戦国時代の君主の「丘墓」・「墳墓」・「冢（ちょう）墓」に由来したものである。君主の墳墓が「陵」と称されるのは戦国時代中期に始まったことである。『史記』趙世家、趙の粛侯一五年（紀元前三三五）に、「寿陵を起こす」とあり、これが君主の墳墓を「陵」と称した史上最初の事例である。[53]以後歴代の帝王が埋葬された墓および墓に附設された寝という営造物が建設された山陵を、帝陵もしくは皇陵と呼ぶ。それは皇帝の権威を誇示し、身分制的序列を護持するための一手段であった。

明の太祖朱元璋が明王朝を建ててから李自成らの農民の乱により滅亡するまでの二七六年間、合わせて一六代の皇帝があった。明太祖（朱元璋）の墓は南京の孝陵、そのほかは北京市外の金山陵（第七代朱祁鈺）と北京昌平の明一三陵である。第二代目の皇帝朱允炆の墓だけは、叔父朱棣（太宗成祖）が政変を起こしたため、不明である。[54]また、現在の湖北省鐘祥市に在世中帝位に就かなかった世宗嘉靖皇帝の父興獻王と母の蔣氏を合葬した陵墓がある。「顕陵」である。

(2) 顕　陵

「顕陵」は湖北省鐘祥市の北東七・五キロメートルの松林山にある。松林山の西には漢水が流れ、南には莫愁湖があり、また天子岡に向かい、「蒼松翠柏、緑樹成蔭、群山環抱」で環境・地理的にもよい場所、いわゆる「風水宝地」である。嘉靖三年（一五二四）旧暦七月一五日の大騒乱を平定した後、世宗嘉靖皇帝は、先帝（父たる興獻王）の陵が遠い安陸にあり、お祭りに不便なので、工部に対して父の屍棺を北京の天寿山の西の大峪山麓に移して、「顕陵」という陵墓を建てるように命じた。興獻王は正徳一四年（一五一九）に死去した後、すでに王としての葬礼によって松林山に園を建てて埋葬されていた。嘉靖三年九月、工部尚書趙璜らは、興獻皇の墳墓を北京に移すことに反対した。その理由は第一に、「先皇体魄所レ安、不レ可二輕犯一」（先皇の体魄安んずる所、軽しく犯すべからず）、第二に、「山川靈秀所レ萃、不レ可二輕泄一」（山川の靈秀萃まる所、軽しく泄すべからず）、第三に、「國家根本所レ在、不レ可二輕動一」（国家の根本在る所、軽しく動かすべからず）[55]というものであった。帝陵移遷の議は一時静まった。

嘉靖一七年（一五三八）一二月世宗の母蔣氏が北京で亡くなった。世宗はふたたび父の陵を北京に移遷し、母と合葬しようと望んだが、やはり君臣の反対にあい、翌年三月にみずから承天府（安陸州、本章注46を参照）を視察した。父の陵を巡って、その風水は北京の大峪山よりよいと感じられた。そこで、世宗はみずから陵の全体的な計画を立て、工部に三月造営を命じた。七月、蔣氏の梓で造った棺が北京から承天府に運ばれ、松林山の陵に興獻皇と合葬された。それが「顕陵」である。

楊寛氏の『中国皇帝陵の起源と変遷』によれば、明代になると、帝陵の規模は非常に巨大になった。例えば明の成祖（永楽帝棣）の陵墓は北京市昌平県の東北、天寿山の南に明の一三陵の中では最初に造営され、規模も最大で、総面積は一九五六平方メートルに達した。その帝陵には三つの中庭があり、第一の中庭には陵門・神庫・神厨・碑亭、第二の中庭には殿門（祾恩門）・享殿（祾恩殿〔祾恩とは陵を祭れば恩を感じ福を受くという意味である〕）・

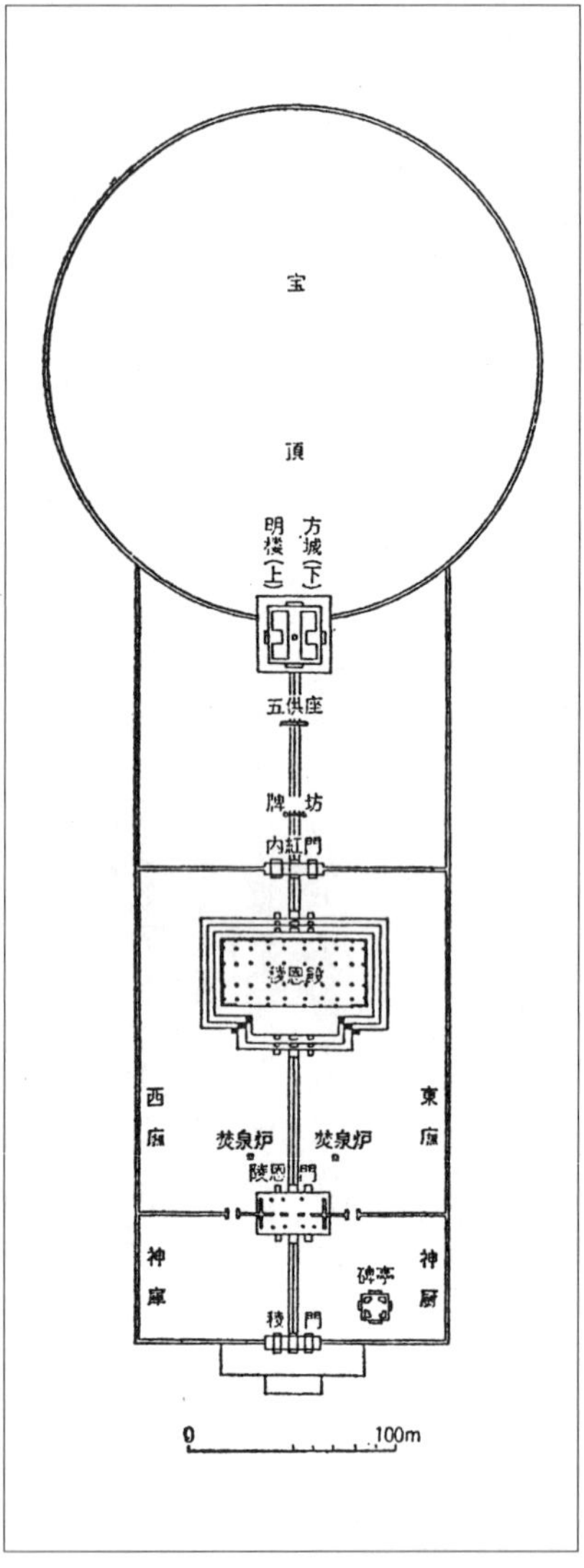

図４　明代の長陵の平面図
出典：「明長陵」（『中国営造学社彙刊』四巻二期，一九三三年）．本書は楊寛『中国皇帝陵の起源と変遷』（西嶋定生監訳／尾形勇・太田有子共訳，学生社，1981年）より転載．

東廡配殿・西廡配殿・神帛炉がある。第三の中庭には内紅門・石牌坊・五供台と方城明楼があった。方城明楼の後ろは円形の大墳丘であり、宝頂と称された（図4を参照）。幸い著者は二〇〇三年三月湖北省の現在の鐘祥市の松林山にある「顕陵」に赴き、調査する機会を得た。陵の入り口には大紅門（大城門ともいう）があり、その前の両側に高さ三メートルの漢白玉（大理石よりも少しきめ粗い白色の岩石）の「下馬碑」という華表（石柱）を建て、上に「官員人等至此下馬」を彫り刻んである。この門に入ると三つの漢白玉の橋の後ろにまた紅門がある（口絵1）。この紅門に入ると御碑楼がある。そこには「御製睿功聖徳碑」が建てられていたが、その御碑楼の木造の部分は明末期の李自成を首領とした反軍に焼き尽くされた。中の石碑は文化大革命の時にばらばらに砕かれた。しかし中央には「亀頭」が見られる（写真1）。さらに入るとまた一対の華表がある。通常帝陵の華表には龍と鳳凰の彫刻がある。しかし「顕陵」のこの華表には雲が、そしてその上方、華表の頂部に龍が彫刻されている（口絵2）。それは興獻王が在世中ではなくて、死後、天国へ昇った後に皇帝になったことを表している。この華表を過ぎると、六対、一二匹の石獣と八人の文武官員が両側に並んでいる。その文武官員の後ろの欞星門（口絵2）に入って、また五つの漢白玉の橋を渡ると、「内明塘」という大きな丸池がある（口絵3）。その水面は鏡のようになめらかで、外界と通じ合う水源がなかったにもかかわらず、五〇〇年来降雨量が少なく乾燥した時期も、雨期であっても水位は終始一貫している。「内明塘」の後ろは陵寝正門の祾恩門（口絵3）であるが、それも明末期の李自成の反軍に破壊された（写真2）。さらにこの祾恩門に入ると大殿の祾恩殿（写真3）がある。それは下宮（内城ともいう）、つまり帝陵の陵寝である。その中の神庫・神厨・配殿・享殿らも李自成の反軍に破壊された（写真4）。この二枚の写真は反対側、つまり方城明楼から撮ったものである。また内門に入ると、五供台（口絵4）・方城明楼と宝頂（方城明楼後の円形の大墳丘）が並ぶ（写真5）。方城明楼内に「恭睿獻皇帝之陵」という石碑が立てられる（写真6）。それらは明長陵の平面図とほぼ同様である（図4を参照）。しかしこのような奇異な「内明塘」はほ

写真 1

写真 2

写真 3

写真 4

写真 5

写真 6

かの明の一三陵にはなかった。また「顕陵」には方城明楼後方の宝頂が二つあり、一本の地下トンネルで連接されているのが異なる。それは世宗の母蔣氏の没後、興献皇帝と合葬した時、その墓に水が出ていたので、その後ろにもう一つ墳墓を造って一本のトンネルを通し、興献皇帝の梓棺を後ろの墳墓に移入したからである。昔の中国においては、亡くなった人は地を離れることが出来ないので、このような方法を取らなければならなかったのである。したがって、外から見れば、ほかの帝陵とは異なり、一本のトンネルの両端に二つの円形の大墳丘、すなわち宝頂を持った、ダンベルのような形をしている。

このように興献皇帝は、生きていた間には帝位に就かなかったけれども、子が皇帝になったため、「皇考」という尊号を得ただけでなく、皇帝と同等な皇陵も得て、皇帝と同格の祭祀をもうけられたのである。

実は「皇考」に相当する尊号は日本の歴史上にもあった。中国における「皇考」およびこれに関連する宗廟制とその祭祀に関する論争は、日本と比較することによって、その特徴や文化的根底が一層明らかになるのである。次に日本の例を見ることにしよう。

第四節　貞成親王と典仁親王の「太上天皇」という尊号について

(1)「太上天皇」とは

日本の歴史上において、皇位継承は厳密な「父子相承」が実行されたわけではないので、中国のように死去した父を「皇考」と称することはないはずである。しかし譲位した天皇を「上皇」、あるいは「太上天皇」とする尊称がある。『大宝令』において「譲位の帝」の尊称を「太上天皇」と定めるのは中国の「太上皇帝（太皇帝）」に由来する。太上は至高の意で略して「太皇」などとも称した。『大宝令』制定以後、譲位した天皇は自動的に「太上天皇」と称される。

文武元年（六九七）に孫の文武天皇に譲位した持統天皇から大同四年（八〇九）病いのため同母弟の神野親王（嵯峨天皇）に譲位した平城天皇まで、七人の上皇が出現した。弘仁一四年（八二三）嵯峨天皇譲位の際、太上天皇の尊号を辞退したため、淳和天皇が詔して尊号を奉った。以後これが常例となり、譲位後数日ないし十数日の間に新天皇から尊号を奉る詔を発する儀制が成立し、嵯峨天皇より江戸末期の光格天皇まで、北朝の上皇を含めて五三人が上皇の尊号を受けた。そのほか、皇位に就かずして太上天皇の尊号を受けた例に、後堀河天皇の父守貞親王（後高倉院）と後花園天皇の父貞成親王（後崇光院）があり、没後に尊号を追贈された例に、後陽成天皇の父誠仁親王（陽光院）と光格天皇の父典仁親王（慶光天皇）がある。

次節では後花園天皇の父貞成親王（後崇光院）と光格天皇の父典仁親王（慶光天皇）を例として、中国との比較を試みる。

(2)貞成親王（後崇光院）の「太上天皇」尊号について

伏見宮貞成親王（一三七二～一四五六）は栄仁親王の次男、崇光天皇の孫、後花園天皇の父である。四六歳で父栄仁と兄治仁が相次いで死去したため、応永二三年（一四一五）伏見宮家を継ぎ、親王となった。貞成王一一歳の時、祖父の弟の後光厳天皇の孫後小松天皇が践祚（せんそ）した（その血縁関係は図5を参照）。南北朝合一の実現した明徳三年（一三九二）、祖父の崇光院は出家している。応永五年（一三九八）、貞成王一七歳の年、祖父が没した。そのため崇光院の伝領していた皇室領が後小松天皇によって没収された。皇位を継承していれば父栄仁親王に伝領されて然るべきものであった。持明院統光厳院のあと、崇光・後光厳天皇と兄弟が皇位を継承したが、その後は後円融・後小松天皇、すなわち祖父の弟の後光厳流が相継ぎ、皇位を継承すべき地位にあった栄仁親王は、ついに継承することがなかったため、貞成王の少青年期、伏見宮家はずっと不遇であった。

図5　貞成親王の尊号に関する系図

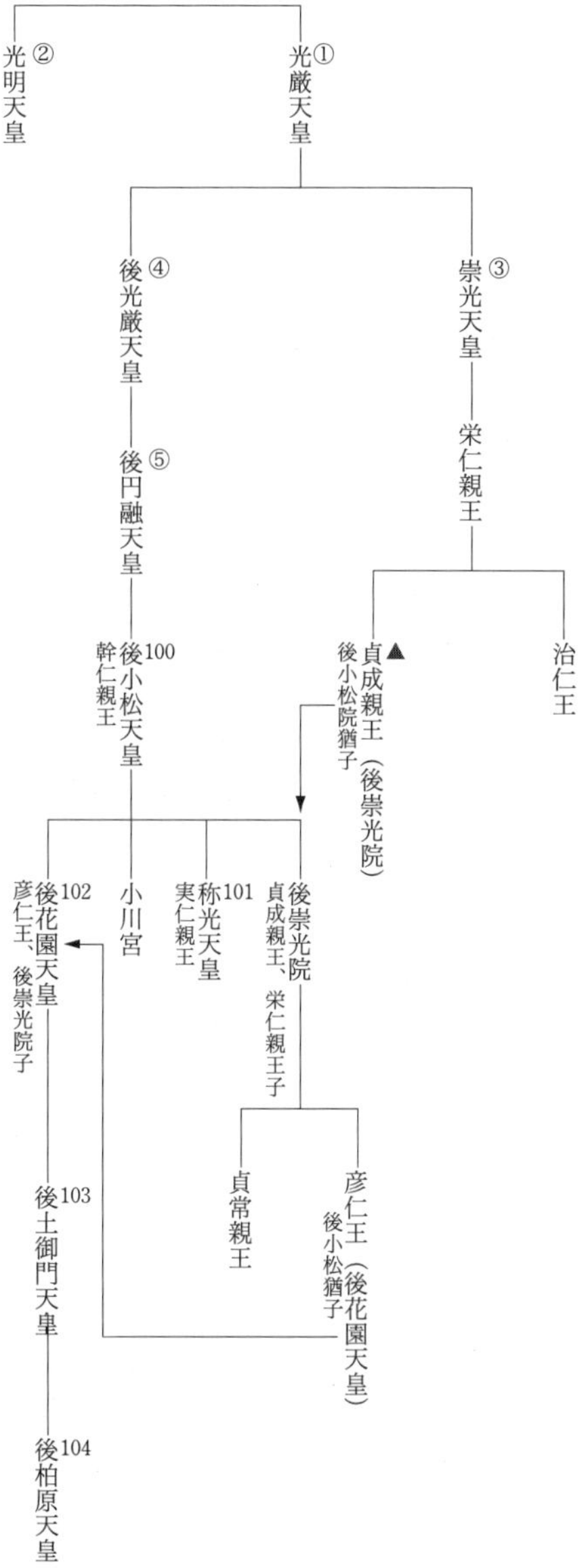

貞成親王は応永三二年（一四二五）後小松上皇の猶子(56)となったが、後嗣がない称光天皇の父後小松上皇の意中の人という噂が立ち、称光天皇は譲位と出奔を企てた。後小松上皇はこの事態を回避するため貞成親王に出家を促し、親王は薙髪して出家した。三年後の正長元年（一四二八）称光天皇が死去、貞成親王の子彦仁王が後小松上皇の猶子となり即位した。それが後花園天皇である。文安四年（一四四七）貞成親王に太上天皇の尊号を奉り、諡号を「後崇光院」とした。これが即位せずに太上天皇の号を受けた「後崇光院」の由来である。

(3)典仁親王の「慶光天皇」という「尊号の件」について

貞成親王が太上天皇の号を受けるまでにはさまざまな経緯があったが、尊号の授与が何かの紛争を引き起こすことはなかった。これに対して、江戸時代中期、典仁親王に太上天皇の尊号を授与しようとした際には、朝幕間で長期間の交渉が行われたあげく、幕府側が終始賛成しなかったため、授与はついにならなかった。そればかりか、このことに関与した議奏中山愛親、武家伝奏正親町公明など七人の公卿が幕府から処罰されるという終結を引き起こした。明治一七年(一八八四)三月一九日、親王の没後九〇年の忌辰に先立って、ようやく太上天皇の尊号と慶光天皇という諡号が追贈せられた。

図6　典仁親王の尊号に関する系図

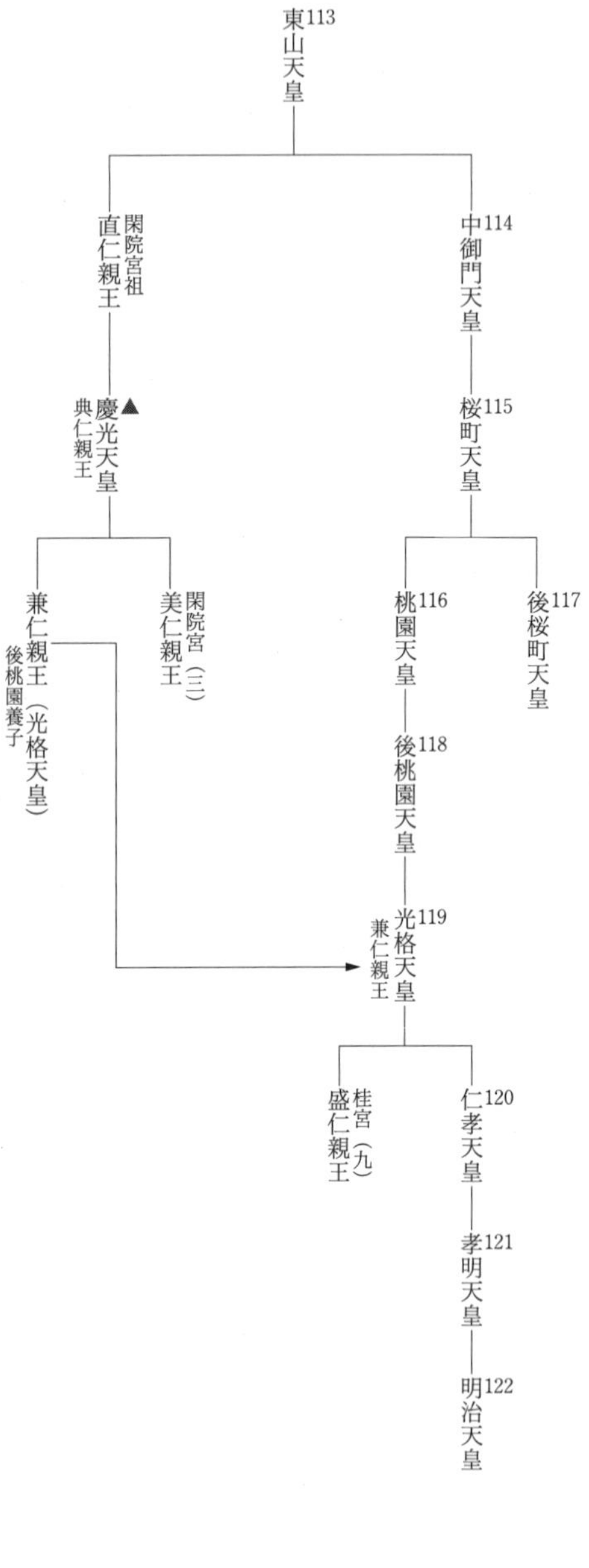

図6から分かるように、典仁親王は閑院宮直仁親王の子で、東山天皇の孫に当たる。閑院宮第二代の継承人である。寛保三年（一七四三）一〇歳で親王宣下、翌年元服して太宰帥に任ぜられ、帥宮と呼ばれた。安永九年（一七八〇）光格天皇の即位礼に際して、一品に叙せられた。

光格天皇は典仁親王の六男で、明和八年（一七七一）誕生、安永八年（一七七九）一一月八日、九歳の時に後桃園天皇の儲君に立てられた。後桃園天皇は一〇月来の病気が進行し、余命いくばくもないと判断されたが、天皇には皇女欣子内親王以外に親王がなく、しかも欣子が「少し御発狂の気」[57]があったため、女帝とするわけにはいかなかったのである。同月後桃園天皇が崩御し、光格天皇が践祚して、翌年（一七八〇）一〇歳で即位の礼を行った。中宮は後桃園天皇の皇女欣子内親王であった。

前大納言であった中山愛親は、天明八年（一七八八）四月の家記に後堀河天皇・後花園天皇が、その父に尊号を宣下した先例を記しているが、それが尊号についての最初の記録である。[58]この天明八年の正月晦日に、京都ではいわゆる「天明大火」が起こり、市中ほとんど灰燼に帰した。翌年の寛政元年（一七八九）八月二五日、京都所司代太田備中守から幕府の老中宛に、尊号の件についての伺書が到着した。それが武家伝奏から幕府への正式の申し入れと看做される。一八歳の光格天皇が、後高倉・後崇光両太上天皇の先例により実父典仁親王に太上天皇の尊号を宣下しようとしたのである。その時から朝幕において寛政五年（一七九三）まで五年にわたる折衝が始まった。

京都の復興、特に御所「御造営」問題について、幕府は財政上の恐るべき失費と「関東の御威光」との矛盾に悩んだ。また、「伏見騒動」や京中の米価騰貴にともなう騒擾事件、さらに天皇の実父典仁親王への尊号の議、また江戸においても、将軍家斉が実父一橋民部卿治済に「大御所」の称号を贈呈しようという意向があり、幕府の財政の「御出入むずかし」い折柄、朝幕の関係はますます複雑になった。

以下、朝幕間の交渉の内容を分析しよう。まず幕府の老中首座・将軍補佐役としての松平定信と関白鷹司輔平との間で交換された書簡を見てみよう。そこで注目すべきは松平が何度も中国漢の宣帝・宋の「濮議」・明世宗の「大礼の議」をあげたことである。例えば、

漢宣よりして、宋之濮議、明世宗之時の争論等も古今之大議論之趣承り傳へ候。（中略）大宗小宗之論も不レ軽次第之由、（後略）

（寛政元年一一月一三日）(59)

同時に幕府側は日本の典故にも注意している。幕府の調査書にも

古（いにしへ）尊祖重宗、尊卑を正され、名器をつゝしまれてこそ。功烈天下に及び給ふ日本武尊と、怨毒骨にいたりたまひし押磐皇子の寃魂なりとも、數帝の敬愛やんごとなき彦人草壁のごとき重親なりとも、其位を踐み、其の統を繼玉はざらんには、かりにも其名をかし玉ふ御事なし(60)

という日本古代の事例をあげ、名器はみだりにすることが出来ないと指摘した。これらを読んだ輔平はただ次のように返事した。

（前略）和漢之先蹤（わかんこれせんしよう）、彼是（かれこれ）御吟味之趣に候。就ては其御許（おんもと）御書集置候由、珍重之儀、何卒（なにとぞ）致二一覧一度候條、（後略）

（寛政二年三月七日）(61)

尊號之事、賢考之趣、寔（まことに）以尤（もつとも）至極之儀感心候。（中略）とにかく御孝心之御儀より被レ爲レ出候御無沙汰故、無レ據申進候。輔平心中彼是（かれこれ）之進退可二察給一候。（中略）

追申。尊之字之事、日本武（やまとたける）之外にも、可レ有レ之歟（後略）

（寛政三年正月一一日）(62)

つまり朝廷側は理論の面では反論しなかった。しかし、松平はそれ以後の書簡でも、繰り返し名分論を用いて朝廷と交渉した。例えば、

明帝之遺誡、濮議之正論抔（など）之趣も有レ之、かつ世々之正儒、博古之人も尤と被レ同候事に候へば、彌（いよいよ）以此度

尊號之儀可レ然御儀とは、難レ奉二申上一奉レ存候。關東之思召並に衆論等、如何可レ有レ之哉不レ奉レ存候へ共、一己之所存にては、尊號之御無沙汰無レ之、唯御孝養を被レ盡候御事は、誠以百王に度越（どゑつ）いたし候聖代之御政（まつりごと）と奉レ存候。（中略）萬世之御龜鑑（きかん）と相成、皇統盤石之御固、和漢例（ためし）少き御正義にて、復古之御政、此上も無レ之儀に奉レ存候。

（寛政三年二月）(63)

このように幕府は、松平の名で北宋の「濮議」を正論とし、明の「大礼の議」を遺誡とは見なすが、尊号宣下を明確に拒否した。それで朝廷は一歩譲り、輔平の妥協策を採用して同年四月一二日、松平への答書は平安中期の小一条院の例によって、准太上天皇の待遇にして欲しいと、次のように幕府に伝えた。

（前略）小一条院辭二太子一之後、被レ准二太上天皇一、賜二封戸一、於二尊號一は　宣下無レ之歟。（中略）一品宮次第被レ及二老年一、叡慮不レ安之條、何卒　小一条院之趣に被レ度　思食候。（中略）御領等も略　院御同様に相成候へば、大方（おほかた）　小一条院御様子にも可二相協一候へば、先可レ被レ安二　叡心一候。(64)

すなわちその名を避けて、実を取り、太上天皇の尊号宣下なき代わりに、その尊号に相応する待遇を要求した。幕府側はこの申し入れを評議した結果、以下のように天明四年（一七八四）の一〇〇〇石増献に続いて、さらに一〇〇〇石の「御合力」を行うことを申し合わせた。

（前略）私共評議にては、天明四辰年より、格別之譯を以て、閑院一品宮、御現在中千石被レ進候間、此上猶又千石も、御一代限り被レ進候はゞ、右有来（ありきたり）御家領千石に見合せ、一倍餘御増被レ進候義にて、御孝養之筋も可二相立一儀と奉レ存候。(65)

こうして閑院宮家は一代限りであるが、家禄一〇〇〇石を合わせて合計三〇〇〇石に増加するはずであった。幕府側は、これで光格天皇自身の「御孝養之筋も可二相立一儀」と考えた。朝廷側である尾張・水戸両家よりの答書は注目に値する。

（前略）御都合もよく相済、恐悦之至に奉レ存候。甚不二容易一儀に候処、御手前御誠意相届き、萬世之御基本相立、重畳之儀に御座候(66)。

つまり尊号の件は朝廷の「恐悦之至」により終結したのである。それは寛政三年（一七九一）四月のことであった。

しかし、同年八月二〇日に輔平がその職を辞して、後任に一条輝良が立った。輝良が関白に即任した段階で、尊号の問題は改めて振り出しに戻った。その終結は、すでに述べたとおり「御国体にとり、不二容易一儀」であるために、中山・正親町などの七人の公卿の処分という朝廷に対する強圧策であった。

太上天皇尊号についての朝幕の間における折衝を分析すれば、次の特徴がある。

まず、日本の社会には中国のような父系血縁系統が存在しなかった。父系血縁における「上下尊卑」「長幼輩行」という血縁身分秩序、すなわち宗法システムがなかったのである。

前文で引用した『儀禮』「喪服」における喪禮から分かるように、中国の伝統社会における「人の後たる者」、すなわち養子を取る目的や意義は、祖先の祭祀にある。そしてその夫の後たる者、つまり養子になれる者は、必ずその夫の一族の兄弟の子、あるいは一族内の男性構成員の子である。なぜなら、中国においては古来祖先を祭ることには、「神不レ歆二非類一、民不レ祀二非族一」（神は非類を歆けず、民は非族を祀らず〔本章における『春秋左氏傳』の引用の訓読みはすべて『新釈漢文大系』、明治書院、一九八七年による〕）(67)、「鬼神、非二其族類一、不レ歆二其祀一」（鬼神〔死者〕は、其の族類に非ざれば、其の祀りを歆けず）(68)という伝統があるからである。

しかし『儀禮』「喪服」には、人の後たる者は養父の祭祀は斬衰三年であるが、実父に対する祭祀はこれより下り、齊衰を着用して杖をつかないで、期の喪、つまり斉衰不杖期に服するという定めがある。ゆえにやむを得ない場合を除き、人は養子になりたがらない。

これと反対に、日本の養子制度と養子実態を研究すると、養子は、往々にして多くの実利を得られるのである。(69)そして祭祀においては、『養老令』「喪葬令」に「凡服紀者、為㆓君、父母、及夫、本主㆒、一年。祖父母、養父母、五月」（凡そ服紀は、君、父母、および夫、本主の為に、一年。祖父母、養父母に、五月）と定める。したがって人の養子になることは、天皇も含めて養父を祀るためではないのであった。さらに日本では王位継承は厳密な父子相承でもなかったため、傍系から皇位に就いた天皇の、実父に対する尊号に関する折衝は、中国歴史上の「皇考」に関する論争とは、その本質が異なると考えられる。

中国における論争の焦点は、人の後（あとつぎ）たる者の「礼」、つまり傍系から帝位に就いた皇帝自身の身分（名分）、実父の身分（名分）、また前任皇帝の身分（名分）、またその身分（名分）に応じた埋葬や祭祀、宗廟制上の等級・位置など、いわゆる礼制上の問題にあった。

これに対して「太上天皇尊号」を朝廷より申し入れた理由は「孝心」、つまり「御孝心之御儀より被㆑為㆑出候御無沙汰故、無㆑據申進候」であった。したがって幕府の拒否にあうと、もとは尊号に関する折衝であったものが一転して、光格天皇の実父、閑院宮家の待遇、すなわち家禄の要求になった。いったん家禄の要求を満たされて、朝廷は「恐悦之至」と大変喜んでいたのである。

幕府老中首座・将軍補佐役の松平定信は、繰り返し中国漢の宣帝・北宋の「濮議」・明世宗の「大礼の議」を引用して朝廷側の申し入れを拒否した。しかし結局、朝廷側の主たる目的は光格天皇の「孝心」を満足することにあり、また日中両国の社会構造のシステムが根本的に異なり、さらに日本の皇位継承は必ずしも父子相承ではないために、幕府は提出した名分論をそれ以上展開できず、朝廷側もこれに対応できなかった。

しかも松平の北宋の「濮議」・明世宗時代の「大礼の議」に対する理解は、本来の論争の結果とずれていた。松平は「明帝之遺誡、濮議之正論」と述べた。しかし実は「濮議」に関する論争の結果は、英宗があくまでも実父を「親」と呼び、子として実父の名分を保全したのである。ただ即位前に立太子の経験があるので、人の後たる者の「礼」（喪礼）によって、祭祀には実父の墓であるもとの園を維持し、皇陵を建てることはできなかった。また、明の世宗は実父興獻王の一人息子であり、『儀禮』「喪服」に「適子は大宗に後となるを得ず」とあること、また、前任武宗の在世中に皇子になったこともなかったから、それは「遺誡」といえたものではなかろうか。

朝廷側は光格天皇の実父に准太上天皇の待遇を得られたことで満足した後、ふたたび太上天皇尊号を提起し、幕府側の弾圧を受ける。それには幕府内部における将軍家斉の父、一橋治済の「大御所」贈号という問題が影響していた。(70)「太上天皇尊号」に関する折衝が終わるとともに「大御所」の贈号問題も一時終止符を打ったのである。

第五節　継嗣と継統および親権と皇権

前漢の宣帝・哀帝、北宋の英宗、明の世宗は、いずれも傍系から帝位に就いた皇帝で、即位した後、没した実父の呼び方や祭祀の規準について、いずれも激しい論争を引き起こした。にもかかわらず、漢の宣帝・哀帝はそれぞれみずからの在世中、実父のために皇帝と同等の「皇考廟」と「恭皇廟」を建てて皇帝と同格の祭祀を行った（王莽が大司馬の身分で摂政を行った時代に「恭皇廟」「皇考廟」が破壊されたのは、政治的な紛争、つまり王莽の権力を奪い取る野望と関連があった）。明の世宗は実父の興獻王を「皇考」と尊称し、埋葬した園を改めて皇帝と同格の皇陵に改築した。ただ北宋の英宗の実父の墓地だけは諸侯王の墓地と同じような園をそのまま維持したが、園に廟が増築された。しかし前述したように英宗は実父母を「親」と呼び、親子関係、父母としての身分を保った。つまり皇帝の念願は実現し、反対派はいずれも失敗したといえる。

藤川氏は漢代の「皇考廟」と「恭皇廟」の実現はいずれも私情主義の成功だと考えた。福島氏も北宋の「濮議」と明の「大礼の議」を比較した結論として、明の「大礼の議」は「糟粕ともいうべき『典礼疏』のみが継承されたという事実であった」と考えたが、それは中国との異なる血縁親族構造と異なる社会構造の立場に立って、つまり日本と異なる文化の背景のもとで得た結論であると思う。もっと深く文化の面から見れば、その根底は中国の礼制における「人の後たる者の礼」および継嗣と継統の問題である、と著者は考える。つまり礼制における「人の後たる者の礼」には大宗は絶えることができず、嫡子は人の後たる者ができない。一言でいえば中国には祖先からの血、すなわち子孫は絶やしてはならない。いわゆる、祖先を祀り線香をたくことを絶やさないということである。これこそ孟子がいった「不孝有レ三、無レ後爲レ大」（不孝に三有り。後無きを大なりと爲す。〔この訓読は『新釈漢文大系』、明治書院、一九八七年による〕）[71]である。それゆえ中国では普通の庶民にも子どもがいなかったら、支子、すなわち兄弟の嫡長子以外の子を後とし、嫡長子は他人の後にはならない。一般的にやむを得ない場合に他人の養子、すなわち人の後になる。それで前漢の宣帝・哀帝、明の世宗はいずれも実父の唯一人の後嗣者で、実父の系にとっては大宗であるために、人の後たる者にはなれないはずである（ただ漢の哀帝は実父定陶王康の一人の子であったが、成帝の太子となったことがある。本章第一節第(2)を参照）。当時一五歳の明の世宗が、実父興獻王の一人息子たる身で、武宗の従弟として即位のために北京に赴いて北京城に到着した際、太子として東安門から文華殿に入ることをどうしても承服しなかったのは、そのためである。また前漢の宣帝・哀帝がいずれも実父のために「皇考廟」や「恭皇廟」を建て、明の世宗が実父のためにもとの園墓を「顕陵（皇陵）」に改めたのもそのためである。

ただ北宋の英宗は実父の濮王允譲の一三男で、濮王允譲の後嗣は、長男亡きあと次男宗樸と決まっていた。さらに英宗は前任の仁宗の在世中に立太子の経験があったために、仁宗の後嗣とみなせる。したがって、英宗の実父たる濮王允譲の墓地は改築せず、諸侯王と同じように園を維持したが、園に廟が増築された。それなのに、歐陽修の述べた「服可レ降而名不レ可レ没」（服を降すべけれども名は没すべからざるなり）という理由の下で、英宗は実父母に対して「親」という呼び方を保った。すなわち実父母に対しての親子の名分を守った。

前漢の哀帝と北宋の英宗とを比べると、哀帝は英宗と同様に前任の成帝の存命中に太子に立てられた。しかし英宗と異なるのは実父のために「恭皇廟」を建てたことである。史料によれば、哀帝は一人息子で、実父の血統から見れば、哀帝は定陶王康の大宗である。したがって、哀帝は定陶王康の後嗣として人の後（あとつぎ）たる者にはなれない。しかし前任の成帝に後嗣がいなかったため、哀帝が太子に立って皇統を継承せざるを得なかった。ここで継嗣と継統とが衝突してしまった。衝突した場合、すなわち忠と孝とを両方とも全うすることができない時、どちらを優先するかが問題になる。

この問題については、一九九五年に中国湖北省荊門市沙洋区四方郷郭店村の一角に出土した戦国時代中期頃の竹簡（一九九三年一〇月からその郭店一号楚墓の発掘調査が行われた。竹簡の整理および文字の読みと解釈の出来上がりは一九九五年であった）にあった「六徳」を用いて解釈することができると考える。

郭店楚墓竹簡の第四種字体（字体や竹の形制（規格）による分類）中の「六徳」篇に

内立二父、子、夫一也、外立二君、臣、婦一也。疏斬布絰杖、為レ父也、為レ君亦然。（中略）爲レ父絶レ君、不二爲レ君絶レ父。爲二昆弟一絶レ妻、不三爲レ妻絶二昆弟一。爲二宗族一疾二朋友一、不下爲二朋友一疾中宗族上。（中略）門内之治恩掩レ義、門外之治義斬レ恩。（内には父・子・夫を立つるなり、外には君・臣・婦を立つるなり。疏斬・布絰・杖は、父の爲なり、君の爲にも亦然り。（中略）父の爲に君を絶ち、君の爲に父を絶たず。昆弟の爲に妻を絶ち、妻の爲に昆弟を絶たず。宗族の爲に朋友を疾み、朋友の爲に宗族を疾まず。（中略）門内の治、恩は義を掩ひ、門外の治、義は恩を斬る）(72)

とある。すなわち父は「内」であり、君は「外」である。父のために「疏斬布絰杖」に服す。君のためにも父と同じように服すが、父の喪が君の喪と同時、すなわち両忌が衝突した場合、父のために君の喪は「減・省」（原文の「絶」は喪服の用語であり、古語においては「減・殺」と同意語である）でき、逆に君のために父の喪服は「減・省」できない。つまり忌中の父・君の喪服は同格であるけれども、父と君の忌が同時期の場合、父は君より重く、また優先すると明言している。

上述した「六徳」篇は戦国時代の史料であり、同様の論述は見つからなかった。しかし劉楽賢氏は「父の爲に君を絶ち、君の爲に父を絶たず」ということを説明する時、前漢の『韓詩外傳』に戦国時代の「齊宣王謂田過曰、『吾聞儒者喪親三年、君與父孰重？』田過對曰、『殆不如父重。』王忿然曰、『曷爲士去親而事君』。田過對曰、『非君之土地、無以處吾親。非君之禄、無以養吾親。非君之爵、無以尊顯吾親。受之於君、致之於親。凡事君、以爲親也。』宣王悒然而無以應之」（齊の宣王、田過に謂ひて曰く、「吾聞く、儒者は親を喪わば三年、君と父と孰れか重き」と。田過對へて曰く、「殆んど父の重きに如かず」と。王忿然として曰く、「曷爲れぞ士は親を去りて君に事ふるや」と。田過對へて曰く、「君の土地に非ずんば、以て吾が親を處らしむる無し。君の禄に非ずんば、以て吾が親を養ふ無し。君の爵に非ずんば、以て吾が親を尊顯する無し。之を君に受け、之を親に致す。凡そ君に事ふるは、親の爲にするを以てなり」と。王悒然として以て之に應ふる無し）[73]という類似した史料をあげた。つまり父の喪と君主の喪とは同制、すなわち同じ「斬衰三年」であるが、父はやはり君より重い、「孝」は「忠」より重要である。それは儒家文化の一貫した価値観である。劉氏は中国の儒者が「社会政治関係より血縁宗族関係に重きを置くことを意味する。これこそ儒教の『家から国に、家・国一体』の主張の体現」[74]であると述べた。また中国北京大学中国思想史の研究者李零氏も、前述した「六徳」篇における「父の爲に君を絶ち、君の爲に父を絶たず」を郭店楚簡の「語叢三」第一章の「父無悪」と比較し、次のように指摘した。父子の間にあるのは親子の情であり、君臣の間にあるのは義務である。前者は選択が出来ないが、後者は選択できる。君主が悪い時、拒否して去ることができる。しかし父親を拒否して去ることはできない。これこそ両者の基本的な区別である。[75]これらの意味で「君より父に重きを置く」。

これを補完するのは「孝」は「忠」より重要だという価値観である。また漢代からの官員の「丁憂」制度もその価値観を反映している。

いわゆる「丁憂」とは、「父母憂（喪）解官持服」（父母が死去すれば官を辞任して家で喪服を着ている）という。そして「丁憂」は「擧孝廉」、すなわち官吏を選ぶ重要な条件になった。これは漢代から歴代の史書の至る所に見える。[76]それと前述した郭店楚簡「六徳」における「父の爲に君を絶ち、君の爲に父を絶たず」というのは、いずれも中国の儒家正統文化である。こうした文化背景のもとで行われた前漢・宋・明における「皇考」に関する論争の中で皇権は親権を守り、反対派がいずれも失敗したのは当然ではないか。

日本は古来より中国文化を受け入れてきたが、社会の基本構造は中国と異なり、父系血統のシステム、すなわち血縁身分秩序（生まれつきの血縁等級身分）がなかったために、[77]血縁身分秩序に基づいた人の後（あとつぎ）たる者の「礼」および社会生活の各方面における礼制は存在しなかった。ゆえに松平定信は幕府を代表して「名分論」を述べ、そこで中国前漢・北宋・明の例を幾度も列挙したにもかかわらず、太上天皇尊号宣下という申し入れを拒否したのである。

むすび

故宮崎市定氏は北宋の「濮議」と明の「大礼の議」という二つの「皇考」についての論争を、「実際政治に悪影響を及ぼす懸念はまったくなかった、単なるイデオロギー論争にすぎない」もので「国家の存立に影響したことも、それで社会の秩序が乱されたこともなかった」と評している。[78]確かに政治の面から見ればそういえるかもしれない。しかし「皇考」をめぐる大論争は、中国社会においては「礼制」が儒教文化の本質としてどのくらい大きな位置を占めているかを改めて如実に示すものであった。これを日本の「太上天皇尊号宣下」をめぐるやりとりと比較してみると、日本にはそのような「礼制」は存在しないことが分かる。これは日中両民族の文化の根本的な差であると考えられよう。これをもって本章の結びとする。

（1）『禮記』巻第五、「王制」。

（2）同右、巻第四九、「喪服四制」。

（3）喪服とは喪中に着る麻制の衣服である。また広くは衣食住の日常生活にわたる一般的な謹慎生活の等級を指す。それは死者との血縁の親疏関係によって斬衰・齊衰・大功・小功・緦麻の五等に大別され、さらに服制や期間の長短によって細分される。本章に触れた斬衰と齊衰はいずれも喪服五等の中でもっとも重い喪礼である。「斬衰三年」とは父のため、喪服は斬ったままの衰（上衣）と裳（下衣）とをつけ、苴麻製の布を裁ったままで、緝はしない服を着て、首と腰とにはそれぞれつける麻のまきもの、すなわち苴（色）の経（首経・要経）、それに苴色の竹の杖（苴麻を綯って作った）、紋帯をし、冠に牡麻制の縄にした纓をつけ、菅（矛の一種）の屨をはく。「齊衰三年」とは、父が卒すれば、母のために布制の衰と縫い上がった裳をそろえ、牡麻の経をし、冠に布の纓をつけ、削った杖をつき、布帯をしめ、疏屨を三年にはく。「齊衰杖期」とは齊衰三年から細分された服制である。つまり齊衰を着用して、杖をつき、期（一年）の喪に服する。「齊衰不杖期」も齊衰から細分された服制で、齊衰・杖・期よりも軽い喪服である。つまり杖をつかないで、疏屨でなく、麻屨をはくが、そのほかは齊衰・杖・期と同じくする。それは養子はその生父母のための服制である。以上『儀禮』「喪服」（池田末利訳注『東海大学古典叢書』、東海大学出版会、一九七八年）を参照。

（4）『儀禮』「喪服」齊衰不杖期。前掲注(3)を参照。

（5）同右、「喪服」斬衰三年。前掲注(3)を参照。

（6）前掲注(4)を参照。

（7）『禮記』巻第三〇「坊記」。

（8）同右、巻第一五「喪服小記」。

(9) 同右、巻第三一「中庸」に「武王末受レ命。周公成二文武之徳一、追二王大王王季一、上祀二先公一、以二天子之禮一」（武王末いて命を受く。周公文武の徳を成し、大王・王季を追王し、上先公を祀るに、天子の禮を以てす）。『史記』「周本記」にも「追二尊古公一爲二太王一、公季爲二王季一」（古公を追尊して太王と爲し、公季を王季と爲す）という記載がある。

(10)『史記』「秦始皇本記第六」に「二十六年、……追二尊荘襄王一、爲二太上皇一」（二十六年、……荘襄王を追尊して、太上皇と爲す）という記載がある。

(11) 猶子とは公家の養子の一種である。一般的に養子は相続目的、猶子は名目的という説があるが、実に相続を目的とした猶子はよくみられる。近世になるころまでは猶子という表現が多く、近世になると養子という表現が多くなる。

(12) また本書第六・七章・付篇一を参照。

(13) 藤川正數『漢代における礼学の研究』（風間書房、一九八五年増訂版）第一章・第二章を参照。

(14) 諸橋轍次『儒学の目的と宋儒（慶歴至慶元百六十年間）の活動』（鎌田正・米山寅太郎編『諸橋轍次著作集』第一巻、大修館書店、一九七五年）。

(15) 小林義廣「『濮議』小考」（『東海大学紀要』第五四輯、一九九〇年）。

(16) 劉子健『歐陽修的治学與従政』（香港新亜研究所、一九六三年）二三四〜二三八頁。

(17) 中山八郎「明の嘉靖朝の大礼問題の発端」、同「再び『嘉靖朝の大礼問題の発端』について」（『明清史論集』、汲古書院、一九九五年）。

(18) 福島正「濮議と興献議」（小南一郎編『中国の礼制と礼学』京都大学人文科学研究所研究報告、朋友書店、二〇〇一年）。

(19) 当時の人々は巫術・呪いを信じ、例えば人形を地下に埋めれば、人を害することができると考えていた。武帝の末年よく病気が出て、いつも左右の人々が疑われていた。その時、宮中で江充が太子の宮殿から桐木人を発見したと誣告した。実は江充が予め人形を作らしめ、埋めて置いたものであった。太子は懼れてみずから弁明できず、江充を殺そうとした。武帝が出兵し、太子も抵抗したが、結局敗れ、逃亡先の湖県で子供の進とともに自死した。この事件を「巫蠱の禍」という。『漢書』巻六三「武五子傳第三十三」の戻太子劉據によれば、太子には罪のないことがあとで分かり、武帝は太子を憐れみ、「思子宮」を造って太子を追慕した。
(20) 『漢書』巻八「宣帝紀第八」。
(21) 同右、巻六「武帝記第六」、巻七「昭帝記第七」を参照。
(22) 前掲注(20)参照。
(23) 『漢書』巻六三「武五子傳第三十三」、戻太子劉據。
(24) 以上『漢書』巻六三「武五子傳第三十三」戻太子劉據、「宣帝記第八」を参照。
(25) 『漢書』巻七三「韋賢傳第四十三」。
(26) 同右、巻一一「哀帝紀第十一」。
(27) 同右、巻八六「何武王嘉師丹傳第五十六」「師丹傳」。
(28) 同右。
(29) 同右。
(30) 同右、巻九九上「王莽傳第六十九上」。
(31) 『資治通鑑』巻二五「漢紀・宣帝」。
(32) 『漢書』巻二七中之下「五行志第七中之下」に次の記事がある。「趙蜚燕得幸、立爲皇后、弟爲昭儀、姊妹專寵、聞後宮許美人・曹偉能生皇子也、昭儀大怒、令上奪取而殺之、皆幷殺其母。成帝崩、昭儀自殺、事乃發覺、趙后坐誅」。
(33) 同右、巻八六「何武王嘉師丹傳第五十六」の「師丹」における「發掘傅太后・丁太后、奪其璽綬、更以民葬」による。
(34) 同右、巻八六「何武王嘉師丹傳第五十六」の「師丹」における「諸造詸冷褒段猶等皆徙合浦、復免高昌侯宏爲庶人、徵丹詣公車、賜爵關内侯、食故邑」による。
(35) 同右、巻七三「韋賢傳第四十三」の「子玄成」。

(36) 同右。
(37) 『宋史』巻一三、本紀第一三「英宗」。
(38) 同右。
(39) 同右。
(40) 同右。
(41) 『歐陽文忠公文集濮議』巻四「爲後或問上」。また『宋史紀事本末』巻三六「濮議」を参照。
(42) 『宋史紀事本末』巻三六「濮議」。また、同右、巻三の「牓朝堂手詔」「本生之親改皇伯歴考前世並無典據」を参照。
(43) 前掲注(41)参照。
(44) 『續資治通鑑長編』巻二〇五、治平二年六月甲寅の条、司馬光の上言文中。
(45) 以上『續資治通鑑長編』巻二〇七、治平三年正月壬午の条。『通鑑長編紀事本末』巻五五「濮議」治平三年正月壬午の条、または小林義廣「濮議論争――あるべき国家像を求めて」(『歐陽修 その生涯と宗族』、創文社、二〇〇〇年)を参照。
(46) 明洪武九年(一三七六)四月安陸府を安陸州に格下げした。しかし明の嘉靖一〇年(一五三一)にそれをまた府に格上げして承天府と改称し、当時明の中央政府の三大直轄府の一つとなったが、清順治三年ふたたび安陸府と称した。今湖北の鐘祥、京山、天門、潜江などを含んでいる。一九一二年安陸府を廃した(『辞海・地理分册・歴史地理』、上海辞書出版社、一九八二年、一〇七頁)。
(47) 『明史』「世宗」本紀一には、「夏四月癸未、發安陸。癸卯、至京師、止於郊外。禮官具儀、請如皇太子即位禮。王顧長史袁宗皐曰、「遺詔以我嗣皇帝位、非皇子也」。大學士楊廷和等請如禮臣所具儀、由東安門入居文華殿、擇日登極。不允。會皇太后趣群臣上箋勸進、乃即郊外受箋。是日、日中、入自大明門、遣官告宗廟社稷、謁大行皇帝几筵、朝皇太后、出御奉天殿、即皇帝位」とある。
(48) 『明史』巻一九一、列傳第七九「毛澄」。
(49) 同右、巻一九六、列傳第八四「張璁」。

(50) 同右、巻一九一、列傳第七九「毛澄」に次の記事がある。五月七日戊午、澄大會文武羣臣、上議曰、「考漢成帝立定陶王爲皇太子、立楚孝王孫景爲定陶王奉共王祀。共王者、皇太子本生父也。時大司空師丹以爲恩義備至。今陛下入承大統、宜如定陶王故事、以益王第二子崇仁王厚炫繼興王後、襲興王主祀事。又考宋濮安懿王之子入繼仁宗後、是爲英宗。司馬光謂濮王宜尊以高官大爵、稱王伯而不名。范鎮亦言、『陛下既考仁宗、若復以濮王爲考、於義未當。』乃立濮王園廟、以宗樸爲濮國公奉濮王祀。程頤之言曰、『爲人後者、謂所後爲父母、而謂所生爲伯・叔父母、此生人之大倫也。然所生之義、至尊至大、宜別立殊稱。曰皇伯・叔父某國大王、則正統既明、而所生亦尊崇極矣。』今興獻王於孝宗爲弟、於陛下爲本生父、與濮安懿王事正相等。陛下宜稱孝宗爲皇考、改稱興獻王爲『皇叔父興獻大王』、妃爲『皇叔母興獻王妃』。凡祭告興獻王及上箋於妃、俱自稱姪皇帝某、則正統・私親、恩禮兼盡、可以爲萬世法。」議上、帝怒曰、「父母可更易若是耶!」命再議。

(51) 同右、巻一九六、列傳第八四「張璁」により以下の記事がある。「漢哀帝・宋英宗固定陶・濮王子、然成帝・仁宗皆預立爲嗣、養之宮中、其爲人後之義甚明。故師丹・司馬光之論行於彼一時則可。今武宗無嗣、大臣遵祖訓、以陛下倫序當立而迎立之。遺詔直曰『興獻王長子』、未嘗著爲人後之義。則陛下之興、實所以承祖宗之統、與預立爲嗣養之宮中者較然不同。議者謂孝廟德澤在人、不可無後。假令聖考尚存、嗣位今日、恐弟亦無後兄之義。且迎養聖母、以母之親也。稱皇叔母、則當以君臣禮見、恐子無臣母之義。禮『長子不得爲人後』、聖考止生陛下一人、利天下而爲人後、恐子無自絶其父母之義。故在陛下謂入繼祖後、而得不廢其尊親則可、謂爲人後以自絶其親則不可。夫統與嗣不同、非必父死子立也。漢文承惠帝後、則以弟繼。宣帝承昭帝後、則以兄孫繼。若必奪此父子之親、建彼父子之號、然後謂之繼統、則古有稱高伯祖・皇伯考者、皆不得謂之統乎。臣竊謂今日之禮、宜別立聖考廟於京師、使得隆尊親之孝、且使母以子貴、尊與父同、則聖考不失其爲父、聖母不失其爲母矣」。

(52) 同右。

(53) 楊寛著・尾形勇・太田有子訳『中国皇帝陵の起源と変遷』(学生社、一九八一年)二一四頁。

(54) 注(46)を参照。

(55) 『大明世宗粛皇帝實録』巻四三、嘉靖三年九月甲子の条。

(56) 前掲注(11)を参照。
(57) 勢多章甫『思ひの儘の記』(『日本随筆大成』、吉川弘文館、一九七五年)。
(58) 蘇峰　徳富猪一郎『近世日本国民史』第二四巻・『松平定信時代』(近世日本国民史刊行会、時事通信社出版局、一九六五年第二刷)二二〇頁。
(59) 同右、二三一頁。
(60) 同右、二三三頁。
(61) 同右、二三一〜二三二頁。
(62) 同右、二三四頁。
(63) 同右、二三七頁。
(64) 同右、二三九頁。
(65) 同右、二四四頁。
(66) 同右、二四五頁。
(67) 『春秋左氏傳』僖公一〇年。
(68) 同右、僖公三一年。
(69) 本書第六・七章を参照。
(70) 「太上天皇尊号一件」(京都市編『京都の歴史』第六巻・『伝統の定着』、河北印刷、一九八〇年新装第二刷)を参照。
(71) 『孟子』「離婁章句上」。
(72) 『郭店楚墓竹簡』(文物出版社、一九九八年)一八七〜一八九頁。
(73) 『韓詩外傳』巻七。
(74) 劉楽賢「郭店楚簡『六徳』初探」(武漢大学中国文化研究所編『郭店楚簡国際学術研討会論文集』所収、湖北人民出版社、二〇〇〇年)。また本書付篇二を参照。
(75) 李零『郭店楚簡校讀記』(北京大学出版社、二〇〇三年五月)一三八頁。

（76）『後漢書』巻三九、劉平傳、同巻八一、戴封傳。『晉書』列傳、巻七五、列傳第四五、袁悦傳、『清史』にもそのような記事がある。

（77）著者の研究によれば、日本の血縁親族集団構造は無系、すなわち父系・母系血統上での未分化のキンドレッドという構造である。本書第三章を参照。

（78）宮崎市定『中国史』（『宮崎市定全集』一、岩波書店、一九九三年）二六六〜二六七頁、三七八頁。

終章

本研究は日本社会における血縁親族集団の父系擬制的・非出自的・無系的および血統上での未分化のキンドレッドという構造を検証しようとする上で、異文化の特質解明という視座から基礎社会構造、すなわち日中血縁親族構造を比較することを通して、近代以降における西洋異文化（近代文化）との衝突の原因と融合の条件を解明するものである。以下、本書における比較研究の結果から得られた結論を要約しておこう。

(1)父系出自・双方的親族集団と父系擬制的・非出自的・無系的および血統上での未分化のキンドレッド

父系出自・双方的親族集団と父系擬制的・非出自的・無系的および血統上での未分化のキンドレッドとは文化人類学における血縁親族組織に関する異なった概念である。本書の第一部において、文化人類学におけるリヴァーズ（W.H.R. Rivers）と中根千枝氏を代表とする「出自」理論を用い、これまで日本史学界、特に古代史学界で広範に流布された「父系制」説、「双系制」説および鬼頭清明氏の主張する「双方的親族集団」説をめぐって、父系出自・双方的親族集団と父系擬制的・非出自的・無系的および血統上での未分化のキンドレッドを区別する決定的因子とする婚姻実態や氏族譜などを日中両国血縁親族集団構造の比較において検証した。

父系出自・双方的親族集団と父系擬制的・非出自的・無系的および血統上での未分化のキンドレッドというものはそれぞれ異なった特徴を持っている。

まず単系的な「父系出自」の最大の特徴は、その構成員の系譜関係がたどることができ、同一祖先から出たという意識によって結ばれている範囲が明確な特定の組織である。リヴァーズによるとそのような集団が外婚制を持つことがもっとも重要な特徴である。中根氏はさらにその社会では「個人は必ず自分の属する血縁集団以外の血縁集団の成員と結婚するのが鉄則である。この掟(おきて)を破って同一血縁集団の成員と結婚するのは、殺人よりも重い罪と考えられ、追放その他の制裁をうける」と明確に指摘した。つまり単系出自集団は厳格に外婚制を実行するのである。ゆえにその集団の構成員の範囲は明確であり、その構成員が世代や出生の順によって系譜に記録される。したがってこの社会は封鎖的・停滞的な社会であり、往々にして血縁組織と政治と法律が緊密につながり、未分化な状態にある。(1)

中国の宗族は典型的な「父系出自」構造の血縁親族組織である。古代の宗法制宗族においては日本と同じように「姉妹型一夫多妻婚」を実行したが、中国の宗族には「姉妹型一夫多妻婚」は普遍的ではなく、「一夫多妻婚」は多かった。しかしこの「一夫多妻婚」においては厳しい「同姓不婚」が実行された。中国では同じ父系出自の宗族の構成員はみな同じ「姓」を冠するから、「同姓不婚」すなわち同じ父系構成員の間の婚姻は許されなくて、結婚の相手は同姓以外、つまり宗族の構成員以外に制限された。上述した「姉妹型一夫多妻婚」のもとでは子ども同士は同じ父で、同じ「姓」を冠したから、彼らの間で結婚することは許されない。例えば、春秋時代の魯の荘公と斉の姉妹たる哀姜・叔姜の婚姻は「姉妹型一夫多妻婚」であったが、彼らの子供同士は同じ魯の姓を冠したから、その婚姻は許されなかった。中根氏が指摘したようにこの「同姓不婚」は宗族における婚姻制の「鉄則」であり、宗族はその婚姻制によって宗族の構成員の父系単系的な血統「純潔性」を守ったのである。

外婚制を実行した社会は、個人を中心として父方・母方両側の親類に分けられるから、その社会においては「単系出自集団」と同時に「双方的親族集団」という親族構造になる。例えば父・母の両親はそれぞれ祖父・祖母、外祖父・外祖母と呼び、父の兄を伯父、弟を叔父、姉妹を姑と呼び、母の兄弟を舅、姉妹を姨と呼ぶ。また伯父・叔父の子どもたちを堂兄弟姉妹、母の兄弟姉妹の子どもたちおよび父の姉妹の子どもたちを表兄弟姉妹と呼ぶ。つまり堂兄弟姉妹は同姓であるから自分と同様に同じ宗族の構成員と見なし、表兄弟姉妹は自分と異なる姓を冠するために宗族以外の人間と見なすのである。これにより父側と母側の親類が明確に分けられる。このような親類の呼称は「双方的親族集団」も外婚制を原則とするものであったことを明らかにしている。

中国の宗族においては「同姓不婚」と同時に「異姓不養」、すなわち「父系出自」の宗族以外の人を養子にすることができなかった。夫婦は子どもがいない場合、夫の兄弟の子、すなわち同じ宗族内の当然同じ姓をもつ人の子を養子に取る。これも父系単系的な血統の「純潔性」を守るためである。

また宗族の構成員はみな明確に宗譜に記載される。そして記載された族人の制限が非常に厳格である。例えば宗族内に生まれたことは絶対的な条件であるが、夭折したり、加冠・笄字（日本でいう元服の一部分）しないうちになくなったり、未婚のまま死んだりした者は、宗譜に記載されても、一般宗人とは差がつけられている。その詳しい規定は宗族によって一定しない。ただ、いったん宗譜に記載された後、僧侶や道士となって宗族を去ったり、僕隷・倡優・楽芸・巫祝などの職に身を転じた者、また「家規・族法」（宗族の規約）を犯したり、宗族の規定に背いたりした者は宗族から削除される。また削除される以上、族長らが死刑に処することもできる。[2] それは宗族の「系譜体系」である。そしてこれこそは中国宗族の「系譜性」と「機能性」の相互作用の中で宗族の役割を果たすのである。[3] そこでは宗族は、政治と法律が緊密につながって未分化な状態にあり、中央集権政府の最末端の組織としての役割を果たした。その意味で宗族の封鎖的・停滞的、または政治と法律との未分化的な性格は一目瞭然であった。

中国で「一夫多妻婚」(「姉妹型一夫多妻婚」も含む)と同時に「同姓不婚」が実行されたのに対して、古代の日本社会は「姉妹型一夫多妻婚」が普遍的に行われると同時に「同母異父」や「同父異母」、特に後者の同父異母同士の婚姻が盛んに行われた。本書の第三章に例示した応神天皇と高城入姫・仲姫・弟姫三人の同父母姉妹の婚姻は同父母の「姉妹型一夫多妻婚」であったが、応神天皇と仲姫の子の根鳥命および応神天皇と弟姫の子の淡路御原皇女との婚姻は同父または同母系の婚姻であった。また七世紀の天智天皇の数人の娘と天武天皇との婚姻は、天智と天武は同父母であるから、その婚姻の次の世代から見れば父・母の血統は渾然一体になり、父・母の血統は分けられない。

第四章で氏族系譜を分析した通り、古代日本の氏族系譜は中国の宗譜に対してすべて氏族の構成員を記録したものではない。また氏族系譜・系図の中に「断絶」や人為的・随意的に変えられた「姓」は至るところに見られる。なぜならばその構成員は父系・母系、父方・母方、つまり「系的」「方的」いずれもその範囲を分けられず、その集団は不定的であり、恒久的な制度化されたものではなかったからである。ゆえに日本社会における親類の呼称は父方と母方を区別できない。例えば父と母の両親はみなお祖父さん・お祖母さん、両親の兄弟姉妹をいずれもオジさん・オバさんと呼ぶのは、その血縁親族集団は「父系出自」にせよ、「双系出自」にせよ、いずれも出自集団ではなかっただけでなく、双方すなわち個人を中心とする父方・母方のいずれの親族集団でもなかったということを物語っている。このような血縁親族集団は外婚制を前提としての「父系出自」「双系出自」と「双方的親族集団」に対して「血統上での未分化のキンドレッド」にほかならない。日本社会では中国社会における封鎖的・停滞的な性格と逆に、社会の流動性が高く、社会の変動に順応性も強い。本書の第二部で論述した古代社会における平安貴族の長幼系列・世代の区分を問わない養子、また一二世紀から現れる非血縁関係にある異姓養子はその特徴のもっとも適当な証明である。

(2)「重義軽利」と「功利主義」、「身分制」と「契約制」

「重義軽利」と「功利主義」、「身分制」と「契約制」というのは、いずれも異文化の視座から古代平安貴族社会における養子、および中・近世社会における武家と庶民家の養子実態、または日中歴史における「皇考」と「太上皇尊号」をめぐって、人の後(あとつぎ)たる者に対する礼を分析した結果から得られた日中両国の前近代社会における対蹠的な文化の特徴である。

平安時代の養子を律令国家の蔭位制において、まず藤原不比等次男、房前の主要な支脈における各種の養子一一〇例を集めて、血縁関係から五種類に分類した結果から見ると、異姓の非血縁関係にある場合もあったが、同じ血縁であっても異世代に属する場合がもっとも多かった。また、『公卿補任』を手がかりにし、一条天皇(九八六〜一〇一一)から土御門天皇(一一九八〜一二一〇)の時期に見える藤原氏の養子・養父の血縁関係と養子縁組が行われた時点での実父と養父の位階・官職を中心に検証した。例示した二六例の養子のうち、孫の世代を養子にしたのは九例であったが、それら九例の養父(祖父)は例外なく三位以上の公卿であり、位階も官職もすべてその実父より高かったのである。

このような養子の実態を『養老令』「選叙令・五位以上子条」および「官位相当制」もとで三位以上の者の位田・位封・季禄・資人と官職に応じた職田・職封・資人などの特権において検討した。平安時代の公卿貴族は、律令の規定を利用して血縁や世代を無視して養子を取り、家業を継承するという名義で、自分の政治勢力を拡大させ、氏上を国家律令官人に入れるよう働きかけた。また経済的な実力を強めると同時に、ウヂ集団の徹底的な解体と「イエ」の確立を促したのである。その歴史的意義は深いといえよう。文化的な側面から見ても、中国父系の血統・長幼尊卑・世代関係など自然の血縁身分秩序と相互補完する儒家文化における「義を重んじて利を軽んじ」、「義を以って利を制す」という価値観に対して、日本の平安時代では唐代の養子法令を「活用」して人為的に血縁身分秩序を調整し、法令の規定に無理やり合わせて代々の実利を得ることを目的にしていたのである。

日本のその明確的な功利主義の養子に対して、中国には「異姓不養」を行った。つまり家業・家伝の秘方などは絶えるとしても、絶対に異姓の人に伝授しなかった。それは日本と異なった血縁親族集団構造のもとで異なった価値観のしからしめるところであった。

前述の研究に続き日本の中・近世の武家、庶民社会の養子の特徴を検討した。第七章に武家社会における「養子願書」と庶民社会における「養子証文」をあげて、その中から見た養父子関係の成立とその関係の解除、つまり養子縁組と養子離縁を分析した。中世以降の養子のもっとも大きな特徴は、血縁関係のない養子、特に江戸時代の「持参金養子」が血縁関係に基づく身分制度を打破したことにある。一四世紀中期以降、長子以外の息子たちは一言の恨み言もなく契約というやり方で、新しい家庭に入っていった。前近代末期と近代前期になって、日本の男性の四分の一にあたる養子、さらにそれと同じ四分の一にあたる養父を加えると、全男性の二分の一が養子に関わる契約関係に巻き込まれていたことになった。その量が多いというだけでなく、範囲も広い。近・現代社会に至っても知識人・ノーベル賞を受賞した科学者の湯川秀樹氏や戦後の首相の吉田茂氏まで婿養子・養子である。それはすべて近世以降の養父子制度が人と人の契約という新たな人間関係を育んできたためと思われた。

イギリスの古代法律史の専門家メイン（H.S.Maine）は、ヨーロッパの伝統的な社会が近現代社会に移り変わってきた過程を次のように総括した。「進歩的な社会でのあらゆる運動は、ある意味では一致している。（中略）それがすなわち『契約』であった。（中略）すべての社会の発展はここで終わる。それは『身分制から契約へ』という発展であった」。[4] 日本近世社会における養子に関する「養子願書」、特に「養子証文」にはらんだ「契約」文化こそは、日本が伝統的な身分制社会から近代社会の契約関係へその姿をかえてゆくにあたっての、欠かすことのできない重要な文化的因子と見なすことができる。

以上日中両国の基層社会における養子制度を分析したが、両国の最高統治者が人の後（あとつぎ）になった場合どうであるか。本書の第八章では中国前漢の「皇考廟」、宋の「濮議」と明の「大礼の議」に関する論争、すなわち傍系から王位を継承した皇帝の、実父に対する祭祀についての論争から日中の皇権と親権の比較を行った。中国の場合、その論争の実質は王位継承の問題と家の跡継ぎの問題との衝突である。衝突した場合、すなわち忠と孝とを両方とも全うすることができない時は「父は君より重」いとされた。すなわち「爲㆑父絶㆑君、不㆓爲㆑君絶㆒父。」（父の爲に君を絶ち、君の爲に父を絶たず）である。したがって中国前漢の「皇考廟」、宋の「濮議」と明の「大礼の議」に関する論争は、いずれも実父の名分とその名分に対応する祭祀の格が守られることは、国家君主の名分より重要であることを明らかにした。なぜならば、中国の古代国家は家の基盤の上に建てられたからである。したがって、中国伝統文化において唱えられた「修身・斉家・治国・平天下」は、個人の人格を磨き修養を積み、家族の平和は治国と太平の世の前提であると考える。そのため古くから中国では「家」は「国」より先、「家」は「国」より重いというのが、儒家文化における主要な価値判断であった。ゆえに中国においては、親権は皇権より重く、皇権は親権を守るべきものだったのである。

日本は古来中国文化を受け入れてきたが、社会の基本構造は中国と異なり、父系血統のシステム、すなわち生まれつきの血縁身分秩序がなかった。そのため、中国の「皇考」の論争と違い、日本では「太上天皇」尊号について朝廷側が幕府と折衝した理由はいわゆる「孝心」であった。その「太上天皇」尊号宣下の件が幕府の拒否にあうと、もともと尊号に関する折衝であったはずのものが一転して、光格天皇の実父閑院宮家の待遇、すなわち家禄の要求となり、その家禄の要求が満たされて、朝廷は「恐悦之至」と大いに喜んでいるのである。これこそ異なる血縁親族構造のもとで異なる価値観・倫理観をはらんでいたことを示す端的な事例である。

(3)近代化への視座

一定の血縁親族構造は必ず一定の文化、すなわち一定の倫理観・価値観と互いに補完しあいながら生まれた。一種の双生児である。日中親族構造の比較研究の目的は、その構造の分析を通して、親族組織構造と相互補完する文化とその文化がどのように近・現代への発展を制約したかを究明することにある。

中国の三〇〇〇年の歴史を持つ宗族および宗族と対応する文化は、周が殷を滅ぼした紀元前一〇〇〇年頃から周の等級化、すなわち周の天子が血縁関係の親疎・尊卑・長幼によって土地とその土地に住む住民に対する統治権を分封したことから次第に形成された。

周代に始まった等級的分封の結果として、まず、国家の政治体制は以下の特徴を持った。諸外国の古代国家は、一般的に血縁親族関係を乗り越えた上で建てられたのに対して、周は地域の重要度や土壌の肥沃度が異なる土地と異なる数量の住民、および一連の権力とその権力の世襲権を、それぞれ自身の息子や兄弟および先王の後裔や軍功の大なる者（特功者）などに授与し、異なる等級、すなわち公・侯・伯・子・男という五等の諸侯国を建てた。そしてこれらの諸侯はまた同様の方法でみずからの諸侯国内において、子弟と功業を立てた者に「采邑」という田宅を分封し、卿・大夫を設けた。こうして、国は家であり、国の君は父であり、臣は子であるという国と家が一体となった宗法制国家が形成された。同時に封国は国家に対して、また家（ジャー）は宗族に対して一定の力を持つこととなった。この力に対抗するために、秦の始皇帝以来、みずからを父とする君主独裁の体制が確立された。

いわゆる君主独裁は、君主が国の父として絶対的権力を持ち、国民を子弟、すなわち私有財産として支配することである。君主はその支配権を守るために国法を制定し、実行した。そこでは国法も皇帝個人の意を体した私法であった。こうした歴史的・伝統的な宗法的親族文化のもとでの君主独裁の政治体制は、三権分立などの近代的な政治体制と相容れるはずがない。一八四〇年に第一次アヘン戦争、一八六〇年に第二次アヘン戦争が起こり、中国が列強の圧迫と侵略に直面した時、洋務派・維新改良派・立憲派・革命派などが一連の対応行動をとった。そのうち立憲派が主張した君主立憲政体は一時行われたが、孫文を代表とする革命派が推し進めた「三権分離」運動は失敗した。立憲派が憲法を制定し、君主の絶対権力にある程度の制限を加えようとしたのに対して、革命派は数千年も続いた君主独裁を覆そうとしたからである。近代の政治文化である「三権分離」は、国と家、国法と家法とが一体化した君主独裁の文化とは、相容れないものであったといえる。

日本の父系擬制的・非出自的・無系的および血統上での未分化のキンドレッドと対応した政治体制では、大王は家長ではなく、一つの特別な存在、すなわち「現人神」として、職掌を持っていた各氏上に姓や冠位を授与し、序列づける存在であった。これによってのちの天皇と諸氏集団との対抗関係は否定され、両者の相互依存が起こり、共通利益のもとで求心力が主流になりつつ合議体制が名実ともに確立した。このような構造は長く続いた。一〇、一一世紀の摂関政治や院政時代における天皇と藤原摂関家、天皇と上皇という二重構造も、このような集団統率体制の復活と見なしうるし、中・近世の天皇と幕府との構造もこのような形の変型と考えられよう。

このような政治体制のもとで嘉永六年（一八五三）のペリー黒船事件以来、日本も中国とほぼ同じ時期に西欧列強の圧迫と侵略の脅迫を受けた。日本国内では天保期（一八三〇～一八四四）の改革を背景として尊攘運動や公武合体運動、さらに討幕運動が次々と起こる中で、西欧列強に対抗するため一八六〇、七〇年代に一連の改革を行った。内戦を経て、天皇中心の統一国家を打ち立て、富国強兵をスローガンに、徴兵令・学制・地租改正・殖産興業などの諸政策をやつぎばやに遂行した。この間、板垣退助は民選議員の設立を主張し、これが以後の自由民権運動の端緒となった。その道は非常に厳しく紆余曲折があったが、議会開設の運動が粘り強く行われ、二院制・責任内閣制・司法権の独立・臣民の権利などが制定され、一応の近代的な政治体制を取り入れた明治憲法が明治二二年（一八八九）に誕生した。こうして、政治体制の近代化された日本は、前近代社会の因子を残しているものの、アジアで唯一の資本主義独立国家となった。また日本はほかのアジア諸国に先駆けて西洋近代文化の受容を積極的に行った。それが可能であったのは、日本には中国のような国と家、国法と家法とが一体化した君主独裁の文化が存在しなかったことと関連があると思われる。

古代日本の父系擬制的・非出自的・無系的および血統上での未分化のキンドレッドにおいて、流動性が高く社会の変動に順応性も強い親族文化と、天皇が一貫して「現人神」として象徴的存在であった政治体制文化は、日本が近代的な政治体制を比較的容易に取り入れることのできた素地の一端となったと思われる。

次に中国の基礎社会における人々の心理的・価値指向から見ると、宗族の父系単系出自構造と互いに補完するのは血縁身分秩序の上で確立された儒家の一連の価値体系である。この血縁身分秩序は、儒家の「孝悌」という倫理観と対応して結ばれたのである。谷川道雄氏は縦横のネットワークの一つ一つのポイントという適切な比喩を使って宗族内の人間像を次のように説明した。すなわち宗族の一番の根本は孝と悌である。孝は親や祖先に対して尽くすこと、悌は兄弟仲むつまじくすることである。孝は縦の倫理であるが、悌は兄弟であるから横の倫理である。その縦と横が交わるところに個人は位置するわけで、そういう縦横のネットワークの一つ一つのポイントのところに個々人は生きているということになる。(5) この倫理文化は一つの目で見えない網であり、人々を一定の位置に固定する。またその固い結合力を不断に更新し続ける。こうして、宗族中の成員は見えない血縁の鎖にしばられる。これこそが前述した宗族の封鎖的・停滞的な性格の根源であるといってよいであろう。

中国では数千年に渡る社会の各段階において、さまざまな隷属民が存在した。例えば古代には奴婢、六朝時代には部曲・客女、またその後は佃客などがおり、唐代に至っても多くの部曲が存在した。『唐律疏議』には「私家所有」「身系於主」「随主属貫」などの記載が見える。宋以後、人身隷属関係は次第に弱まり、その後は時代の進展にしたがって解放されてゆく。しかし、宋代になると宗族制がもう一度再建され、かつそれが普及し[6]、ゆえに宗族における血縁の身分的な隷属関係はゆるがず、族譜に明確に記録される。そこに前述した宗族の「系譜性」が役割を果たしているのである。また付篇一でも述べる「同居・共食・共産」、財産の相続における「諸子均分相続制」、さらに祠堂の建設、族譜の編集、族田の管理などの宗族の「機能性」があいまって、一族の人々が相互扶助した。それにより宗族の構成員のみなが安定した生活を送れるようになった。これこそが「相互依頼」の心理をも育てた本源である。したがって、宗族のもとで人々が追求するのは「自己満足」と「古いしきたりへの固執」である。ゆえに、こうした宗族構造は中国社会においては社会の発展の内在的原動力を欠いていたため、結果的に社会は停滞して前進しなかった。

比較文明社会論の研究を行った許烺光氏は中国の宗族とインドのヒンズーの親族とを比較し、宗族における特徴を以下のいくつかにまとめた。①家父長の系列にそった合同親族制度である。②婚姻は両親によって取り決められる。③若者とその妻が、夫の両親と同じ屋根の下でその結婚生活を始める。④女は結婚前は父に、結婚後は夫に、夫の死後は息子に「従う」(従属する)。⑤寡婦の再婚は一般的に許されない。⑥男性の継承人を守るために一夫多妻婚が許される。⑦相続型は息子の間での均等分割(諸子均分)である。⑧親族における位置で世代・年齢が集団構成員間の関係を決定する。⑨夫婦両性間の不平等が、理論上も実際上も明白に述べられ、かつ容認される。⑩息子、つまり男性は義務と責務に関して教育されるのであって、自由と権利という近代西洋のパターンの中で教育されるのではない[7]。以上である。したがって近代に至るまで、中国のこういう構造の宗族のもとでは個人の人格の独立、人権を尊重する文化がほとんど育たなかったのである。

中国の「父系出自」の宗族構造に対して、古代日本の父系擬制的・非出自的・無系的および血統上での未分化のキンドレッドという血縁親族集団では財産の「不等分分割」制が行われた。中世に下ってからは家督制と財産の長男単独相続が形成された。さらにその変化にそって発展した結果、日本における特有の「イエ」、すなわち①家長・族長の地位の直系継承、②家産の直系単独（一般には長男による）相続（この継承制は一四世紀中期に次第に確立された）、③家族世帯としての直系居住形態、という構造をもつ「イエ」が成立したのである。[8]この特有の「イエ」社会とは、一般的にいう血縁関係で結ばれる家族、つまり夫婦を中心に、子供を産み、生産と消費を行うもっとも基礎的な社会生活の一単位ではなく、より経済力のある、家産の永続継承を目的とする経営体である。この経営体は夫婦を中心とし、子孫を繁栄させて、生産と消費を家族の中で機能させる家を超越したものであり、一種の擬血縁的・経済的・社会的機能を担う集団である。

周知の如く、日本社会も身分制社会である。近世社会における大名家臣団内の身分制については、侍・徒士・足軽以下に分けて論じた磯田道史氏の『近世大名家臣団の社会構造』に詳しい研究がある。磯田氏によれば、「武士身分内部の階層や時代によって事情が異なるためであるという。時代的には一七世紀、階層的には徒士以下の家臣たちの世界は、従来考えられてきた以上に、身分の流動性の高い社会で」[9]あった。本書はその身分制を弛緩させていた親族集団の血縁構造を詳しく分析する上で日本の養子について研究し、前近代に行われた大量の養父子に関する文書、すなわち武家における「養子願書」と庶民社会における「養子証書」は人間自身に関する一種の「契約」の萌芽と見なされること、それが西洋近代化の「契約関係」を受け入れやすくした因子の一つではないかとする。これは重要な観点であり、その意味で近世における大量の養子、特に「持参金養子」は武士集団の父系血縁の擬制的身分制の障壁を打ち破り、近代社会の実現のために重要な条件を準備したと考える。一方、中国の養子離縁に関する法令と文書の分析によって見られるのは、中国の宗族構造のもとでは血縁身分秩序は依然としてゆるがなかったということである。

つまり日本社会における父系擬制的・非出自的・無系的および血統上での未分化のキンドレッドという血縁親族集団の構成員の身分は人為的に変えられた。その集団の構造は単系組織に比べて組織力が弱く、安定性に欠けていて、そして非常に流動性に富んでいた。ということは「いかなる経済的な環境・変化にも順応することができる。この点、単系組織が大きな経済的変化によって崩壊しやすいのと対照的である」。[10] これは日本社会についてのもっとも適切な分析いえよう。これは著者に、首相吉田茂氏が「アメリカが敵地に乗り込むようなつもりで、厳重、酷烈な占領計画を立てて日本に進駐したところが、懸念されたような不穏な状態はまったく起こらなかった」「日本人は敗戦のきびしい現実を認め、不平をいうかわりに一心に働いた。きわめて悪い経済条件にもかかわらず、社会秩序は保たれ、犯罪は少なく、腐敗と混乱が一部に限られた」「開国して西洋文明を取り入れることを指導者たちが決めたあとで、国民はこれに対して抵抗を示すどころか、よろこんで西洋文明を取り入れ、一時は日本固有の文化的遺産を軽んじ、新しいものはなんでもよいという態度を取るようにさえなった」[11] と述べた言葉を思い出させた。それは戦後のことであったが、日本の国民が戦後極めて困難な条件のもとで、社会の環境や歴史的な変化に順応した点をよくいい表している。

三〇〇〇年の歴史を持つ中国の宗族は、終始儒家文化と相互に補完しつつ人々の心理的・価値指向、ないし国家の政治体制を定めた。宗族の血縁身分制と儒家の「孝悌」、財産の「諸子均分相続制」と親族への依存心、「家父長制」と中央集権の独裁政治、さらに儒家の「君為臣綱・父為子綱・夫為妻綱」「仁・誼（義）・礼・知（智）・信」、すなわち「三綱五常」および「修身・斉家・治国・平天下」などはいずれも父系出自構造の宗族と儒家文化との相互補完の関係を証明した。これが前漢で「罷黜百家」「定儒家為官学」すなわち戦国時代から出ていた道・墨・名・法・陰陽・縦横・農・雑などの学派を禁止し、儒家を官学（正統）に定めた理由である。本書で分析したように、中国の儒家文化における倫理観・価値体系と西洋文化、すなわち近代文化との接点を見つけることはできなかった。

これに対して日本は、七世紀から中国文化を受け入れたが、基礎社会の構造、つまり血縁親族集団の構造が中国と異なっていたから、儒家文化の核心とする血縁身分制やそれと関連した倫理観・価値体系などは、表面だけを受け入れた擬制的なもの、もしくは偏りがあった。例えば宗族における血縁身分制を補完する「孝悌」は中国では「忠」よりも重要であったが、日本の擬血縁的・経済的・社会的機能を担う「業」を中心とした血縁親族集団においては、「忠」の方が「孝悌」よりも重現された。また非出自的、無系的または父系・母系、父方・母方血統上での未分化のキンドレッドにおいて開放的・流動的であり、環境や社会の変化に順応する性格をはらんでいた。それらの性格が西洋近代文化の受け皿となり、容易に西洋近代文化との接点を見つけることができた。日中両国が近代化へ向けて異なった過程を歩んだのは、血縁親族集団の中にはらんだ文化が深く両国の歴史の発展に関係したからである。本書は、そのことを親族構造の比較研究を通して論じたものである。そこにこの研究課題のもっとも大きな目的と意義をなしていると考える。

(1)『講座　現代文化人類学』三（泉靖一・中根千枝編『人間の社会』I、中山書店、一九六〇年）七〇頁、六三頁を参照。

(2) 映画『蕭々』（モンペリエ映画祭でゴールデン・バンダ賞を受賞した。日本では一九九一年七月三日に衛星テレビで放送された）は一九一二年中国湖南省のある村（宗族を中心に構成される）に住む蕭々を主人公に中国女性の運命を描いている。一二歳の花嫁・蕭々が山間の村にやってきた。夫は二歳の春官。彼女は花嫁といっても労働力として売られてきたのである。六年後美しい娘となった蕭々は作男の花狗と許されぬ恋に落ちた。同じ頃、この村の寡婦が、ある男性を恋していることを知られ、村の族長の命令で、村人たちに裸で川に沈められた。現場でこれを見た蕭々は恐れおののく。また滋賀秀三の「刑案に現われた宗族の私的制裁としての殺害」（『清代中国の法と裁判』、創文社、一九八四年）を参照。

（3）「系譜性」と「機能性」については陳其南『家族与社会』（聯経出版事業公司、一九七九年）第四章「『房』与伝統中国家族制度　兼論西方人類学的中国家族研究」を参照。

（4）Henry Sumner Maine, *ANCIENT LAW, ITS CONNECTION WITH THE EARLY HISTORY OF SOCIETY AND ITS RELATION TO MODERN IDEAS*, Geoffrey Cumberlege Oxford University Press London new York Toronto, 1954. この引用は中国語版：『古代法』（漢訳世界学術名著叢書、商務印書館、一九五九年第一刷、一九九七年第六刷）九六〜九七頁。

（5）谷川道雄『中国史とは私たちにとって何か――歴史との対話の記録』（河合文化教育研究所、二〇〇三年）一一六頁。

（6）本書付篇一第三節を参照。

（7）Francis L.K. Hsu, *CKAN, CASTE, AND CLUB*, Copyright, 1963, By D. Van Nostrand Co., Inc. All rights reserved.（作田啓一・浜口恵俊訳『比較文明社会論　クラン・カスト・クラブ・家元』（培風館、一九七一年初版、一九七二年初版第三刷）二九頁を参照。

（8）笠谷和比古「『家』の概念とその比較史的考察」（『公家と武家Ⅱ――「家」の比較文明史的考察』序論、思文閣出版、一九九九年）を参照。

（9）磯田道史『近世大名家臣団の社会構造』（東京大学出版会、二〇〇三年）二七〇頁。

（10）注(1)泉・中根前掲編書、九一頁。

（11）吉田茂『激動の政治百年史』（日本国会年鑑編纂会監修、国会功労者議員連盟、一九九一年）三〇・三一頁と一一頁。

付篇一　中国の宗法制と宗族およびその研究の歴史と現状

はじめに

宗族は中国の歴史においてほかのいかなる社会組織とも比べものにならないほど、もっとも長い間、もっとも広い範囲で、もっとも大勢の民衆を擁して営まれた社会的血縁親族組織である。また中国人にとって宗法関係はもっとも重要な社会関係で、宗法精神は古代から近代に至るまで社会構造を支える絆であり、その意味で宗族は社会を安定させる因子でもあった。しかし同時に、宗法制度のもとで生まれたある価値観・倫理観は、中国近・現代化にとって一つの大きな障害となった。また、中国の宗族は世界でも典型的な父系単系出自構造の血縁集団である。ゆえに、それは世界の各時代・各地域・各民族の血縁親族集団の構造について研究する際、参照するに足りるモデルを提供していると考える。したがって本書でも、日本古代の血縁親族集団の構造について研究するにあたり、中国の宗法制と宗族についてのこれまでの中国人の研究の現状を紹介することは不可欠であるといえよう。

中国において親族といえば、とりもなおさず宗族を指す。「宗」というのは、『説文解字』「宀部」によると「宗尊祖廟也。（中略）宗従宀従示。示謂神、宀謂屋也」で、すなわちウかんむりに「示」という字で、ウかんむりは屋根を表して神殿のようなもの、その下の「示」は祭りをしている形である。つまり「宗」とは祖先の祭祀というものを中心に、一つの祖先から分かれ出た男系血統の枝々のすべてを総括したものであり、血縁身分秩序、すなわち血縁の親疎関係に沿った血縁の絆で結ばれた血縁親族組織のことである。これは宗族のもっとも重要な基本的特徴である。このような親族組織の雛形は原始社会末期、殷の中・晩期、西周春秋時代に次第に生まれている。それ以来、実に二〇世紀の五〇年代に至るまで続いたが、一九四九年の中華人民共和国創立以後の土地改革により、宗族は崩壊した。しかし宗族という組織は海外の華僑の中にはずっと普遍的に存在し、彼らの社会生活の中では不可欠なものである。例えば総会は台北にある「世界丘氏宗親総会」「世界呂氏宗親総会」「世界林氏宗親総会」「世界馬氏宗親総会」「世界梅氏宗親総会」「世界童氏宗親総会」「世界鄧氏宗親総会」などや、香港にある「世界龍崗親義総会」「世界伍氏宗親総会」などがあった。彼らの活動はアメリカ・カナダ・シンガポール・インドネシア・タイ・マレーシア・ベトナム・フィリピンなどに散在している。[1] また加えて、一九八〇～九〇年代の開放政策以来、中国国内のある地域、特に南の沿海地域においては宗族はまた復活してきている。例えば近年、福州市倉山区の蓋山鎮に属する義序には一連の宗族の活動が再開されていた。[2]

宗族の長い歴史は、特徴によって前期と後期とに分けることができる。西周春秋から北宋前までが前期、北宋から二〇世紀五〇年代までが後期である。さらに細かく、原始社会末期の家族を「家父長制家族」、殷周時代の宗族を「宗法式の宗族」、魏晋から唐代にかけてを「名門望族式の宗族」、宋以後の宗族を「近代祠堂・族長の族権式の宗族」と分類する研究者もいる。[3] 前期・後期をそれぞれさらに二段階に分ける研究者もいる。前期は、西周春秋から秦までを「貴族宗族制」、漢唐の間は「士族宗族制」の二段階に、後期は、宋・元時代は「大官僚宗族制」、明・清以後は「庶民化の宗族制」の二段階に分けるのである。[4]

しかしどのような分け方をするにせよ、前述した宗族の二つの基本的特徴、すなわち一つの祖先から分かれ出た男系血統の枝々のすべてを総括したものであり、また血縁身分秩序、つまり血統の親疎関係に沿った血縁の絆で結ばれたことは変わらない。本文ではその二つの基本的特徴についてさらに詳しく検討し、その意義を探りたい。

そこで、まず関係文献を紹介した上で、前期における宗法制の特徴・規則・成立過程およびその研究の現況を述べ、さらに後期における宗族の変化とその変化の理由・特徴と研究の現況を述べることにする。

第一節　宗法制についての文献紹介

中国古代の宗法制については、主に『儀禮』中の「喪服傳」、『禮記』中の「喪服小記」「大傳」などの文献に記載されている。そのほかの先秦の古籍、例えば『詩経』『左傳』『公羊傳』などでも触れられている。

『儀禮』

『儀禮』は周公旦の作といわれ、また孔子の修訂ともいわれる。最近では書中の喪葬制度と考古出土文物に基づいて、この書は戦国初期から中葉の間に成立したと考えられている。内容は「士冠禮」「士昏（婚）禮」「士相見禮」「郷飲酒禮」「郷射禮」「燕禮」「大射儀」「聘禮」「公食大夫禮」「覲禮」「喪服」「士喪禮」「既夕禮」「士虞禮」「特牲饋禮」「少牢饋食禮」「有司徹」などで周時代の冠・昏（婚）・葬・祭・飲・射・朝覲・聘問などの法制儀式について記している。『中庸』に威儀三〇〇〇とあったり、『禮記』に曲禮三〇〇〇とあるのは、みなこれを指している。漢の武帝の時、魯恭王が孔子の古い宅から古経五六篇を得たが、中の一七篇は『儀禮』であり、それは古文『儀禮』といわれる。現在伝わっている『儀禮』は漢初高堂生が伝えた一七篇であり、今文『儀禮』と呼ばれている。漢の『儀禮注』は後漢の鄭玄が作ったもの、唐の『儀禮義疏』は賈公彦が作ったものである。宋代、朱熹が『儀禮經傳通解』三七巻を著し、黄幹がその続編二九巻を作った。その後、多くの注釈が出たが、乾隆一三年（一七四八）清代の高宗が勅して義疏を撰し、清朝禮經学は一時盛んに行われ、張爾岐・盛世佐・秦蕙田・褚寅亮・淩廷堪・張惠言・胡培翬などが相次いで注釈を作った。胡培翬が『儀禮正義』を作ったのがその例である。

『禮　記』　『禮記』は周末、秦・漢時代の禮に関する諸説を集めたものであり、礼に関する理論と実際を記録している。通説では、前漢の戴聖が伝えたので、一に小戴礼（戴徳〔戴聖の父の弟〕の大戴礼に対していう）といい、また『戴記』ともいわれる。「曲禮上下」「檀弓上下」「王制」「月令」「曽子問」「文王世子」「禮運」「禮器」「郊特牲」「内則」などの四九篇に分かれている。その中には、儀禮を解釈した記述も含まれている（例えば『儀禮』の「士冠禮」に対して「冠義」、「士昏禮」に対して「昏義」があるなど）。ゆえに、『儀禮』が六経の一である礼の経文に相当するのに対し、『礼記』は礼の経文の説明であるとされる。後漢末期、鄭玄が初めて注をほどこした。南北朝に入り、義疏を作る者が多くなったが、中でも皇侃と熊安生のものがもっとも優れている。唐代になり、太宗の貞観一二年（六三八）、孔穎達が勅を奉じて『禮記正義』を撰した。一三經注疏本がそれで、こののちこれが一般に用いられている。また清代には、朱彬の『禮記訓纂』、孫希旦の『禮記集解』なども出た。

『春　秋』　『春秋』は中国儒学の経典の一つである。中国では最古の編年史である。伝説によると魯国の史官が編修した『春秋』を孔子が整理し、修訂したという。魯隠公元年（紀元前七二二）から魯哀公一四年（紀元前四八一）までの歴史が記載されている。解釈書として、『春秋公羊傳』、『春秋穀梁傳』、『春秋左氏傳』があり、春秋三傳と呼ぶ。

『左　傳』　『左傳』は『春秋左氏傳』とも『左氏春秋』ともいう。儒学の経典の一つである。伝説によると、この本は春秋時代に左丘明が編修したというが、清代の経今文学者は漢代の劉歆によって改編されたと考えた。近代では戦国初期の人物が各国資料に基づいて修訂したものと考えられている。

この本は『春秋』を歴史上の事実に基づいて解釈したところに特徴がある。これには魯隠公元年（紀元前七二二）から魯悼公四年（紀元前四六四）までのことが記載されており、『春秋』より一七年多い。この本には多くの古代史料が収められ、歴史事実についての記載も詳しい。文章も優れており、文学・歴史両分野において、中国古代の代表的な著作であるといえる。この本については、西晋時代の杜預の『春秋左氏經傳集解』、唐代の孔頴達などの『春秋左傳正義』、清代の洪亮吉の『春秋左傳詁』などがある。

『公羊傳』　『公羊傳』は『春秋公羊傳』とも、『公羊春秋』ともいう、儒学の経典である。もっぱら『春秋』を解釈した。魯隠公元年（紀元前七二二）から、魯哀公一四年（紀元前四八一）までについて記載されている。編者については、戦国時代に公羊高が編集したものとも、漢代の初めにそれまでの口承伝説を書物にまとめたものともいわれる。また、唐代の徐彦の『公羊傳疏』に書かれた戴宏の序によれば、この本は漢代の景帝時代に公羊寿と胡母生（子都）が竹帛に書いたものといい、諸説がある。

この本は戦国・秦・漢時代の儒学思想を研究する上で重要な史料である。この本については後漢の何休の『春秋公羊解詁』、唐代の徐彦の『公羊傳疏』、清代の陳立の『公羊義疏』などがある。

第二節　前期における古代宗法制の特徴・規則と成立の歴史およびその研究の現状

前期の宗族を古代宗族と称する。まず、前記の史料に基づいて古代宗法制の特徴・規則をあげると、以下のとおりである。

⑴古代宗法制の特徴と規則

①君権と族権の合一　古代宗法制度は周の時代（紀元前一一世紀）に形成され、周の等級的分封制と深く関わっ

ている。周の前代の殷の相続法は、いわゆる「兄終弟及」（兄弟相及ぼす、すなわち兄弟継承）が一時存在したが、周の時代になると嫡長男を立てる制度を確立したため、嫡長男以外の庶子は父の位を襲うことができなくなった。しかし、これら王の子弟や先王の後裔、みずからと一緒に政権を建てた軍功の大なる者（特功者）をそのまま放置することは禍乱が起きるもとと考えられた。嫡長男の身分を持つ者は一人しかいない、またその身分は生来のもので、人為的に変えることはできないという考えのもとに、周の時代（紀元前一一世紀～七七一）、周公旦はその親族関係の親疎・人物の賢愚に応じて、それぞれ領地と領地上の住民および一連の権力とその権力の世襲権を与えて、諸侯とすることとした。(5) 周初には分封された七一の国のうち、姫姓（周の国姓）の国は五三にのぼった。(6) その状態を指して「溥天之下、莫非王土、率土之濱、莫非王臣」（溥天の下、王土に非ざるは莫く、率土の濱、王臣に非ざるは莫し）。(7) つまり天下の土地も住民もすべて王のものであるといわれたほどである。

子弟を分封することによって、王と諸侯との間に君臣の分というものが初めて発生することとなった。王は諸侯の父、もしくは兄であるため、王と諸侯との間に血縁関係に基づく君臣関係が生じ、同時に同姓の諸侯相互の間も親族関係で結ばれることとなった。すなわち国は家であり、家は国であり、君は父であり、臣は子である。君は一族の家長であり、また諸侯ないし国の人間の家長もである。これが君権と族権の合一であり、その実質は一族の家長権と一国の統治権との結合であった。

西周春秋以後、戦国時代（紀元前四七六～紀元前二二一、これは『古本竹書紀年』と『中国歴史大辞典』、上海辞書出版社、二〇〇〇年による）の各諸侯国の改革と変法、および秦の統一（紀元前二二一～紀元前二〇六）による「廃分封、置郡縣」（分封制度を廃し、郡県制度を立てる）を経て、周の分封を契機とする君権と族権とが合一する宗法制はしばらく下火になった。

しかし、前漢以後復活する。前漢（紀元前二〇六～紀元八）の劉邦は「非劉氏王者、天下共撃之」（劉姓に非ずして王たる者は、天下共に之を撃つ)、つまり劉姓でない者が王になれば天下の人々は全員でその王を打倒すると宣言した。後漢(二五～二二〇)の劉秀も建武一三年(三七)宗族の一三七人を列侯として、建武一七年(四一)、皇子一〇人を王とした。[8] [9] [10] また後漢では、皇帝が豪族と婚姻関係を結んだために、後漢中期になると姻族が初めて政権を握ることになった。三国時代(二二〇～二八〇)魏の曹丕は「九品中正制」(九品官人法)[11]を立てた。九品とは官吏の位階をいい、中正は政府の人材登用担当者である。中正はみな貴族もしくは官僚の家族、すなわち名門望族の出身であり、実際には自分との血縁関係の親疎によって、登用した官吏の位階を定めた。西晋(二六五～三一六)においては「上品無寒門、下品無勢族」(上品に寒門無く、下品に勢族無し)[12]という状況が形成された。

東晋(三一七～四二〇)で『百家譜』(東晋南朝の王僧儒が編撰)、『十八州士族譜』(東晋南朝の賈弼の祖孫三世代が編撰)が編集された。さらに、唐時代になると唐太宗が高士廉などに命じて、『氏族志』を修訂させ、唐高宗の時(七世紀中)、許敬宗はこれをもう一度修訂し、『姓氏録』と改めた。唐時代には名門地主の勢いがさらに強くなった。

周から漢、魏晋の時代を経て唐にかけて、国家の統治権をさらに強化するために、血縁関係を政治統治の基礎とし、血縁を絆とする族権と、統治階級の中の一部分すなわち門閥地主階層との結合が進んだ。

古代宗法制は各時代で変化しても、君権と族権とが合一、すなわち血縁を絆とする宗法権と国家の統治権とが結びついているという実質は変化しなかった。これは古代宗法制の重要な特徴の一つである。

②「百世不遷」と「五世代則遷」　親族が幾世代も経れば、人口が増えるのは当然なことである。したがって、大きな親族の分裂は必ず生じた。分裂してももとの親族は依然として存在する。これを「大宗」という。大宗は嫡子・嫡孫から途切れることなく代々続く。これを「百世不遷」という。分裂した親族は「小宗」という新しい

宗族を立てる。この小宗も五世代以後また分裂して、もとの小宗は大宗になる。これを「五世代則遷」という。『禮記』「大傳」に「有二百世不レ遷之宗一、有二五世則遷之宗一。百世不レ遷者、別子之後也[13]。宗三其繼二別子一者、百世不レ遷者也。宗下其繼二高祖一者上、五世則遷者也」（百世にして遷らざるの宗有り、五世にして則ち遷るの宗有り。百世にして遷らざる者は、別子の後なり。其の別子に繼ぐを宗とする者は、百世にして遷らざる者なり。其の高祖に繼ぐ者を宗とするは、五世にして則ち遷る者なり（本篇における『禮記』の訓読みは『全釈漢文大系』、集英社、一九七六年による））という記載がある。宗族は四種類がある。第一は、宗族内には二世代、すなわち父親から自己と男性の兄弟と兄弟の配偶者を含む二世代である。これは「繼禰小宗」という。第二は、宗族内には祖父から次の世代、すなわち父と父の男性の兄弟（第二世代）と従兄弟（父親兄弟の息子、第三世代）および彼らの配偶者を含む。これは「繼祖小宗」という。第三は四世代の人々、すなわち再従兄弟と彼らの配偶者を含む。彼らの宗祖は曾祖父である。これは「繼曾祖小宗」という。第四は、五世代の男系の人たち、すなわち三従兄弟と彼らの配偶者を含む。彼らの宗祖は高祖父である。これは「繼高祖小宗」という。

右記の小宗子はみな嫡子から継承している。実際に年代の変遷にしたがって、「百世不遷」の宗族は存在する可能性がなく、多くとも祭祀上の意義だけを持った。祖先の供養と祭祀も「百世不遷」と「五世代則遷」を規則としたのである。

こうした宗族は内部の関係は非常に複雑である。このような宗族内の秩序を維持するために一定の規則、例えば「親疎の別」や「同姓不婚」「異姓不養」などが必要がある。

③血縁親疎の別について　宗族内部では出生の順、すなわちその血統の秩序にしたがって、宗族内部の構成員間の身分・地位などが決められる。つまり血縁の親疎によって、宗族の構成員相互間の身分・地位ないし権利・

義務が決まるのである。君権と族権とが合一する統治集団内部では、血縁の親疎と宗族中に占める地位によって統治者相互間の関係が決まるのである。

宗族内の親疎関係は「服制」によって決まる。古人は鬼神を畏れていたので、人の死亡に際してどの範囲の親族がどの程度の喪に服すべきかに関する礼制上の規定、すなわち「服制」が親等に代わって、宗族内部の親疎を測る機能を果たしていた。服制は細目まで論ずれば極めて複雑であり、かつ時代によってある程度の変遷があったが、およその骨子は『儀禮』の「喪服」(14)の通りである。

個人（男性に限る）の身分・地位については世代の上下と出生の順番によって定まる。世代の上である者を「尊」、下である者を「卑」と称し、同一世代者の中では年齢を以て上下を定め、年長者を「長」、年少者を「幼」と称する。また家族で出生の順番に沿って長男は「長房」、次男は「二房」、三男は「三房」にそれぞれ配列して、世代を経ても血統の秩序が整然として乱れないようにする。すなわち、いわゆる「房」制度、「系譜原則」(15)である。したがって、中国では血縁の親疎によって個人の宗族中での身分・地位はおのずから定まるのであり、人為的に変更することはできない。古代の君主はそうした規則に基づいて個人ないし宗族を統治した。『禮記』「曲禮上」にはこのことについて「夫禮者、所㆘以定㆓親疎㆒、決㆓嫌疑㆒、別㆓同異㆒、明㆗是非㆖也」（夫れ禮は、親疎を定め、嫌疑を決し、同異を別ち、是非を明らかにする所以なり）と記載されている。

このように、宗族内の血統の秩序は生来のものであり、人為的に変更はできない、宗族の二つの基本点のうちの一つである。

もう一つの基本点は、宗族は女性の「血縁集団構成員資格（membership）」を排除することである。男性のみが祖先の血統を継承し、次の世代に伝達する権利を持つ、父系単系出自の血縁集団である。古代の中国人は、「同姓不婚」「異姓不養」でその父系単系出自集団の血統を守ったのである。

④同姓不婚・異姓不養　中国では同じ宗族の構成員であれば、男女を問わず同一の「姓」を冠することにより、対外的に同一父系宗族の構成員であることを示す。「姓」は男性の子孫（女性は排除する）が分岐しても、永久に変わらない。

「同姓不婚」の習俗は原始社会末期に始まった。殷代には「同姓不婚」は行われていたが、六世代以後は同姓結婚を許しており、「同姓不婚」の規制は徹底していなかった。これに対して、一〇〇世代の後までも通婚を禁ずるようになったのは周代に始まる。

「同姓不婚」の根本原因は「男女同レ姓、其生不レ蕃（繁）」（男女姓を同じくすれば、其の生蕃らず〔本篇における『春秋左氏傳』の訓読みは『新釈漢文大系』、明治書院、一九八七年による〕）[16]、「同姓不婚、懼不殖也」（同姓婚せざるは、殖えざるを懼れんがためなり）[17]にある。「不蕃（繁）」、「不殖」という言葉は「婦人の不妊」ないし「妊娠率が低い」との意味であり、子孫が断絶することを恐れたのである。もし子孫が断絶すれば、祖先を祭祀できず、家系を維持することができない。「絶家」は祖先に対する不孝であり、「不孝有レ三、無レ後爲レ大」（不孝に三有り。後無きを大なりと爲す。〔この訓読みは『新釈漢文大系』、明治書院、一九八七年による〕）[18]として、もっとも恐れられたことである。

「異姓不養」とは正確にいえば「異宗不養」というべきものである。その理由は「神不レ歆二非類一、民不レ祀二非族一」（神は非類を歆けず、民は非族を祀らず〔本篇における『春秋左氏傳』の引用の訓読みはすべて『新釈漢文大系』、明治書院、一九八七年による〕）[19]、「鬼神、非二其族類一、不レ歆二其祀一」（鬼神は、其の族類に非ざれば、其の祀りを歆けず）[20]という思想による。中国古代における祭祀なるものが、祖先以来「父系単系」の血を受ける子孫によって捧げられるのでなければ、祖霊はこれを享受しないとされるのである。昔、鄭の国で公の甥（姉妹の子）にあたる莒の公子を迎えて、世継ぎとした。春秋時代にはこの事を指して「莒人滅鄫」（莒人鄫を滅ぼす）[21]と記した。いわゆる「家立異姓爲後則亡、國立異姓爲嗣則滅」（家は異姓の者を後なるを亡といい、國は異姓の者を嗣なるを滅という）[22]

のは「異姓不養」の根底をなす思想である。

このように、『儀禮』『禮記』『詩經』『左傳』『公羊傳』などから、「君権と族権との合一」、「血縁親疎の別」および「同姓不婚」「異姓不養」の徹底などの古代宗法制親族の特徴とその規則を見ることができる。以後の歴史の中で、宗族は数段階の大変化を経たにもかかわらず、これらの特徴と規則は変化しなかった。中でも「同姓不婚」「異姓不養」は一貫して、宗族の「父系単系」血統および宗族構成員の血統身分秩序を守ってきた重要な原則であった。

(2)漢・唐における古代宗法制の研究について

この時代において、宗法制は統治権と緊密な関係を持っていた。ゆえに、宗法制は統治階層中の上層部においてもっとも隆盛となった。しかしこの時期の学者は古代文献に注釈をつけるにとどまり、宗族の実質についてはあまり検討しなかった。

古代宗法制の文献史料に注釈をつけたのは漢代の学者鄭玄・何休および唐代の学者孔頴達・賈公彦・徐彦らである。彼らの注釈は以下のごとくである。

『儀禮注疏』: 鄭玄注・賈公彦疏
『周禮注疏』: 鄭玄注・賈公彦疏
『春秋公羊經傳解詁』: 何休
『春秋左傳正義』: 杜預注・孔頴達等正義
『儀禮疏攷正』: 賈公彦疏
『春秋公羊傳注疏』: 何休注・徐彦疏

第三節　後期における宗族についての研究と宗族の変化

(1)宋以後の社会の特徴

中国の帝国時代は宋代にかけて転換期に入った。九六〇年宋の太祖趙匡胤は宋朝を建て、唐の鎮節度使の軍事権を取り上げ、文官を「知州」として任命した。また「通判」（地方文官、知州と同権）と「転運使」（地方財政官）を設置し、中央集権制の統治を行った。

また、伝統の門閥地主の勢力が唐末の農民一揆によって滅ぼされたため、宋の統治者は新たに統治の基礎をつくって安定させ、それを拡大する必要があった。そこで隋唐以後の科挙制の範囲と人数を拡大し、新しい官僚・地主および大富商の「三位一体」の統治体制を確立した。このような統治集団構造の変化に応じて、宋代には宗族も変化した。この変化に対応して、まず古代宗法制に対する研究が始まったのである。

(2)宋における古代宗法制についての研究

宋の真宗時代（一一世紀初）、「三位一体」の統治体制の効果をあげるために、「勿用新人、務行故事」（新人を用いる勿れ、務めて故事を行え）という政治方針を実行した。それと同時に「尊儒學、崇佛學、尚道學」（儒學を尊び、佛學を崇め、道學を尚ぶ）という思想路線を形成した。学術分野においても「理学」[23]が盛んとなり、宗法制の研究にも生かされた。張載（一〇二〇〜一〇七七）が宋代理学家の代表の一人として、もっとも早くに論文を書き、古代宗法制を検討した。その代表的なものが「西銘」[24]と「經學理窟・宗法」[25]である。

張載は「西銘」で、主に古代宗法の思想、すなわち君主を宗子に奉じて大臣を家相とし、君・臣・民の絆を宗法制で強く結びつけるべきことを説いた（大君者、吾父母宗子、其大臣、宗子之家相也）。そして、特に「孝」を提唱した。さらに「經學理窟・宗法」では、宗法制度を提唱する目的と宗法制を行う具体的な方法を述べた。

①張載の宗法制についての哲学思想　張載は『春秋左氏傳』「桓公」二年の中の「天子建レ國、諸侯立レ家、卿置二側室一、大夫有二貳宗一、士有二隷子弟一」（天子は國を建て、諸侯は家（ジャー）を立て、卿は側室を置く、大夫は貳宗を有り、士に隷子弟を有り）の思想を発展させて、『「天子建國、諸侯建宗』、亦天理也。譬之於木、其上下挺立者本也。若是旁枝大段茂盛、則本自是須抵摧。又譬之河、其正流者河身、若是涇流泛濫、則自然後河身轉而随涇流也。宗之相承固理也、及旁枝昌大、則須是却爲宗主」（「天子は國を建て、諸侯は宗〔宗族――著者注〕を建てる」もまた、天の理なり。これを木に譬うれば、その上下に挺立せる者は本〔幹――著者注〕なり。若しこれ旁らの枝大段茂盛すれば、則ち本自らすべからく抵摧すべし。また之を河に譬うれば、その正流なる者は河身なり。若しこれ涇流泛濫すれば、則ち自ら然る後に河身轉じて涇流に随うなり。宗の相承固より理なり、旁枝昌大なれば、則ち須らく是却って宗主〔嫡長子――著者注〕とならん）[26]といった。彼は宗法制は「天理」に従うものであるとし、それを神聖で神秘的なものとした。これが張載の宗法制研究における重要な特徴である。

②張載が宗法制を研究し、宣伝した意図　宋代、農民一揆や商品経済の発展、唐代以前の門閥士族制の崩壊などのために、地主階級内部の分裂が激しく行われ、その没落が進んだ。張載は「經學理窟・宗法」の中で「且如公卿一日堀起於貧賤之中以至公相、（中略）止能爲三四十年之計。造宅一区及其所有、既死則眾（衆）子分裂、未幾蕩尽、則家遂不存、如此家且不能保、又安能保國家」（且つ如（も）し公卿一日にして貧賤の中より堀起し、以て公相に至らば、〔中略〕止だ能く三、四十年の計を爲すあたうのみ。宅を一区造り、其の所有に及び、もし死せば、則ち眾（衆）子分裂し、未だ幾蕩尽せざれば、則ち家遂に存せざらん。かくの如くなれば家まさに保つ能わざらんに、又安ぞよく國家を保つこと能わん）[27]

と述べている。張載が理想と考え目的としたのは、名門望族の累世代も公侯になる時代である。彼が古代宗法制の回復を提唱したのは、それによって統治を安定させるためであった。

③張載が述べる宗法制を回復するための具体的方法　『禮記』「大傳」には「是故人道親レ親也。親レ親故尊レ祖。尊レ祖故敬レ宗。敬レ宗故收レ族」（是の故に人道は親を親しむなり。親を親しむが故に祖を尊ぶ。祖を尊ぶが故に宗を敬す。宗を敬するが故に族を収む）とある。「敬宗收族」（宗を敬するが故に族を収む）とは、人間の血縁関係において、血親相愛と親類団欒の観念を強調し、族人の団結を強め、族長すなわち君主（広義的）の統治に服従せよ、という主張である。

宋代に入り新しい歴史条件の下で、どのような方法で「宗を敬するが故に族を収む」という観念と宗族制を再建するか。この問題に対して、張載は「管攝天下人心、收宗族、厚風俗、使人不忘本、須是明譜系世族與立宗子法」（天下人の心を管攝〔支配――著者注〕し、宗族を収め、風俗を厚くし、人をして本を忘れざらしめんには、すべからくこれ譜系世族と宗子〔嫡長子――著者注〕を立てる法を明らかにすべし）(28)と主張した。宋以後、「著族必有譜」、すなわち族譜・宗譜・家譜を作ることが民間で盛んとなり、また祠堂・族田を設けることも同様であった。それにともない、族長権がますます強化された。統治者はこの方法によって「宗を敬するが故に族を収む」という目的を達し、統治を安定したものとした。これは張載の主張を取り入れ、成功したためである。

(3)近代中国宗族の実態

①近代中国宗族の組織形式　宋以後、中国宗族の組織の形式には二種類あった。その一つは「聚族而居」（族を聚めて居す）の宗族であり、もう一つは「累世同居」（世を累ねて同居す）の大宗族である。

「聚族而居」の宗族とは同一祖先の子孫が祠堂・族譜・族田を共有しつつ、それぞれ小さい家族に分かれて、同じ地域（例えば村）で住んだことである。こうしたあり方は宋・明代以来、一九四九年中華人民共和国創立まで続いた。

一方、「累世同居」とは累世代の同居共財・共爨合食の大宗族集団である。このような大宗族集団は名門階層にはあまり見られず、庶民階層の地主階級に見られるものであった。このような大宗族集団も一般に祠堂・族譜・族田を共有して団結していた。宗族の経済力がさほど強くない場合には、宗族内の各家族がそれぞれ小さな祠堂を建て、独自に祖先を祭祀し、独自の族譜を編修した。

このような二種類の宗族集団は、いずれも祠堂・族譜・族田の下に団結していた。族田は宗族が存在するための経済的基礎であり、これによって、「収族」の目的を達することができる。また祠堂と族譜によって「尊祖敬宗」を行い、血縁関係を強め、さらに族規・族法（宗族の規約）を規定し、宗族の存続を維持した。

②祠堂・族譜・族田

祠　堂　祠堂とは全族人が祖先を祭祀する場所である。祠堂には祖先の位牌が置かれ、春・秋に全族人が寄り集まり、祭祀を行った。宋の時代から祖先崇拝が盛んに行われ、祠堂はますます神聖な場所とされた。また祠堂は祭祀だけでなく、族の中で紛争が起こった際には、族人が祠堂に寄り集まって協議をした。さらにまた祠堂は族長が族人に祖訓・家訓など倫理観、道徳観を教えた場所でもあった。『同治廣州府誌』と『蔣氏家訓』には「其族長朔望讀祖訓于祠」（その族長は朔望〔陰暦の月初めと一五日——著者注〕には祖訓を祠に讀む）[29]、「毎月朔望、子弟肅衣冠先謁家廟、行四拝禮、讀家訓」（毎月朔望には子弟衣冠を肅してまず家廟に謁で、四拝の禮を行い、家訓を讀む）[30]とそれぞれ記されている。同時にまた祠堂は親族集団の法廷であった。各宗族集団にはそれぞれ族規・族法すなわち宗族の規約があって、宗族の法律としての役割を果たした。族長は祖先の代理として、祠堂で族規・族法に違反した者を処罰した。例えば南海霍氏の家訓では「子姪有過、倶朔望告于祠堂、鳴鼓罰罪。軽罪初犯責十板、再犯二十、三犯三十」（子姪〔子や甥・姪〕に過ち有らば、倶に朔望に祠堂に告げ、鼓を鳴らして罪を罰す。軽き罪、初めて犯せば十板を責め、再び犯せば二十、三たび犯せば三十）[31]と定められていた。厳しい事例としては、祠堂で族の中の「貞節」を守りえない女子には死刑罰を加えたこともある。このようなことはずっと二〇世紀四〇年代まで続けられた[32]。

つまり、祖先を祀り、宗族が集った祠堂は宗族のシンボルであった。宗族の構成員は祠堂のまわりに住み、祖先を祭祀することを通して、族人の団結を強化したのである。

族　譜　各宗族にはそれぞれ必ず自分たちの族譜があった。唐代には譜牒が盛んになった。譜牒とは古代から唐までの名門望族の世系を記載したものである。この時代、名門望族階層の人々は譜牒によってみずからの血統の正当性を証明した。ゆえに譜牒は門閥制度を守る工具でもあった。宋以後、宗譜・族譜は徐々に各家族ごとに編修するようになり、そして明・清時代に至って無譜の人はいなくなった。

族譜には全族構成員の戸籍・婚姻・血縁のほか、全族の墳墓・族田などの場所が記載されている。また族法すなわち宗族の規約が記載されることもあった。族譜を調べれば、それらの情報がすぐ明らかになったので、族譜は宗族内部の紛争を解決するよりどころとなった。

族譜を作る目的は宗族の「父系単系」の純血縁関係を守ることにあった。したがって異姓や同姓異族の人を族譜に書き入れることは許されなかった。

族譜を編修することは一族にとってきわめて重要な仕事であった。したがって諸宗族は必ず定期的に編修を行った。そして毎年族人を祠堂に集め、族譜を点検しなければならなかった。

族　田　族田はまた公田と称した。族田には祭田・義田・学田などが含まれていた。祭田からの収入は祭祖の費用、祠堂の修理や族譜の増修費などにあてた。義田からの収入は貧しい家族、父なし子、寡婦や天災人災の被害者の救済にあてられた。学田からの収入は一族の中に塾を開設する費用、子どもたちの学費などにあてた。つまり族田の収入は宗族の中の各種公益事業を開設する費用とされたのである。族田は族人の分裂を防ぎ、結合を強化するための経済的な基盤であった。

史料によれば、一番早く族田を設けたのは北宋范仲淹であった。彼は宋代仁宗時代（一〇二二～一〇六三）に田地を買って、これを義荘（族田）としたの[33]を手始めに、それ以後次々に田地を買い集めて族田とした。そこでこの范仲淹を真似て族田を設けることが流行し、それは明・清時代にかけてますます盛んになった。

族田は宗族の共有財産であったので、それを勝手に売買することはできなかった。小作人を置いて、年貢をとるのが一般的な族田の経営方法であった。小作人は必ず外族人とした。もし本族人であったら、年代を重ねるうちに公田は次第に私田にかわっていったにちがいない。もしそうなれば族田の制は崩れたであろう。

③族長について　宗族の内部には厳密な組織があった。族長は一族の最高責任者であり、族長のもとで一族は血縁関係の親疎によって「房」（男性の兄弟結婚後、長男は「長房」、次男は「二房」、三男は「三房」という）に分けられた。「房」には房長、房頭が置かれ、個々の家族を統率した。祭祀品の管理人を置く宗族もあったが、それらの管理人たちはみな族長、房長の指揮のもとで働いた。また、古代宗族を模倣して宗子一人を設け、祖先の祭祀を行う宗族もあったが、その全族を統率する実権は族長が握っていた。

族長には次のような権力があった。

まず、祖先の祭祀を行う権力を握っていた。宗子を設けた族は族長が宗子を手伝って、祖先を祭祀した。祖先崇拝が非常に盛んであった帝国時代には、祖先は権力の源泉であったから、その祖先の祭祀を主管し、祖先にかわって一族に話をすることが、族長の持つもっとも大きい権力であった。

次に、族田を始め族中の財産権をすべて握っていた。つまり族長は族人の団結をはかるための経済的手段、物質的な基礎をすべて握っていたのである。

第三に、族中の分家、財産の相続や子供の命名などについても指図できる権限を有した。また、族内の婚姻や田地などをめぐる民事や訴訟を裁判することができた。つまり、族長は宗族内の法官であり、祖先の名のもとに族法・族規を違犯した構成員を処罰し、統一帝国統治の秩序を維持する役割を果たした。

以上、宋以降の宗族の組織の実態について述べてきた。古代宗族制度の特徴である親疎の別と父系単系の純血縁関係は「同姓不婚」「異姓不養」で守られ、踏襲されてきた。宋以降、そうした宗法制は広く庶民にまで広まったことに注目しなければならない。

宋代には商品経済が大いに発展したので、人々の移動も激しくなった。そうした時代状況のもとで、宗族の純血縁関係を守るために、宋代知識人張載などの提唱により、族譜・宗祠・族田などが整備され、これにより、宗法制度はさらに強化された。その結果、宗族は帝国統治の根本を支える基幹単位となったのである。

(4)明・清から近代と現代における宗族の研究について

①明・清時代における研究　明・清時代においても、宗族についての研究は盛んに行われ、この方面の著作と論文が多数出版された。代表的な業績には毛奇齢氏の『大小宗通釋』、萬斯大氏の『宗法論』・『儀禮商』、程瑶田氏の『宗法小記』、秦蕙田氏の『宗法小記』、侯度氏の『宗法考』と馮桂芬氏の『復宗法議』などがある。彼らは馮氏を除いていずれも有名な考証学者であり、『儀禮』と『禮記』中の宗法制度についての記述が、彼らの考証に

よって明白なものになった功績は大きい。

②近・現代における研究　二〇世紀二〇年代から四〇年代に至って、初めて宗法制度をテーマとする専門の研究があらわれた。まず一九二九年、呂思勉氏の『中国宗法制度小史』[34]が出版された。この本は宗族中の諸問題を分類したが、歴史的な研究というにはなお不十分であった。その後、呂氏は『先秦史』『秦漢史』『両晋南北朝史』『隋唐五代史』[35]を出版した。この四冊の中で隋唐五代以前の中国宗族史と中国婚姻史についても章節を立てて論述している。これらの論述は先の『中国宗法制度小史』より一歩進んで、宗族と婚姻に関する史料を博捜し、比較と分析を行っている。しかし宗族制度における経済的な基礎と上部構造の関係、および先に述べた意味での宗族形態の前期・後期の変化についてはほとんど論じられていない。

一九三四年、陶希聖氏の『婚姻与家族』[36]が出版され、中国宗族制度についての研究はさらに深められた。西周春秋の宗法制度から戦国・五代の「大家族制度」を経て、二〇世紀三〇年代の宗族制度に至るまでの婚姻と宗族についての歴史書である。

一九四四年には高達観氏の『中国家族社会之演変』[37]が出版された。この本は五部に分けられている。第一部「緒論」、第二部「家族社会之特性」、第三・第四部「家族史」、第五部「結論」からなっている。その分析は西周・宋・清末の三つ時代の宗族に限られており、それ通して、宗族の変化の過程を検討したものである。高氏は宋以後の宗族の特徴を宗法制度の民衆化と考え、中国宗族は人々の進取心と独立の人格を抹殺したと分析した。この視点は当時新しく、高氏の功績といえる。

ほぼ同じ時期に出版された鄧之誠氏の『中華二千年史』[38]でも宗族制度が取り上げられている。鄧氏が始めて漢代の強宗豪族を一つの宗族形態として考察したことは注目に値する。これは鄧氏の功績といってよいが、宗族を風俗習慣として述べたにとどまり、宗族が歴史の中で占めた地位や役割は十分に重視されていない。また宋以降の宗族については触れていない。これは鄧氏が、名門望族式の門閥士族の崩壊を中国宗族制の終わりと考えたことによるもので、ゆえに宋以後の新しい時代状況のもとで形成された近代宗族制については論じられなかったのである。

二〇世紀二〇、三〇年代からは、マルクス主義による宗族の検討が行われた。その代表者は郭沫若氏・呂振羽氏である。彼らの研究は、宗族を中国古代史の一部分として扱ったことに特徴がある。代表著作は郭沫若氏の『中国古代社会研究』(39)と呂振羽氏の『史前期中国社会研究』(40)である。

残念ながら一九四九年の中華人民共和国創立後、宗法制度と宗族の研究はすべて停止した。この原因は社会学がマルクス主義に反対する反動的学問として批判されたことにある。そのために二〇世紀五〇年代から人類学・社会学分野の研究と教育は停止された。人類学・社会学の重要な内容である婚姻・家族・親族などの問題およびその歴史に関する研究も圧殺された。歴史学もまた標的となった。歴史学者はすべて階級闘争の歴史研究に従事せしめられ、歴史学の重要な分野である宗族史の研究も中止を余儀なくされた。

しかし文化大革命終了後、宗法制度と宗族についての研究がふたたび始まった。そして二〇世紀八〇年代中期から九〇年代にかけて、学術会議も開催、中国譜牒学研究会が設立され、宗法制度、特に宗族についての専門書も次々と出版されて、この方面の研究は大きな盛り上がりをみせている。今後の便利のために、以上列挙した著作以外、八〇、九〇年代を中心として（それ以前に出版した主な本も含む）それらの出版物の一覧を、本篇末に収録した。

上にあげた研究者たちはたゆまぬ努力をしたが、学術研究の成果から見れば、まだ不十分な点が多かった。彼らは宗族と政治の関係、すなわち宗族が帝国統治を維持した面を強調した反面、宗族の政権に対する矛盾点を無視した。また宗族の社会的・経済的機能についての研究は極めて不十分であり、成果も少ない。しかし、近年、人類学・社会学分野の研究および教育が復活するにつれて宗族研究も活発になり、研究方法も多彩になって豊富な成果を上げげつつある。例えば馮爾康等の『中国宗族社会』[41]、常建華の『宗族誌』[42]、王滬寧の『当代中国村落家族文化』[43]、劉廣明の『宗法中国』[44]、周鑾書編の『千古一村――流坑歴史文化的考察』[45]、聶莉莉の『劉堡――中国東北地方の宗族とその変容』[46]、王銘銘の『溪村家族――社区史・儀式与地方政治』[47]などの著作はそれである。特に一読に値するのは、近年出版された李文治・江太新の『中国宗法宗族制和族田義荘』[48]である。これは経済史学の分野の北宋から清末までの、宗法宗族制の発展・変化および族田義荘との関係についての名著である。宗族に関する人類学や社会学および経済史学分野のこれらの研究は、特に現代中国社会における血縁関係および血縁関係と関連する社会関係の研究の新しい局面を切り開いた。

むすび

後漢の荀悦曰く「天下之本在家」（天下の本は家に在り）[49]、これは宗族の中国社会における重要な地位を説明した言葉である。宗族のさまざまな社会機能は、ほかのいかなる社会機関・組織・集団、政権や宗教集団も取って代わることができない。中国古代社会の政治制度や経済関係は、みな宗法制度・宗族制度の基盤の上にたてられたものである。ここで宗族のもっとも重要な社会機能を以下にまとめよう。

第一に、中国において一つ一つの単位家族[50]は、三〇〇〇年の中国社会におけるもっとも基本的な生産・消費の経済単位である。つまり家族は「一夫不耕、或受之飢。一女不織、或受之寒」（一夫耕さざれば、或は之に飢を受けしむ。一女織らざれば、或は之に寒を受けしむ）[51]という「男耕女織」の閉鎖的な自然経済単位である。商人と手工業者たちの家族も同様にして、売買や手作業工業生産者としての家族の各機能を持つ。しかし、農耕社会における農業生産・商品売買などは単位家族から独立して行うことができず、単位家族以外の協力を離れられないのである。中国社会において、この種の協力は血縁の絆で各単位家族を結ぶ宗族に依頼して行うほかはなかった。

生産方面の協力以外にも、宗族では「族田」を設け、その収入は宗族内の各単位家族が災害・災禍にあうなどの経済的困難時の援助にあてられた。それは経済的力が弱い単位家族に安心感を与えた。このように宗族は単位家族を支える経済基盤であり、農耕社会の自然経済が動くための重要な要素である。

第二に、宗族は中国社会における倫理観・価値観を養い「礼教」を伝授・訓練する場であった。いわゆる「儒家文化」はその中で産み出されたものである。本文に列挙した宗族のさまざまな規則、例えば「親疎の別」「長幼の序」のもとで、宗族内の構成員は、誰でもその宗族祖先の血統の鎖の中に位置した。そしてその血統の鎖のどこに位置するかによって宗族内での地位を定められたのであり、個人的な素質・能力の如何によって身分を左右されたのではなかった。また第一に述べた経済的理由で、人々は宗族に対してきわめて強い安心感を抱き、これは宗族成員間の強い依存心となって、それによって人々は独立の個性や進取の心を失ったという一面を持っている。

第三に、「親疎の別」「長幼の序」、すなわち宗族内の血縁の秩序を維持したのは「父爲子綱・君爲臣綱・夫爲妻綱」(父は子の綱たり、君は臣の綱たり、夫は妻の綱たり)[52]、「父不慈則子不孝、兄不友則弟不恭、夫不義則婦不順」(父慈まずんば則ち子孝たらず、兄友ならずんば則ち弟恭まず、夫義ならずんば則ち婦順はず)[53]という倫理観である。特に女性は、結婚前は父に服従し、結婚後は夫に服従し、夫の死後は子に服従するのが中国の伝統的な道徳であった。このような宗族規範のもとでは、人間の責任感・栄誉感、さらに生命の価値まで自分のものではなく、宗族に属するものであった。宗族のこの社会的機能は「欲治其国者、先斉其家、欲斉其家、先修其身」(其の国を治むるを欲する者は、先ずその家を斉え、其の家を斉えんと欲する者は、先ず其の身を修む)[54]および漢代の匡衡がいった「室家之道修、則天下之理得」（室家の道修まれば、則ち天下の理得なり）[55]という概念に基づいて成立したものである。宋代の理学家たちは前代の儒学者たちの研究をもとに、宗族のこれらの機能を「修身・斉家・治国・平天下」という言葉でまとめた。これこそ「天下之本在家」の実質的意味である。

中国の宗族は周代の等級的分封制と緊密に関わり、また古代の閉鎖的な農業の自然経済社会に根を下ろしていた。社会の進歩に対しては、すでに述べたようなさまざまな問題点を持っていた。しかし宗族は近代的に工業化された台湾・香港・欧米の華人社会で、ずっと存在し続けた。また改革開放経済政策を十数年に渡って実施している中国でも、個人企業の経営者たちは血縁関係のない外姓の人より安全であるからと、血縁関係のある自家の構成員や族人を積極的に雇用した。ゆえに宗族は多くの地域で商業経済の発展とシンクロしてきたと考えている学者もいる。しかし現代世界各地に散在している宗族の活動、すなわち本文の初めに紹介した各宗親総会の活動は、ただ同姓、つまり同血統を感じるもとでの活動であり、海外に渡った人々を孤独な社会環境の中で安心させ、親しんで相互に仲よく睦みあうためのものである。もともと宗族の最大の特徴の血縁身分制は、近・現代社会における激しい競争の中ですでに薄くなり、あるいは消え失せたと考える。もちろん将来、宗族はどう発展するのか、宗族内部の構造はどう変化するか、その存在理由と価値はあるか、政治・経済・文化・社会の構造など多方面から再検討する必要がある。それは今後の課題である。

（1）馮爾康・常建華『中国宗族社会』（浙江人民出版社、一九九四年）二九九〜三〇〇頁を参照。
（2）阮雲星「義序再訪『宗族郷村』の現在」（『中国研究月報』五九三号、(社)中国研究所、一九九七年）。
（3）徐揚傑「宋明以来的封建家族制度述論」（『中国社会科学』、一九八〇年第四期）、『中国的家族制度史』（人民出版社、一九九二年）。
（4）馮爾康「清代宗族制的特点」（『社会科学戦線』、一九九〇年第三期）。

(5) 分封の具体的な様子は『春秋左氏傳』「定公四年」参照。
(6) 『荀子』「儒效」に周公「兼制天下、立七十一国、姫姓独居五十三人」という記載がある。司馬遷によれば、周の武王・成・康の時代に、分封した数百の国の中で、周姓の王は五五になった(「武王・成・康所封数百、而同姓五十五」、『史記』巻一七「漢興以来諸侯年表第五」)。
(7) 『詩経』小雅・北山。
(8) 『史記』巻九「呂太后本紀第九」。
(9) 王の封地は一般的に一個の郡であり、王国と称した。列侯の封地は一個の県あるいは数県であり、侯国と称した。
(10) 『後漢書』巻一下「光武帝紀第一下」。
(11) 宮崎市定『九品官人法の研究――科挙前史』(『東洋史研究叢刊』一、東洋史研究会、一九五六年、のち『宮崎市定全集』六、岩波書店、一九九三年)。
(12) 『晋書』巻四五、列傳第一五「劉毅」。
(13) 別子とは公子若しくは始めて来りて此の國に在る者、後世以て祖と爲すを謂ふなり(『全釈漢文大系』、集英社、一九七六年、『禮記』「大伝」を参照)。
(14) 喪服とは喪中に着る麻制の衣服である。また広くは衣食住にわたる一般的な謹慎生活の等級を指す。それは死者との親近関係によって斬衰・齊衰・大功・小功・緦麻の五等に大別され、さらに服制や期間の長短によって細分される。『儀禮』(池田末利訳注『東海大学古典叢書』、東海大学出版会、一九七三年初版、一九七八年再版)「喪服」を参照。
(15) 陳其南「『房』と伝統的中国家族制度――西洋人類学における中国家族研究の再検討」(『漢学研究』第三巻第一期、一九八五年、のち『家族与社会』、聯経出版事業公司、一九九〇年、第四章および橋本満・深尾葉子編『現代中国の底流』、行路社、一九九〇年に所収)。
(16) 『春秋左氏傳』僖公二三年。
(17) 『国語』晋語。

(18) 孟子『離婁』上編。
(19) 『春秋左氏傳』僖公一〇年。
(20) 同右、僖公三一年。
(21) 『春秋穀梁傳注疏』襄公巻一五、襄公六年。
(22) 同右。
(23) 宋代の儒学は人性と天理との関係を説き、性命や理気の学問を主な論点としたので、これを漢唐の訓詁（くんこ）学や清朝の考証学に対して、性理学といい、略して理学という。
(24) もとのタイトルは「訂頑」であり、『正蒙・乾称』の中の一部である。張載『張載集・正蒙・乾称』。
(25) 張載『張載集・經學理窟・宗法』。
(26) 同右。
(27) 同右。
(28) 同右。
(29) 『同治廣州府誌』巻一五、広東新語。
(30) 蔣伊『蔣氏家訓』（『借月山房匯抄』第七二冊）。
(31) 霍韜「霍渭崖家訓」（『涵芬楼秘笈』第一二冊）。
(32) 映画『蕭蕭』（『湘女蕭蕭』／モンペリエ映画祭でゴールデン・バンダ賞を受賞した。日本では一九九一年七月三日に衛星テレビで放送された）は一九一二年中国湖南省のある村（宗族を中心に構成される）に住む蕭々を主人公に中国女性の運命を描いている。一二歳の花嫁・蕭々が山間の村にやってきた。夫は二歳の春官。彼女は花嫁といっても労働力として売られてきたのである。六年後美しい娘となった蕭々は作男の花狗と許されぬ恋に落ちた。同じ頃、この村の寡婦が、ある男性を恋していることを知られ、村の族長の命令で、村人達に裸で川に沈められた。現場でこれを見た蕭々は恐れおののく。
(33) 『范文正公集』（四部叢刊初編）第九冊、付録「建立義荘規矩」。

(34) この本は上海中山書局から一九二九年に出版され、一九三六年に上海龍虎書局から『史学叢書』の一冊として、再版された。また、一九八五年にこの本は第八章「宗族」として『中国制度史』(上海教育出版社)に収められている。

(35) その四冊の本の中で前三冊、『先秦史』『秦漢史』『両晋南北朝史』は一九八三年に上海古籍出版社によりそれぞれ再版された。『隋唐五代史』は中華書局から一九五九年に出版された。

(36) 陶希聖『婚姻与家族』(商務印書館、一九三四年)。

(37) 高達観『中国家族社会之演変』(正中書局、一九四四年)。

(38) 鄧之誠『中華二千年史』(商務印書館、一九三四年初版、のち中华書局、一九五四年初版、一九八三年再版)。

(39) 郭沫若『中国古代社会研究』(現代書局、一九二九年、のち上海聯合書店、一九三〇年、さらに、上海群益出版社、一九四七年、科学出版社、一九六〇年)。

(40) 呂振羽『史前期中国社会研究』(北平人文書店、一九三四年、のち北京三聯書店、一九六一年)。

(41) 注(1)馮・常前掲書。

(42) 常建華『宗族誌』(上海人民出版社、一九九八年)。

(43) 王滬寧『当代中国村落家族文化』(上海人民出版社、一九九二年)。

(44) 劉廣明『宗法中国』(上海三聯書店、一九九三年)。

(45) 周鑾書編『千古一村――流坑歴史文化的考察』(江西人民出版社、一九九七年)。

(46) 聶莉莉『劉堡――中国東北地方の宗族とその変容』(東京大学出版会、一九九二年)。

(47) 王銘銘『溪村家族――社区史・儀式与地方政治』(貴州人民出版社、二〇〇四年)。

(48) 李文治・江太新『中国宗法宗族制和族田義荘』(社会科学文献出版社、二〇〇〇年)。

(49) 荀悦『申鑒』政體。

(50) 単位家族とは古代社会では複数の大家族、すなわち複合家族に対して一人の男性を中心とした妻・妾およびその嫡・庶子を含んだ家族である。中国ではこのような家族を「個体家庭」と呼び、本書では「単位家族」という名称を使う。

(51)『漢書』食貨誌。

(52)「父爲子綱、君爲臣綱、夫爲妻綱」という「三綱」の概念は漢代の董仲舒が『春秋繁露基義』で「君臣・父子・夫婦」という道徳を提唱したのが始まりである。のち班固が『白虎通義』において「三綱六紀」(三綱者、何謂也？謂君臣・父子・夫婦也。六紀者謂諸父・兄弟・族人・諸舅・師長・朋友也)をまとめた。さらに孔穎達が『礼緯』の「含文嘉」で「君爲臣綱、父爲子綱、夫爲婦綱」と述べたのち、「三綱」は中国においては重要な社会的倫理・道徳になった。

(53)『顔氏家訓』治家。

(54)『禮記』大學。

(55)『漢書』巻八一「匡張孔馬傳」第五一。

中国宗族（家庭史・中国譜牒学史を含む）の研究一覧（出版年代順による）

研究著作（中国）

呂思勉	『中国宗族制度小史』	中山書局	一九二九年
楊筠如	『九品中正与六朝門第』	商務印書館	一九三〇年
孫　曜	『春秋時代之世族』	中華書局	一九三一年
陶希聖	『婚姻与家族』	商務印書館	一九三四年
袁世裕	『中国古代氏姓制度研究』	商務印書館	一九三六年
呉其昌	『金文世族譜』	商務印書館	一九三六年
王伊同	『五朝門第』	成都金陵大学	一九四三年
高達観	『中国家族社会之演変』	正中書局	一九四四年

潘光旦『明清両代嘉興的望族』　商務印書館　一九四七年
劉　節『中国古代家族移植史論』　正中書局　一九四八年
丁　山『甲骨文所見氏族及其制度』　科学出版社　一九五六年
陳夢家『殷墟卜辞綜述』　科学出版社　一九五六年
毛漢光『両晋南北朝士族政治之研究』　中国学術著作奨助委員会　一九六六年
徐朝陽『中国親族法之溯源』　台湾商務印書館　一九六八年
羅香林『中国族譜研究』　香港中国学社　一九七一年
何啓民『中古門第論集』　台湾学生書局　一九七八年
何齢修等『封建貴族大地主的典型——孔府研究』　中国社会科学出版社　一九八一年
蕭国健等『族譜学与香港地方史研究』　顕朝書室　一九八二年
葉顕恩『明清徽州農村社会与佃僕制』（第四章徽州的封建宗法制度）　安徽人民出版社　一九八三年
聯合報国学文献館編『第一届亜洲族譜学術研討会会議記録』　聯合報国学文献館　一九八三年
朱瑞熙『宋代社会研究』　中州書画社　一九八三年
呂思勉『中国制度史』（新版）　上海教育出版社　一九八五年
中華民国宗親譜系学会編輯委員会『譜系与宗親組織』（上・下）　成文出版社有限公司　一九八五年
朱　勇『清代宗族法研究』　湖南教育出版社　一九八七年
蘇紹興『両晋南北朝的士族』　聯経出版事業公司（台北）　一九八七年
丁　山『甲古文所見氏族及其制度』　中華書局　一九八八年
毛漢光『中国中古社会史論』　聯経出版事業公司（台北）　一九八八年
柯昌基『中国古代農村公社史』　中州古籍出版社　一九八八年
王玉波『中国家長家庭制度史』　天津社会科学出版社　一九八九年
田余慶『東晋門閥政治』　北京大学出版社　一九八九年
銭宗範『中国宗法制度研究』　広西師範大学出版社　一九八九年
謝維揚『周代家庭形態』　中国社会科学出版社　一九九〇年

朱鳳瀚『商周家族形態研究』　天津古籍出版社　一九九〇年
陳其南『家族与社会』　聯経出版事業公司（台北）　一九九〇年
甘懐眞『唐代家廟礼制研究』　台湾商務印書館　一九九一年
張　研『清代族田与基層社会結構』　中国人民大学出版社　一九九一年
陳支平『近五〇〇年来福建的家族社会与文化』　上海三聯書店　一九九一年
銭　杭『周代宗法制度史研究』　学林出版社　一九九一年
蕭国健『香港新界家族発展』　顕朝書室　一九九一年
台湾中央研究院近代史所・美国戴維斯加州大学歴史系『近世家族与政治比較歴史論文集』　中央研究院近代史所　一九九二年
鄭振満『明清福建家族組織与社会変遷』　湖南教育出版社　一九九二年
徐揚傑『中国家族制度史』　人民出版社　一九九二年
劉翠溶『明清時期家族人口与社会経済変遷』　台北経済研究所　一九九二年
楊傑主編『家范・家規』　海南出版社　一九九二年
馮爾康・常建華『中国宗族社会』　浙江人民出版社　一九九四年
銭　杭『中国宗族制度新探』　香港中華書局　一九九四年
徐揚傑『宋明家族制度史論』　中華書局　一九九五年
董家遵『中国古代婚姻史研究』　広東人民出版社　一九九五年
李衡眉『昭穆制度研究』　斉魯書社　一九九六年
何懐宏『世襲社会及其解体——中国歴史上的春秋時代』　三聯書店　一九九六年
劉躍進『門閥士族与永明文学』（三聯・哈佛燕京学術叢書、第三輯）　三聯書店　一九九六年
王振忠『明清徽商与淮揚社会変遷』（三聯・哈佛燕京学術叢書、第三輯）　三聯書店　一九九六年
来新夏・徐建華『中国的年譜与家譜』　商務印書館　一九九七年
常建華『宗族誌』　上海人民出版社　一九九八年
陳戍国『中国礼制史　隋唐五代巻』　湖南教育出版社　一九九八年

費成康『中国的家法族規』 上海社会科学院出版社 一九九八年
許華安『清代宗族組織研究』 中国人民公安大学出版社 一九九九年
漢学研究中心編『中国家庭及其倫理』 台北 漢学研究中心 一九九九年
史鳳儀『中国古代的家族与身分』 社会科学文献出版社 一九九九年
張健忠『百姓祖宗源流集』 科学出版社 一九九九年
楊知勇『家族主義与中国文化』 雲南大学出版社 二〇〇〇年
邢　鉄『家産継承史論』 雲南大学出版社 二〇〇〇年
李文治・江太新『中国宗法宗族制和族田義荘』 社会科学文献出版社 二〇〇〇年
張国剛主編『家庭史研究的新視野』 三聯書店 二〇〇四年
唐力行主編『国家・地方・民衆的互動与社会変遷』 商務印書館 二〇〇四年
唐力行『徽州宗族社会』 安徽人民出版社 二〇〇五年

研究論文（中国）

徐益棠　中国古代之家族 『民鋒』七巻一期 一九二六年
于　鬯　「爾雅・釋親」宗族考 『国学』一巻五号 一九二七年
婁景斐　中国家譜学略史 成都大学『史学雑誌』一巻二期 一九二九年
潘光旦　中国家譜学略史 『東方雑誌』二六巻一号 一九二九年
潘光旦　家譜与宗法 『東方雑誌』二七巻二一号 一九三〇年
銭　穆　一千八百年前的中国家庭 『人言』一巻二九期 一九三四年
陳　鵬　唐宋時代家族共産制与法律 朝陽大学『法律評論』一二巻一・二期 一九三四年
楊聯昇　貫四月民令所見到的漢代家族生産 『食貨』一巻六期 一九三五年
武仙卿　南朝大族的鼎盛与衰落 『食貨』一巻一〇期 一九三五年
英　徳　南唐族世考略 『励学』三期 一九三五年
劉興唐　宋代中国之血族公有財産制 『文化批判』三巻一期 一九三五年

陳嘯江　魏晋時代之族　『史学専刊』一巻一期　一九三五年
武仙卿　漢魏大族的概況　『北平華北日報・史学週刊』二一期　一九三五年
曾　謇　周金文中的宗法記録　『食貨』二巻三期　一九三五年
劉興唐　福建的血族組織　『食貨』四巻八期　一九三六年
楊聯昇　東漢的豪族　『清華学報』一一巻四期　一九三六年
林耀華　従人類学的観点考察中国宗族郷村　『社会学界』九巻　一九三六年
谷霽光　六朝門閥　『武漢大学文哲季刊』五巻四期　一九三六・一九三七年
雷海宗　中国之宗族制度　『社会科学』二巻四期　一九三七年
陳顧遠　家族制度与中国固有法系之関係　『中華法学雑誌』一巻七期　一九三七年
呉　澤　史前中国社会之親族制　『文化建設』三巻五期　一九三七年
葛啓揚　卜辞所見之殷代家族制度　『史学年報』二巻五期　一九三八年
楊再芳　論中国家族制度之演変及其症治　『中国公論』五巻五期　一九四一年
蒙思明　六朝世族形成的経過　『文史雑誌』一巻九期　一九四一年
馮亦吾　中国家族制度評議　『社会科学季刊』一巻一期　一九四二年
胡厚宣　殷代婚姻家族宗法生育制度考　『甲骨文商史論叢』(初集)　一九四四年
楊殿珣　中国家譜通論　『図書季刊』新三巻一・二期、新六巻三・四期、新七巻一・二期　一九四六年
荘澤宣・陳学洵　中国家族制度的演進与構成　『南方雑誌』一巻三期　一九四六年
荘澤宣・陳学洵　中国家族制度的結構与功能　『南方雑誌』二巻二期　一九四七年
芮逸夫　中国親属称謂制之演変及其与家庭組織的相関性　『民族学研究集刊』六期　一九四八年
余　遜　読魏書「李冲傳」論宗主制　『歴史語言研究所集刊』第二〇本・下　一九四九年
張政烺　古代中国的十進制士族組織　『歴史教学』二巻三・四六期　一九五一年
楊希枚　『姓』字古義析証　『歴史語言研究所集刊』第二三本・下　一九五二年
唐長孺　孫呉建国及漢末江南的宗部与山越　『魏晋南北朝史論叢』、三聯書店　一九五五年
唐長孺　九品中正制度試釈　『魏晋南北朝史論叢』、三聯書店　一九五五年

金景芳　論宗法制度　『東北人民大学学報』一九五六年二期
馬　起　婚姻和家庭在歴史上的演変　『東北人民大学学報』一九五六年六期
賀昌群　関於宗族・宗部的商榷——評『魏晋南北朝史論叢』　『歴史研究』一九五六年一一期
黄子通　宗法制与等級制是不是封建制的特徴？　『北京大学学報』一九五七年一期
童書業　論宗法制与封建制的関係　『歴史研究』一九五七年八期
李学勤　論殷代親族制度　『文史哲』一九五七年一一期
孫国棟　唐宋之際社会門第之消融　『新亜学報』四巻二期　一九五八年
唐長孺　南朝寒人的興起　『魏晋南北朝史論叢続編』、三聯書店　一九五九年
金祥恒　卜辞中所見殷商宗廟及殷祭考（上・中・下）　『大陸雑誌』二〇巻五〜一〇期　一九六〇年
傅衣淩　論郷族勢力対于中国封建経済的干渉——中国封建社会長期停滞的一個探討　『厦門大学学報』一九六一年三期
蕭一山　清代社会之家族制度　『新時代』一巻三期　一九六一年
左雲鵬　祠堂族長族権的形成及其作用試説　『歴史研究』一九六四年五・六期
楊　寛　試論西周春秋間的宗法制度和貴族組織　『古史新探』、中華書局　一九六五年
斯維至　釈宗族　『思想戦線』一九七八年一期
邱漢生　宋明理学和宗法思想　『歴史研究』一九七九年一期
林　澐　従武丁時代的幾種「子卜辞」試論商代的家族形態　『古文字研究』一輯、中華書局　一九七九年
馮爾康　論清朝蘇南義荘的性質与族権的関係　『中華文史論叢』一九八〇年三輯
陳　直　南北朝譜牒形式的発見和索引　『西北大学学報』一九八〇年三期
童　超　魏晋南朝「客皆注家籍」説質疑　『天津師範学院学報』一九八〇年四期
徐揚傑　宋明以来的封建家族制度述論　『中国社会科学』一九八〇年四期
柯昌基　論中国封建社会的一種家族組織形式　『社会科学研究』一九八〇年六期
趙克尭　論魏晋南北朝的塢壁　『歴史研究』一九八〇年六期
程有為　西周宗法制度的幾個問題　『河南師範大学学報』一九八一年一期
瞿林東　唐代譜学簡論　『中国史研究』一九八一年四期

銭宗范　西周春秋時代卿大夫世族内部的宗法制度　『歴史論叢』二輯、斉魯書社　一九八一年
韓大成　明代的族権与封建専制主義　『歴史論叢』二輯、斉魯書社　一九八一年
傅衣凌　晩唐五代義児考――中国封建社会結構討論之一　『厦門大学学報』一九八一年史学増刊
柯昌基　宋代的家族公社　『南充師範学院学報』一九八二年三期
李家驥　宗法今解　『学術月刊』一九八二年五期
温克勤　読古代的家庭道徳教育　『南開大学学報』一九八二年六期
譚棣華・葉顕恩　封建宗法勢力対仏山経済的控制及其産生的影響　『学術研究』一九八二年六期
楊英傑　周代宗法制度弁説　『遼寧師範学院学報』一九八二年六期
王思治　宗族制度浅論　『清史論叢』第四輯、中華書局　一九八二年
劉修明　家族宗族制度是中国封建社会長期延続的重要原因　『学術月刊』一九八三年二期
張　研　清代族団的「米歴子」　『清史研究通訊』一九八三年四期
李文治　論明清時代的宗族制　『中国社会科学院経済研究所集刊』第四輯　一九八三年
陳捷先　清代「譜禁」探微　『故宮学術季刊』一巻一期　一九八三年
唐長孺　士族的形成和昇降　『魏晋南北朝論拾遺』、中華書局　一九八三年
唐長孺　士人蔭族特権和士族隊伍的拡大　『魏晋南北朝論拾遺』、中華書局　一九八三年
唐長孺　論北魏孝文帝定姓族　『魏晋南北朝論拾遺』、中華書局　一九八三年
裘錫圭　関于商代的宗族組織与貴族平民両個階級的初歩研究　『文史』一七輯　一九八三年
馮爾康　清史譜牒資料及其利用　『南開史学』一九八四年一期
呉浩坤　西周和春秋時代宗法制度的幾個問題　『復旦学報』一九八四年一期
陳琳国　庶族・素族和寒門　『中国史研究』一九八四年一期
楊希枚　論先秦所謂姓及其相関問題　『中国史研究』一九八四年三期
李向平　春秋戦国時代的姓氏制度　『広西師範大学学報』一九八四年三期
祝総斌　素族・庶族解　『北京大学学報』一九八四年三期
張　君　試論楚国的宗族制及其特点　『江漢論壇』一九八四年四期

徐揚傑　明清以来家族制度對社会生産的阻滞　『江漢論壇』　一九八四年七期

王培真　金文中所見西周世族的産生和世襲　『西周史研究　人文雑誌叢刊』第二輯　一九八四年

朱鳳瀚　商人族氏組織形態初探　『民族論叢』二輯　一九八四年

陳捷先　唐代族譜略述　『第一届国際唐代学術会議論文集』(台北)　一九八四年

居　蜜　明清時期徽州的宗法制度與土地占有制　『江淮論壇』一九八四年六期・一九八五年一期

楊国楨・陳支平　明清時代福建的土堡　『中国社会経済史研究』一九八五年二期

柯昌基　宗法公社管窺　『中国社会経済史研究』一九八五年二期

葉顕恩・譚棣華　関于清中葉珠江三角洲宗族的賦役征収問題　『清史研究通訊』一九八五年二期

徐曉望　試論明清時期官府和宗族的相互関係　『厦門大学学報』一九八五年三期

楊昇南　従殷墟卜辞中的「示」・「宗」説到商代的宗法制度　『中国史研究』一九八五年三期

張　研　試論清代建置族田的地主在宗族義荘中的地位　『清史研究通訊』一九八五年三期

譚棣華　略論清代広東宗族械闘　『清史研究通訊』一九八五年三期

李則鳴　古代宗法制度探源――兼評『殷周制度論』　『中国古代史論叢』第九輯　一九八五年

葉顕恩・譚棣華　論珠江三角洲的族田　『明清広東社会経済形態研究』、広東人民出版社　一九八五年

張　研　試論清代江蘇的族田　『歴史論叢』五輯　一九八五年

朱鳳瀚　論商人諸宗族与商王朝的関係　『全国商史学術討論会論文集』(殷都学刊)増刊　一九八五年

陳捷先　清代族譜家訓与儒家倫理　『第二届亜洲族譜学術研討会会議記録』(台北)　一九八五年

盛清沂　試論宋元族譜学与新宗法之創立　『第二届亜洲族譜学術研討会会議記録』(台北)　一九八五年

龔鵬程　宋代的族譜与理学　『第二届亜洲族譜学術研討会会議記録』(台北)　一九八五年

李　凭　論北魏宗主督護制　『晋陽学刊』一九八六年一期

李　曦　周代伯仲排行称謂的宗法意義　『陝西師範大学学報』一九八六年一期

基恩・海澤頓　明清徽州社会的大家族与社会流動性　『安徽師範大学学報』一九八六年一期

唐力行　論徽商与封建宗族勢力　『歴史研究』一九八六年二期

魏承思　唐代家庭結構初探　『社会科学研究』一九八六年二期

汪徵魯　魏晋南朝「門第」述論　『福建論壇』一九八六年二期
葉妙娜　東晋南朝僑姓高門之仕宦――陳郡謝氏個案　『歴史研究』一九八六年三期
李向平　試論周秦時代的什伍制度　『広西師範大学学報』一九八六年三期
李向平　西周春秋時期士階層宗法制度研究　『歴史研究』一九八六年五期
孫曉春　春秋時期宗族組織的経済形態初探　『史林』総第二期　一九八六年
黄敏枝　宋代的功徳墳寺　『食貨』新一五巻九・一〇期合刊　一九八六年
劉家和　宗法弁疑　『北京師範大学学報』一九八七年一期
林立平　唐代士族地主的衰亡過程（幾件敦煌譜書的啓示）　『北京師範大学学報』一九八七年一期
何燦浩　関于唐代士族問題的管見　『寧波師範学院学報』一九八七年一期
張忠培　中国父系氏族制度発展階段的考古学考察　『吉林大学社会科学学報』一九八七年一・二期
華　琛　中国家族再研究：歴史研究的人類学観点　『広東社会科学』一九八七年二期
銭宗范　中国古代原始宗法制的起源和特点――兼論宗族奴隷制和宗法封建制　『北京社会科学』一九八七年二期
銭　杭　論九族今、古文説　『華東師範大学学報』一九八七年二期
銭　杭　宗法制度史研究中的幾個問題　『史林』一九八七年二期
魏承思　唐代宗族制度考述　『史林』一九八七年三期
黄金山　論漢代家庭的自然構成与等級構成　『中国史研究』一九八七年四期
烏廷玉　論唐代士族与南北朝士族的差別　『歴史教学』一九八七年四期
朱　勇　清代江南宗族法的経済職能　『中国経済史研究』一九八七年四期
鄭振満　明清沿海農田水利制度与郷族組織　『中国社会経済史研究』一九八七年四期
楊国楨・陳支平　明清福建土堡補論　傅衣凌等主編『明清福建社会与郷村経済』、厦門大学出版社　一九八七年
余英時　東漢政権之建立与士族大姓之関係　余英時『士与中国文化』、上海人民出版社　一九八七年
鄭振満　宋以後福建的祭祖習俗与宗族組織　『厦門大学学報』一九八七年増刊
李文治　明代宗族制的体現形式及其基層政権的作用――論封建所有制是宗法宗族制発展変化的最終根源　『中国経済史研究』一九八八年一期

楊師群　西周春秋時期平民血族組織初探　『上海師範大学学報』一九八八年一期
科大衛　科大衛博士談明清珠江三角洲家族・宗族制度的発展　『清史研究通訊』一九八八年一期
李啓謙　魯君的家族組織及其与宗法制度的関係　『東岳論叢』一九八八年二期
鄭振満　清代台湾郷族組織的共有経済　『台湾研究集刊』一九八八年二期
郭旭東　商代征戦時的祭祖与遷廟制度　『殷都学刊』一九八八年二期
劉志偉　明清珠江三角洲地区里甲制中「戸」的衍変　『中山大学学報』一九八八年三期
王玉波　伝統的家族認同心理探析　『歴史研究』一九八八年四期
鄭振満　明清福建的家庭結構及其演変趨勢　『中国社会経済史研究』一九八八年四期
白　鋼　中国古代的宗族制度　『文史知識』一九八八年四期
朱　勇　論清代江南宗族法的社会作用　『学術界』一九八八年四期
朱鳳瀚　従周原出土青銅器看西周貴族家族　『南開大学学報』一九八八年四期
張金光　商鞅変法后秦的家庭制度　『歴史研究』一九八八年六期
張　研　清代族田的性質及作用　『清史研究集』六輯　一九八八年
許懐林　陸九淵家族及其家規述評　『江西師範大学学報』一九八九年二期
鄭振満　明清福建里甲戸籍与家族組織　『中国社会経済史研究』一九八九年二期
張　研　清代族田経営初探　『中国経済史研究』一九八九年三期
陳支平　明清福建家族与人口変遷　『中国社会経済史研究』一九八九年三期
牛克成　室——父系大家族組織在春秋晩期的解体及小農的産生　『中国社会科学院研究生院学報』一九八九年四期
彭邦本　従曲沃代翼後的宗法組織看晋国社会的宗法分封性質　『中国史研究』一九八九年四期
李文治　中国封建社会土地関係与宗法宗族制　『歴史研究』一九八九年五期
常建華　清代族正制度考論　『社会科学輯刊』一九八九年五期
宋三平　試論宋代墓祭　『江西社会科学』一九八九年六期
楊冬荃　中国家譜起源研究　『譜牒学研究』一輯、書目文献出版社　一九八九年
馮爾康　宗族制度対中国歴史的影響——兼論宗族制与譜牒学之関係　『譜牒学研究』一輯、書目文献出版社　一九八九年

許水濤　従桐城望族的興盛看明清時期宗族制度　『譜牒学研究』一輯、書目文献出版社　一九八九年
李文治　西周宗法制釈義　『譜牒学研究』一輯、書目文献出版社　一九八九年
許懐林　「江州義門」与陳氏家法　鄧広銘等主編『宋史研究論文集』、河北教育出版社　一九八九年
盛清沂　試就「世説新語」管窺魏晋南北朝之譜学　『第四届亜洲族譜学術研討会会議記録』(台北)　一九八九年
龔鵬程　族譜与政権的関係　『第四届亜洲族譜学術研討会会議記録』(台北)　一九八九年
朱鳳瀚　卜辞所見子姓商族的結構　『殷墟博物苑苑刊』　一九八九年創刊号
銭　杭　関于宗法制度形成的条件問題　『上海社会科学院社会科学学術季刊』　一九九〇年一期
常建華　清代族正問題的若干弁析　『清史研究通訊』　一九九〇年一期
王日根　論明清時期福建省家族内義田的発展及其社会背景　『中国社会経済史研究』　一九九〇年二期
常建華　試論乾隆朝治理宗族的政策与実践　『学術界』　一九九〇年二期
馮爾康　清代宗族制的特点　『社会科学戦線』　一九九〇年三期
徐揚傑　馬家荘秦宗廟遺址的文献学意義　『文博』　一九九〇年五期
朱鳳瀚　殷墟卜辞所見商王室宗廟制度　『歴史研究』　一九九〇年六期
張　研　関于清代族田分布的初歩考察　『中国経済史研究』　一九九一年一期
陳支平　明清福建的民間宗教信仰与郷族組織　『厦門大学学報』　一九九一年一期
唐力行　明清徽州的家庭与宗族結構　『歴史研究』　一九九一年一期
王日根　清代福建義田与郷治　『中国社会経済史研究』　一九九一年二期
銭　杭　宗族与宗法的歴史特徴——読呂思勉「中国制度史」第八章「宗族」　『史林』　一九九一年二期
李向平　周代的祖先崇拝与王権的歴史特徴　『社会科学戦線』　一九九一年三期
孫暁春　試論商代的父系家族公社　『史学集刊』　一九九一年三期
鄭徳華　清代広東宗族問題研究　『中国社会経済史研究』　一九九一年四期
宋三平　宋代封建家族的物質基礎是墓田　『江西大学学報』　一九九一年六期
楊冬荃　周代家譜研究　『譜牒学研究』二輯、文化芸術出版社　一九九一年
周紹泉　明清徽州祁門善和里程氏仁山門族産研究　『譜牒学研究』二輯、文化芸術出版社　一九九一年

何啓民　魏晋南北朝時代之譜牒与譜学　『第五届亜洲族譜学術研討会会議記録』(台北)　一九九一年

朱　勇　清代族規研究　『清史論叢』八輯、中華書局　一九九一年

許懐林　「鄭氏規範」剖析——兼論「義門」聚居的凝聚力　鄧広銘等主編『中日宋史研討会中文論文選編』、河北大学出版社　一九九一年

柳立言　従趙鼎「家訓筆録」看南宋浙東的一個士大夫家族　『第二届国際華学研究会議論文』中国文化大学　一九九一年

常建華　試論清朝推行孝治的宗族制政策　『明清史論集』二集、天津古籍出版社　一九九一年

楊昇南　殷墟甲骨文中的邑和族　『人文雑誌』一九九二年一期

呉仁安　上海地区明清時期的望族　『歴史研究』一九九二年一期

王善軍　宋代族産初探　『中国経済史研究』一九九二年三期

王善軍　宋代的譜牒興盛及其時代特徴　『中州学刊』一九九二年三期

丁凌華　宗祧継承浅説　『史学集刊』一九九二年四期

李衡眉　兄弟相継為君的昭穆異同問題　『史学集刊』一九九二年四期

許華安　清代宗族勢力的膨脹及其原因探析　『清史研究』一九九二年四期

劉志偉　祖先譜系的重構及其意義——珠江三角洲一個宗族的個案分析　『中国社会経済史研究』一九九二年四期

王志明　明清宗族社会認同準則　『華東師範大学学報』一九九二年六期

王鈞林　先秦山東地区宗法研究　『歴史研究』一九九二年六期

馮爾康　南北朝的宗族結構与士族社会特質論綱　趙清主編『社会問題的歴史考察』、成都出版社　一九九二年

常建華　元代墓祠祭祖問題初探　趙清主編『社会問題的歴史考察』、成都出版社　一九九二年

片山剛　清末珠江三角洲地区図甲表与宗族組織的改組　葉顕恩主編『清代区域社会経済研究』上、中華書局　一九九二年

劉志偉　清代広東地区図甲制中的「総戸」与「子戸」　葉顕恩主編『清代区域社会経済研究』上、中華書局　一九九二年

朱鳳瀚　商代晩期社会内的商人宗族　田昌五主編『華夏文明』三輯、北京大学出版社　一九九二年

楊冬荃　漢代家譜研究　『譜牒学研究』三輯、書目文献出版社　一九九二年

呉仁安　明清時期上海地区的望族及其盛衰消長探微　『譜牒学研究』三輯、書目文献出版社　一九九二年

常建華　元代族譜研究　『譜牒学研究』三輯、書目文献出版社　一九九二年
何啓民　鼎食之家——世家大族　『中国文化新論・社会篇・吾土與吾民』、三聯出版社　一九九二年
許華安　試析清代江西宗族的結構与功能特点　『中国社会経済史研究』一九九三年一期
楊希枚　再論先秦姓族和氏族　『中国史研究』一九九三年一期
張鶴泉　東漢宗族組織試探　『中国史研究』一九九三年一期
張　史　宗法制在晋国的衰落　『晋陽学刊』一九九三年一期
銭　杭　再論「九族」今、古文説　『史林』一九九三年一期
趙華富　論徽州宗族繁栄的原因　『民族研究』一九九三年一期
王玉波　啓動・中断・復興——中国家庭・家族史研究述評　『歴史研究』一九九三年二期
郭政凱　中国古代宗族的伸縮性　『史学集刊』一九九三年三期
王日根　区域性家族文化研究的拓荒之作——評『近五〇〇年来福建的家族社会与文化』　『史学集刊』一九九三年三期
陳柯雲　明清徽州的修譜建祠活動　『徽州社会科学』一九九三年四期
王善軍　唐宋之際宗族制度変革概論　鄧広銘等編『宋史研究論文集』、河南大学出版社　一九九三年
胡国台　家譜所載家族規範与清代律令——以銭凌粮・刑名与社会秩序為例　『第六届亜洲族譜学術研討会会議記録』(台北)　一九九三年
常建華　明清時期祠廟祭祖問題弁析　『第二届明清史国際学術討論会論文集』、天津出版社　一九九三年
許華安　清代江西宗族族産初析　『中国社会経済史研究』一九九四年一期
許懐林　陳氏家族的瓦解與「義門」的影響　『中国史研究』一九九四年二期
高寿仙　明初徽州族長的経済地位——以休寧県朱姓為例　『江淮論壇』一九九四年四期
馮爾康　南北朝的宗族結構与社会結構　馮爾康主編『中国社会結構的演変』上編、第四章、河南人民出版社　一九九四年
馮爾康　族規所反映的清人祠堂和祭祀生活　南開大学明清史研究室編『清王朝的建立・階層及其他』、天津人民出版社　一九九四年
張澤咸　譜牒与門閥士族　南開大学歴史編『中国史論集』、天津古籍出版社　一九九四年
宋三平　宋代的墳庵与封建家族　『中国社会経済史研究』一九九五年一期

陳柯雲　明清徽州宗族對郷村統治的加強　『中国史研究』一九九五年三期

范金民　清代蘇州宗族義田的発展　『中国史研究』一九九五年三期

銭　杭　論漢人宗族的内源性根拠　『史林』一九九五年三期

邢義田　従戦国至西漢的族居・族葬・世業論中国古代宗族社会的延続　『新史学』六巻二期　一九九五年

楊冬荃　六朝家譜研究　『譜牒学研究』四輯、書目文献出版社　一九九五年

趙華富　従徽州宗族資料看宗族的基本特徴　『譜牒学研究』四輯、書目文献出版社　一九九五年

陳　爽　近年来有関家族問題的社会史研究　『光明日報』一九九八年一〇月二四日

注：この一覧の作成に当たっては王玉波「啓動・中断・復興——中国家庭・家族史研究述評」（『歴史研究』、一九九三年二期）、常建華『宗族誌』（上海人民出版社、一九九八年）、同「二十世紀的中国宗族研究」（『歴史研究』、一九九九年五期）、王利華「先秦両漢魏晋南北朝家庭史研究論著索引」（『中国経済史論壇』〔二〇〇四年三月一四日まで〕〔http://www.guoxue.com/economics/〕）、馮爾康等『中国社会史論文索引』（一九一九年～一九八六年六月〔http://xiangyata.net/data/articles/d01/441.htm〕）、同『中国社会史研究概述』第四編（天津教育出版社、一九八八年）を参考にした。

研究著作（日本・韓国）

諸橋轍次『支那の家族制』　大修館書店　一九四〇年

加藤常賢『支那古代家族制度研究』　岩波書店　一九四〇年

清水盛光『支那家族の構造』　岩波書店　一九四二年

仁井田陞『中国の農村家族』　東京大学出版会　一九五二年

岡崎文夫『魏晋南北朝通史』　弘文堂書房　一九五二年

宮川尚志『六朝史研究——政治社会篇』　日本学術振興会　一九五六年

多賀秋五郎『宗譜の研究（資料編）』　東洋文庫　一九六〇年

藤川正數『魏晋時代における喪服礼の研究』　東京敬文社　一九六〇年

守屋美都雄『中国古代の家族と国家』　京都大学文学部東洋史研究会　一九六八年

藤川正數『漢代における礼学の研究』　風間書房　一九六八年初版、一九八五年増訂
江頭広『姓考――周代の家族制度』　風間書店　一九七〇年
滋賀秀三『中国家族法の原理』　創文社　一九七六年
矢野主税『門閥社会成立史』　国書刊行会　一九七六年
谷川道雄『中国中世社会と共同体』　国書刊行会　一九七六年
牧野巽『中国家族研究』（『牧野巽著作集』第一・二巻）　御茶の水書房　一九七九年
牧野巽『近世中国宗族研究』（『牧野巽著作集』第三巻）　御茶の水書房　一九七九年
牧野巽『中国の移住伝説――特にその祖先同郷伝説を中心として』（『牧野巽著作集』第五巻）　御茶の水書房　一九七九年
牧野巽『中国社会の諸問題』（『牧野巽著作集』第六巻）　御茶の水書房　一九七九年
仁井田陞『中国法制史研究・家族村落法』（補訂版）　東京大学出版会　一九八一年
多賀秋五郎『中国宗譜の研究』　日本学術振興会　一九八一年
越智重明『魏晋南朝の貴族制』　研文出版　一九八二年
川勝義雄『六朝貴族制社会の研究』　岩波書店　一九八二年
仁井田陞『中国身分法史』（重刊本）　東京大学出版会　一九八三年
中村圭爾『六朝貴族制研究』　風間書房　一九八七年
谷田孝之『中国古代家族制度論考』　東海大学出版会　一九八九年
池田温『中国礼法と日本律令制』　東方書店　一九九二年
井上徹『中国の宗族と国家の礼制――宗法主義の視点からの分析』　研文出版　二〇〇〇年
朴元熇『明清徽州宗族史研究』（韓文）　知識産業社（韓国）　二〇〇二年

研究論文（日本）

中田薫　唐宋時代の家族共産制　『国家学会雑誌』四〇―七・八　一九二六年（のち『法制史論集』、岩波書店　一九四三年）

田中萃一郎　義荘の研究　『田中萃一郎史学論文集』一九三二年
山田統　左伝所見の通婚関係を中心として見たる宗周姓制度　『漢学会雑誌』五―一・二・三　一九三七年
宇都宮清吉　漢代における家と豪族　『史林』二四―二　一九三九年
宇屋美都雄　漢代における宗族結合の一考察　『東亜論叢』五　一九四〇年
宇屋美都雄　漢代祖先祭祀小考　『東洋史集説　加藤博士還暦記念』、冨山房　一九四一年
宇屋美都雄　漢代家族の型體に関する試論　『史学雑誌』五二―七　一九四一年
宇屋美都雄　累世同居起源考　『東亜経済研究』二六―三・四　一九四二年
竹田龍児　唐代士族の家法について　『史学』二〇―一　一九五五年
竹田龍児　門閥としての弘農楊氏についての一考察　『史学』三一―一～四　一九五八年
近藤秀樹　范氏義荘の変遷　『東洋史研究』二一―四　一九六三年
福田節生　清代に義荘について　『歴史教育』一三―九　一九六五年
伊原弘介　范氏義荘租冊の研究　『史学研究』九四　一九六五年
伊原弘介　范氏義荘における清末の小作制度　『広島大学文学部紀要』二六―一　一九六六年
目黒克彦　浙江永康県応氏義荘について　『集刊東洋学』二六　一九七一年
福田立子　宋代義荘小考――明州楼氏を中心として　『史艸』一三　一九七二年
目黒克彦　清末における義荘設置の盛行について　『集刊東洋学』二七　一九七二年
佐竹靖彦　唐宋変革期における江南東西路の土地所有と土地政策――義門の成長を手がかりにして　『東洋史研究』三一―四　一九七三年
宇都宮清吉　漢代豪族研究　『中国古代中世史研究』創文社　一九七七年
竺沙雅章　宋代墳寺考　『東洋学報』六一―一・二　一九七九年
森田憲司　宋元時代における修譜　『東洋史研究』三七―四　一九七九年
小林義廣　歐陽脩における族譜編纂の意義　『名古屋大学東洋史研究報告』六　一九八〇年
山名弘史　清末江南の義荘について　『東洋学報』六二―一・二　一九八〇年
小林義廣　宋代史研究における宗族と郷村社会の視角　『名古屋大学東洋史研究報告』八　一九八二年

檀上寛　義門鄭氏と元末社会　『東洋学報』六三―三・四　一九八二年

片山剛　清末広東省珠江デルタの図甲制について　『東洋学報』六三―三・四　一九八二年

片山剛　清末広東省珠江デルタの図甲表とそれをめぐる諸問題　『史学雑誌』九一―四　一九八二年

上田信　地域の履歴――浙江省奉化県忠義郷　『社会経済史学』四九―二　一九八三年

上田信　地域と宗族――浙江省山間部　『東洋文化研究所紀要』九四　一九八四年

滋賀秀三　刑案に現われた宗族の私的制裁としての殺害――国法とそれへの対処　『清代中国の法と裁判』、創文社　一九八四年

井上徹　宋代以降における宗族の特質の再検討――仁井田陞の同族「共同体」論をめぐって　『名古屋大学東洋史研究報告』一二　一九八七年

竺沙雅章　宋元仏教における庵堂　『東洋史研究』四六―一　一九八七年

西川正夫　四川省雲陽県雑記　『金沢大学文学部論集(史学科篇)』七　一九八七年

遠藤隆俊　范氏義荘の変遷　『集刊東洋学』五九　一九八八年

井上徹　宗族の形成とその構造――明清時代の珠江デルタを対象として　『史林』七二―五　一九八九年

鈴木博之　明代徽州府的族産と戸名　『東洋学報』七一―一・二　一九八九年

田仲一成　蕭山県長河鎮来姓祀産簿剖析　『東京大学東洋文化研究所紀要』一〇八　一九八九年

上田信　中国の地域社会と宗族――一四～一九世紀の中国東南部の事例　『シリーズ世界史への問い』四・『社会的結合』、岩波書店　一九八九年

山田賢　清代の地域社会と移住宗族　『社会経済史学』五五―四　一九八九年

山田賢　清代の移住民社会　『史林』六九―六　一九八九年

小林義廣　宋代における宗族と郷村の秩序　『東海大学紀要(文学部)』五二　一九九〇年

遠藤隆俊　范氏義荘の諸位・掌管人・文正位について　『歴史』七四　一九九〇年

鈴木博之　清代における族産の展開　『山形大学史学論集』一〇　一九九〇年

田仲一成　明代江南における宗族の演劇統制について　明代史研究会・明代史論叢編集委員会編『明代史論叢――山根幸夫教授退休記念』下、汲古書院　一九九〇年

西川喜久子　珠江三角州の地域社会と宗族・郷紳　『北陸大学紀要』一四　一九九〇年
西川正夫　四川省瀘州覚之書　『金沢大学文学部論集(史学科篇)』一〇　一九九〇年
田仲一成　華南同族村落における祭祀儀禮の展開　『中国研究集刊』　一九九一年
臼井佐知子　徽州商人とそのネットワーク　『中国——社会と文化』六　一九九一年
宮本則之　宋元時代における墳庵と祖先祭祀　『仏教史学研究』三五—二　一九九二年
井上徹　元末明初における宗族形成の風潮　『文経論叢』二七—三、弘前大学人文学部　一九九二年
鈴木博之　清代徽州府の宗族と村落　『史学雑誌』一〇一—四　一九九二年
越智重明　九族と三族　『久留米大学比較文化研究所紀要』一三　一九九二年
遠藤隆俊　宋末元初の范氏について　『宋代の知識人(宋代史研究会報告)』第四集、汲古書院　一九九三年
遠藤隆俊　清代蘇州の歳寒堂　『集刊東洋学』六九　一九九三年
井上徹　宗族形成の動因について
　『明清時代の法と社会』編集委員会編『和田博徳教授古稀記念　明清時代の法と社会』、汲古書院　一九九三年
臼井佐知子　徽州汪氏の移動と商業活動　『中国——社会と文化』八　一九九三年
井上徹　宗族形成の再開——明代中期以降の蘇州地方を対象として　『名古屋大学東洋史研究報告』一八　一九九四年
菊池秀明　清代広西の新興宗族と彼らをめぐる社会関係　『社会経済史学』五九—六　一九九四年
鈴木博之　明代における宗祠の形成　『集刊東洋学』七一　一九九四年
西川喜久子　珠江デルタの地域社会　『東洋文化研究所紀要』一二四　一九九四年
井上徹　祖先祭祀と家廟——明朝の対応　『文経論叢』三〇—三、弘前大学人文学部　一九九五年
臼井佐知子　徽州文書からみた「承繼」について　『東洋史研究』五五—三　一九九六年

その他

Kulp, Paniel Harrison II: *Country Life in South China*, New York: Columbia University Press, 1925.
Hu, Hsien-chin: "The common descent group in China and its functions", New York; *Viking Fund Publications in Anthropology*, no. 10, 1948.

Fried, Morton H.: "The classification of corporate unilineal descent groups", *Journal of the Royal Anthropological Institute*, vol. 87, 1957.

Freedman, Maurice: "Lineage organization in Southeastern China", L. S. E. monographs on *Social Anthropology* 18, London, 1958.

Liu Wang Hui-chen: "The traditional Chinese clan rules, Locust Valley", N. Y.: *Association for Asian Studies*. monograph no. 7, 1959.

Twitchett, D. C: "The Fan clan's charitable estate, 1050–1760" in Nivison, D. S. & A. F. Wright, eds. *Confucianism in Action*, Stanford: Stanford University Press, 1959.

Hsiao, Kung-Chuan: *Rural China*, Seattle: University of Washington Press, 1960.

Eberhard, W: *Social Mobility in Traditional China*, Leiden: E. J. Brill, 1962.

Freedman, Maurice: "Chinese lineage and society: Fukien and kwangtung", L. S. E. monographs on *Social Anthropology* 33, London, 1966.

Freedman, Maurice: "Ancestor worship: two facets of the Chinese case" in *Social Organization: Essays Presented to Raymond Firth*, Chicago: Aldine, 1967.

Fried, Morton H.: "Clans and lineages: how to tell them apart and why—with special reference to Chinese society", *Bulletin of the Institute of Ethnology*, no. 29, Academia Sinica, Nankang, Taipei, 1970.

Eberhard, W: "Chinese genealogies as a source for the study of Chinese society", in Palmer, J., ed. *Studies in Asian Genealogy*, Utah: Brigham Young University Press, 1972.

Beattie, Hilary: *Land and Lineage in China: A Study of Tung-ch'eng County, Annwei in the Ming and Ch'ing Dynasties*, Cambridge: Cambridge University Press, 1979.

Freedman, Maurice: "The politics of an old state: a view from the Chinese lineage", in M. Freedman ed, *The Study of Chinese, Society*, Stanford University Press, 1979.

Zurndorfer, H.: "The Hsin-an ta-tsu-chih and the development of Chinese gentry society, 800–1600", *T'oung Pao*, 68, 1981.

Kuper, Adam: "Lineage theory: a critical retrospect", *Annual Review of Anthropology*, 1982.

Watson, James L.: "Chinese kinship reconsidered: Anthropological Perspective on historical research", *The China Quarterly*, 92, 1982.

Zurndorfer, H.: "Local lineages and local development: A case study of the Fan lineage, Hsia-ning hsien, Hui-chou, 800–1500", *T'oung Pao*, 70, 1984.

Davis, R. L. : *Court and Family in Sung China, 960–1279*, Durham: Duke University Press, 1986.

Robert Hymes: *Marriage, Descent Groups and the Localist Strategy in Sung and Yüan Fu—chou: Kinship Organization in Late Imperial China 1000–1940*, University of California Press, 1986.

Angela Ki Che Leung: "Elementary Education the Lower Yangtze Region in the Seventeenth and Eighteenth Centuries", *Late Imperial China, 1600–1900*. Berkeley: University of California Press, 1994 (reprint).

付篇二 「礼」と「家・国一体化」およびその文化の特質
――「中国周代の儀礼と王権」へのコメント――

郭斉勇氏の報告は紀元前一一世紀中期から紀元前三世紀中期までの、中国周王室の権力と密接な関連のある冊命・朝覲・聘問という三つの賓礼を詳しく論述したものである。(1) 郭氏の報告の主旨は、周王室と諸侯の間の関係がこの三つの賓礼の中で確立し、協調したものであると説明するところにある。郭氏は賓礼の根本はすべての臣下や庶民を周の宗法分封制度に服従させ、周王室の王権を守らせることであり、それによって大宗と小宗、宗主と諸侯および諸侯の間の等級秩序を維持することであると強調した。ここでは周の賓礼を中心に、「礼」と「家・国一体化」およびその文化の特質について述べたい。

(1)「礼」と「家・国一体化」

まず、郭氏の紹介した「冊命」礼から、中国最初の国家機関は、周王が厳粛な「冊命」という儀式を通じて建てたものであることが理解できる。つまり周の王室は、王位の継承・諸侯への領土の分封・官職の任命・臣下に対する賞罰の際に、必ず盛大かつ厳粛な「冊命」の儀式を行う。この「冊命」の儀式では、各等級の諸侯や臣下に対してそれぞれ異なった等級・異なった土地と住民の数・官職・彝器（鐘鼎）・貝・旗・圭・珍宝・車馬・衣服・武器・楽器などを与えることになっている。これによって財産や権力の分配と再分配を行い、またそうした礼儀の下で各君臣の身分、地位とそれにともなう権利・義務を明らかにする。この儀式は各等級の諸侯と臣下の身分・地位に応じて行ったので、これを「冊命」礼という。そしてここで注意しなければならないのは、「冊命」の対象と「冊命」の儀式を行う場所である。

「冊命」とは、郭氏も紹介したように、周の天子が諸侯に対して領土の分封や官職の任命、また臣下に賞罰を与える際に行う「冊命」の儀式において読み上げられる発布される命令、あるいは任命書のことである。したがって、「冊命」すなわち命令・任命の対象は、すべて分封される諸侯と任命される臣下になる。周の天子はみずからの命令に服従し、定期的な朝貢と軍役を義務、条件として、血縁親疎または軍功の大小によって、地域の重要度や土壌の肥沃度の異なる土地と異なる数量の住民、および一連の権力とその世襲権を、それぞれみずからの息子、兄弟などの一族の男性や先王の後裔およびみずからと一緒に政権を建てた軍功の大なる者（特功者）に授与し、異なる等級、すなわち公・侯・伯・子・男という五等の諸侯国を建てた。そしてこれらの諸侯はまた同様の方法で自身の諸侯国内において、子弟と功業を立てた者に「采邑」という田宅を分封し、卿・大夫を設けた。

前述した「冊命」の対象、すなわち分封されたみずからの息子と兄弟などの一族内の男性や先王の後裔、軍功の大なる者という三種類の人間の中で、周の天子にもっとも信頼されたのはやはり本人と近い血縁関係にある者たちであった。ゆえに、天子の子弟たちはみな重要な地域に分封され、もっとも土壌の肥沃な土地を与えられたし、周一族の男性構成員（member）はこぞって周王朝の重臣となった。

このような分封の結果、周王室の下で大小の封国が成立すると同時に、公・侯・伯・子・男五等の諸侯と諸侯国内の卿・大夫という宗法血縁に基づく等級秩序も成立した。郭氏が述べたように周の天子とその継承者は、政治的には天下の君主であり、大小諸侯の最高の統治者でもある。また階層的宗法血縁に基づく等級秩序の中で、周王は天下の最大の宗法等級秩序組織の宗主である。周の天子と諸侯との関係は大宗と小宗との関係であり、また君主と家臣との関係でもあり、中央と地方との関係でもあったのである。したがって、諸侯が天子に謁見する際、天子は同姓の大国の諸侯王を〝伯父〟（父親の兄の意。中国では父の兄は自分と同姓である）、異姓の大国の諸侯王を〝伯舅〟（「同姓不婚」の中国では母親の兄は異姓であり、「舅」「伯舅」と称する。周王は母親の兄である異姓の大国の諸侯、あるいは母親の兄ではない異姓の諸侯を母親の兄と同じように〝舅〟〝伯舅〟と称した）、同姓の小国の諸侯王を〝叔父〟（父親の弟を叔父と称する）、異姓の小国の諸侯王を〝叔舅〟（周王の母親の弟、あるいは母親の弟ではない異姓の諸侯を母親の弟と同じように〝叔舅〟と称した）と呼ぶ。大夫が諸侯王に謁見する際もこのような呼び方を模倣して呼ぶ。これは血縁の親疎・秩序による等級的分封のそもそもの起こりである。

また「冊命」の儀式は必ず周王室の太廟で行い、「冊命」書を受け取った者はそれを自宅に持ち帰り、家廟に祭ってそのことを祖先に報告するのである。なぜなら、天子の権力は祖先の霊から賜ったものであり、天子が祖先の霊に代わって権力を行使するのであって、独断で行うものではないことを表すためである。その時代の人々の天や天命、祖先の霊への強い畏怖感の中において、前記の儀式を経ることで、天子の権力は神聖かつ権威的なものとなり、周王室は各諸侯国に、「天下一家」の天子による政治統治の合法性を示すことができたのである。「冊命」の儀式を周の王室の太廟で行うことと諸侯が「冊命」書を自宅の家廟に祭ることは、いずれも「家」は「国」、「国」は「家」のシンボルだということを意味しているのである。

このような「冊命」の対象と「冊命」礼を行う場所から分かるように、中国では、国家とはそもそも「冊命」の儀式を通じて、宗法血縁に基づく等級秩序の下で築かれた大きな「家」であり、また「家」は縮小された「国」であった。諸外国の古代国家は、一般的に血縁親族関係を乗り越えた上で建てられたものが多い。しかし中国の最初の国家は、このように血縁親疎による等級的分封によって建てられたのである。またその国家機関内の臣下の等級はすべて、「冊命」礼の中で確立し、等級ごとの「礼」によってその関係を協調し、調整したのである。これは中国早期の国家機関の特徴の一つであると考えられる。

中国早期の国家におけるこのような特徴を一層明らかにするために、日本の大化の改新、つまり律令制以前の政治形態と支配層の構造および日本古代国家の成立過程をここで考察してみたい。

まず、中国では周王みずからが一族の男性を任命し、直接諸侯国を成立させていた。これに対して、律令制以前の日本では、固有の職能を持った各ウヂ集団の首長が直接中央の官司（制）に編成されていたわけではない。各地に散在する豪族の首長（氏上）が氏人・部民を従え、それぞれのウヂの職掌を持って、大王（のちの天皇）に奉仕し、大王は臣・連といった姓をこれらの氏上に与えていたのである。この時点で中央集権は実現しておらず、国家の機能は、各氏族の持つ職能が首長を通して個別に吸収されることによって果たされていた。[2] この時代の大王は中国の周天子やのちの皇帝と異なって、家長ではない。また、大王とその一族は姓を持たず、賜姓と冠位の授与の主体として、諸臣・諸豪族を超越した特別な身分集団であった。それは弘仁五年（八一四）に桓武天皇の延暦一八年一二月戊戌勅[3]によって作られた『新撰姓氏録』から分かるように、当時の一一八二ウヂはみな出自〇〇天皇、〇〇皇子之後、〇〇と同祖、あるいは出自〇〇神という形でみずからの祖先を記載した。すなわち各ウヂの出自は「皇別」「神別」「諸蕃」によって分類した、そして「皇別」に属したウヂの数が多かった。この分類は当時の人々の意識中で大王の一族は神と同格であって、一つの特別の存在であると説明していた。したがって、氏姓制にせよ、推古朝の冠位制やのちの賜姓・改賜姓にせよ、大王とその一族は、氏姓、冠位一二階、賜姓の枠外に位置し、賜姓と授位を行う特別な存在であった。この構造は図1の通りである。つまり、紀元前、今から三〇〇〇年前の周の天子が「神」ではなく、天下の家長・族長として祖先の霊に代わって権力を行使していたのに対して、日本古代の大王、のちの天皇は、神と同格とみなされた特別な人間であった。

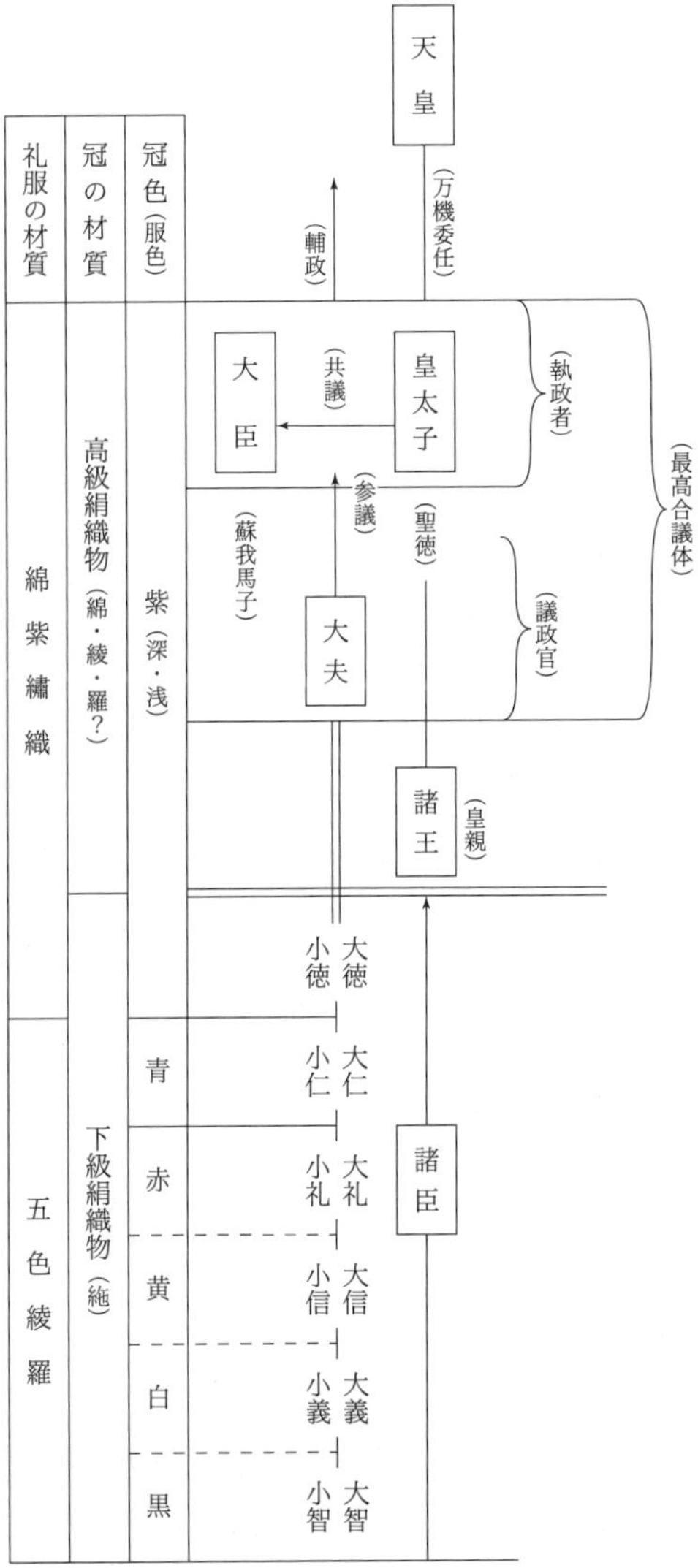

図1
宮本救「冠位十二階と皇親」（竹内理三博士還暦記念会編『律令国家と貴族社会』，吉川弘文館，1969年）より転載.

次に、さらに一歩踏み込んで、日中両国の初期国家の内実を比較・分析し、それぞれの特質をさらに明らかにしたい。

周王が、自身の一族の男性構成員（member）を中心とする等級的分封を行ったもともとの意図は、諸侯国を周王室の藩屏にする一方、周の子弟や親戚、先王の後裔、軍功のあった臣下らを慰撫するところにあった。しかし、その分封は土地や住民だけではなく、一連の権力とその権力の世襲権も授封者に授与されるものであった。世襲的な統治権を持った諸侯は、天子の血縁関係者であっても、年代が下がるにつれて分裂・割拠に向かうという遠心力が強く働き、いわゆる群雄（諸侯）割拠の傾向は容易に避けられなかったのである。この遠心力を制限・超克するために、周以後、春秋・戦国時代の「群雄割據」の局面を経て、秦の始皇帝にその典型を見る皇帝独裁的な中央集中体制が、次第に完成されていったのである。

しかし前述のように日本では大王は家長ではなく、一つの特別な存在として職掌を持っていた各氏上に姓や冠位を授与し、序列づける存在であった。これによってのちの天皇と諸氏集団との対抗関係は否定され、両者の相互依存が起こり、共通利益のもとで求心力が主流になりつつ、合議体制が名実ともに確立した。このような構造は長く続いた。一〇、一一世紀の摂関政治と院政時代の天皇と藤原摂関家、天皇と上皇という二重構造もこのような集団統率体制の復活と見なせるし、中世・近世の天皇と幕府との構造もこのような形の変型と考えられよう。中国では長い歴史における中央集権体制の中で、皇帝の独裁によってみずからの権力の神聖性・権威性を守らなければならなかったのとは異なり、日本の各時代の、大王は豪族に、天皇は藤原摂関家に、上皇は天皇に、また天皇は幕府に対して、いずれも「自由な立場で、権力の持つ、いわば暴力的、非道徳的な要素を受け持ち、それを発散することで、天皇の聖性・権威を保証する役割を果たした」[4]のである。つまり、日本の初期国家において、特別な存在であった天皇一族と豪族との間の構造は、村井康彦氏が「公家と武家――その比較文化史的研究」国際シンポジウム二〇〇三年（於：国際日本文化研究センター）で発表された、王権の「柔構造」の歴史的・文化的な基盤をなしていたのではないか。日本の王権の特徴は、権力の部分をその時々の政治的実力者が掌握し、行使することで、天皇の権威を保証する構造が成立していたこと、さらに王権の権威と権力の分化との相互補完の関係が、その王権の永続性を保証したことにあるのである。[5]

(2)「礼」と「家・国一体化」の特質

郭氏の報告から分かるように、中国最初の国家は「礼」つまり「冊命」礼の儀式を通して生まれ、また周王は

「朝覲」礼と「聘問」礼を通じて各諸侯、臣下との間の身分や地位を確立し、その間の関係を協調、調整していた。したがって、ある意味では「礼」を十分に理解できなければ、中国数千年の国家体制の由来も本質も、さらに中国文化そのものも理解できないといえる。

郭氏は報告のはじめに『禮記』「昏義」(婚、以下同)の

夫禮始二於冠一、本二於昏一、重二於喪祭一、尊二於朝聘一、和二於射郷一。此禮之大體也。始猶根也。本猶幹也。郷、郷飲酒（夫れ禮は冠に始まり、昏に本づき、喪祭に重くし、朝聘に尊くし、射郷に和らぐ。此れ禮の大體なり。〔始は猶ほ根のごときなり。本は猶ほ幹のごときなり。郷は郷飲酒なり〕本篇における『禮記』の引用の訓読みはすべて『全釈漢文大系』、集英社、一九七六年による）

という部分を引用した。ここでいう「礼」とは単なる礼儀ではなく、同時に「礼制」のことも含まれている。「礼」が単なる礼儀であれば、子供にも分かるはずである。しかし「礼制」は成人にならなければ理解できない。「夫禮始二於冠一」、「礼」は成人式の「冠礼」から始まる、ゆえに礼は冠礼を根とするのである。

「礼」は単なる礼儀ではない、とする説については、フランスの中国学研究者であるレオン・ヴァンデルメールシュ（Léon Vandermeersch）も次のように指摘している。「礼制とは社会を統治するための一つの特殊な方法である。中国以外に、これに類似する方法で社会関係を調整し、社会秩序を維持した国はなかった。これは礼儀というものが中国固有のものだというのでは決してない。むしろ普遍的に存在し、如何なる文化もこれをもっている。（中略）しかし中国の伝統においてのみ様々な礼儀が大変厳格に、そして完璧に作り上げられ、社会活動における人と人との関係の規範システムとなったのである」(6)。ここでレオン・ヴァンデルメールシュが強調したのは、「礼」といっても礼儀ならば、なにも中国特有の現象ではなく、中国伝統文化の「礼」の特徴は「礼制」にあるということである。そしてこれに基づいてレオン・ヴァンデルメールシュは中国伝統の礼制と西洋の伝統の jus

（法権）制度の比較研究を行っているが(7)、それも極めて有意義な研究である。

しかし中国の統治者はなぜ「礼」を利用して家の上に君と臣の相互関係、また国家機関を建てて国を治めようとしたのか。また、「礼」はなぜ中国における人と人との関係の規範システムとなったのか。「礼」とは一体何か、また「礼制」とは一体何なのか。その文化的意義はどこにあるのか。ここではさらに一歩踏み込んで「礼」の本質についてすこし分析してみたい。

まず荀子の論説を見てみよう。

禮起二於何一也。曰、人生而有レ欲、欲而不レ得、則不レ能レ無レ求。求而無二度量分界一、則不レ能レ不レ争。争則亂、亂則窮。先王惡二其亂一也、故制二禮義一以分レ之、以養二人之欲一、給二人之求一、使下欲必不レ窮二乎物一、物必不上レ屈二於欲一、両者相持而長、是禮之所二以起一也（禮は何に起るや。曰く、人生れながらにして欲有り、欲して得されば、則ち求むること無き能はず。求めて度量・分界無ければ、則ち争はざること能はず。争へば則ち亂れ、亂るれば則ち窮す。先王は其の亂を悪む。故に禮義を制して以て之を分かち、以て人の欲を養ひ、人の求を給し、欲をして必ず物を窮めず、物をして必ず欲を屈さざらしめ、両者相持して長ぜしむるなり。是れ禮の起こる所以なり（本篇における『荀子』の引用の訓読みはすべて『新釈漢文大系』、明治書店、一九八七年による）(8)。

また、

先王案爲レ之制二禮義一以分レ之、使二貴賤之等、長幼之差、知賢愚能不能之分一、皆使下人載二其事一、而各得中其宜上、然後使二愨禄多少厚薄之稱一、是夫群居和一之道也。故仁人在レ上、則農以レ力盡レ田、賈以レ察盡レ財、百工以レ巧盡二械器一、士大夫以上至二於公侯一、莫レ不下以二其仁厚知能一、盡中官職上、夫是之謂二至平一（先王案ち之が爲に禮義を制して以て之を分ち、貴賤の等、長幼の差、知賢愚・能不能の分あらしめ、皆人をして其の事を載ひて、各々其の宜しきを得しめ、然る後愨禄の多少・厚薄をして之れ稱はしむ、是れ夫の群居・和一の道なり。故に仁人上に在れば、則ち農は力を以て田に盡し、賈は察を以て財に盡し、百工は巧を以て械器に盡す、士大夫以上公侯に至るまで、其の仁厚知能を以て、官職に盡さざる莫し、夫れ是を之れ至平と謂ふ(9)。

つまり中国古代の聖哲は「礼」の下で天下の人々を「貴賤之等」、「長幼之差」に着かせておけば、国家の安定、社会の平和が実現できると考えた。郭氏が報告で指摘するように、「朝覲」や「聘問」などの礼を廃棄すれば、君主と臣下、君主と諸侯、諸侯と大夫との相互関係が崩れる。そうすれば諸侯や大夫らは悪事を企み、謀反や諸侯国間の侵略などの乱が起こることになる。同様に『禮記』「經解」も

禮之於レ正レ國也、猶下衡之於二輕重一也、縄墨之於二曲直一也、規矩之於中方圜上也。(禮の國を正すに於けるや、猶(な)ほ衡(かう)の輕重に於ける、縄墨の曲直に於ける、規矩の方圜に於けるがごときなり。)

(中略)聘覲之禮廢、則君臣之位失、諸侯之行惡、而倍畔侵陵之敗起矣。(中略)聘覲の禮廢(すた)るるときは、則ち君臣の位失ひ、諸侯の行ひ惡しくして、倍畔・侵陵の敗起る。)

と指摘している。したがって周の天子以来中国歴代の皇帝は、いずれも法律よりも「礼」の重要性を強調し、あるいは「礼」を以て法律に代え、国を治めることにつとめた。この事実からも「礼」は単なる儀礼やただの煩わしい儀式ではなく、国家を治める尺度や法則であったことが分かる。

前掲の荀子の論説から、われわれは、「礼」の本質は、人為的に変えることができない生来の宗法血縁に基づく等級秩序によって、統治の秩序を確立させることにある、と認識できる。これは言い換えれば、「礼」の本質とは、すなわち支配者が血縁親疎によって定めた身分制を以て、現実の統治を維持することができるということにほかならない。

つまり血縁身分制は「礼」の本質であり、「礼制」とはまさに宗法血縁に基づいた身分等級制そのものである。したがって「礼」は「本二於昏一」、すなわち婚礼は礼の「幹」である。ここには血縁家族の重要性がよく表われて

いる。『禮記』「昏義」はまた次のように述べる。

敬慎重正、而后親レ之、禮之大體、而所下以成二男女之別一、而立中夫婦之義上也。男女有レ別、而后夫婦有レ義。夫婦有レ義、而后父子有レ親。父子有レ親、而后君臣有レ正。故曰、昏禮者禮之本也。言子受二氣性一純則孝、孝則忠」（敬慎重正して、而る后に之を親しむは、禮の大體にして、男女の別を成して、夫婦の義を立つる所以なり。男女別有りて、而る后に夫婦義有り。夫婦義有りて、而る后に父子親有り。父子親有りて、而る后に君臣正有り。故に曰く、昏禮は禮の本なりと〔言ふこころは子氣性を受くること純なるときは則ち孝なり、孝なるときは則ち忠なり〕）。

ここでは正しい君臣の関係は、親しい父子関係の上に、父子の間の緊密な関係を模倣して成立するのであり、国は「夫婦の義、父子の親」、つまり家族構成員の正しい関係や家族の和やかな雰囲気の延長線上にあることを一層明らかにしている。婚礼は家族構成員の正しい関係、また家族の和やかな雰囲気を成立させる出発点である。これこそ中国歴代の統治者が唱えた「修身・斉家・治国・平天下」という国を治める方針のおおもとである。その意味において婚礼はまさに家族の諸礼の根本であるといえる。また血縁の親疎に基づく身分制は家族制度を通じて深く人の心をとらえており、人々を教化するのに大いに役に立ったのである。

「礼」の重要性は、人々を教化する力にある。それは目に見えない形だが、「修身・斉家」という礼教の下で、天下の人々を「貴賤之等」、「長幼之差」に着かせ、邪悪なものを未然に防ぎ、気づかないうちに人々を少しずつ「私欲」という「悪」から引き離し、統治の現実に満足するという「善」にと向かわせることで、「治国・平天下」という統治者の目的を達することができる。ここがすなわち中国最初の統治者から歴代の皇帝に至るまでが「礼」を深く認識し、また利用する理由である。

このような血縁の親疎に基づく、自然的、生来的、人為的に変えることができない身分制のもとで「修身・斉家」で教化された人間は、家の「一体主義」、国の「一体主義」という価値観の烙印を深く刻み込まれるに等しいということが見て取れる。このような文化の中では、権利と義務に基づく西洋近代化への過程における個人主義の文化的因子を生み出す温床は存在しない。また宗法血縁に基づく等級構造の国にとっては、国は家であり、家は国であり、君は父であり、臣は子であり、君は天下の人々の家長で、君権と族権が常に合一の状態にある。つまり一族の家長権と一国の統治権が緊密に結合しているのである。そのため階層的に構成された専門的な人材が、規則に従って行政を司る純官僚（官僚が世襲などによって選ばれない）的政権組織が存在しにくいばかりか、同時にいわゆる法権や法治[10]の意識も生まれにくい。

日本の古代社会における親族集団は、宗法血縁に基づく親族構造とは異なり、父・母の血統は未分化で、また混合一体化した無系的な親族構造を有している。[11]このような親族集団構造の下では、人々の流動性が相対的に著しい。日本歴史における血縁親族集団の擬制的な親族関係、特に養子についての考察では、[12]平安貴族たちが世代差を無視し、祖父が孫を養子にすることは極めて普遍的であり、中世・近世になれば非血縁の異姓養子はさらに多くなっているという結果がでた。それゆえ日本は身分社会ではあっても、その身分は生来不動のものではなく、人為的に変えることができたといえる。それは明らかに中国の「礼制」に基づいた生まれつきの身分制、および「修身・斉家・治国・平天下」という「家・国一体主義」の価値観と異なる。

また、中世・近世、特に江戸時代の日本社会では、武家の養父子間の「養子願書」、一般庶民間の養父子間の「養子証文」を詳しく分析すると、それは人々の自身に関する契約書であると考えられる。つまりその養父子関係は「養子願書」や「養子証文」により結び、または解除することができた。そしてこの中から権利と義務に基づく個人主義の文化的因子も見えている。[13]日本には古代から中国のような宗法血縁に基づく等級秩序という構造が根づかなかった。また、それと相互に補完する「礼」の文化、つまり「礼制」の下での社会活動における人と人との関係の規範システムも成立しなかった。これこそ日中両国の文化的差異の最大の根源である。

紙幅の制約上、日本の歴史における血縁親族集団についての考えを全面的に展開することができなかったが、以上、中国の周時代からの「礼」と関わる国家の体制、および「礼」という文化の特質について、いささかながら私見を述べた。

（1）郭斉勇「中国周代の儀礼と王権」（笠谷和比古編『公家と武家――その比較文明史的研究――』、国際シンポジウム二二、国際日本文化研究センター、二〇〇四年）を参照。
（2）村井康彦「天皇・貴族・武家」（村井康彦編『公家と武家――その比較文明史的考察』、思文閣出版、一九九五年、七頁）。
（3）天下臣民、氏族已衆。或源同流別、或宗異姓同。欲レ拠二譜諜一、多経二改易一。至レ検二籍帳一、難レ辨二本枝一。宜下布二告天下一、令上レ進二本系帳一。三韓諸蕃亦同。但令レ載二始祖及別祖等名一、勿レ列二枝流并継嗣歴名一。若元出二于貴族之別一者、宜下取二宗中長者署一申上レ之。凡厥氏姓、變多二仮濫一。宜レ在二確実一、勿レ容二詐冒一。来年八月卅日以前、惣令二進了一、便編入録。如事違二故記一、及過二厳程一者、宜下原レ情科処、永勿中入録上。凡庸之徒、惣集爲レ巻。冠蓋之族、聴二別成一レ軸焉。
（4）村井康彦「天皇・公家・武家」（注1笠谷前掲編書）参照。
（5）同右。
（6）Léon Vandermeersch「礼制与法制」（中国孔子基金会・シンガポール東アジア哲学研究所編『儒学国際学術討論会論文集』上、斉魯書社、一九八九年、二〇七頁）。
（7）同右。
（8）『荀子』「禮論」（新釈漢文大系、明治書店、一九八七年一七版）。
（9）『荀子』「榮辱」篇（同右）。
（10）法権と法治の定義については前掲注（6）を参照。
（11）本書第三章を参照。

（12）本書第六・七章を参照。

（13）本書第七章を参照。

初出一覧

（ただし本書収録にあたっては、改題および補筆訂正した）

新稿　序章

日本史学中古代「氏」集団、家族結構研究綜述（日本史学における古代の「氏」集団と家族構造の研究総括）
（『世界史研究年刊』総第三期、中国社会科学院世界歴史研究所、一九九七年）　第一章

新稿　第二章

古代社会の婚姻形態と親族集団構造について――日本古代の近親婚と中国の「同姓不婚」との比較において――
（笠谷和比古編『公家と武家Ⅱ――「家」の比較文明史的考察――』、思文閣出版、一九九九年）　第三章

日本古代社会における氏族系譜の形とその性格――中国の族譜との比較において――
（『立命館文学』第五五九号、一九九九年、日本国家論説保存会中国関係論説資料に収録）　第四章第一・二節

氏族系譜における非出自系譜の性格
（大山喬平教授退官記念会編『日本社会の史的構造』古代・中世、思文閣出版、一九九七年）　第四章第三節

日本古代社会における王位継承と血縁集団の構造――中国との比較において――
（国際日本文化研究センター紀要『日本研究』第二八集、二〇〇四年）　第五章

第六章　平安時代の養子縁組と蔭位制
（比較法史学会編『比較法史研究――思想・制度・社会』一三・世界法史の単一性と複数性、未来社、二〇〇五年）

第七章　日本前近代社会的養子与社会変遷（日本前近代社会における養子とその社会の変遷）
（上海師範大学編『国家・地方・民衆的互動与社会変遷』〔『国家・地方・民衆の相関関係と社会の変遷』〕、中華書局出版、二〇〇四年）
※なお第六章と第七章は「日本歴史上的養子制度及其文化特徴」（「日本歴史上の養子制度とその文化の特徴」）として『歴史研究』二〇〇三年第二期（中国社会科学院歴史研究所、二〇〇三年）に発表

第八章　新稿

終　章　新稿

付篇一　中国の宗法制と宗族およびその研究の歴史と現状
（『立命館文学』第五五七号、一九九八年、日本国家論説保存会中国関係論説資料に収録）

付篇二　「中国周代の儀礼と王権」へのコメント――「礼」と「家・国一体化」及びその文化の特質――
（笠谷和比古編『公家と武家――その比較文明史的研究――』、国際シンポジウム二二、国際日本文化研究センター、二〇〇四年）

あとがき

私は本来なら大学を卒業するはずの年齢で大学に入学した。一〇年にもおよぶ「文化大革命」を経て、全国大学統一入試が回復した最初の年に合格した。

知識人の家庭に生まれた私は一九六六年、小学校を卒業するや否や「文化大革命」の荒波に飲み込まれた。原因は父のいわゆる歴史問題であった。父の話によると、父は一一歳で福建省の馬尾海軍学校に入学し、欧米人の先生による指導のもとで船舶機械を学び、いつも優秀な成績をとっていた。一四歳ころに学校の在籍中否応なしに、時の学校の当局によって周りの人たちとともに共産党の敵たる国民党に参加させられた。卒業後国民党海軍の造船機械部門で技術要員として勤めた。一九四〇年代の半ばから後半にかけて上海交通大学の教授を兼任したことがあったという。そのため、父は文化大革命の中で、時勢に翻弄されてしまった。父は何度も「隔離審査」（学校や職場の仕事を停止させられ、自由が拘束され、一般大衆から監督を受ける。家族をも含めた外部のものと付きあわせず、時に拷問などの手段による「白状」の強要を指す）を強いられた。家は紅衛兵による不法な家宅捜査が繰り返され、母も「反動的学術権威至上主義の護持者」というレッテルをはられた。私はというと、やはり反動分子の子女であるとされ、同級生やまわりの人々に差別視され、虐められた。一九六八年から一九七〇年、父の「隔離審査」の間に、何度も父が紅衛兵に目隠しをされて欧打されて動けなくなったところを目にしたが、近寄ることはできなかった。ある日、家へ帰る途中に父が自殺した噂を耳にした。その瞬間、私はいっぺんに雪道に腰を下ろした。現場に行ってトラックに運ばれた遺体が父でないことを確認してから家へ帰った。……これらの血生臭い白色テロの事件は今も目に焼きついて離れない。

そのころ、我が家と同じように闘争の標的にされ、叩きのめされた家族もほかにあり、大学のキャンパスで自殺事件がよく起きていた。このような環境の中で、私はおびえのあまり、一日を一年の如く長く感じ、辛い日々を送っていた。

文化大革命の嵐がさらに狂ってしまうことを予感したかのように、「文化大革命」が始まってまもなく、父は私たち兄弟姉妹を安心させるために、自分の過去の一部、つまり学生時代に集団で国民党に参加した始終を教えてくれた。父は自分が国や人々に申し訳ないことをしていなかったと私たちに信じさせようとしたのだと思われる。

私たちは父を信じていた。中華人民共和国発足後、父は武漢理工大学（もとの武漢水運工程学院、武漢交通科学技術大学）で教鞭をとり、一九五〇年代から六〇年代前半にかけて、政府が政治・経済・文化などあらゆる面で建設に精力的に取り組んでいたといえるこの時期に、父は大学の教務部長として講義を行いながら教育行政の管理にも加わり、中国の大学では学長に次ぐ重要な仕事をゆだねられた。そして、大学のために全身全霊で昼夜を問わず仕事に打ち込んでいた父の姿が私たちの目に映り、私たちは父の潔白さを固く信じた。したがって、私たち兄弟姉妹は、ほかの家族の子供たちがしたように、父親を摘発したり、壁新聞を書いたりはしなかった。子供たちから攻撃を受けなかったこともあり、自制心のある父は険悪な環境に忍耐強く耐えてきた。そのため、家は一家離散にまでは至らなかった。しかし、当時まだ一二、三歳で、世間のことがよくわかっていなかった私は、父の言葉のすべてを理解したわけではなかった。心は踏みにじられ、どうしようもないほど傷ついた。したがって、生臭いあの日々のことは今でも敢えて思い出したくなく、思い出すと涙をおさえることはできない。

二〇年あまりの歳月が過ぎ、日本へ留学にきた後、京都大学の先生方が文化大革命の話題に触れた時でも、やはり涙がおさえられなかった。どうして泣くのか、と先生方が驚いて聞いたことを覚えている。それは心の傷が深すぎて、癒されることがなかったからだ、と私にはわかっている。

私にとって一〇年間は本当に長い時間であった。狂った時代はますますおかしくなり、一九六八年に我が家は「牛棚」と呼ばれるところへの引っ越しを強いられ、父の給与も半分以上カットされ……と生きていく空間がますます圧迫されてしまった。中国ではいったい何が起こっているのか、そのころの私にはよくわかっていなかったが、「文化大革命」が一日でも早く終結するようにと、毎日のように祈っていた。そしてたえず自分に問いかけてみた。「私の大好きな父は大学教育に忙しく、覚えているかぎり父と一緒に休日を過ごし、一緒に遊んだことさえなかった。共産党の指導の下に、教育事業に忠誠心をつくしている父が反革命分子だなんて本当に信じがたい。知識人や違った考えかたをもつ者に対して、これほど野蛮で血腥い扱いをするのはなぜだろう。これが革命なのだろうか。なぜ中国でこんなにおそろしい運動が起こったのだろう」と。

一〇年はあまりにも長い年月だったが、それもついに終焉を迎えた。私がもっとも喜んだのは、大学入試の回復であった。私は再開した全国統一試験で、人文学科を選び、何のためらいもなく歴史専攻に志願した。「文化大革命」以降ずっと私の心にひっかかっていたさまざまな疑問に対する答えを中国や外国の歴史の中から見出したいと思ったからである。

一九七八年は中国にとって希望の溢れる年であろう。同年三月に開かれた「中国科学代表大会」で鄧小平が「科学技術も生産力である」と力強く訴えたため、知識人は中国の支配階級たる「労働者階級の一部分である」と認められ、社会的地位の向上に繋がった。この変化のため、感激や興奮の涙を流した知識人は多くあったと思われる。また、胡耀邦は五〇年代以降の一連の政治運動中にでっち上げられた冤罪事件の名誉回復や誤審事件の見直しなどに精力的に取り組み、これまで「偉大な成果」として称えられたものを帳消しにし、多くの人々が政治的迫害の境遇から解放された。そのおかげで、多くの者たちが春風の暖かさに恵まれ、政治不信から出直し、ふたたび夢を抱え、新しい生活を始めたのである。さらに、政府は毛沢東の階級闘争路線にピリオドを打ち、「改革開放」、「経済建設」路線にシフトし、中国の国民に新しい時代の到来を告げた。私はまさにこのような時に大学進学のチャンスを手にし、新たな生活と新しい人生を始めたのである。

そのころ、私は文化大革命が始まった時の少女期から成熟した青年期へと変わり始めていた。冤罪や誤審事件に関する名誉回復のキャンペーンの中で、非人道的な数々の事件が浮き彫りになったころ、私は中国や世界の歴史の授業を受けながら図書館で研究に没頭していた。このように、私に考えさせられるべき問題は、より多く、より深くなっていった。

旧ソビエト連邦のスターリン時代に行われた「大粛清」が、国家の専制機関を利用して推し進められたものだというなら、五〇年代以降の中国で起こったさまざまの政治運動も、すべて「群衆組織」を利用し、罪のない人々に対して専制的な政治を行ったものだといえよう。もちろん、法律による歯止めは効かず、いわゆる「群衆組織」がチャンスをうかがってはむやみやたらに人に罪をきせようとしたのである。本来なら充分に抑制力をもつはずの法律や法廷など、政権の基本的な部分さえ「文化大革命」によって破壊され、人の心に潜む悪がさらけ出され、「革命」の原動力になってしまった。北京市で女子学校の生徒たちが女性教師の首に針金でレンガを四つもかけた上、割れガラスの上に跪かせたり、そこを這わせたりするような恐ろしい事件が起こったのはそのためであろう。

私はその学生たちを責めるつもりはない。私が問いたいのは、なぜ誰かが呼びかけたら、国民がそれに呼応したのか、国民はなぜ理性を失い、法の意識や考え方をもたなくなかったのか、ということである。我々の伝統文化には、まさか法の意識や概念がなかったわけではあるまいか。五〇〇〇年の歴史がある文明国家はいかにして今日まで存続してきたのか……。

大学の最初の講義でまっ先に触れた中国古代文明史は、紀元前一一世紀の周王朝であった。周王朝における分封およびそれによって形成された宗法制について、先生が講義されたのを覚えている。これは中国の歴史が三〇〇〇年にわたって発展してきたことの要因になっているという。私は学び続けるうちに、宗法制と表裏一体をなしている宗法家族組織（宋代以降は宗族とよぶ）に次第に気付き始めた。

大学三、四年生の時から、世界前近代ないし近代の歴史を学び、私の知識は充実し、豊かになり、視野も広がった。さらに改革解放政策のおかげで、隣国日本が近代以降にめざましい発展をとげたことを知り、その発展ぶりに目を見張った。そのころ私は武漢大学で童雲揚先生の指導を受け、日本の古代史や中世史、そして近世史を学び始めた。吉田茂の『激動の政治百年史』を読んだのもそのころで、その内容の多くは今でも覚えている。「アメリカが敵地に乗り込むようなつもりで、厳重、酷烈な占領計画を立てて日本に進駐したところが、懸念されたような不穏な状態はまったくおこらなかった」、「開国して西洋文明を取り入れることを指導者たちが決めたあとで、国民はこれに対して抵抗を示すどころか、よろこんで西洋文明を取り入れ、一時は日本固有の文化的遺産を軽んじ、新しいものはなんでもよいという態度をとるようにさえなった」という文章を読んで、私は日本国民の心理や民族文化に対して大変興味を持つようになった。そこで、日本人の民族的心理や日本文化に関する論文を書き、中国社会科学院日本研究所発行の『日本研究』誌に発表した。今思うと、その論文は学術的にはあまりにも稚拙なものかもしれないが、その考え方は今、私の研究の出発点となっている。大学卒業後、私は武漢市にある中南民族学院（現在の中南民族大学）歴史学部で七年間勤め、世界各国の中・近世史について教鞭をとった。そこで西洋諸国の近代社会への過程に関する知識が蓄積され、これはその後、日中文化に関する比較研究の土台となった。

八〇年代に入ると、中国は世界の工業先進諸国へ大量の留学生を送り出し、西洋諸国からもさまざまな情報が中国に伝わってきた。そして八〇年代半ばから私費で留学もできるようになったが、内陸地域に位置する武漢市にいた私には、そんなチャンスがなかなか訪れなかった。一九八六年、学術シンポジウム出席のため北京へ出張したおりに、北京大学の周一良先生（故人）を訪ねた。日本へ留学したい気持ちを周先生に漏らしたところ、周先生は本棚から何気なく京都大学のパンフレットを取り出し、私に手渡してくれた。それを手にして早速中を開いてみると、京都大学の正門の写真に飾られた時計台の写真が目に映り、とても感動した。この時計台の下で写真でも撮ることができればと憧れた。

一九八九年、私の希望がかなった。国内外を震撼させた「天安門事件」のすぐ後、私は三六歳の誕生日の前日に、学問のため、悠久なる歴史のある京都へ飛びたった。

京都に来てまもなく、国際日本文化研究センター主催のフォーラムに出席した。そこで村井康彦先生にお会いすることができた。京都では国際日本文化研究センターの建設が計画されており、村井先生が赴任される予定であることを私は日本に来る前に知っていた。国際日本文化研究センターで研究を行いたい旨の手紙を村井先生に送ったことがあった。その後先生からの返事をいただいたが、国際日本文化研究センターは建設中で一九九一年以降でないと外国人を招請することはできないとのことだった。私が現れると先生は本当に驚いた様子であった。私は自分の近況を説明し、日本の家族を日本文化研究の手がかりにしたい考え方を先生に申し上げた。すると、先生からはどうして日本の家族を研究せねばならないのか、中国と日本の親族にはどんな違いがあるのか、と繰り返し聞かれた。それ以来、私はほとんど週に一回、中国の家族と宗族の歴史およびその特徴をレポートにまとめるようにした。本書の付篇一「中国の宗法制と宗族およびその研究の歴史と現状」がそのように出来上がったものである。村井先生は一〇数年にわたって慈しみ深い父親のように私の学業を鞭撻し、研究の道に導いてくださった恩師といわなければならない。

また、一九九二年初春、思いかけず京都産業大学の坂井東洋男教授に出会い、先生のご支援のもとで私は京都大学を受験する決心を固めることができた。ちょうどこのころ、私は幸運なことに日本近世史の研究を専門とする名高い京都大学の朝尾直弘先生にお目にかかることができた。近代への転換期における日本の親族の役割、およびその時期における日本人の価値観や倫理観の変遷について、先生の指導を受けて研究したいという気持ちを話したところ、先生はすぐに吉田孝先生の「双系制」に関する論文や著作を教えてくださり、また翌年度の国史学博士後期課程の入試を受けるよう、後押ししてくださった。このようにして、私はついに念願がかなって京都大学国史学博士後期課程に入ることができた。

京都大学に入って初めて朝尾先生とお会いした時、私は自分を日本人学生と同じように厳しく指導していただくようにお願いしたところ、先生から「きみが日本人学生と同じように研究したのでは、ぼくがきみを博士課程の学生として受け入れた意味がなくなってしまう。きみには外国人として日本を見て、日本史を研究してもらいたい」との言葉を賜った。こうして私は朝尾先生の指導のもとで「双系制」に関する吉田孝先生の一連の論文や著作を研究した。その研究結果を一九九七年、国際東方学者会議で発表したおりに、文化人類学者の中根千枝先生に「出自」や婚姻規制に関する私の研究について報告し、意見を求めた。付き合いがそれほど深くない上に、無名な私に対して、中根先生は親切に私の話しに耳を貸され、私の研究方法やアプローチを認め、励ましてくださった。先生の言葉から自信を得て、私は、日本古代社会におけるウヂ集団の血縁構造を父系単系出自の典型といえる中国の宗族と比較し、本書の第一部「日本親族集団の父系擬制的・非出自的・無系的および血統上での未分化のキンドレッド構造に関する検証」を完成させた。

京都大学に進学した当初は、日本の近世という転換期における親族文化を研究するつもりであったが、古代の血縁親族集団の構造が分からなければ中世や近世の研究に入ることはできないと考え、朝尾先生にも認めていただき、古代のウヂ集団について研究し始めた。日本古代の親族構造は非常に複雑な問題を抱えている。博士後期課程二年のころ、定年退職が迫る朝尾先生から、できるだけ早く近世史の研究に入ってほしいといわれたにもかかわらず、古代史におけるウヂ集団の研究を終えることはできなかった。朝尾先生の退官まで私は近世史の研究にたどりつかず、先生の指導も受けることができなかったことが本当に残念ではならない。

また、京都大学に入ってまもなく、鎌田元一先生がちょうど律令制の「戸令」を講義していたので、鎌田先生の指導も受けた。また先生のご配慮のもとで、最初の一年にチューターの吉川敏子氏から律令史料の読み方を学び、古代に見られるウヂ集団の血縁構造に関する研究を進めた。そして、博士後期課程の三年間、大山喬平先生と朝尾直弘先生の古文書講読の授業を通して日本史研究の重要な基礎を手にした。諸先生方からこのような厳しい訓練を受け、自分もそれなりの苦学をした結果、ついに一九九九年三月、京都大学文学博士号（国史学）を取得することができた。京都大学博士号授与式で博士号の学位証を手にした時は本当に感無量であった。

六年間にわたる京都大学での勉強生活が終わったあと、幸いにも国際日本文化研究センターの笠谷和比古先生の推薦により、二〇〇一年から同センターの外国人研究員および日本学術振興会の特別研究員として、約三年間の研究生活を送ることができた。そのおかげで、言葉や文化、また人種や政治、さらにイデオロギーなどの壁を乗り越え、つねに各国の研究者と交流しつつ自分の研究に専念する環境に恵まれた。今振り返ってみると国際日本文化研究センターでの三年間は本当に美しい夢のような毎日であった。

国際日本文化研究センターで過ごした最後の年にあたる二〇〇三年、京都大学に提出した学位請求論文（原題は『日本古代擬制血縁親族と中国宗族構造の比較研究』、本書の第一部と第二部の第五章・付篇一）を骨子に、さらに国際日本文化研究センターで書き上げた論文（本書の第二部の第六・七・八章と付篇二）を加えて『日中親族構造の比較研究』（この書名は朝尾先生のご提案によるものである）なる本書の原稿を完成させた。私のそもそもの問題意識は、日本と中国が同じアジア文化圏に属しながら、近代の西洋文化に対峙した時になぜ異なった対応をしたのか、さらにその原因は何だったのかということにある。つまり異文化特質解明の視点から異文化間における衝突の原因と融合の条件は何かを問題にしたもので、その答えをこの一冊の本にまとめたのである。

六年間におよぶ京都大学での留学生活は、私にとって必ずしも短いものではなかった。日本人学生とは異なり、母国からの送金がない私には辛い思い出もあった。しかし、雪の中、炭を送ってきたという中国の諺に比喩されたように、私は橋本記念会財団から奨学金をいただき、また二〇〇一年から国際日本文化研究センターで外国人研究員として一年、その後学術振興会の特別研究員として同センターで二年、計三年間の研究生活を送るなど、素晴らしい条件に身を置くことができた。これらの援助に対して、心から感謝を申し上げたい。また、当時京都大学工学部教授であった鍵谷勤先生ご夫婦や乾窓院の乾家の方々、および親友の関光世さんと下野英世医師が精神的に支えてくださったのみならず、生活面でもさまざまな援助をしてくださった。これらの経済的援助や精神的支援がなければ、今日の研究にはたどり着いていなかったかも知れない。

また、繰り返しになるが、多くの方々から学問上の励ましや指導を受けたことは、一生涯忘れられないものである。慈父のような村井康彦先生はいうまでもなく、朝尾直弘先生は私が京都大学を離れてからも心温かく見守ってくださった。村井先生・朝尾先生からの手紙を拝見するたびに、その暖かさが全身に染み渡っていくように感じる。学位論文の審査を受ける時、指導教官の鎌田元一先生から、また吉田真司先生や藤井讓治先生からも貴重なご指摘をいただき、京都大学の先生たちの謹厳なる学風に深く感心している。また、笠谷和比古先生の紹介で、「公家と武家」という国際日本文化研究センターの研究会の共同研究員に名を列ね、日本各地から集まってきた笠沙雅章・大庭脩（故人）・池田温・谷口昭・鈴木董・江川溫・三木亘・瀧浪貞子・平山朝治・谷井俊仁・辻正博・磯田道史など各分野の諸先生の意見を拝聴すること、また共同研究会「徳川日本の家族と社会」に参加し、落合恵美子・高木侃両先生などと交流することが出来た。日本古代史の専門家の直木孝次郎先生からご指導いただき、京都大学の名誉教授谷川道雄先生（東洋史）からもさまざまなアドバイスを受け、より広い視野をもって研究することができるようになった。中南民族大学での同僚の鐘年氏（現在中国武漢大学教授）、大学時代の同級生の王紀潮氏（中国湖北省博物館研究員）は湖北省にある明の顕陵調査の案内を送ってくださったり、メールで応援してくださったりした。ここで深くお礼申し上げたい。また、東京都立大学の渡邊欣雄先生に文化人類学分野における出自理論に関するご指導を受け、五島邦治先生には近世養子についての文書の読み違いがないかを確かめていただき、今場正美氏と牛根靖裕氏には中国古典文書に訓読をつけていただき、また陳捷氏には甲骨文に関する殷の王位継承図のご確認をいただいた。永井英美女史には研究と講義で多忙であるにもかかわらず、拙い日本語の原稿に丁寧に目を通し、直していただいた。劉建輝先生や浦元里花女史も一部の章節を親切に訂正してくださった。多くの先生方、特に永井女史が原稿に目を通してくださらなかったなら、おそらく本書を世に出すことはできなかったと思う。それにもかかわらず、まだ問題のある表現や日本語として馴染まない欠陥文が一部存在しているかもしれない。それはいうまでもなくすべて著者である私の責任で、ここで切にご海容くださるようお願い申し上げたい。

出版事情の厳しい昨今、本書を出版することができたのは、思文閣出版の編集長林秀樹氏をはじめ、永盛恵氏など編集担当の方々のおかげである。校正にあたり多くのご助言をいただき、ここに謹んで御礼を申し上げたいと思う。

最後に、敬愛する父、そして二〇〇四年他界した慈母の墓前に本書を捧げたい。中国の伝統文化には「父母在不遠游」という古訓があることを知っていながら、数年前脳血栓のため倒れ、病床に横たわったままこの世を去った母を介護できず、高齢の父から離れて未だに異国に滞在し続けている、この親不孝な娘を許してくださった両親および私の代わりに両親の世話をしてくださった兄弟姉妹に感謝したい。

二〇〇五年六月吉日

官　文娜

ま行

や行

ら行

わ行

た行

な行

は行

さ行

索　　引

あ行

か行

◆著者略歴◆

官文娜（Guan Wenna）

1953年　中国湖北省武漢市生
1982年　華中師範大学歴史学部卒業
1996年　京都大学大学院文学研究科国史学専攻博士後期課程単位修了
1999年　京都大学大学院文学研究科国史学博士号（文学博士）取得
2001～04年　日本文部科学省国際日本文化研究センター外国人研究員
　　日本学術振興会特別研究員
現　在　日本文部科学省国際日本文化研究センター共同研究員
　　武漢大学中国伝統文化研究センター客員教授

主な著作・論文

『从片到整体的世界史』中世紀（『片から整体までの世界史』中世）
（共著，武漢大学出版，1990年）

「日本文化結構淺論」（「日本文化構造について」）
（『日本問題』，中国社会科学院日本研究所，1988年第6号）

「日本平安時代的養子及其歴史意義和文化特徴」
（「日本平安時代における養子及びその歴史的意義と文化的特徴」）
（張国剛編『家庭史研究的新視野』，三聯書店出版，2004年）

思文閣史学叢書

日中親族構造の比較研究（にっちゅうしんぞくこうぞうのひかくけんきゅう）

二〇〇五(平成十七)年六月二十八日発行

定価：本体七、二〇〇円（税別）

著者　官文娜
発行者　田中周二
発行者　株式会社　思文閣出版
京都市左京区田中関田町二―七
電話（〇七五）七五一―一七八一(代)

印刷・製本　株式会社図書印刷同朋舎

ISBN4-7842-1241-8 C3024